ODEM: ON THE RUN

Die Biografie des Graffiti-Sprühers ODEM: Ein Insiderbericht, der die ganze Faszination von Graffiti und Action, von HipHop und Streetgangs, aber auch die Schattenseiten von Brutalität und Gewalt, Kriminalität und Drogen zeigt. Ein Buch, das den Groove der Straße widerspiegelt: authentischer Beat der Metropole und zugleich das Porträt einer Großstadtjugend in den 90er Jahren.

Jürgen Deppe & ODEM

ODEM: ON THE RUN

Eine Jugend in der Graffiti-Szene

SCHWARZKOPF & SCHWARZKOPF

Für Claudia - ohne die
dieses Buch nicht entstanden wäre.

INHALT

VORBEMERKUNG 1997

Alle in diesem Buch erwähnten Personen gibt oder gab es wirklich. Zum größten Teil sind sie heute noch aktiv. Es liegt nicht in unserem Interesse, diesen Menschen persönlich zu schaden, sie zu verunglimpfen oder sie in behördliche Schwierigkeiten zu bringen. Deshalb haben wir, um eine größtmögliche Anonymität zu gewährleisten, auf die Nennung der bürgerlichen Namen verzichtet und verwenden ausschließlich jene Namen, die sie sich in der Szene selbst gegeben haben. Wir versichern, in jedem Fall sorgfältig abgewogen zu haben, ob den erwähnten Personen durch unsere Aussagen Nachteile entstehen können. Sofern wir dies befürchten mussten, haben wir auch auf eine Nennung der Szene-Namen verzichtet.

Dieses Buch basiert ausschließlich auf persönlichen Erinnerungen an tatsächliche Ereignisse. Zur Zeit des Geschehens wurden keinerlei Aufzeichnungen gemacht, so dass es bei der Fülle der Ereignisse im Einzelfall vorkommen kann, dass Begebenheiten nicht vollkommen richtig datiert werden. Tatsache ist aber, dass sie sich so zugetragen haben und sich heute noch täglich auf ähnliche Art und Weise zutragen.

Die Wahrnehmung der Ereignisse und die Wiedergabe der Erinnerungen sind subjektiv. Andere Beteiligte mögen die Ereignisse anders erlebt oder beurteilt haben. Es ist ihnen freigestellt, ihre Sicht der Dinge der vorliegenden entgegenzustellen.

Februar 1996 – Februar 1997

ODEM

VORBEMERKUNG 2015

Keine der in diesem Buch erwähnten Personen hat durch ODEMs Schilderungen Schaden genommen. Dafür hat er schon beim Erzählen viel zu genau darauf geachtet, dass niemand beim Klarnamen genannt wird, niemand nachvollziehbar, niemand verfolgbar ist.

Trotzdem haben manche Teile der Szene ODEM dieses Buch sehr übel genommen. Ihm wurde Verrat vorgeworfen, obwohl er nur Klartext gesprochen und nichts beschönigt hat. Er hat nichts und niemanden verraten – und galt plötzlich als Verräter. Das hat ihn tief verletzt.

Auch die Polizei hat dieses Buch sehr genau gelesen. Das wissen wir. Aber sie hat nichts gefunden, was nicht verjährt war oder vor Gericht als Beweis Bestand gehabt hätte.

Vielleicht hat sie durch die Lektüre des Buches einiges über die Motivation und Hintergründe der Szene gelernt. Vielleicht sogar etwas verstanden. Neue Ermittlungsverfahren jedenfalls gab es aufgrund dieses Buches nicht.

ODEM wollte Verständnis. Für die Szene. Für sich. Zum Zeitpunkt, als wir dieses Buch schrieben, hatte sich ODEM bereits von der Szene entfernt. Der Vorwurf des Verrats hat zum endgültigen Bruch geführt: ODEM ON THE RUN!

März 2015

Jürgen Deppe

KAPITEL 1

REST IN PEACE

Es hätte jeden von uns treffen können, wirklich jeden. Dass es ausgerechnet Mofa traf, war reiner Zufall. Von einem Moment zum anderen war er einfach weg, vom Zug gerissen und tot. Aber es hätte jedem von uns passieren können. Durch das, wofür wir lebten, was hundertprozentig unser Ding war und wodurch wir unseren Spaß hatten, war jemand gestorben. Wir hatten es zu weit getrieben, wir hatten einen Punkt überschritten, und wir konnten nicht mehr zurück. Mofa war tot. Und keiner war wirklich in der Lage, sich das klarzumachen. Keiner wollte dafür wirklich schuldig sein. Obwohl es eigentlich jeder von uns war.

Ich kannte Mofa gerade mal ein paar Monate. Wir hatten uns am Friedrichstraßen-Corner kennengelernt, wo sich im Winter, wenn es zu kalt war, um draußen rumzuhängen, die Writer der Szene fast jeden Tag trafen. Wir hingen da rum und bauten irgendwelchen Scheiß, machten Action und zogen zusammen los, um Züge zu sprühen oder auf Partys zu gehen. Als die Szene größer wurde, als ständig neue Leute dazukamen und immer mehr Action war, hatte es auf einmal geheißen, hey, lass uns mal zum Bahnhof Friedrichstraße gehen, da hängen die ganzen Writer rum, da ist was los. Und tatsächlich waren da etliche Sprüher, mit denen man quatschen konnte oder irgendeinen Scheiß bauen, Hauptsache, es brachte Spaß. Es war eine geile Zeit.

Ich taggte zu der Zeit als Sor VI, schrieb überall mit Edding oder Dose diesen Namen hin, machte meine Pieces an der S-Bahnstrecke oder auf Züge und kriegte am Corner auf einmal zu hören, dass es neuerdings im Norden, irgendwo im Märkischen Viertel oder im Wedding, einen Writer geben sollte, der auch »Sor« taggte.

Keine Chance! So was gibt es nicht. Es kann nur einer einen Namen taggen, und ich war eher da, also musste er damit aufhören.

Irgendwann kriegte ich raus, dass es Mofa war. Wir hatten uns vorher schon ein paar Mal am Corner gesehen, aber man kam halt nicht gleich mit jedem ins Gespräch, hey, hallo, ich bin der und der. Das wäre uncool gewesen. Man lernte sich erst mal kennen, und später fand man dann den Namen heraus, oder man informierte sich, wer eigentlich wer ist. Wie es halt überall so üblich ist.

Mofa war mir vorher gar nicht richtig aufgefallen. Er war eher eine kleine Nummer, die keiner so richtig ernst nahm. Er war vielleicht 17 oder 18, lieb und irgendwie noch ein Junge, der sich mit allen gut verstand. Er machte mit jedem voll auf Harmonie, und man hatte immer ein bisschen das Gefühl, ihn beschützen zu müssen. Deshalb machte ich ihn auch nicht richtig an deswegen, sondern sagte nur, dass er aufhören soll, »Sor« zu taggen, weil das mein Name wäre und er wirklich jeden am Corner fragen könnte, dass ich den schon länger sprühe als er. Er sah das sofort ein und meinte: »Okay, ich mach das nur noch ein paar Wochen, dann höre ich damit auf.«

Normalerweise hätte ich das keinem durchgehen lassen. Ich hatte einen Namen zu verteidigen, und Mofa war im Grunde ein Toy, ein Anfänger, den man nicht ernst nehmen musste. Wenn man da nicht durchgriff, schadete das dem eigenen Namen. Man hätte als Weichling da gestanden, der es nicht mal schaffte, so jemandem seine Grenzen zu zeigen. Aber irgendwie war Mofa ein Typ, dem man nicht böse sein konnte. Ich kann gar nicht genau sagen, warum, aber ich habe mich immer ein bisschen für ihn verantwortlich gefühlt. Statt sauer auf ihn zu sein, schloss ich ihn richtig in mein Herz. Dass es dann ausgerechnet ihn erwischte, war purer Zufall. Es hätte jeden von uns erwischen können. Jeden.

Wir hatten uns wie immer am Friedrichstraßen-Corner getroffen und überlegt, was wir als nächstes machen. Ein paar fuhren los, um die U 1 zu bomben, die an der Endstation eine Weile rumstand, bevor sie wieder durch die ganze Stadt fuhr, und deshalb einfach geil zum Taggen war. Der Rest hing noch am Corner rum, als plötzlich einer meinte, dass in Kreuzberg irgendeine Demo wäre, ob wir da nicht hinwollten, um die ein bisschen aufzumischen. Okay. Worum es da ging, war uns egal. Wir waren einfach nur dabei, um ein bisschen Stunk und Action zu machen, so ein bisschen die Demo auszunutzen, um Spaß zu haben. Die Stimmung war geil, wir drehten voll auf und hatten einfach Bock auf Action. Die Stadt gehörte uns. Uns konnte keiner was. Von wegen Hitlers hundertster Geburtstag, das erfuhren wir erst nachher aus der Zeitung. Uns war das völlig egal.

Wir waren schon ein bisschen mit rumgelaufen, hatten Welle gemacht, rumgepöbelt, was getrunken, waren richtig in Fahrt und voll gut drauf, als wir zum Schlesischen Tor kamen und oben auf der Station von der Hochbahn die andere Meute wiedersahen, die vor uns vom Corner abgehauen war, um die U 1 zu bomben. Cool! Große Verbrüderung, Abklatschen, ein paar Sprüche – halt das übliche, das abgeht, wenn sich Sprüher treffen. Quatschen, was trinken, Spaß haben. Die anderen waren da oben, um ihre Tags zu machen und auf den nächsten Zug zu warten, den sie dann wieder vollbomben wollten.

Obwohl es schon ziemlich spät war und vor allem kalt, wirklich saukalt, gingen wir zur Demo zurück, um da noch ein bisschen Randale zu machen. Die anderen, so acht oder zehn Leute, blieben oben in der U-Bahn und machten ihr Ding. Einer von ihnen war Mofa.

Von dem, was dann passierte, hörte ich erst später. Irgendwann am Abend, ich war schon ziemlich besoffen und voll in Fahrt, kam plötzlich einer angerannt und erzählte, dass die anderen alle in die nächste Bahn gesprungen waren und voll die Action machten, Eddings zogen und Dosen und wirklich den ganzen Wagen von oben bis unten zubombten. So was brachten wir ständig. Das machte einfach tierischen Spaß. Ich kann mir richtig vorstellen, wie geil die draufgewesen sein müssen. Irgendwann rief dann einer: »Ey, kommt! Alle raus! Surfen! Taggen! Bomben!« Halt das volle Hardcore-Programm, das einfach dazugehört: Türen aufreißen, raushängen und den Wagen von außen zubomben. Der Zug fuhr an der Stelle nicht schnell, aber der Wind muss saukalt, richtig schneidend kalt gewesen sein.

Man kriegt nicht viel mit, wenn man da draußen hängt und es dunkel ist. Man sieht die Lichter unter der Hochbahn vorbeihuschen und sieht, wie die Bahn in den Schienen irre schwankt, sieht gerade mal den Wagen vor und hinter dem eigenen und nur in den Kurven mal die Zugenden, wenn die sich so langsam über die Strecke schlängeln. Man spürt den Wind und hört vor allem das laute Rattern der Bahn, den Fahrtwind und das Gejohle der anderen. Es ist ein geiles Gefühl, aber man braucht viel Kraft dazu, sich am Türgriff festzuhalten und aus dem Zug zu hängen, vor allem muss man höllisch aufpassen, nicht abzurutschen, wenn man dann auch noch von außen seine Tags machen will. Vielleicht hat Mofa einfach die Kraft verlassen, vielleicht ist er abgerutscht, vielleicht hat er einen Strommast gestreift. Wie es genau passiert ist, weiß keiner. Auf einmal war er einfach weg, und einer brüllte: »Mofa hat's erwischt!«

Voll panisch sind alle wieder in den Zug und beim nächsten Bahnhof sofort raus, gleich zu einem BVG-Beamten hin, um Alarm zu schlagen, dass da ein Typ beim Surfen abgestürzt ist. Völliges Chaos, und die fragten den Bifi ganz aufgeregt, ob er Hilfe holen kann, einen Hubschrauber, irgendwas, bloß Hilfe, und schnell, ganz schnell. Aber der Typ reagierte überhaupt nicht, weil er dachte, er würde verarscht. Stand einfach da und machte nichts. Da rannten dann zwei oder drei allein zurück auf die Schienen, so wie sie das schon zigmal gemacht hatten, um an Strecken zu sprühen, nachts, wenn man kaum was sieht und Schwelle für Schwelle vorwärtsrennt, um nicht aufs Maul zu fallen. Die liefen und liefen, und ein ganzes Stück vom Bahnhof weg fanden sie Mofa dann. Er lag da, die Beine völlig verdreht, der Kopf zerschmettert.

Er war mit dem Kopf auf den Stromleiter gefallen, der bei der U-Bahn an den Seiten mit scharfem Kunststoff ummantelt und oben offen ist. Wäre es eine S-Bahn gewesen, hätte er vielleicht überlebt. Da sind die Stromleiter oben abgedeckt und an den Seiten offen. Mofa war mit dem Kopf genau auf diese scharfe Kunststoffummantelung gefallen. Die war in seinen Schädel eingedrungen wie ein Messer in Käse. Wahrscheinlich war er auf der Stelle tot.

Erst später, als unten die Demo im vollen Gange war, hörte ich davon. So richtig begreifen konnte es an dem Abend keiner – und eigentlich auch später nicht. Die ganze Szene war schockiert. Es sprach sich rum wie ein Lauffeuer, stand am nächsten Tag in der Zeitung, und jeder wusste Bescheid. Die Stimmung am Corner war völlig im Arsch. Keiner wusste so richtig, wie er damit umgehen sollte. Da war plötzlich einfach einer weg. Gestern war er noch da, hatte seine Späßchen gemacht, man hatte mit ihm gequatscht. Und jetzt war er tot. Jeder wusste, dass es ihn genauso gut hätte erwischen können. Mann, Scheiße, das Ding, das wir da machten, das war Spaß und Action. Dafür lebten wir. Für nichts anderes. Und plötzlich ging einer dabei drauf. Hardcore sein hieß anders sein, hieß Spaß haben, Action machen, Stress mit den Bullen haben, mit den Eltern, in der Schule oder bei der Lehre. Aber doch nicht, dass einer dabei draufgeht. Das hatten wir nicht gewollt.

Manche, die besonders cool waren, dachten, es überspielen zu können. Aber irgendwie sah man jedem an, da stimmt was nicht. Obwohl nie offen darüber gesprochen wurde, merkte man, dass sich jeder fragte, wie es weitergehen soll und ob er aufhören soll. Viele Leute überlegten, warum sie das eigentlich machen, warum sie sprühen, warum sie so viel riskieren. Ich glaube, jeder fragte sich das. Es hätte jeden von uns erwischen können, und es hätte jeder von uns sein können, der da oben steht und sagt: Alle raus, surfen, taggen, bomben! Deshalb hätte sich auch jeder Writer schuldig fühlen müssen. Jeder. Jeder hätte sagen müssen, ey, es ist Hardcore, es ist aufregend, was wir da machen! Es ist anders als irgendwas anderes, aber, ey, ein Typ ist dafür draufgegangen, eine Familie ist dadurch zerstört worden, wir haben den Bogen überspannt, das geht auf unsere Kappe! – Aber keiner sagte das. Im Gegenteil. Kurze Zeit später hörte man am Corner schon Sprüche, von wegen, das ist halt Risiko, so ist das Leben, das gehört dazu, keiner hat Mofa dazu gezwungen. Aber so funktionierte das nicht.

GOIN' ON

Ein paar Tage später fand in einer kleinen Kapelle die Beerdigung statt. Wir waren so 50 Leute. Die ganzen Writer waren da, natürlich die Familie und sogar Mitglieder von den Black Panthers und den Fighters, zwei Gangs, die eigentlich Zoff miteinander hatten. Aber Mofa hatte immer voll dieses Harmonie-Ding drauf und war mit Mitgliedern aus beiden Gangs gut befreundet. Sie hatten sich vorgenommen, die Situation zu nutzen, um Frieden zu schließen. Aber gleich nach der Trauerfeier, als wir alle aus der Kapelle rausgingen und noch richtig fertig waren, flogen schon wieder die ersten Sprüche, wurde wieder ein bisschen rumgeschubst und in Nullkommanichts, noch in Sichtweite der Kapelle, fingen ein paar von denen schon wieder an, sich zu prügeln.

Ich war noch nie auf einer Trauerfeier gewesen und wusste gar nicht richtig, was ich da sollte. Aber Mofa war ein Mitstreiter, da dachte ich, ich müsste hin. Es wurde viel geweint während dieser Zeremonie, vor allem von den Mädchen, die Mofa nahegestanden hatten, und von der Familie, obwohl ich gehört hatte, dass sie völlig kaputt und zerstritten war. Soweit ich weiß, lebten die Eltern getrennt. Der Vater war Alkoholiker, aber er hatte Mofa richtig geliebt. Das konnte man sehen. Er stand da, ein erwachsener Mann, der was mitgemacht hat im Leben, und war so fertig mit der Welt, dass er nicht mal richtig weinen konnte. Er tat mir leid. Er sah völlig fertig aus, wie ein Häufchen Elend. Irgendwie gebrochen. Sein Sohn war gestorben. Wie sollte man ihm erklären, dass wir daran nicht schuld waren? Das kann man nicht. Er wird uns immer als Schuldige sehen; ihr habt ihn dazu verleitet, wenn einer von euch vernünftig gewesen wäre, hätte er sagen können, hör auf mit dem Quatsch, vor allem mit dem Surfen, mit dem Sprühen, okay, das kann man nicht verhindern, aber das mit dem Surfen, das hättet ihr ihm ausreden müssen. Ein Vater kann so was nicht verstehen.

Ich fand das alles total bedrückend und hielt mich während der Trauerfeier ziemlich weit hinten neben einem Typen, den ich noch nie gesehen hatte. Ich achtete gar nicht weiter auf den, bis er plötzlich neben mir zusammenklappte. Mit ein paar anderen zusammen half ich ihm dann auf und brachte ihn raus. Als er draußen langsam wieder zu sich kam, kriegte ich mit, dass der Typ Mofas Halbbruder war. Das tat mir so weh, Scheiße, so verdammt weh. Der Typ hatte Mofa richtig geliebt. Von den Familien der einzelnen Leute kriegte man ja sonst nicht viel mit, ich wusste nur, dass Mofas Familie zerstritten war, aber da wurde mir bewusst, wie sehr sie Mofa geliebt hatten und wie sehr er denen fehlen wird.

Ein paar Tage vor der Beerdigung hatte schon ein Trauerzug stattgefunden. Organisiert wurde er von einem Mädchen, das Mofa sehr nahestand und auch zur Graffiti-Szene gehörte. Sie hatte da ihre Freunde, mit denen sie aufgewachsen war und ständig rumhing. Wir trafen uns am Tauentzien vor WOM und zogen los, vielleicht so 20, 25 Leute, und marschierten los. Keiner wusste, wo es hingehen oder was das bringen sollte. Ein paar trauerten wirklich, es gab aber auch Leute, die der Anlass eigentlich gar nicht interessierte, die Witze machten und denen man ansah, dass sie nur mitliefen, weil es ihnen darum ging, unter ihren Leuten zu sein. Ich selber wusste auch nicht so recht, was ich da sollte. Ich wusste nur, ich muss da sein. Für Mofa. Ich redete mit niemandem groß, lief einfach mit und dachte die ganze Zeit über Mofa nach, über all die Aktionen, die wir zusammen durchgezogen hatten, die Züge, die Tunnel, die Abhau-Geschichten, über das, was da passiert war, wie es so weit kommen konnte, dass einer dabei draufging, und ob es das wert ist.

Keine Ahnung wie, irgendwie landeten wir jedenfalls am Bahnhof Zoo, und ohne genau zu wissen warum, eigentlich nur, weil wir nicht wussten, was wir sonst machen sollten, stiegen wir in eine S-Bahn. Bis dahin waren wir alle sehr still gewesen. Es wurde kaum was gesagt, und wenn, dann leise. Aber da im Zug schlug die Stimmung plötzlich um. Ich merkte das richtig. Aus der Trauer wurde Wut. Wahrscheinlich beim Anblick dieser zeitungslesenden Leute, die sich eigentlich für nichts interessierten, uns aber so merkwürdig anguckten, weil wir da als Gruppe rein schneiten, die meisten mit runtergezogenen Gesichtern, in Writer-Klamotten, dreckig, voller Farbe. Vielleicht war das der Anlass, dass wir dann so aggressiv wurden. Ich weiß es nicht. Auf jeden Fall fing plötzlich einer an zu schreien: »Mofa, Mofa!« Und alle anderen schrien mit, so als ob jemand gefragt hätte, was wollt ihr hier, und wir darauf antworten würden. Ich kann mir zumindest nicht anders erklären, warum es so anfing. Jedenfalls ging Snor in dem Moment nach hinten, fummelte kurz an so einem Kasten rum, guckte noch mal quer durch den Wagen und schaltete dann das Licht aus. Vorher hatten schon ein paar von unseren Leute, einfach nur, um ein bisschen zu provozieren und ohne auf die anderen Zuggäste zu achten, im ganzen Waggon angefangen, ihre Tags zu machen. Uns war es scheißegal, dass uns tausend Leute dabei zuguckten. Uns war an dem Tag sowieso alles scheißegal. Ich bin mir sicher, wenn es da zu einer Verhaftung gekommen wäre, hätten wir in der Vernehmung alle nur gesagt: Das war für Mofa. Vielleicht wollten wir das sogar provozieren, als wir einfach anfingen, alles vollzutaggen und immer wieder wie die Wilden »Mofa lebt!« zu skandieren, »Mo-fa lebt! Mo-fa lebt! Mo-fa lebt!«, ich weiß es nicht. Es steigerte sich immer weiter. Als das Licht aus war und die erste Scheibe klirrte, war klar, jetzt geht's ab, jetzt kommt alles raus, jetzt bleibt nichts mehr, wie es war. Die erste Bank ging kaputt, und alles brüllte: »Mo-fa lebt!« Als ob jeder die Gedanken, die er sich gemacht hatte, seitdem das passiert war, einfach rausbrüllte: »Mo-fa lebt!« Wir taggten den ganzen Wagen voll, schmissen alle Scheiben ein, zertraten die Bänke, rissen die Haltestangen raus, und immer wieder: »Mo-fa lebt!« Es peilte keiner mehr genau, was er tat. Es ging nur um die Action. »Mo-fa lebt! Mo-fa lebt!« Immer wieder. Bis nichts mehr stand. Alles ging zu Bruch.

An der nächsten Station sprangen wir einfach raus und rannten weg, der eine da lang, der andere dort lang, so dass wir uns für die Nacht aus den Augen verloren und jeder zusehen musste, was er allein mit sich anfing. Ich rannte zur U-Bahn und fuhr nach Haus. Ich war allein und wusste wieder mal nicht, was eigentlich passiert war. Die Aktion in dem Wagen hatte Spaß gemacht, okay, aber was hatte das für einen Sinn? Es war so typisch für die Szene, dass wieder mal keiner richtig wusste, was er eigentlich tat. Planlos irgendwie, einfach mitmachen, Hauptsache Action. In den Wochen danach gingen wir allmählich wieder zur Tagesordnung über. Irgend jemand hatte an den Eingang vom Bahnhof Friedrichstraße ein großes Tag für Mofa gesprüht: Mofa – R.I.P. '90. Anfangs schockte mich das jedes Mal, wenn ich da vorbeikam, um zum Corner zu gehen. Ich erwartete immer, dass Mofa gleich um die Ecke kommt, gut gelaunt, mit einer Tüte Dosen unterm Arm: »Hey, Alter, wo soll's denn heute hingehen?!« Aber er kam nicht mehr. Ich dachte zwar noch ständig daran, was passiert war, aber ich zwang mich dazu weiterzumachen.

Ein Jahr danach, und auch zwei Jahre, drei Jahre danach gab es immer noch Leute aus seinem näheren Umfeld, die an seinem Todestag Bilder für Mofa sprühten. Wie es anderen Leuten damit ging, weiß ich nicht. Mir tat es weh. Wir dachten nicht mehr an den Tag und hatten ihn einfach vergessen. So ging es den meisten Writern.

Mofas Tod war ein Punkt, an dem sich viele überlegten, ob sie weitermachen oder nicht. Jedem war klar, wenn ich weitermache, bin ich Hardcore, dann lasse ich das normale Leben hinter mir und gehöre zum harten Kern. Jeder kannte die Gefahren, das gehörte dazu, damit musste man rechnen. Solche Opfer würde man in Zukunft nur noch kaltblütig hinnehmen.

Das war die Schwelle, die überschritten wurde. Dass uns keiner verstehen würde, war klar. Wenn jemand von außen zu uns gekommen wäre und gefragt hätte, warum macht ihr das eigentlich alles, nachts in Zugdepots einbrechen, Farbgeschäfte ausrauben, die ganze Stadt vollschmieren, S-Bahn-Surfen und all dies Zeug, das ist doch Schwachsinn, ihr könnt doch dabei draufgehen? Was hätten wir dem sagen sollen? Ich habe mich dafür entschieden und für nichts anderes? Das würde er niemals verstehen. Es versteht uns doch sowieso keiner. Also, was soll's?!

Die meisten Leute können sich nicht reinversetzen, was uns die Buchstaben bedeuten, was uns die Crews, die Freundschaften, die Szene bedeutet und überall unsere Bilder hinzumachen. Wenn man das aber von vornherein mitgemacht hat, wenn man selber angefangen hat zu taggen und diese »Schmierereien« durchzuziehen, sich da langsam rein steigert, anfängt, diese Buchstaben zu lieben, diese Sprayernamen, wenn man das einfach nur als ein anderes Ich sieht, als das Traum-Ich, das Wunsch-Ich, das einem Fame gibt, Bedeutung verleiht, Respekt hervorruft, dann fängt man auch an, dieses Eigenleben in den Buchstaben zu sehen und daraus was zu machen.

Wenn man dann durch die Straßen geht, mit der S-Bahn fährt oder in die U-Bahn steigt, dann sieht man auf einmal, hey, da war jemand. Da war einer, der hat alles in seinen Style reingelegt. Der hat was riskiert, um zu zeigen, dass er da war. Der hat seine ganze Power, seine ganze Phantasie in den Style gelegt und hat ihm Leben eingehaucht. Der bewegt sich, hat Kraft und Macht, Schönheit, Eleganz, Ausdruck. Wenn du das sehen kannst, wenn du weißt, worum es geht, wenn du eine Ahnung hast, was dahintersteckt, dann gehst du durch die Straßen und siehst das mit ganz anderen Augen, dann erkennst du plötzlich etwas wieder und denkst dir, den kenne ich. Dabei hast du ihn noch nie gesehen. Nur seinen Style. Du siehst das, erkennst das, erkennst die Power, die da drinsteckt, und plötzlich bist du selber mittendrin. Man muss das nur sehen wollen.

Schon wenn man zwei verschiedene Tags sieht, weiß man, da stecken mehr Leute dahinter. Da ist eine eingeschworene Gemeinschaft. Man kennt sie nicht, weiß nur, sie ist da, und man würde sie gerne kennenlernen, würde gerne mitmachen, dabei sein, dazugehören. Man liebt das einfach, dieses Geheimnisvolle, und wenn man dann die Person auch noch kennenlernt, wenn man weiß, wer was gemacht hat, und man sieht, der war da und da, Mensch, hat der Junge denn keine Angst, vielleicht ja, aber er macht es einfach, zieht es durch. Einfach so. Frech. Wenn man das sieht, ist man drin.

Der Beamte, der mit seinem Köfferchen auf dem S-Bahnhof steht, wird das nie verstehen und verachtet uns. Aber das war unsere Entscheidung. Wir wollten so leben und nahmen Opfer in Kauf. Das schweißte uns zusammen. Wenn wir aufgehört hätten, nur weil einer dabei draufgegangen war, dann wäre das alles Lüge und Mofas Tod umsonst gewesen. Also zogen wir es durch.

Es war kein Spaß mehr. Zumindest nicht für mich. Ich wollte nur noch sprühen, Action machen, Hardcore leben. Das wurde mein einziger Lebensinhalt. So ging es vielen, und wir zogen es durch.

Mofa war irgendwann einfach vergessen.

KAPITEL 2

BUMM TSCHAK

Ich hatte früher ein Spiel, mit dem ich mir abends oft stundenlang die Zeit vertrieb: Ich saß in meinem Zimmer auf dem Boden, den Rücken gegen die Tür gelehnt und die Füße gegen den Schrank gestemmt, weil das die einzige Methode war, die Zimmertür zuzukriegen, und warf einen Tennisball gegen die Wand. Wenn er auf den Boden aufsprang, fing ich ihn und warf ihn wieder gegen die Wand. Bumm ... Tschak. Immer wieder. Stundenlang. Bumm ... Tschak. So konnte ich stundenlang sitzen und nachdenken. Mir war das Leben einfach zu langweilig. Alles ödete mich an. Ich war 13 und wusste nichts mit mir anzufangen, gar nichts. Irgendwas musste passieren. Möglichst bald. Bumm ... Tschak. Die Bude, in der ich saß, war ein ehemaliges Dienstmädchenzimmer. Acht von 54 Quadratmetern in einer Parterrewohnung, Charlottenburger Hinterhof, »Hauswartswohnung«. Auch tagsüber wurde es nie richtig hell. Zweieinhalb Zimmer. Ziemlich feucht und muffig. Wir wohnten da zu viert. Meine Eltern, meine Schwester und ich. Das Ganze war nicht mehr als ein kleiner, unbeleuchteter Flur, in dem ich abends erst mal die Lage checkte, wenn ich wieder zu spät vom Fußballspielen nach Hause kam, eine winzige Küche, in der meine Eltern und meine Schwester dann schon beim Abendessen saßen und die ich so schnell wie möglich passieren musste, um nicht allzu viele Schläge von meinem Vater zu kassieren. Und dann mein Dienstmädchenzimmer, in dem ich die Tür zuhielt, um meine Ruhe zu haben und mit dem Tennisball zu spielen. Bumm ... Tschak. Meistens stand mein Vater noch eine Weile vor der Tür, wenn er meinte, dass ich mal wieder was falsch gemacht hätte und er mich geschlagen hatte, und fluchte. Ich hielt die Tür zu und warf den Tennisball. Bumm ... Tschak. So wie ich das mal in einem Knastfilm mit Steve McQueen gesehen hatte, der sich in seine Zelle setzte, nachdachte und dabei einen Baseball gegen die Wand warf. Immer wieder. Bumm ... Tschak. Ohne dieses Bumm-Tschak wäre ich durchgedreht. Es war einfach unerträglich. Ich weinte viel, zu viel. Ein paar Mal war ich kurz davor, Schluss zu machen. Aber dazu war ich viel zu katholisch. Ich wusste, dass es eine Sünde wäre. Außerdem wäre das uncool gewesen. Überhaupt war mein Weinen völlig uncool. Ich musste unbedingt damit aufhören. Bumm ... Tschak. Ich wollte eigentlich gar nicht viel. Ich wollte nur so sein wie die anderen, die ich kannte. Viele von denen kamen mit noch schlechteren Noten nach Hause als ich und kriegten trotzdem alles in den Arsch geschoben. Die kriegten die geilsten WitBoy-Jeans in allen möglichen Farben und ich die billigste Hose, die man finden konnte. Die hatten einen C 64 zu Hause stehen und ich noch nicht mal einen Mini-Fernseher, den ich richtig geil gefunden hätte, um mich abends mit Kakao rechts, einer Chips-Tüte links auf meine Schlafcouch zu hauen und zu glotzen. Deren Eltern verteilten keine Schläge, weil ihre Kids zu spät vom Fußballspielen nach Hause kamen, sondern gingen hin, guckten zu und freuten sich, wenn die gut spielten. Meine Kumpel schoben einen lauen Lenz, und ich musste vier Treppenaufgänge putzen und im Winter Schnee schieben, weil meine Eltern die Hauswartsstelle übernommen hatten, um überhaupt über die Runden zu kommen. Die anderen spielten Fußball, und ich schleppte die tonnenschweren Einkaufstaschen vom Supermarkt nach Hause oder spülte Geschirr. Die anderen schliefen aus oder unternahmen was mit ihren Eltern, und ich musste jeden Sonntag artig mit meiner Familie in die kroatische Gemeinde tigern und so tun, als ob alles in Ordnung wäre, obwohl es mir tierisch stank. Die anderen machten sich ein feines Leben, und ich kriegte Schläge. Ich wollte nicht mehr. Bumm ... Tschak. Ein ausklappbares Möchtegern-Sofa, ein winziger Schreibtisch und der uralte Schrank, das war mein Zimmer, das ehemalige »Dienstmädchenzimmer«. Ich fragte mich oft, wie viele Dienstmädchen da wohl schon gelebt hatten, wo sie herkamen, was sie schon erlebt hatten, warum sie gerade hier gestrandet waren, wie sie wohl aussahen, was sie für Sehnsüchte hatten. Wen sie liebten, wer sie liebte und was sie in diesem Zimmer noch taten, außer auf den Ruf ihres Hausherrn zu warten und zu schlafen. Ich kannte sie natürlich nicht, aber ich stellte mir oft vor, dass wir was Gemeinsames haben. Ich dachte mir, dass wir uns bestimmt verstehen und zusammen abhauen würden. Egal, wohin. Hauptsache weg. Bumm … Tschak. Hinter meiner Zimmertür lag die Küche, in der ich meine Eltern ständig streiten hörte, ständig. Oft ging es dabei um mich. Es war nicht schwer, ihre Erwartungen zu enttäuschen. Sie sind '74 als Gastarbeiter aus Kroatien nach Deutschland gekommen. Meine Schwester war ein Kleinkind, ich ein Säugling. Mein Vater war schon früher da und holte uns nach. Seitdem haben meine Eltern nur gerackert. Ihr ganzes Leben besteht nur aus Arbeit. Sie gönnen sich nichts. Nicht die geringste Freude, keinen Spaß, kein Vergnügen, nichts. Sie können kaum Deutsch, kennen hier wenig Leute und kommen immer nur gerade so über die Runden. Das machen sie alles nur für meine Schwester und mich, sagen sie und erwarten Dankbarkeit. Das ist nicht mein Ding. Und das war es noch nie. Ich wollte da raus, ich wollte was erleben, wollte Action, ich wollte, dass irgendwas passiert.

Obwohl ich überhaupt nicht die passenden Noten mitbrachte, setzten meine Eltern alle Hebel in Bewegung, um mich auf der Sophie-Charlotte, einem recht angesehenen Gymnasium in Charlottenburg, unterzubringen. Der Junge sollte es mal besser haben. Aus mir sollte was werden, der Stolz der Familie.

Als erstes lernte ich auf der Schule allerdings Antonius kennen, einen Griechen aus meiner Nachbarschaft, dem es so ähnlich ging wie mir, nur dass er nicht so einen Respekt vor allem und jedem hatte wie ich. Ich war still, zurückhaltend, eher schüchtern. Trotzdem sahen wir ganz schnell, er mag Action, ich mag Action, irgendwie passen wir zusammen, und fingen an, in unserer Schule zusammen Stunk zu machen, einfach irgendwelchen Scheiß zu bauen. Außer uns gab es da nicht so viele Ausländer. Deshalb galten wir automatisch als etwas anderes. Es war nicht wirklich Ausländerfeindlichkeit, aber man wurde nicht richtig ernst genommen, gehörte einfach nicht dazu. Antonius hatte das gleiche Gefühl, die familiäre Situation war ähnlich, wir hatten beide Bock auf Action – irgendwie stimmten wir in vielem überein. Egal, was wir machten, es ging immer nur darum, unseren Spaß zu haben. Antonius war total respektlos, auch den Lehrern gegenüber. Für mich war das völlig ungewohnt. Natürlich quatschte ich auch im Unterricht und baute Scheiße, aber das war keine wirkliche Respektlosigkeit. Ich widersprach den Lehrern nie oder pöbelte rum, so was brachte ich nicht. Antonius war da anders. Der war so drauf, und das machte mir Spaß.

Antonius und ich wohnten nicht weit voneinander entfernt und hatten einen Schulweg von 15 bis 20 Minuten, direkt durch die Fußgängerzone Wilmersdorfer Straße. Als ich irgendwann auf dem Weg zur Schule zufällig mitbekam, dass er zockte, war ich voll begeistert und dachte, hey, das will ich auch machen. Ich war völlig überrascht, fand das total krass, war aber richtig fasziniert davon. Der klaute einfach was. Nahm sich einfach was und war weg. Ich war völlig vor den Kopf gestoßen, dass es so was gab, fand das aber irgendwie geil und machte mit.

Anfangs war das nur ein Spaß, wenn wir in den Schulpausen im Supermarkt an der Ecke was zu essen klauten und unseren Mitschülern was mitbrachten. Mit der Zeit wurde das dann immer mehr, so dass wir später auch auf Bestellung und gegen Geld klauten. Wir räumten in der Einkaufszone richtig ab und klauten voll die fetten Sachen. Vor allem edle Schreibgeräte, Kulis und geile Füller. Um an die Dinger ranzukommen, schwänzten wir oft die letzten zwei, drei Stunden, suchten uns aus dem Telefonbuch die Adressen von ein paar Schreibwarenläden raus, dachten uns verwegen Vorgehensweisen aus und schwangen uns dann auf die Fahrräder, um auf Beutezug zu gehen. Unsere Mitschüler kriegten das natürlich mit. Einige, vor allem die Älteren, hatten deswegen nur Verachtung für uns übrig, aber andere zollten uns voll den Respekt dafür und quatschten uns an, wo wir denn schon wieder diesen oder jenen Füller herhätten. »Willst du auch so einen? Kann ich dir besorgen. Für den halben Preis.« Wir spezialisierten uns dann darauf, diese Dinger zu zocken und an unsere Mitschüler zu verscherbeln. In den Freistunden gewannen, naja, erschummelten wir das Zeug beim Pokern wieder zurück.

Eines Tages war Schluss damit. Ich werde es nie vergessen, wie sich zum ersten Mal in meinem Leben die Hand eines Kaufhausdetektivs auf meine Schulter legte und zupackte wie ein Schraubstock, wie tausend Blicke auf uns gerichtet waren und wir quer durch den Laden in ein kleines Büro gingen, wie der Typ dann ein paar Telefongespräche führte und irgendwann die Bullen dastanden. Da war nichts mehr zu wollen. Ich musste mit zur Wache, und weil ich ein paar Tage vorher erst 14 geworden, also noch minderjährig war, von meinen Eltern abgeholt werden. Damit war's raus.

Als wir so in der Wanne saßen und zum Revier gefahren wurden, dachte ich noch, ich würde vielleicht glimpflich aus der Sache rauskommen. Die vernehmen uns und lassen uns dann laufen. Dann hätte ich wieder zu Hause sein können, bevor mein Vater von der Arbeit kam und was bemerkte. In der Wanne war ich noch so überzeugt davon, dass ich Antonius sogar anmachte, er solle endlich aufhören zu heulen wie eine Memme und einfach niemandem davon erzählen, dann wäre alles halb so wild. Als ich mich dann auf der Wache in dieser verdammt kleinen Zelle wiederfand, war es vorbei mit meiner Coolness.

Bis dahin hatte ich mich richtig cool gefühlt, so Bonnie-und-Clyde-mäßig, hey, wir sind die Jungs, die einfach ihr eigenes Ding durchziehen. Aber in so einer leeren, kalten Zelle, Mann, die kannte ich bis dahin nur aus dem Fernsehen. Und jetzt saß ich auf einmal in so einem Ding. Ich kriegte total Schiss, weil ich nicht wusste, was jetzt passierte, lief die ganze Zeit in dieser Zelle auf und ab, auf und ab, auf und ab, und versuchte mich abzulenken, indem ich meinen Namen in die Holzbank ritzte. Scheiße, Scheiße, Scheiße, was sollte ich bloß machen? Ich hätte echt alles in Kauf genommen, wenn nur meine Eltern nichts davon erfuhren. Aber den Zahn zog mir der verhörende Bulle. Da geht kein Weg dran vorbei, meinte er. Ich fing voll an zu heulen und drehte fast durch. Aber da war nichts zu wollen. Ich kam wieder in die Zelle und musste drinbleiben, bis meine Eltern kamen.

Es kann nicht lange gedauert haben, aber es waren Ewigkeiten, bis die Zellentür wieder aufgeschlossen wurde und mich ein Bulle in den Wachraum führte, wo meine Eltern auf mich warteten. Ich zwang mich dazu, meiner Mutter eine Hundertstelsekunde lang in die Augen zu gucken. Sie hatte tierisch geweint und war – das hörte ich dann später von meiner Schwester – am Telefon zusammengeklappt, als sie die Nachricht kriegte. Meinem Vater in die Augen zu schauen, traute ich mich nicht. Ich wusste, dass da nur die blanke Wut drinstehen würde, Ablehnung und tiefe Verachtung. So blieb es immer seit diesem verfluchten Tag. Ich habe bis heute Schwierigkeiten, meinen Eltern lange in die Augen zu schauen.

Ein älterer und eigentlich ganz cooler Bulle brachte uns noch bis zur Tür und redete meinen Eltern gut zu, das Ganze nicht so ernst zu nehmen, das käme bei jedem mal vor, Lausbubenstreich und so. Mein Vater nickte nur grimmig, wartete, bis die Tür zufiel und kein Bulle uns mehr sehen konnte, und verpasste mir dann eine Ohrfeige, die mich fast von den Füßen geholt hätte. Überrascht war ich nicht. Auch nicht sonderlich beeindruckt. Ich hatte mit nichts anderem gerechnet. Mir war schon in der Zelle klargeworden, dass es genau so ablaufen würde. Trotzdem war der Weg nach Hause krass. Das wütende Grummeln von meinem Vater und das ununterbrochene »Warum? Warum? Warum?« von meiner Mutter. Sie weinte die ganze Zeit, hörte gar nicht wieder auf und fragte ständig »Warum? Warum? Warum?« Sie konnte es einfach nicht fassen, dass ihr Sohn ein Dieb ist, ein Verbrecher, eine Familienschande.

Zu Hause verpasste mir mein Vater gleich ein Ding, das mich auf die Bretter schickte. Er sagte nicht viel, sondern nahm einfach nur den Gürtel und verprügelte mich. Das Wort »Dieb« aus seinem Mund verletzte mich und brach meinen Stolz. Ich wollte kein Dieb sein. Ich wollte es wirklich nicht. Ich wollte ein bisschen Abenteuer haben oder so, ich weiß es nicht, aber ich wollte kein Dieb sein und versuchte danach wirklich, mich zu bessern. Ich gab mir ehrliche Mühe, zu Hause, in der Schule, überall. Aber das interessierte keinen mehr. Die Lehrer nahmen meine Bemühungen gar nicht ernst, meine Mutter verstand mich nicht, meine Schwester hatte selbst zu viel Stress mit der Schule, und mein Vater hatte gar kein Verlangen mehr, mit mir zu reden oder sogar mal zu lachen. Mann, wenn der doch nur einmal mit mir gelacht hätte! Ich war unten durch. Ich war die absolute Schande. Ich war ein Taugenichts, war zu nichts zu gebrauchen, machte nur Ärger, war ein Verbrecher, saß in meinem Dienstmädchenzimmer, warf den Ball, Bumm ... Tschak, und wünschte mir den Arsch von den Leuten, die ich so beneidete, in dieses verfluchte kleine Loch von Hausmeisterwohnung, wo der Vater seine Enttäuschung mit dem Kunstledergürtel raushaut und die Kakerlaken unter dem uralten Kühlschrank der Mutter den letzten Nerv rauben. Bumm ... Tschak. Ihr könnt mich alle mal. Kreuzweise könnt ihr mich. Wirklich kreuzweise. Ihr werdet sehen, was ihr davon habt. Bumm ... Tschak. Jetzt erst recht. Versteht ihr?! Jetzt erst recht! Bumm!

Ich wusste damals schon, dass mein Vater mich nicht aus Spaß schlug. Es war, weil er so verdammt stolz darauf war, einen Sohn zu haben, richtig glücklich war er darüber. Und dann war dieser Sohn ein Dieb. Ich weiß, wie selten er stolz und glücklich ist. Er tat alles, von dem er glaubte, dass es mir helfen würde, es mal besser zu haben als er, stundenlange Predigten, Verbote, Schläge, alles mögliche. Er hatte es so verflucht schwer gehabt, und bei mir sollte alles viel besser laufen. Und dann so was. Es muss der Horror für ihn gewesen sein. Ich glaube, dass ich ihn mittlerweile verstehe. Dass er mich jemals verstehen wird, habe ich mir abgeschminkt.

Es war für mich das absolute Trauma. Und der endgültige Bruch mit der Familie. Ich wollte nichts mehr mit ihnen zu tun haben, wollte alle Fesseln sprengen und meinen eigenen Weg suchen. Ein paar Wochen später blieb mir auch gar nichts anderes mehr übrig. Kurz vor den Zeugnissen verpfiff eine miese Ratte von Mitschüler eine Aktion, die schon Monate zurücklag. Antonius und ich hatten während einer Pause mit Eddings ein Schulklo vollgeschmiert. Woanders wäre darüber kein Wort verloren worden, aber auf diesem feinen Gymnasium war das ein Riesenskandal. Die ganze Klasse wusste, dass wir die Stifte immer dabei hatten und nur wir es gewesen sein konnten. Aber bis kurz vor den Zeugnissen hatte keiner was gesagt. Erst dann verpfiff uns jemand bei der Schulleitung. Der kam das natürlich voll gelegen. Die hatten nur auf so eine Gelegenheit gewartet, um uns endlich loszuwerden. Sie forderten keinen Pfennig Schadensersatz, nur den sofortigen Schulwechsel. Mir blieb gar nichts anderes übrig, als meine Mutter einzuweihen. Die weinte fürchterlich, als sie das hörte, und rannte in den nächsten Tagen jeden Morgen schwitzend und weinend durch die Schule und versuchte, die Lehrer davon zu überzeugen, was ich doch für ein lieber Junge bin und wie gerne ich Abitur machen will. Es tat mir weh, sie so betteln zu sehen, weil ich Mist gebaut hatte, richtig weh. Das hatte sie einfach nicht verdient.

Antonius nahm das ganz cool und erzählte, er würde sowieso die Schule verlassen. Ich fragte ihn, ob ich nicht einfach alles auf ihn schieben könnte, damit ich heile aus der Sache rauskäme. Fair wie er war, nahm er tatsächlich alles auf sich. Die Schulleitung konnte das zwar nicht glauben, weil mich aber niemand beim Schmieren gesehen hatte, war mir nichts nachzuweisen. Auch wenn ich das Schuljahr noch mal wiederholen musste, war die Welt wieder in Ordnung. Meinem Vater tischte ich ein gefälschtes Zeugnis auf. Da konnte er dann auch nichts sagen. Nur den Lehrern an der Schule passte es natürlich überhaupt nicht in den Kram, dass ich jetzt noch länger da rumhing. Die hätten mich am liebsten achtkantig rausgeworfen. Zumal ich auch in meinem zweiten Jahr in der siebten Klasse nicht besser wurde. Schule interessierte mich einfach nicht. Eigentlich interessierte ich mich für nichts so richtig. Mir war alles zu langweilig.

Wenn Antonius so was wie ein Freund gewesen war, dann war ich nach seinem Abgang wieder allein und auf die Gleichaltrigen aus der Nachbarschaft angewiesen, mit denen ich zusammen rumhing und Fußball spielte, vor allem Fußball, stundenlang, tagelang, immer nur Fußball. Ich konnte gar nicht genug davon kriegen. Aber irgendwann wurde mir selbst das zu langweilig. Mir brachte das alles nichts mehr. Es ödete mich an, wie mich überhaupt alles anödete. Den anderen ging es ähnlich. Wir hatten auf nichts mehr richtig Bock und hingen nur noch rum. Aber irgendwie merkte ich, dass da auf der Straße was passiert. Vielleicht sieht es jede Generation so, ich weiß es nicht. Für mich war es jedenfalls ganz deutlich zu spüren: Irgendwas passierte da auf der Straße, nach irgendwas verlangten die Jugendlichen, irgendwas lag in der Luft. Keiner hatte mehr so richtig Lust auf Fußball. Mit Mädchen lief nichts, weil sie nichts von mir wollten. Man wollte irgendwas anderes, irgendwas. Man spürte regelrecht den Groove auf den Straßen, man spürte, dass was kommen würde. Wir hingen rum, langweilten uns und warteten, dass es endlich passiert.

BEGINNIN' OF THE GROOVE

Und es passierte auch was. Eigentlich ganz harmlos, aber damit fing es an. Ein Typ aus der Nachbarschaft, Ajus hieß der, machte Tags, schrieb einfach überall mit einem dicken Edding seinen Namen hin. Das fanden wir unglaublich. Was wir nicht taten, er tat es! Er lief einfach auf, machte seine Show, setzte ein paar Tags und verschwand. Anfangs nahmen wir das gar nicht so ernst, okay, er machte uns gegenüber eine geile Show, aber richtig Respekt zollten wir ihm erst, als wir seine Tags auch in der S-Bahn sahen und am Ku'damm, am Breitscheidtplatz und überall in unserem Kiez. Das machte Eindruck auf uns. Das fanden wir geil!

Innerhalb einer bestimmten Szene war es modern geworden, ein paar Tags zu machen. Und Ajus machte welche. Nicht viele, aber wir sahen sie und redeten drüber. Irgendwie fanden wir das geil: Du gehst einkaufen und siehst einen Tag, du fährst mit der U-Bahn und siehst 'nen Tag, du gehst durch die Straße und siehst einen Tag – und nur du weißt, wer es war. Das faszinierte mich. Die Leute regten sich darüber auf, und ich konnte ganz locker sagen, ich weiß, wer es ist, ich sag es aber nicht, weil ich es einfach lustig finde, wie ihr euch darüber aufregt. Das Wissen faszinierte mich. Es ist ein geiles Gefühl, etwas zu wissen, das keiner kapiert und worüber sich alle aufregen. Es ist ein geiles Gefühl, etwas zu kennen, was alle für illegal halten. Und dann die Vorstellung, selbst einen Edding zu zücken, sich umzuschauen, ob man beobachtet wird, und blitzschnell einen Tag zu setzen. Man kann dieses Gefühl nicht beschreiben. Man kann es nicht erklären. Es war einfach wunderbar, wie ein Abenteuerspiel: Die Eltern wissen nichts davon, die Lehrer nicht, die Leute auf der Straße nicht, keiner. Das ist einfach faszinierend. Jeder kennt dieses Gefühl, und keiner kann es erklären. Man geht irgendwo auf ein Klo und sieht, dass da schon mal jemand aus Australien war und nun alle Welt grüßt. Man kommt an den entlegensten Ort der Welt und sieht, dass sich da jemand verewigt hat. Man kennt es, dass seit Menschengedenken Herzchen in Baumrinden geritzt werden. Keiner weiß warum, aber jeder tut's. Das ist einfach menschlich.

Ajus machte das auch, nur war seine Art moderner. Es stand mehr dahinter, und mir wurde klar, dass ich das auch machen wollte. Je mehr ich davon mitbekam, um so faszinierender fand ich das. Ich kriegte mit, dass es da eine richtige Kultur gab, die ich anfangs gar nicht registriert hatte. Genau so was wollte ich. Ich wollte mich in eine Szene hineinleben, eine Kultur leben, von der andere Leute nichts wissen, Leute, die ich sowieso nur als Spießer ansah, als langweilig und schon tot. Die Zeit war reif für was Neues. Oder ich war reif für eine neue Zeit, egal, jedenfalls tauchte plötzlich das Graffiti auf und dazu der HipHop. Frank, ein Deutsch-Amerikaner aus meiner Nachbarklasse, brachte uns auf den Trip. Er sammelte die Platten, kannte sich voll gut aus und übersetzte uns die Texte. Run DMC hatten gerade ihren ersten Hit, der uns voll begeisterte. True Life Crew kam mit sehr versauten Texten. Die Beastie Boys machten Welle. Es war Party. Das war genau das, worauf wir gewartet hatten. Endlich ging die Post ab.

Zusammen mit Cut'em T., einem Türken aus meiner Nachbarklasse, fuhr ich voll auf diesen HipHop-Flavour ab. Er nannte sich damals noch Fresh T. und stürzte sich voll auf die Musik, konnte stundenlang in Plattenläden stehen, sich die neuesten Scheiben anhören und mir dann davon erzählen. Cut'em T. wurde mein bester Freund, ein echter Partner. Ich hing ständig mit ihm zusammen rum und konnte über alles mögliche mit ihm quatschen. Wir waren ein Herz und eine Seele, völlig unzertrennlich, wirklich die allerdicksten Kumpel. Mit ihm zusammen fing ich an, ernsthaft über Graffiti nachzudenken. Man wusste einfach aus den Medien oder weil man es irgendwo aufgeschnappt hatte, dass HipHop und Graffiti zusammengehören. Wir wollten alles darüber wissen, zogen uns auf Video erst mal die Kultfilme »Wild Style« und »Beat Street« rein und fuhren voll darauf ab. Wir kriegten mit, wie geil das ist, waren aber irgendwie noch zu jung und außerdem viel zu weit weg davon, um voll darauf einzusteigen.

Wir hatten nichts davon mitbekommen, dass es anderswo in Berlin 83/84 nach den beiden Filmen längst angefangen hatte. Es wurde gebreakt und gesprüht, aber da war ich gerade mal zehn oder elf. Irgendwie flaute die erste Welle dann schnell wieder ab, und als Cut'em T. und ich '88 anfingen, uns dafür zu interessieren, war in Berlin gar nicht viel am Start. Deshalb fing ich irgendwann auf eigene Faust an, meine ersten Tags zu machen. Erst versteckt, in der Schule, auf dem Spielplatz, in den Höfen, und dann immer offener, auf der Straße, an Stromkästen, in der U-Bahn. Jedes mal dieser Kick, ein geiles Gefühl!

Ich war Fetzo. Der Name gefiel mir. Fetzo klang nach Randale. Und genau das wollte ich. Ich hatte ihn aus einem Garfield-Comic, aus einer Sequenz, in der Garfield vor einer Straßenkater-Bande abhauen musste und sich auf einmal mit dem Rücken zur Wand in einer Sackgasse wiederfand. Da trat plötzlich so ein richtig fieser Kater auf ihn zu und maunzte ihn an: »Hey, Fetzo!«

Wie blöd und gleichzeitig treffend der Name war, wusste ich damals noch nicht. Erst später hörte ich, dass »Fetzo« amerikanischer Slang ist und soviel bedeutet wie »Fettsack«. Na gut, dann passte es ja. Ich war wirklich ein richtiger Fettsack.

Ich war voll fasziniert von dem Namen und hatte mir eine eigenwillige Art zugelegt, ihn zu stylen und überall zu taggen. Wo ich ging und stand, überall hinterließ ich mein Fetzo. Ich war richtig berauscht davon. Ein paar Mal ging ich nachts heimlich raus, damit meine Eltern nichts merkten, stieg durch das Fenster in den Hof und lief dann durch die Straßen, um meinen Namen zu taggen. Ich fand es geil, nachts so allein durch die Straßen zu ziehen, um was Verbotenes zu tun. Mir gefiel es, etwas zu tun, von dem keiner was wusste, und mir gefällt die Stadt bei Nacht, wenn nur noch ein paar Leute unterwegs und die Straßen so schummrig beleuchtet sind und man sich ausdenken kann, was wohl hinter den Fenstern abgeht, in denen noch Licht brennt. Jedes Fenster erzählt eine Geschichte.

Ich zog meine Kreise durch den ganzen Kiez, hinterließ überall meinen Namen und rannte bis zum Breitscheidtplatz, wo ich einen Tag auf eine Gedenktafel setzte, der anderthalb Jahre später noch da war. Ich fand es geil, am nächsten Tag bei Licht wieder durch die gleichen Straßen zu gehen und überall meinen Namen zu sehen.

Ich war richtig stolz darauf, aber voll genervt davon, dass man öfter »Salomo« sah als Fetzo. Ich habe den Typen nie kennengelernt und keine Ahnung, wer er ist, aber ich stieß ständig auf seine Tags. Überall stand Salomo. Ich fuhr oft mit der Linie 1 und sah in jedem Wagen mindestens vier- oder fünfmal seinen Tag. Ich kannte die Spielregeln nicht und hatte keine Ahnung davon, dass es dazugehört, gegeneinander zu battlen, wer mehr Tags hat. Es war einfach ein Impuls, dass ich anfing zu taggen wie ein Wilder, um Salomo aus dem Rennen zu werfen.

Aber ich konnte machen, was ich wollte, ich schaffte es einfach nicht, mehr Tags zu haben als er. Immer hatte er ein paar mehr. Wochenlang setzte ich alles dran, ihn zu überbieten, dachte mir die ausgefallensten Stellen aus und taggte wie der Teufel, aber es war wie ein Hase-und-Igel-Spiel. Egal, wo ich hinkam, er war immer schon da gewesen. Egal, wie viele Tags ich machte, er hatte immer ein paar mehr. Es war zum Wahnsinnigwerden.

Ich konnte noch so viel taggen und mit Cut'em T. über Graffiti quatschen, ich war ein Einzelkämpfer und hatte keinen Kontakt zur Szene. Wenn, dann war das mehr zufällig, so wie das erste Treffen mit Maxim.

Cut'em T. und ich fuhren wie fast jeden Tag nach der Schule mit der U 1 durch die Gegend. An einer Station sitzt uns auf einmal ein Typ gegenüber, ein Ausländer, wahrscheinlich Türke, mit langen Haaren, Locken, leichten Pummelbacken, vielleicht so drei, vier Jahre älter als wir, der einen Armeerucksack dabeihatte, Jeansklamotten an und ziemlich dreckig und verranzt aussah. Auf dem Rucksack stand hinten »Maxim« drauf. Maxim? Den Tag hatten wir schon oft gesehen. Er war uns aufgefallen, weil er ein Eigenleben hatte und sich von anderen abhob. Nicht spektakulär, aber gut. Wir konnten es gar nicht glauben, diesem Typen plötzlich leibhaftig gegenüberzusitzen. Wir saßen da und starrten ihn voll lange an. Unauffällig, versteht sich. So unauffällig, dass er natürlich gleich peilte, was abgeht, und uns völlig skeptisch musterte. Vor allem unsere Schuhe. Angesagt waren eigentlich Sportschuhe, die vor allem teuer sein mussten und von Adidas, Puma oder irgendeiner anderen Nobelmarke. Wir hatten in den Videos von Run DMC gesehen, dass die ihre Schuhe gar nicht richtig zugebunden hatten, sondern einfach die Laschen raushängen ließen. Wir fanden das unglaublich cool und versuchten das auch mit unseren Converse, so kroatischen Basketballstiefeln, die zwar einfach waren, aber sehr, sehr geil aussahen. Wir waren richtig stolz auf die Dinger und wurden dafür auch von vielen angeguckt. Unser Fehler war nur, dass wir sie wie in den Videos ohne Schnürsenkel trugen und die Laschen vorne rausgucken ließen, was ziemlich peinlich aussah. Wir fanden das voll cool, aber Maxim musterte die Schuhe ziemlich seltsam; wahrscheinlich wusste er längst, was wir erst später erfuhren, dass nämlich die Schuhe der Superstars innen Gummibänder haben und deshalb gar keine Schnürsenkel brauchen.

Erst nach drei oder vier Stationen trauten wir uns, Maxim anzusprechen: »Hey, du bist Maxim. Ist ja geil. Wir taggen auch.« Er gab sich völlig cool und abgebrüht. Er redete zwar mit uns und bot sogar an, uns in die Szene reinzubringen, ließ aber in erster Linie raushängen, dass wir es mit niemand Geringerem als dem großen Maxim zu tun hatten. Er erzählte uns Halbwahrheiten, ein paar Wahrheiten und deftige Lügen. Vor allem machte er Adrian runter. Das beeindruckte uns. Selbst wir wussten schon, dass Adrian auf dem besten Weg war, eine wichtige Rolle in der Szene zu übernehmen und mit den ganz Großen wie Amok und Shek versuchte, Graffiti in Richtung Kunst zu führen. Dass Maxim sich trotzdem traute, Adrian so runterzumachen, fanden wir cool. Cut'em T. und ich waren voll fasziniert und richtig aufgeregt, als Maxim dann noch meinte, wir sollten doch am Abend zum Burger King am Ku'damm kommen, damit er uns da in die Szene einführt.

Wer nicht kam, war Maxim. Wir waren abends da aufgelaufen, standen blöd rum, Toys, die nichts vorzuweisen hatten, und wurden gar nicht weiter registriert. Der Burger King-Corner am Ku'damm war der Treffpunkt der Giants, der ersten Schlägertruppe mit Writern oder der ersten Crew mit Schlägern im Rücken, ganz wie man will. Sie nützten sich gegenseitig. Die Writer vermehrten den Fame der Gang, indem sie ihren Namen überall sprühten und dadurch bekanntmachten. Und die Schläger schützten den Writer. Es war gar nicht nötig, dass sie wirklich zuschlugen, es reichte schon, dass jeder wusste, wenn ich mich mit Roc, Migel oder Amok anlege, habe ich die Giants am Hals, also lasse ich das besser. Mit den Schlägern der Giants war nicht zu spaßen, sie schreckten vor nichts zurück und waren die ersten, die am Ku'damm das Abziehen eingeführt haben, also den richtig organisierten Klamotten-Klau. Faszinierend war, wie sie sich dabei mit Pfiffen verständigten. Es gab viele kleine Grüppchen von ihnen auf dem Ku'damm, alle in ihren schwarzen Bomberjacken, auf denen hinten in weißer Gothicschrift »Giants« eingenäht war. Die hingen hier rum, hingen dort rum und machten den ganzen Ku'damm unsicher, fingen Streit an wegen Nichtigkeiten, zettelten grundlos irgendwelche Schlägereien an, Hauptsache, es gab ein bisschen Action. Wenn es mal wieder so weit war und es irgendwo Streit gab, hörte man auf einmal aus allen Ecken diese Pfiffe, diese Imitation von irgendeinem Vogelgesang, der richtig gut klang und über den ganzen Ku'damm zu hören war, und dann sah man im selben Moment aus allen Richtungen Giants zusammenströmen, die ohne lange zu fackeln gleich zuschlugen und solange richtig Stress machten, bis irgend jemand mit einer Jacke oder etwas anderem wegrannte und die Action genauso schnell wieder vorbei war, wie sie angefangen hatte. Allein schon dieser Name, Giants, so nach dem Motto, wir sind die Giganten, Herrscher über den Ku'damm. Das flößte einem richtig Respekt ein. Ich fand es völlig faszinierend, wie die Organisation funktionierte, und vor allem, wie jeder für jeden einstand.

Als Cut'em T. und ich allerdings abends da aufliefen, standen wir nur ein bisschen rum und fanden keinen Anschluß. Die Leute wollten überhaupt nichts von uns wissen und ignorierten uns einfach. Ich war richtig genervt und frustriert, keinen Fuß in die Tür gekriegt zu haben. Ich fühlte mich verarscht und konnte es kaum glauben, dass Maxim sich einen Monat später doch noch bei mir meldete. Er rief einfach bei mir an! Geil! Der alte Hase war plötzlich selbst am Telefon und erzählte mir, dass er mich mit einem kroatischen Sprüher, einem echten Old-Schooler bekannt machen wolle. Krass!

Maxim gehörte zusammen mit Amok und ein paar anderen selbst zu den absoluten Old-Schoolern, die 83/84 schon angefangen hatten zu sprühen. Genauso lange kannte er auch Kazim, den Kroaten, der die »Yugo-Stars« wiederbeleben wollte, eine Crew, in der nur kroatische Sprüher waren. Die hatte es früher schon mal als jugoslawische Crew gegeben, war dann aber eingegangen. Ich war begeistert. Mitglied in einer echten Crew! Vermittelt durch Maxim! Das hörte sich richtig geil an.

Wir verabredeten uns vor »Pinky Records« in der Rheinstraße, der angesagtesten Anlaufstelle für HipHop-Fans. Cut'em T. und ich liefen pünktlich um fünf da auf und warteten. Ich wollte auf keinen Fall zu spät kommen und mich gleich bei unserem ersten Treffen unbeliebt machen. Außerdem war ich viel zu aufgeregt, um noch länger zu warten. Am liebsten wäre ich eine Stunde früher aufgelaufen, Hauptsache, es ging endlich los.

Wir standen in der Rheinstraße und warteten. Um uns rum tobte der Feierabendverkehr, und halb Berlin machte die letzten Besorgungen vor Geschäftsschluss. Wir standen da, warteten und schauten uns das Schaufenster von »Pinky Records« an. Cut'em T. wusste zu fast jeder Platte was zu sagen. Er kannte sich mittlerweile ziemlich gut aus in dem Metier und vertrieb uns die Zeit, indem er was über die Platten erzählte. Wir warteten. Es wurde langsam dunkel, mir wurde kalt, und ich hatte allmählich keinen Bock mehr. Wer sagte denn, dass Kazim uns nicht genauso versetzen würde, wie uns Maxim am Burger King-Corner versetzt hatte?

Nach über einer Stunde kam er dann. Das heißt, er kam nicht einfach an, er trat auf. In einem Outfit, dass uns fast die Augen ausfielen. Der Typ trug eine Jeansjacke mit Backpiece hinten drauf, so einem richtig geil besprühten Leinwandstoff mit seinem Namen. Darunter ein Kapuzenpullover, tiefblaue Jeans, und was der Hammer war, Super-Stars von Adidas mit Streifen aus Schlangenlederimitat. Das hatte ich noch nie gesehen. Ich kannte nur die Dinger mit den roten, blauen oder schwarzen Streifen. Aber diese da waren echt der Hammer.

Kazim wusste das. Er hatte seinen Auftritt genau inszeniert und zog voll die Show ab, grüßte ganz nebenbei die Verkäufer im Plattenladen, um sich dann uns zuzuwenden. Er ließ überhaupt keinen Zweifel daran aufkommen, dass er der Chef ist, für den wir bloß

Toys sind. Wahrscheinlich ließ er uns auch deshalb so lange warten. Er wollte unseren Willen testen, uns so richtig kleinmachen und dann seinen Auftritt haben. Mir war das in dem Augenblick gar nicht bewusst. Ich sah nur die Chance, einen Old-Schooler kennenzulernen und ihm Löcher in den Bauch zu fragen. Und Kazim hielt Hof. Er beantwortete so richtig von oben herab meine Fragen, wie man was sprüht, wie man welchen Effekt hinbekommt und wie man dieses oder jenes vermeidet. Wir waren ganz schnell im Fachsimpeln, welches Cap man für welchen Effekt benutzt und wo man es herbekommt, bis er im entscheidenden Moment voll bremste: »Langsam, Junge, langsam!« Er wollte sein Wissen nicht preisgeben, die besten Tricks nicht so ohne weiteres verraten.

Ich raffte gar nicht, was der auf einmal hatte. Aber ich kannte eben die Spielregeln noch nicht. Kazim und Maxim wollten mir helfen und mich in die Szene einführen, aber sie erwarteten dafür als Gegenleistung, dass ich sie als meine Lehrer akzeptiere und ihnen meinen Respekt erweise, was wiederum ihr Ansehen in der Szene steigern würde. Klar, je mehr Leute zu ihnen aufschauen, um so größer erscheinen sie selbst. Und so einer sollte ich werden, einer, der zu ihnen aufschaut, erst mal zeigen muss, was er draufhat, und sich dann langsam hocharbeitet. Gut, sie hatten mehr Erfahrung, das konnte ich respektieren, aber wie sie das rüberbrachten, gefiel mir nicht. Das war so eine saublöde Art von Arroganz, die mich voll nervte. Und dann ließ Kazim mich auch noch zappeln. Er sagte nicht gleich, dass ich Mitglied in ihrer Kroaten-Crew werden könnte, sondern ließ mich warten und meinte, wir sollten uns eine Woche später noch mal treffen.

Warum auch immer brachte Kazim zum zweiten Treffen seine Freundin mit. Eine Szene-Braut, voll gestylt und genauso drauf wie er, die es nur drauf anlegte, dass ich mich möglichst mies fühlte. Sie behandelte mich genauso von oben herab wie Kazim. Das war mir wirklich zu blöd. Irgendwie war mir dann klar, dass das nichts für mich ist mit diesen Leuten und den »Yugo-Stars«, und der Kontakt schlief wieder ein.

Kazim war einfach nur ein Typ, der die Show voll beherrschte, aber sonst nicht viel draufhatte. Selbst Maxim nannte ihn später den »Writer mit den gebrochenen Händen«. Er war als einer der ersten mit dabei gewesen, sprühte seit Jahren, konnte nicht viel, war aber immer da, wenn es irgendwo Action gab. Deshalb wunderte es mich auch nicht, dass die Yugo-Stars eine ziemlich kleine Crew blieben, die außer ein paar Tags nicht viel machte und ziemlich schnell in den Giants aufging. Near, Migel und Bojus, alles Kroaten, sprühten dann eine Zeit lang für die Giants weiter, bis die sich auch auflösten, weil ihr Leader in den Knast wanderte. Kazim kam danach bei GFA unter, den Glorious Five Artists, einer ziemlich harten Truppe mit Crew-Tattoos und all so was, die aber trotzdem auf hohem Niveau ihre Bilder machte. Da konnte Kazim nicht mithalten und flog raus. Das muss so ein schwerer Schlag für ihn gewesen sein, dass er danach ein völlig anderer wurde. Der Sprachfehler, den er wahrscheinlich immer schon hatte, der mir aber anfangs gar nicht so aufgefallen war, kam dann voll zum Vorschein. Nach dem Rauswurf wirkte er eine Zeit lang wirklich angezählt. Zumindest war er nicht mehr so arrogant, wurde immer netter, und irgendwann fing ich an, ihn richtig gern zu haben.

Vor ihrem Niedergang waren die Giants eine Klasse für sich. Nicht nur wegen der Qualität der Bilder von Amok, Roc und Migel, sondern vor allem auch wegen der Bruderschaft mit ihren Schlägern. Das machte sie unangreifbar und irgendwie auch arrogant. Das kriegte ich voll zu spüren, als ich ein paar Wochen später zufällig Roc, den Bruder von Amok und Writer der Giants, in einen Döner-Laden reingehen sah.

Ich war gerade mit meiner Schwester unterwegs zum Einkaufen, kämpfte mich mit tonnenschweren Taschen durchs Getümmel und sah plötzlich am helllichten Tag mitten auf der Straße sein Backpiece. Roc! Ich konnte es gar nicht glauben. Allein dieses Backpiece hinten auf der Jacke zu sehen, haute mich unglaublich um. Einfach nur dieses Stück Leinwandstoff, auf das er mit Airbrush Styles und Characters gemalt hatte, fand ich einfach unglaublich. Ich war völlig fasziniert und wusste gar nicht, was ich machen sollte. Ich stand draußen vor dem Döner-Laden, in dem er verschwunden war, und hatte keine Ahnung, ob ich es bringen konnte, einfach reinzugehen und ihn anzuhauen, dass ich bei den Giants mitmachen möchte. Mann, da drin saß Roc von den Giants, und ich hatte die einmalige Chance, ihn kennenzulernen. Ich stand die ganze Zeit vor diesem komischen Imbiß und überlegte, was ich machen soll, überlegte die ganze Zeit, ob ich da jetzt reingehen soll oder nicht, bis ich mir irgendwann sagte, komm Alter, die Gelegenheit hast du vielleicht nie wieder! Okay, los!

Ich stiefelte rein, zog eine Skizze aus der Tasche, die ich zufällig dabei hatte, und fragte ihn, ob ich nicht bei den Giants mitmachen könnte. Roc war so verblüfft, dass er kaum was sagte und sich nur über mich wunderte. Seine Begleiter, zwei Schläger in ihren Giants-Jacken, nahmen mich überhaupt nicht ernst und verarschten mich nach Strich und Faden. Ich merkte es gar nicht oder wollte es nicht merken, wollte einfach nur mit Roc reden, wollte Mitglied werden, verdammt, und bettelte rum, dass sie mich aufnehmen sollen. Aber Roc wusste nicht mal, wer ich war – woher auch? – und bügelte mich voll ab: »Hey, wir kennen dich ja gar nicht. Komm wieder, wenn du ein paar Bilder gemacht hast.«

Völlig geknickt trabte ich wieder raus und erzählte meiner Schwester, was passiert war. Sie hörte sich das an, stellte dann die Einkaufstaschen ab, ging in den Laden und haute die Jungs noch mal an, ob sie mich nicht doch in ihre Crew aufnehmen wollen. Die blickten erst mal gar nicht, was anlag, wunderten sich nur, was jetzt auch noch dieses Mädchen von ihnen will, und sagten ihr, dass es nicht ginge. Meine Schwester hatte es wirklich nur gut gemeint, aber bei den Giants hatte ich danach erst mal den Ruf weg, dass ich es nicht allein auf die Reihe kriegen würde, sondern meine Schwester vorschicken müsste. Ganz klar, wären wir uns danach direkt noch mal begegnet, hätten sie mich ausgelacht. Mann, war das peinlich! Was wollte ich denn schon großartig? Ich wollte nicht mehr allein sein und wollte dazugehören. War das zu viel verlangt?

Ich verkroch mich erst mal wieder auf meine acht Quadratmeter und schob Frust, schloss mich ein und malte Skizzen. Stundenlang. Saß einfach da und malte, übte meinen Style, probierte Sachen aus, was mir gerade so einfiel, und versuchte drüber wegzuhören, dass es in der Küche dauernd Zoff gab. Es war unerträglich. Es gab ständig Streit, ständig Stress. Wenn es absolut nicht mehr auszuhalten war, pilgerte ich durch die ganze Stadt, um mir die Bilder der anderen anzugucken. Selbst wer so wenig Ahnung von Graffiti hatte wie ich, kriegte immer wieder die gleichen Namen zu hören, Amok, Shek, Chaos, Dane. Ich hatte aufgeschnappt, dass sie oben in Schönholz an der Mauer ihre Hall of Fame hatten, und ich fuhr immer wieder hin, um sie mir anzuschauen, die Bilder der Besten. Dann stand ich da, schaute mir die Bilder an und versuchte, mir die einzelnen Leute vorzustellen, wie sie da an der Wand standen und sprühten, wie sie miteinander redeten und Toys abblitzen ließen, wie sie voll bei der Sache waren und trotzdem ihren Spaß dabei hatten. Und dann fuhr ich wieder allein nach Hause.

Cut'em T. sah ich immer seltener. Er tauchte voll in seine Musik ab, lernte in der HipHop-Szene tausend Leute kennen und hatte kaum noch Zeit für mich. Das tat weh. Er war mein allerbester Freund. Er schaffte es irgendwie und ich nicht. Als ich ihn dann mal wiedersah, erzählte er, dass Amok eine eigene Hall of Fame hätte, und er wusste, wo die war. Wenn ich Bock drauf hätte, würde er mich hinführen.

Sie lag hinter einem Reichsbahngelände am U-Bahnhof Bundesplatz. Wir gingen einen schmalen Weg rein, zwischen Büschen und Sträuchern durch, die wild da wuchsen, an alten Autos vorbei, die da einfach abgewrackt worden waren, und kamen zu einer Ruine, die früher vielleicht mal ein Bahngebäude gewesen war, wo jetzt aber das Dach und eine Außenmauer fehlten. Drei von vier Wänden waren übrig geblieben und bildeten im wahrsten Sinne des Wortes eine Hall of Fame.

Ich kam da rein, sah dieses Panorama und war sprachlos. Das war noch besser als das, was ich an der Mauer in Schönholz von

Amok gesehen hatte. Das war besser als alles, was ich überhaupt je gesehen hatte. Es war der Wahnsinn!

Er hatte die Wände grundiert und richtig gepflegt, so dass sie zum Sprühen ideal waren und die Farben unglaublich gut rauskamen, und dann hatte er Bilder gemacht, dass einem die Augen ausfielen. Zusammen mit ein paar alten Dosen, die Amok stehenlassen hatte, den Autos, die da vor sich hingammelten, der ganzen abgerissenen Atmosphäre auf diesem Bahngelände ergab das eine Atmosphäre, die einen sprachlos machte. Man kam da lang, schaute nach links und sah plötzlich diese ganze Farbe, diese Bilder, mit denen er die Atmosphäre der Straße in Pieces umgesetzt hatte. Es war einfach geil!

Amok war der Beste, der absolute King der Szene. Das stand für jeden fest. Unbestritten. Keiner konnte wirklich sagen, warum, aber er war es. Wer sich dafür interessierte und was davon verstand, konnte sehen, dass seine Bilder einfach die entwickeltesten, die ausgereiftesten waren. Deshalb pilgerten alle, die irgendwas mit Sprühen zu tun hatten, früher oder später zu seiner Hall of Fame und guckten sich die Bilder an. Und das zu Recht.

Ich schwänzte dann auch oft die Schule, selbst später noch, als ich schon in Bukow wohnte, nur um da hingehen zu können, meine Ruhe zu haben und die Bilder in mein Skizzenbuch abzumalen. Vielleicht war es mir auch ein bisschen peinlich, vor Cut'em T. meinen Block rauszuholen und die Pieces abzuzeichnen. Ich ging immer wieder hin, stand davor und versuchte, die Bilder zu begreifen. Stundenlang stand ich nur da und versuchte zu begreifen, wie er das gemacht hatte. Stand da und träumte davon, irgendwann mal Bilder zu machen, die so gut sein sollten wie seine. Aber alles, was ich in mein Skizzenheft abmalte, war Scheiße, die pure Scheiße. Oft saß ich dann nächtelang zu Hause und versuchte, die Skizzen noch mal abzumalen, besser zu malen, so zu malen, wie Amok es tat. Aber es nützte alles nichts.

Ob es dran lag, dass ich nur noch daran denken konnte oder an irgendwas anderem, weiß ich nicht, jedenfalls waren bis zum Sommer '88 meine schulischen Leistungen auf diesem Gymnasium in Charlottenburg so in den Keller gegangen, dass es gar keinen Sinn mehr machte, da noch weiter hinzugehen. Meine Eltern hatten sich in den Kopf gesetzt, in Buckow ein Haus zu bauen, und schickten mich deshalb vorab schon mal zur Realschule nach Neukölln. Aber Schule interessierte mich natürlich auch da unten nicht. Was da gemacht wurde, war mir völlig egal.

Wichtig war mir nur mein Ruf bei den Leuten, und deshalb brachte ich direkt erst mal Graffiti da rein. Die Leute fanden das natürlich geil und waren voll fasziniert, hey, der kommt hier an und macht gleich so'ne Action, ist ja geil. Damit sie sahen, dass ich wirklich was machte, setzte ich auf dem Weg nach Hause immer gleich mit dem Edding meinen Namen in die U 7, gleich nach der Wutzkyallee, wo die Züge immer noch recht leer waren und ich in Ruhe alles zutaggen konnte, bevor es voller wurde. Die Leute bei mir auf der Schule kriegten natürlich mit, was abging, fanden es geil und fingen an, es nachzumachen. Dadurch lernte ich dann Crash kennen, einen Türken aus Kreuzberg, der bei mir in die Klasse ging und sofort zu meinem besten Kumpel da unten wurde.

Ich hatte irgendwann damit angefangen, meine Hälfte des Tisches richtig groß mit irgendwelchen Sachen vollzuschreiben, und versuchte, sie so gut auszuarbeiten, wie ich es damals konnte. Die Leute waren fasziniert davon, und irgendwann fing Crash, der neben mir saß, auch damit an. Das brachte uns zusammen und ging so weit, dass wir uns jedes Mal, wenn wir einen Tisch vollgemalt hatten, einfach einen neuen nahmen und den bemalten irgendeinem anderen unterschoben. Natürlich wusste jeder, wer es gewesen war, aber wir wurden nie verpfiffen. Womöglich waren diejenigen, denen wir die Tische unterschoben, sogar ein bisschen stolz darauf. Als fast alle Tische in der Klasse beschmiert waren, hatten es die Lehrer endgültig satt, forderten uns auf, damit aufzuhören, und verteilten Tadel. Aber das war egal.

Mit Crash hatte ich endlich wieder jemanden, mit dem ich mich richtig gut verstand und alles zusammen machen konnte.

Wenn uns langweilig war und nichts anderes mehr einfiel, dann machten wir das Hände-Klatsch-Spiel, das mich noch jahrelang begleitet hat. Zwei Leute stehen sich gegenüber und strecken ihre Hände nach vorn. Die Fingerspitzen der beiden Gegner müssen sich berühren. Einer muss dann versuchen, die Hände des anderen abzuklatschen, und der muss blitzschnell wegziehen. Trifft er nicht, ist der andere dran. Solange bis einer vor Schmerzen aufgibt. Im Grunde ist das ein saublödes Spiel, ein Kinderspiel, aber wir konnten das stundenlang machen und hatten riesig Spaß dabei.

Wir spielten es oft in Freistunden oder wenn wir die Schule schwänzten und im U-Bahnhof Wutzkyallee rumchillten. Es hingen immer viele Leute da rum, die keinen Bock auf Schule hatten. Wir hatten alle keine Kohle, um uns in ein Café zu setzen oder so was, also trafen wir uns im U-Bahnhof. Ab und zu kamen mal Bifis vorbei, die uns vertrieben, aber es dauerte dann nie lange, bis wir wieder alle da waren.

Im Winter '88, als es einfach zu kalt war, um draußen abzuhängen, tummelten wir uns ständig da unten und trafen immer öfter auf Skinheads. Mit den rechten Freaks auf unserer Schule gab es eigentlich selten Stress. Die machten in den Pausen ihre Sprüche, wir hielten mit unseren Sprüchen dagegen. Das war's. Von dem Gymnasium in Charlottenburg kannte ich das gar nicht. Okay, man war da nicht wirklich akzeptiert, aber blöde Sprüche gab es kaum. Auf der Realschule in Buckow war das anders. Die Stimmung unter den Deutschen war insgesamt sehr rechts und ausländerfeindlich. Wenn es allerdings abging, dann nicht an der Schule, sondern im U-Bahnhof. Außer uns hingen da immer noch irgendwelche Heavies rum, Heavy-Metal-Freaks, die sich selbst zu den Skinheads zählten und TBW nannten, Terrorbande Wutzkyallee. Vor ewigen Zeiten soll das mal eine Zuhälterbande gewesen sein, die jeden Scheiß gemacht hat und mittlerweile größtenteils in den Knast abgewandert ist. Zu unserer Zeit waren dann die Jüngeren aktiv, übernahmen den alten Namen und machten neuen Stress. Wirklich heavy waren die nicht. Die waren gerade mal so alt wie wir, 14, 15, 16, so um den Dreh. Da waren die Skins, die sich dann immer öfter zu ihnen gesellten, schon aus anderem Holz geschnitzt. Der Stress war quasi vorprogrammiert. Im Umfeld vom U-Bahnhof Wutzkyallee gab es gleich drei Schulen, auf die zu der Zeit immer mehr Ausländer gingen. Viele Skinheads, die sich bisher da unten wohl fühlten, weil sie keine Ausländer vor der Nase hatten, mussten sich auf einmal mit uns auseinandersetzen und fingen an, Stress zu machen. Ständig schubsten sie irgendwelche Leute rum, markierten den starken Mann und hauten Sprüche raus von wegen, wir haben die Schnauze voll, es sind zu viele Ausländer hier. Ständig gab es kleinere Prügeleien oder Handgreiflichkeiten. Als es dann mal hieß, die Skins hätten einem türkischen Mädchen die Haare abgefackelt, ging es richtig ab. Keine Ahnung, ob sie es wirklich getan hatten oder nicht, jedenfalls gab es daraufhin eine riesige Straßenschlacht. Die Black Panthers aus dem Wedding kamen, Kreuzberger waren dabei und vor allem Neuköllner, zum größten Teil Türken, die da unten richtig loslegten. Das war voll die dicke Action. Kampfhunde waren da am Start, alle möglichen Waffen, Gruppen, die durch die Straßen zogen und sich prügelten, dazwischen Leute, die mit ihren Autos voll Speed auf irgendwelche Menschenansammlungen zuhielten. Der Wahnsinn!

Nach der ersten großen Schlägerei erhielten wir an unserer Schule Polizeischutz. Ständig standen da irgendwo Wannen rum, was aber nichts daran änderte, dass es den ganzen Winter über immer wieder Prügeleien gab. Dadurch lernte ich auch Yilmaz von den Black Panthers kennen und kriegte mit, was so abgeht. Nach der Skin-Action kam er öfter mal runter und chillte mit uns auf dem Bahnhof rum. Ich schwänzte dann und unterhielt mich mit ihm über Gott und die Welt, über seine Gang und meine Graffiti-Versuche und alles, was sonst noch so anlag.

Ich ließ nicht locker. Ich wollte unbedingt in die Graffiti-Szene rein und setzte weiter jeden Tag meine Tags. Als ich wieder irgendwann an so einem ganz normalen Tag mit der U 7 von der Schule nach Hause fuhr, dachte ich plötzlich, mich trifft der Schlag. Ich konnte es einfach nicht glauben: Da waren Tags von Salomo! Ich war so genervt von diesem Typen! Wochenlang hatte ich mir auf der U 1 in Charlottenburg einen Battle mit ihm geliefert und dabei den kürzeren gezogen. Und jetzt tauchte der plötzlich auch noch hier auf, in meinem Revier. Ich hatte echt die Schnauze voll! Diese Linie kriegte er nicht, das war meine Linie, die ließ ich mir von dem nicht wegnehmen! Es ist die längste Linie der Stadt, und die gehörte nur einem: mir!

CRASH

In den nächsten Tagen legte ich los und taggte, was das Zeug hielt. Oft stieg ich nach der Schule absichtlich in die falsche Richtung ein, um bis zur Endstation und wieder zurück den Zug möglichst lange für mich zu haben, oder fuhr drei Stationen Richtung City, um dann gleich in den entgegenkommenden Zug wieder reinzuspringen. Und taggte tausendmal mein Fetzo, immer wieder Fetzo, überallhin.

Ich erzählte Crash davon, dass ich einen neuen Battle mit Salomo austragen würde, und er half mir dabei. Vor allem besorgte er mir von Basic, einem ziemlich verrückten Griechen aus Kreuzberg, der in der Nachbarschaft von Crash wohnte, einen Postermarker mit einer drei Zentimeter breiten Spitze. Drei Zentimeter! Das war der Hammer! Ich konnte mein Glück kaum fassen. Die Tags waren riesig! Das war eine völlig neue Dimension des Taggens! Einfach perfekt! Ein Tag und, boom, der ganze Sitz war voll! Geil! Ein Tag und, boom, ein Fenster, eine Tür, eine Innenverkleidung waren voll! Ein Streckenplan, eine Bahnhofsbank, eine Kioskwand, boom, ein Tag und alles war voll! Ich taggte wie ein Wilder, wie ein Wahnsinniger. Ich burnte Salomo einfach weg. Neben seinen kleinen Tag setzte ich einen von meinen, einen riesigen, und gleich noch zwei daneben. Ich bombte ihn so lange, bis er endlich aufgab und die U 7 nur noch mir gehörte. Mir allein. Ich hatte zum ersten

Mal das Gefühl, etwas erreicht zu haben. Keiner hatte mehr Tags da als ich. Die längste Linie der Stadt gehörte mir.

Crash half mir ab und zu bei meiner Battle-Aktion, meistens schaute er aber nur zu und zückte höchstens mal den Stift, wenn noch ein paar andere Leute aus unserer Schule im Abteil saßen und er sich vor denen beweisen wollte. Er war nicht wirklich der Typ fürs Bomben. Es passte nicht zu seiner Mentalität. Er wollte einfach nur mit seinem Kumpel ein bisschen Action machen, das war's. Ihm ging es allein um den Spaß bei der Sache, um den Thrill, irgendwie anders zu sein, auszubrechen, sich nicht anzupassen. Das konnte man schon an seinem Namen sehen. »Crash« ist ein richtiger Allerweltsname, den wahrscheinlich jeder Writer der Welt schon mal getaggt hat, weil er einfach dieses Lebensgefühl ausdrückt. Crash! Einfach Action machen, aus sich rauskommen, mit der Langeweile brechen! Weg von diesem ganzen Mist, diesem ganzen langweiligen Zeug! Einfach Crash!

Nachmittags hing er oft mit ein paar Leuten von TGK am Statthaus Böcklerpark rum. Er gehörte nicht wirklich dazu, aber weil die meisten mehr oder weniger Nachbarn von ihm waren und er manche von denen schon seit dem Kindergarten kannte, wurde er akzeptiert. Die meisten waren Türken wie er. Sie nannten sich The Ghetto Kings, TGK, und hatten wirklich voll das Ghetto-Ding drauf. Da gehören HipHop und Writing einfach dazu. In Kreuzberg erst recht, wo sie sich wirklich sehr, sehr ghetto-mäßig geben. Das ist alles eine Clique, eine vollkommen eingeschworene Gemeinschaft, die ihren Kiez kaum verlässt. Die sind nur in Kreuzberg und empfangen höchstens mal Leute von außerhalb, denen sie dann aber nach einer gewissen Zeit einfach in den Arsch treten. Untereinander ist das aber eine eingeschworene Gemeinschaft, wie ich sie in ganz Berlin sonst nirgendwo gesehen habe. Das erkennt man schon daran, dass sich eigentlich alle Kreuzberger, ob TGK oder nicht, »36 Boys« nennen. Immer und überall taucht dieser Beiname auf, mit dem sie ihr Revier, ihr Ghetto, den alten Bezirk SO 36 bezeichnen. Egal, wer du bist, kommst du aus dem SO 36, bist du 36 Boy. Und für die Jungen, richtig nach Alter eingeteilt, gibt es dann noch die 36 Juniors, die einmal sogar ihren »36 Junior des Jahres« gewählt haben. Das ist richtig eine Welt für sich, da herrscht der Kreuzberg-Flavour, eine ganz eigene Mentalität, ein ganz eigenes Selbstbewusstsein. Es sind vor allem Türken, und die sind in Kreuzberg noch mal ganz anders als anderswo. Die Weddinger sind anders, die Neuköllner, die Schöneberger und Charlottenburger, nicht so kreativ. Nirgendwo sind die Türken so wie in Kreuzberg, voller Leben, voller Power.

Deshalb hatte ich da auch keine Chance. Ich lief ein paar Mal mit Crash da auf, hing mit den Leuten im Böcklerpark rum und haute Neco, ihren Anführer, sogar mal an, ob ich nicht Mitglied werden könnte. Erst wollte er ablehnen, weil ich zu weit weg wohnte und eben kein Kreuzberger war. Ich versprach ihm aber, TGK zu taggen und wahnsinnig viel zu machen. Er hatte von meiner Linie 7 nichts mitbekommen. Kreuzberger kümmern sich nur um ihre eigene Linie. Für die zählt nur die 1, die 7 ist denen scheißegal.

Trotzdem nahm Neco mich dann doch erst mal auf. Das gehörte bei ihm dazu. Er nahm damals alle möglichen Writer in TGK auf, vor allem Tagger. Zum Teil kannte er sie gar nicht, hatte nur mal ihre Tags gesehen und fragte sie, ob sie nicht dabei sein wollten. Die legten sich dann richtig ins Zeug und taggten wie wild, um sich in der Crew einen Namen zu machen. Neco schaute sich das eine Zeit lang mit an, wie TGK dadurch richtig bekannt wurde, und warf dann irgendwann ohne mit der Wimper zu zucken einen nach dem anderen einfach wieder raus. Vorher schickte er ihnen noch Schläger auf den Hals, die Dosen, T-Shirts, Jacken oder irgendwas anderes von ihnen verlangten, ließ sie abziehen und schmiss sie raus. Wer aufmuckte, kriegte ein Ding verpasst. Bisaz zum Beispiel, der TGK auch mal auf den Leim gegangen war, zogen sie einen Knüppel über den Kopf, und Santos, einem Griechen, stießen sie nachher ein Messer in den Arsch. So was machte natürlich auch Respekt. Zwar auch Hass, aber der Name ging eben rum.

Ich kam ungeschoren davon, weil ich einfach irgendwann nicht mehr kam. Ich spielte da nie eine Rolle, wurde nie beachtet und wahrscheinlich überhaupt nicht vermisst, als ich irgendwann nicht mehr hinging. Mir brachte das nichts. Ich hatte keinen Bock, den Namen einer Crew zu taggen, mit der ich nichts zu tun hatte. Offiziell war ich Mitglied, aber in der Realität war ich nichts für die. Ich war denen völlig egal, die meisten kannten mich nicht mal. So hatte ich mir das nicht vorgestellt. Darauf hatte ich keinen Bock.

Nur mit Crash hatte ich weiterhin zu tun, meinem Kumpel halt. Wir hingen in der Schule rum und gingen manchmal zusammen taggen. Wir machten uns gar keine Gedanken darüber, dass es spätestens nach meinem Battle mit Salomo natürlich irgendwann auffallen musste, wenn jeden Tag aus Buckow neue Tags in die Stadt reinfahren. Selbst die Bifis mussten irgendwann drauf kommen, dass es immer von da unten kam.

Es passierte, als wir gerade eine Säule im U-Bahnhof Wutzkyallee taggten. Außer ein paar Leuten von unserer Schule und der einen oder anderen Oma, die in die Stadt fahren wollte, war mal wieder nicht viel los auf dem Bahnhof. Wir hatten also richtig Zeit, voll die saftigen Tags da hinzuklatschen. Mit einem Auge immer auf dem Bahnsteig, kommt da jemand, tut sich was, müssen wir abhauen, schnell umgeguckt und dann getaggt. Es war alles ganz ruhig, und wir machten in aller Ruhe unsere Dinger da, als plötzlich dieser Typ in Zivil auftauchte, den wir vorher gar nicht gesehen hatten. Auf einmal stand er einfach da, so ein richtiges Tier in schwarzer Lederjacke, packte Crash und führte ihn gleich in das BVG-Häuschen ab. Das ging so schnell, dass wir gar nichts mitkriegten. Der kam, krallte Crash und Feierabend. Wir hatten null Chance abzuhauen. Ich hatte immer gedacht, wenn mal Bullen kommen, dann geht's richtig ab, Wegrennen, Prügelei, Action. Kein Stück! Der kam, nahm Crash mit und fertig. Schock! Ausgerechnet Crash, der mit der Sache eigentlich gar nichts richtig zu tun hatte. Wenn sie mich gepackt hätten, okay, das wäre auch Scheiße gewesen, aber ich hatte da die meisten Tags gemacht. Irgendwie hätten sie dann zumindest den Richtigen gepackt. Aber doch nicht Crash! Ich war völlig geschockt und wusste gar nicht, was ich machen sollte, stand da irgendwie nur rum und guckte zu, wie Crash abgeführt wurde und dabei die ganze Zeit so komische Zeichen machte, aus denen ich absolut nicht schlau wurde. Ich hatte noch mitgekriegt, dass er seinen Edding in die Hosentasche gesteckt hatte. Und jetzt machte er da irgendwie so komisch rum. Was sollte das? Was wollte er mir sagen? Auf einmal hörte ich es klackern und brauchte noch eine Sekunde, bis ich raffte, dass er ein Loch in der Hosentasche hatte, durch das der Edding im Hosenbein runtergerutscht war. Er hampelte ein bisschen mit dem Bein rum, und zack, das Ding lag auf dem Boden und kullerte wie in Zeitlupe über den Bahnsteig. Ich sofort hin, das Ding gepackt und weg.

Natürlich machte ich mir die totalen Sorgen. Scheiße, jetzt haben sie ihn erwischt, und ich war derjenige, der ihn dazu angestiftet hat. Was machen die jetzt mit ihm? Gut, sie hatten zwar den Edding nicht mehr, aber der Bulle hatte ja gesehen, wie er getaggt hat. Was machen die jetzt mit ihm? Zum Glück ließen sie ihn gleich wieder laufen und sprachen nur eine Verwarnung aus. Trotzdem war Crash davon so geschockt, dass er keinen Bock mehr darauf hatte und mit dem Taggen aufhörte. Die Sache war es ihm nicht wert.

Nach seiner Verhaftung war nicht mehr viel los mit ihm. Klar, er war immer noch ein netter Typ, und wir verstanden uns auch noch ganz gut. Aber er war eben nicht mehr der Partner, mit dem ich alles machen konnte, worauf ich Bock hatte. Für mich war das ein schwerer Schlag. Zum ersten Mal richtig mit den Bullen zu tun gehabt und dann gleich einen Freund verloren. Gut, sie hatten ihn nicht in den Knast gesteckt, aber Crash war danach nicht mehr derselbe, und ich war wieder allein, schon wieder, und hatte dieses Gefühl, diesen Wunsch, diesen Traum, den jeder Mensch kennt: Ich will jemanden haben, der mich versteht, der mein Denken teilt, der alles mit mir macht. Und plötzlich war das alles wieder weg. Ich war allein, saß wieder zu Hause rum und machte meine Skizzen, musste ständig meinen Eltern helfen, die angefangen hatten, in Buckow das Haus zu bauen, und seilte mich da so oft es ging ab, fuhr dann allein durch die Stadt und sah mir die Bilder der bekannten Writer an, saß wieder allein in der U-Bahn und machte jeden Tag meine Tags. Immer dieses Alleinsein! Ich wollte das einfach nicht mehr. Ich kam mir vor wie der einsamste Mensch der Welt. Alles, was ich bis dahin versucht hatte, um in die Szene reinzukommen, war in die Hose gegangen.

Außer in der Schule traf ich kaum mal Leute. Aber da dann ausgerechnet Shade. Auf einmal saß er in der Klasse neben mir. Wir lernten uns ein bisschen kennen und fingen gleich an, zusammen unseren Mist zu bauen. Shade war ein voll lustiger Vogel, mit dem ich mich dann auch öfter nachmittags bei ihm zu Hause traf. Er war voll der Vietnamkriegs-Freak, hatte ein dickes Rambo-Poster über dem Bett hängen und ein voll detailliertes Dschungelmodell gebaut, in dem GIs gegen Vietkongs kämpften. Echt schräg.

Als es im Frühjahr etwas wärmer wurde, führte Shade mich dann bei sich um die Ecke auf dem Reuterplatz ein, wo ich Neukölln erst mal richtig kennenlernte. Ich kannte Charlottenburg. Da war ich groß geworden, mitten in der City, wo richtig was los war. Und ein paar Wochen vorher waren wir nach Buckow gezogen, in den Süden von Neukölln, wo sich Fuchs und Hase gute Nacht sagten, aber meine Eltern unbedingt ihr hartnäckig Erspartes zu einem Haus machen mussten. Durch Shade lernte ich das richtige Neukölln kennen, das Arbeiterviertel, wo ich zum ersten Mal mitkriegte, was wirklich in Neukölln abging, wie die da kifften und was für ein Zeug die anstellten: Einbrüche, Autos knacken, Schlägereien.

Das war eine ganze Clique, mit der Shade da rumhing, alle richtig gut drauf. Fuat, ein Kurde, so ein richtig netter Kerl. Apo, ein Grieche, den jeder in der Gegend mochte, weil er wahnsinnig lustig und immer fair war, immer in Bewegung, immer voller Action, ein richtiges Energiebündel, das aber auch austeilen konnte, wenn es nötig war. Achim, ein richtig typischer Neuköllner, Hertha-«Fan« und immer dabei, wenn es irgendwo eine Prügelei gab. Kalle, immer richtig gut drauf, bis er mit einer Frau, die er da schon gar nicht mehr mochte, ein Kind bekam und abstürzte. Robby, dem eigentlich alles scheißegal war und der nur an seinen eigenen Vorteil dachte. Schoko, der selber so genannt werden wollte, weil er schwarz war, ein ganz lieber Typ, der tierisch darunter litt, dass seine Mutter Prostituierte war. Und Bruno, den ich erst später richtig gut kennenlernte.

Ich mochte die Leute, ging da nachmittags oft hin und gehörte irgendwann dazu. Wir waren eher die Ruhigen am Reuterplatz, chillten nur rum und lieferten uns ab und zu eine Schlägerei. Das musste einfach sein. Früher hatte es da mal eine richtig harte Gang gegeben, die »Reuters«. Ein paar Kids versuchten, daran anzuknüpfen, machten auf hart und wollten im Spiel mit den Kreuzbergern mithalten, sogar eine Konkurrenz bilden, aber hatten natürlich keine Chance. Wir hatten damit nichts am Hut und hingen meistens nur an der Ecke bei so einer Döner-Bude rum, wo es den schlechtesten Döner von ganz Berlin gab. Wir hatten sowieso nie Kohle, um diese Dinger zu futtern, und waren nur in diesem Imbiss drin, wenn es draußen zu kalt war und wir ein bisschen Robo-Cop am Automaten spielen wollten. Wenn es wärmer war, trafen wir uns draußen auf den Bänken im Park oder saßen vor einem Zeitungskiosk auf einem Geländer rum, quatschten, machten unsere Action und zogen Joints durch. Für mich war es da das erste Mal. Anfangs war es noch ein bisschen komisch, ich wusste nicht so recht, aber irgendwie gehörte es dazu, und ich zog mit.

Die Leute auf dem Reuter mochten mich, weil sie durch mich noch einer mehr geworden waren, der Bock auf Action hatte. Vor allem fanden sie es geil, dass Shade und ich zusammen taggten und dadurch auf dem Reuterplatz ziemlich schnell bekannt wurden. Sie hatten aber selber nichts damit am Hut. Deshalb war ich für die bis zu der Prügelei mit dem Möbelpacker vor allem der Kumpel von Shade, der taggte.

Gleich um die Ecke von da, wo wir uns immer trafen, gab es ein Umzugsunternehmen, und die Leute vom Reuter hatten schon öfter mal Stress mit den Typen dort gehabt. Das war für die nichts

Neues mehr. Deshalb war auch klar, dass Robby rumpöbeln musste, als wir mal wieder so auf der Rückenlehne von einer Bank rumsaßen und einer von diesen Packern völlig besoffen mit seinen zwei Hunden um die Ecke kam, ganz harmlose Biester, für die er ständig einen kleinen Ball wegschmiss, damit die ihn wiederholten. Er warf den immer genau auf den Spielplatz zwischen die Kinder, die da rummachten. Robby waren die Kinder scheißegal, es ging ihm nur um die Action, und deshalb machte er den Packer an, was das soll, und dass er damit gefälligst aufhören soll. Der Möbelpacker kam an, stellte sich vor Robby hin, guckte ihn an und gab ihm einen Schubs, dass er nach hinten von der Bank fiel. Ich sah das und sprang gleich hin, schubste ihn ein bisschen und verpasste ihm das erste Ding. Shade kam dazu und verpasste ihm auch ein Ding. Dann war erst mal gut, wir diskutierten noch ein bisschen mit ihm rum und pöbelten ein bisschen. Auf einmal griff sich Robby einen richtig fetten Prügel und haute dem Packer das Ding voll in den Nacken. Der Typ fiel um wie ein Baum und blieb liegen. Scheiße, nichts wie weg!

Wir wussten alle nicht richtig, was da passiert war, und kriegten nur mit, dass der Typ wohl doch wieder zu sich kam und abhaute. Jedenfalls gab es danach nie wieder Stress mit den Möbelpackern. Die hatten dann echt Respekt vor uns. Und die Leute auf dem Reuter hatten Respekt vor mir, weil ich direkt dazwischengegangen war und dem Typen eine verpasst hatte. Ab da gehörte ich dann richtig dazu, hing oft mit den Jungs da rum und hatte voll Spaß mit denen.

Ab und zu gingen Shade und ich zusammen taggen. Wir hatten uns richtig was vorgenommen und nannten uns Crew, obwohl wir nur zu zweit waren. Shade fuhr voll auf den Namen »Lords« ab, und weil Neukölln für uns Westler Anfang '89 noch ziemlich weit im Osten lag, nannten wir uns »Eastside Lords«, ESL. Ich wechselte meinen Namen und taggte »Rima«. Fetzo brachte es irgendwie nicht mehr und kam bei den anderen nicht besonders gut an. Mit unseren neuen Namen und unserer eigenen Crew wollten wir voll loslegen, richtig Action machen. Dazu brauchten wir Dosen. Shade war schon mal beim Zocken erwischt worden und hatte keinen Bock, die Dinger einzeln zu klauen. Wir hätten Ewigkeiten gebraucht, um genug Dosen für ein Bild zusammenzubekommen, und deshalb kam Shade auf die Idee, in ein Farbengeschäft einzubrechen. Er war zwar nie der Typ für einen richtigen Writer, aber was Action anging, war er für alles zu haben.

In Kreuzberg entdeckten wir einen Laden, der uns gut vorkam. Wir checkten den über Tag ein bisschen und beschlossen dann, okay, nachts gehen wir hin. Wir waren richtig ausgestattet, hatten Handschuhe, Werkzeug und Taschen dabei, hatten alles genau geplant und den Laden gründlich gecheckt. Es konnte eigentlich nichts schiefgehen.

Zuerst kletterten wir seitlich am Gebäude hoch, damit wir von hinten rankamen, weil uns von der Straße aus jeder hätte sehen können. Taxis funken gleich Bullen ran und so, das war uns zu gefährlich. Also kletterten wir erst mal auf den Hinterhof und versuchten alles mögliche, wirklich alles, um in den Laden reinzukommen. Aber der war von hinten besser gesichert als von vorne. Wir rackerten uns voll ab, probierten alles mögliche aus, aber nichts klappte. Wir hatten keine Chance!

Okay, dachten wir uns, versuchen wir es vom Dach aus. Irgendeine Luke, irgendein Fenster muss da doch sein, durch das wir reinkommen. Na also, eine Luke. Aber dieses Scheißteil, dieses verdammte Scheißteil ließ sich einfach nicht öffnen. Ich wurde richtig sauer. Eine Stunde lang kletterten wir auf dem Dach rum und hatten dabei ständig Panik, dass uns einer sieht. Ständig kamen Autos da lang, ständig rannten Leute auf der Straße rum, und dann hieß es immer, flach auf das Dach werfen und warten. Dann weitermachen, wieder hinwerfen, weitermachen, hinwerfen. Es war voll chaotisch. Und es klappte nicht.

Irgendwann waren wir so sauer, dass wir einfach ganz cool zur Ladentür gingen und die erst mal genauer checkten. Es war ein Gitter davor, das unten nur mit einem kleinen Schloss an einem

Fußabtreter befestigt war. Den konnte man einfach rausreißen und dann das ganze Gitter hochschieben. Die Tür selbst bestand aus kleinen viereckigen Scheiben, die nicht besonders dick waren. Gleich neben der Tür stand das Dosenregal. Wir konnten es schon sehen und dachten uns, okay, hauen wir einfach eine Scheibe kaputt und greifen von draußen in das Regal. Ich hatte gerade angefangen, ein paar Dosen rauszuholen, vielleicht fünf Stück, ganz vorsichtig, um mich nicht an den Scherben zu schneiden, da kam ein Taxi vorbei. Aktion abbrechen und so tun, als ob nichts wär! Einfach ein bisschen an der Ecke rumstehen! Das Taxi war weg, und wir machten weiter. Wieder ein paar Dosen, wieder ein Taxi. Und so ging es ständig. Ein paar Dosen, ein Taxi, ein paar Dosen, ein Taxi – irgendwann hatte ich es satt und holte rasend schnell eine Dose nach der anderen raus. Auf einmal kam etwas an, das aussah wie ein Bullenwagen. Shade brüllte: »Ey, Bullenwagen!« Ich riss voller Panik die Hand raus, blieb am Glas hängen und schnitt mir die ganze Handfläche auf. Scheißegal, abhauen! Wir rannten los, einfach weg, und noch beim Wegrennen guckte ich in die Tasche und sah, dass die ganzen Dosen schon voller Blut waren. Ich blutete wie ein Schwein, wirklich krass, aber irgendwie auch geil. Das war Hardcore Action, so wie ich sie mir vorstellte.

Trotzdem musste ich erst mal ab ins nächste Krankenhaus, den Leuten da irgendeine Geschichte erzählen und den Arm nähen lassen. Und wozu das alles? Wir hatten gerade mal 25 Dosen rausgeholt. Das ist nichts! Später zockten wir die in einer Minute, gingen einfach in die Läden rein, warfen alles in die Taschen und hauten ab. Und wir hatten uns die ganze Nacht abgerackert, dabei noch den Arm aufgeschlitzt, und das alles für schlappe 25 Dosen! Aber gut, die hatten wir, und damit wollten wir unser erstes Bild machen. Endlich mal ein Bild! Nicht immer nur diese Tags, sondern ein richtig geiles Bild!

Shade hatte am Kottbusser Tor auf einem Parkhaus eine Stelle entdeckt, wo sich niemand daran stören würde, wenn wir da sprühen. Wir hatten vorher gecheckt, dass am Wochenende die

Gittertore vor den Auffahrten nur halb runtergelassen waren und man da locker drunter kam. Wir also am helllichten Tag ganz locker durch den Hof zu der Garage, unter dem Tor durch, im Parkhaus hoch und oben durch einen Notausstieg auf das Dach, wo man dann wunderbar an der Mauer des Nachbarhauses sprühen konnte.

Wir hatten natürlich beide schon mal eine Dose in der Hand gehabt, aber trotzdem keine Erfahrung. Das Bild sah katastrophal aus. Wir machten alle Fehler, die ein Anfänger so macht, wirklich alle. Wir ließen keinen aus. Wenn man sprüht und zu nah rangeht, entstehen Drips, also Läufer, Tropfen, Nasen, ganz wie man es nennen will. Bei dem, was wir da sprühten, waren das nicht nur Drips, sondern richtige Flüsse, die vom oberen Ende des Bildes bis zum Boden liefen. Es war voll die Katastrophe!

Aber so läuft es anfangs bei jedem ab, wirklich bei jedem. Man wundert sich später immer wieder, wie man diese Entwicklung überhaupt geschafft hat, wie man auf einmal sauber sprühen konnte, wie das überhaupt vor sich gegangen ist. Man wundert sich selber. Aber es passiert einfach. Das kommt mit der Erfahrung.

Deswegen nervt es mich auch, dass viele Leute, die was geschafft haben und in der Szene einen gewissen Respekt genießen, anfangen, gerade den neuen Leuten gegenüber Arroganz zu zeigen, wenn die zur Inspiration und Motivation nach irgendwelchen Entwürfen und Skizzen fragen oder mit ihren eigenen Sachen ankommen und was dazu hören wollen. Es stört mich, dass viele dann gar nicht mehr respektieren, dass sie selber auch so angefangen haben, dass sie selber auch den Wunsch hatten aufzusteigen und anfangs zu nichts fähig waren. Statt dessen kommt dann irgendwas von wegen, nee, schwirr ab, verpiss dich! Das finde ich wirklich mies. Viele junge Writer sind deshalb so enttäuscht, dass sie gar nicht weitermachen und lieber Autos aufknacken.

Meine ersten Bilder waren alle Katastrophen, totale Katastrophen. Ich peilte echt nichts. Ich sprühte die Outlines, also die Umrandungen der Buchstaben, nur ganz zaghaft in kurzen Ansätzen. Und trotzdem war alles voller Läufer, völlig unsauber, total verhauen. Ich machte es einfach nicht flüssig genug und zog die Linien nicht mit dem ganzen Schwung des Arms durch. Mir war einfach noch nicht klar, dass man beim Zeichnen nur die Finger benutzt, beim Sprühen aber den ganzen Arm. Beim Sprühen muss der ganze Körper mitwirken, um diesen Swing reinzukriegen, um wirklich Bewegung, wirklich Leben da reinzupumpen.

Ich stand auf der Garage am Kotti und produzierte meine erste Katastrophe. So richtig grausam! Aber immerhin hatten wir unser erstes Bild gemacht und waren so gut wie fertig damit, als wir von der Garage runterguckten und unten Bullenwagen sahen. Scheiße! Die waren wegen uns da, garantiert. Wir wussten nicht, was machen. Über das Dach auf ein anderes Haus ging nicht, das wäre das einfachste gewesen. Also im Treppenhaus runter, dann liefen wir los und hörten Schritte, Panik, zurück auf ein Parkdeck, die Garagenauffahrten wieder rauf, warten, auf die Schritte achten, woanders wieder runter, um die Bullen irgendwie zu irritieren, wieder warten, Schritte, die im Treppenhaus hochrennen, also wir die Auffahrten runter, eine nach der anderen, voll Panik, fast aufs Maul gelegt in den Kurven, noch eine Auffahrt, Kurve, noch eine, das Tor, drunter durch, raus in die Helligkeit und, Scheiße, die Bullen! Wir liefen ihnen voll in die Arme. Keine Chance! Wir wurden gleich festgenommen und erst mal in den Wagen verfrachtet. Die Bullen nahmen dann in aller Ruhe unsere Personalien auf und checkten sie im Computer, ließen uns dann aber laufen, weil noch nichts gegen uns vorlag. Nicht mal eine Anzeige kriegten wir. Irgendwie verlief das Ganze im Sande.

Als wir das später am Reuter erzählten und richtig Welle damit machten, fanden die anderen das natürlich völlig geil. Aber mit unserer tollen ESL-Crew war es danach auch schon wieder vorbei. Wir taggten das zwar noch, brachten aber keine richtige Aktion mehr. Irgendwie brachte es das nicht zu zweit, und Shade war sowieso nicht so der Writer-Typ. Das war nicht der wirkliche Writing-Flavour, den ich suchte, und deshalb traf ich mich auch noch ab und zu mit Cut'em T., der es geschafft hatte, sich als DJ in der Szene einen Namen zu machen und Mitglied der Islamic Force zu werden, einer Underground-Gruppe, die mal durch einen wirklich geilen Song voll bekannt wurde. Es machte mich immer richtig stolz, wenn ich diesen Song irgendwo hörte und dachte, hey, die Leute fahren voll auf Cut'em T. ab.

Seitdem er fast nur noch Musik machte, hatte er kaum noch Zeit für mich. Als wir uns dann doch mal wieder trafen, wollte er zu »Pinky Records«, dem Plattenladen, vor dem wir uns mit Kazim getroffen hatten. Er war da fast so was wie ein Stammkunde, wusste allerdings nicht, dass ich in dem Laden HipHop-Platten geklaut hatte. Keine Ahnung, warum ich das machte. Obwohl ich voll auf HipHop stand, hörte ich mir die Platten nie richtig an. Ich erzählte auch nie jemandem davon, dass ich sie klaue und jede Menge davon habe. Normalerweise war das was, womit man richtig angeben konnte. Aber ich tat es nicht. Ich weiß auch nicht, warum. Ich klaute die Platten einfach, ohne weiter darüber nachzudenken, bis sie mich irgendwann dabei erwischten. Zum Glück ließen sie das fallen, und es kam nicht vor Gericht. Aber bis das klar war, hatte ich eine Zeit lang richtig Schiss.

Meine Mutter weinte wieder, als sie mich von der Polizeiwache abholen musste, sie machte sich Sorgen und fragte, warum ich das mache, aber Scheiße, ich wusste doch selber nicht, warum ich ein Jahr, nachdem ich zusammen mit Antonius zum ersten Mal gepackt worden war, das gleiche noch mal machte. Ich raffte es selber nicht. Es passierte halt.

Auch Cut'em T. wusste nichts davon und wollte in den Laden, um sich in Ruhe ein paar Platten anzuhören. Er war ganz anders als ich. Der konnte die Musik richtig genießen. Der ging in die Läden rein und hörte sich genüsslich eine Platte nach der anderen an. Ich konnte das noch nie. Um mir einfach nur so Musik anzuhören, bin ich viel zu unruhig. Ich konnte nicht mit rein, weil ich Hausverbot hatte, und erzählte Cut'em T., dass ich lieber draußen warten würde.

»Was ist denn los mit dir? Komm doch mit. Lass uns ein bisschen Musik anhören.«

»Ach nee, lass mal. Du weißt doch, ich mag das nicht so. Geh mal allein. Ich warte hier draußen.«

»Na komm, lass uns wenigstens die neuesten Platten angucken.«

»Nee, keinen Bock.«

Cut'em T. ging allein. Ich wartete draußen und hing ein bisschen rum. Als er wieder rauskam, wunderte er sich: »Ich wusste gar nicht, dass du da drin Platten geklaut hast.« Die Leute im Laden hatten ihn darauf angesprochen, ob er was mit dem Typen da draußen zu tu hätte und wüsste, dass ich bei ihnen schon Platten geklaut hätte. Das war mir voll peinlich: »Ja, hab ich gemacht.«

Das muss für ihn eine beschissene Situation gewesen sein, aber wir sprachen nie wieder darüber. Ich weiß nicht, ob er sich verarscht fühlte, weil ich nichts gesagt hatte und irgendeinen Scheiß erzählt habe, von wegen, ich will draußen warten. Mir war das einfach zu peinlich. Selbst vor ihm, dem ich das eigentlich hätte erzählen können. Wir quatschten doch sonst auch über alles. Aber darüber nicht.

Wenn wir uns trafen, erzählten wir immer gegenseitig, was wir so gemacht und erlebt hatten, wen wir getroffen und kennengelernt hatten, was gerade so anlag. Halt dies und das. Vor allem erzählte Cut'em T., wie er immer mehr Kontakt zur Szene kriegte, und ich hörte traurig zu. Ich war nicht neidisch oder eifersüchtig. Ich gönnte ihm das. Aber ich wollte es auch und bekam es einfach nicht.

Keine Ahnung, warum wir uns ausgerechnet immer in dieser Pizzeria trafen. Der Laden ist grausam, richtig grausam. Die haben dort wirklich die scheußlichste Einrichtung der ganzen Stadt und spielen fürchterliche Musik. Voll verranzt der Laden und richtig hässlich. Bedienung gibt's nicht. Wenn du was willst, musst du zum Tresen gehen, was bestellen und gleich Kohle abdrücken. Irgendwann wird dann über eine total kaputte Lautsprecheranlage ausgerufen, dass das Essen fertig ist. Blöd nur, dass kein Mensch verstehen kann, was die da quatschen. Wenn du was bestellt hast und das Gefühl hast, es müsste langsam mal fertig sein, dann musst du einfach aufstehen und dir was holen. Sonst verhungerst du in dem Laden. Ohne Scheiß, der ist echt schrecklich. Aber trotzdem gehen da alle Leute immer wieder hin. Keine Ahnung, warum. Wir sind ja auch immer wieder hingegangen. Jedenfalls hatten wir uns mal wieder da getroffen, hatten gequatscht und gesoffen und gingen dann runter zur U-Bahn, kamen völlig nichts ahnend auf den Bahnsteig, als ich plötzlich dachte, ich könnte meinen Augen nicht trauen. Cut'em T. musste mich abstützen: Da stand ein Whole-Car im Bahnhof! Ein richtiger Whole-Car, von vorne bis hinten, von oben bis unten vollgesprüht! Das war absolut unfassbar! Das war unglaublich für mich! Ich hatte noch nie einen besprühten Zug gesehen, so was gab es in Berlin einfach noch nicht. Ich kannte das nur von Fotos und Videos aus New York, aber ich hatte noch nie einen live gesehen, und auf einmal stand da mitten in Berlin, einfach so, an irgendeinem x-beliebigen Abend im U-Bahnhof Nollendorfplatz ein Whole-Car! Das konnte gar nicht wahr sein! Interfame-Express von Maxim, Asek und Saer! Das war absolut unfassbar!

Bifis standen davor, Bullen, ein Haufen Leute in Zivil. Die wussten überhaupt nicht, was sie damit anfangen sollen. Sie checkten das Ganze ein bisschen und ließen den Zug dann wieder in den Tunnel fahren. Ich hätte noch stundenlang da stehen können, um mir dieses Ding anzugucken. Ich kriegte den Mund überhaupt nicht wieder zu, ging voll ab und kriegte mich gar nicht wieder ein, ey, siehst du das, Mann, siehst du das, der absolute Wahnsinn!

Wenn Cut'em T. nicht sowieso gewusst hätte, wie ich auf Graffiti abfuhr, hätte er mich wahrscheinlich für verrückt erklärt. Aber ich hatte ihm schon oft genug in den Ohren gehangen, dass ich keinen Bock mehr drauf hätte, ständig allein rumzuziehen, dass ich gerne sprühen würde, aber halt niemanden hätte, mit dem ich es durchziehen könnte. Er bemerkte irgendwie meine Einsamkeit. Ich redete zwar nicht so offen darüber, aber es war klar, dass er Bescheid wusste, was in mir vorging. Zumal er mir immer erzählte, was bei ihm abging, wen er wieder kennengelernt hatte, wer ihm welchen Trick gezeigt hatte und wie er es gleich mit dem Cutten der Platten auf die Reihe bekam. Die Leute wären alle völlig begeistert von ihm, sie hätten schon die ersten Songs zusammen gemacht und noch jede Menge Pläne. Alles wäre super. Er fühlte sich richtig wohl, gehörte voll dazu und kannte die ganze Kreuzberger Szene rauf und runter, DJs, Rapper, Breaker und natürlich jede Menge Writer.

Er hatte vorher schon mal erzählt, dass er öfters mit den Leuten von NSK, den »New Style Kreators«, rumhängen würde, und als er dann noch mal sah, dass ich so drauf abfuhr, aber nichts am Start hatte, fragte er mich, ob ich die nicht mal kennenlernen wollte. Klar wollte ich. Okay, meinte Cut, er würde ihnen von mir erzählen und vorschlagen, dass wir uns einfach mal treffen.

Warum auch immer, die Jungs fanden das interessant. Sie kamen.

KAPITEL 3

RUNNIN' WILD

Ein paar Tage später schwänzte ich die Schule, um mich morgens am U-Bahnhof Nollendorfplatz mit den Leuten von NSK zu treffen. Cut'em T. hatte ihnen Bescheid gesagt. Sie wollten kommen. Ich war tierisch aufgeregt. Es war etwas Bewegendes. Irgendwie aber auch wie ein Bewerbungsgespräch. Deshalb machte ich mir auch tierisch viele Gedanken über mein Styling. Ich wollte unbedingt den Ghetto-Look treffen, wollte auf ganz bestimmte Art und Weise wirken, damit die Jungs gleich merken, hey, der Typ ist gut drauf, der ist dabei, der weiß, was los ist, der hat das Gefühl.

Ich stand vor dem Kleiderschrank und suchte meine Klamotten aus, als ob ich zum Rendezvous verabredet wäre, probierte dies aus und dies, das Shirt und die Schuhe, ein anderes Shirt und andere Schuhe, eine passende Hose dazu. Okay, das war übelst wanna-be-mäßig, aber mir bedeutete das wirklich sehr, sehr viel. Ich wollte es unbedingt erreichen. Unbedingt!

Ich war nervös, hatte schweißnasse Hände und Herzklopfen. Ich traf mich mit Cut'em T. etwas früher im Bahnhof, und dann warteten wir. Als der Zug hielt und die beiden ausstiegen, wusste ich sofort, das müssen sie sein. Die waren gar nicht besonders ghetto-mäßig gestylt, aber irgendwie merkte man denen sofort an, dass sie cool drauf sind und total locker.

Ich konnte erst mal gar nichts sagen. Cut'em T. machte das. Er stellte uns vor. Der eine war Sick, der Gründer von NSK und deshalb ein bisschen der Kopf der Truppe, der die Szene gut kannte und richtig drin war. Der andere war Bus, eigentlich Bus 126, auch ein Deutscher wie Sick, ein großer Dünner, der auf eine bestimmte Art und Weise etwas abwesend wirkte und einem nicht wirklich in die

Augen schauen konnte, aber zu allen Schandtaten bereit war. Vor allem haute er ständig einen geilen Spruch raus, ständig. Bus war einfach richtig lustig. Er hatte einen sehr, sehr eigenwilligen Humor und eine lustige Art, alles, aber wirklich alles zu kommentieren.

Die beiden waren richtig gut drauf. Wie viele sie insgesamt waren, wussten sie selber nicht so genau. Es schien sie aber auch nicht besonders zu interessieren. Die wollten in erster Linie Spaß haben, nahmen die Sache zwar irgendwie ernst, sahen das aber alles nicht so verbissen. Hauptsache, gut drauf sein. Und so waren sie auch den Morgen. Erst mal einen Shake gegeben, hallo, ein bisschen labern. Irgendwie war das ganz anders als bei dem Treffen mit Kazim und Maxim oder danach, als ich Roc einfach anquatschte. Die Jungs waren kein Stück arrogant. Die waren einfach locker drauf. Das gefiel mir.

Okay, es war nicht gerade die reinste Nächstenliebe, dass sie scharf darauf waren, Leute wie mich mitzuziehen, die noch nicht in der Szene verankert waren und an ihnen heraufschauten. Aber irgendwie ließen sie das nicht besonders raushängen. Sie waren ja auch selbst noch nicht top. Sick kannte zwar schon die absoluten Graffiti-Kings wie Amok und Shek, die ich nur vom Hörensagen kannte. NSK selbst war aber noch nicht besonders renommiert. Sie waren einfach nur Tagger und eine Crew, die wusste, was das Höchste war, es aber selber noch nicht erreicht hatte. Mir selbst war das noch gar nicht bewusst. Ich kannte Amok vom Namen her, klar, ich stand ständig vor seiner Hall of Fame und malte seine Bilder ab, weil ich die so genial fand, oder ich fuhr nach Schönholz, um mir an der Mauer seine Bilder anzugucken. Was es aber wirklich heißt, ein King zu sein, der Chef der Szene, die höchste Autorität, war mir damals noch nicht bewusst. Sie wussten das schon und befanden sich auf dem Weg dahin. Ich noch nicht. Das Gute war aber, dass sie wussten, was ich wollte. Cut'em T. hatte es ihnen erzählt. Seine wendige Zunge war ein Vorteil.

Nachdem wir ein bisschen gequatscht hatten, wollten die gleich loslegen und direkt Dosen zocken gehen. Ich musste sofort an die beiden Male denken, als ich beim Klauen erwischt wurde, und zögerte erst mal. Das ging mir alles ein bisschen zu schnell. Andererseits war es genau das, worauf ich so lange gewartet hatte.

Also los, alle zusammen in die U-Bahn und runter nach Mariendorf zum Dosenzocken. Das war richtig geil. Auf der ganzen Fahrt laberten wir, machten unsere Späßchen und setzten in den Bussen und U-Bahnen unsere Tags. Ich hatte vorher noch nie in Bussen getaggt, immer nur in U-Bahnen. Die meisten von denen wohnten aber ziemlich weit von der nächsten U-Bahn-Station weg und taggten deshalb viel in Bussen, was gar nicht so leicht ist, weil der Busfahrer vorne einen Spiegel hat, mit dem er fast den ganzen Bus im Blickfeld hat. Aber eben nur fast. Bus und Sick zeigten mir, dass es am besten ist, wenn einer den anderen deckt, sich also einer an die Scheibe lehnt, der andere dahinterhockt und dann schnell seinen Tag setzt. Außerdem gibt es in den Doppeldecker-Bussen auf den beiden Treppen noch einen toten Punkt, wo man schnell mal taggen kann. Das war natürlich geil. Der richtige Thrill, geile Action, Spaß und was dazugelernt. Genau das wollte ich. Mir lag es schon auf der Zunge zu fragen, ob ich nicht in die Crew rein könnte, aber ich wollte nicht wieder den gleichen Fehler machen wie bei den Giants und wartete erst mal ab.

In Mariendorf gingen wir dann gemütlich zu dem Baumarkt, laberten die ganze Zeit, bauten Mist, hatten voll den Spaß, peilten aber ziemlich schnell, dass da nichts klar ging. Manche Detektive versuchen sich so krampfhaft unauffällig zu verhalten, dass sie sich eigentlich gleich ein Schild um den Hals hängen könnten: Ich bin Ladendetektiv! Wir sahen, dass die uns gesehen hatten, und bliesen das Ganze ab. Noch woanders hinzugehen hatten wir keinen Bock mehr und ließen es für den Tag sein.

Im Grunde war das fast egal. Es war einfach geil, mit den Jungs rumzuziehen und Spaß zu haben. Am meisten faszinierte mich, wie frei die waren, wie locker. Die wollten nur Scheiße bauen, waren voll lustig und tierisch gut drauf. So was kannte ich nicht. Okay, die Leute auf dem Reuterplatz waren auch lustig drauf, wir hatten da auch unseren Spaß, aber oft hingen wir einfach nur rum. Aber hier mit denen, das war richtig Action. Das war genau das, was ich wollte. Ich wollte raus aus mir und wollte irgendwas unternehmen, Randale machen, Stress machen. Mann, wie oft hatte ich zu Hause rumgesessen und war deprimiert, weil irgendwie nichts am Start war?! Und dann diese Jungs! Die wollten einfach nur Action. Wie locker die ihre Eddings zogen, sich gar nicht mal richtig umguckten, kaltblütig an die Wand angesetzt und getaggt – das war einfach geil. Als sie dann sahen, dass ich dabei sein wollte beim Dosenzocken, beim Taggen, beim Actionmachen, da kriegte ich auch mit, wie geil sie es fanden, dass ich mitmachte. Sie sahen, okay, der Junge ist gut drauf, der scheut vor nichts zurück, der will das wirklich. Sie respektierten das.

Auf dem Rückweg hielt ich es dann einfach nicht mehr länger aus. Wir waren voll euphorisch und lästerten noch über die Ladendetektive ab, und ich musste dann einfach fragen, wie es denn so ist, wie viele Mitglieder sie denn eigentlich sind, und ob sie nicht noch einen gebrauchen, ob ich nicht mit dabei sein könnte. Ich druckste voll rum. Und dann die Reaktion von Sick! Ich sah sein Lächeln und wusste eine Hundertstelsekunde lang nicht, ob er mich nun blöd findet oder gut? Lacht der mich aus, oder ist das okay? Als ich dann sah, wie seine Hand zum Shake nach oben ging, war alles klar. Hand drauf, Shake, na klar Junge, du bist dabei. Wow! Mir fiel ein richtiger Stein vom Herzen. Ich war dabei! Ich war wirklich dabei! Ich war der glücklichste Mensch der Welt!

Ein Jahr lang hatte ich versucht, eine Crew zu finden und in die Szene reinzukommen, hatte mir nichts sehnlicher gewünscht als das, und dann klappte es bei NSK gleich am ersten Tag. Ohne noch warten und zittern zu müssen, nahmen die mich gleich auf und meinten dann auch noch, ich sollte am Freitag nach Lichtenrade ins Jugendhaus kommen, da würde eine HipHop-Party steigen. Das gab es doch gar nicht! Eine HipHop-Party wie in »Beat Street«! Und da mit einer Crew auflaufen! Das konnte fast nicht wahr sein!

Die drei Tage bis zur Party verbrachte ich nur grinsend und swingend. Ich war so gut drauf wie noch nie. Ein Traum ging in Erfüllung, und ich war live dabei.

Freitagabend schlich ich mich aus dem neuen Haus in Buckow, kletterte aus dem ersten Stock über die Garage runter in den Garten, weil meine Eltern nichts davon wissen durften, und fuhr zur Party nach Lichtenrade. Schon als ich ankam, sah ich, dass richtig was los war, zig Leute im Ghetto-Style, HipHop-Mucke, es wurde getanzt, getrunken, ein paar machten Tags, richtig geile Stimmung. Irgendwann entdeckte ich dann Bus, der mit Bisaz da rumstand und quatschte. Noch ein NSK-Mitglied, geil. Ein Shake, hallo, wie geht's?

Bisaz gefiel mir sofort. Er war voll der Action-Man, ein Türke mit richtigem Bomber-Herz, der immer in Bewegung war und keine Sekunde Ruhe gab, richtig cool und voll in Ordnung. Wo Bisaz war, war immer was los.

Ich fragte, wo die anderen wären. Mir war gesagt worden, ganz NSK würde da sein, und wir waren nur zu dritt. Keine Ahnung, meinte Bus, vielleicht kommen noch ein paar, weiß man nie so genau. Ich war enttäuscht, weil ich mir das so geil vorgestellt hatte, als Crew da aufzulaufen, aber vielleicht kamen ja wirklich noch welche. Erst mal hatten wir auch so unseren Spaß, standen rum, tranken was und redeten, bis auf einmal einer kam, den ich nicht kannte, und erzählte, dass es Stress geben würde. NSK hätte Stunk mit GFA, und die würden jetzt mit Schlägern anrücken, wären schon unterwegs, müssten bald da sein. Ich hatte keine Ahnung, was los war, hatte auch den Namen noch nie gehört und fragte, wer GFA ist. Eine Gruppe aus dem Wedding. Aber das sagte mir nicht viel.

»Was war denn los?«

»Naja, Sick hat mit denen Streit gehabt. Es soll einen Battle geben.«

Krass! Warum hatte mir denn keiner was davon gesagt? Okay, auf unserem Level waren Battles noch nicht so tragisch, Sprühwettbewerbe halt, bei denen man sich an die Wand stellt, gegeneinander sprüht und ein unparteiischer Schiedsrichter dann entscheidet, wer gewonnen hat. Wer verliert, muss Dosen abdrücken und kann seinen Ruf vergessen. Danach noch mal hochzukommen ist schwer. Aber wir hatten noch keinen Namen und deshalb nichts groß zu verlieren.

Krass fand ich trotzdem, dass ich nichts davon wusste. Hätte man mir das vorher gesagt, dann hätte ich Skizzen gemacht und mich vorbereitet. Aber so?! Ich kam richtig ins Schwitzen. Wenn es da wirklich zum Battle kommen sollte – ich guckte Bus und Bisaz an und sah, dass sie auch Schiss kriegten. Ich hatte keine Ahnung, was abging.

»Was ist los? Sind die wirklich so krass?«

»Ja!«

Oh, Kacke! Keiner wusste genau, weswegen sich Sick und Soko, der Anführer von GFA, eigentlich gestritten hatten. Sie hatten irgendwie Stress gehabt und dann ein Date zum Battle gemacht, um das zu klären. Wir wussten gar nichts davon. Sick hatte keinem was davon erzählt, und deshalb war auch niemand von NSK erschienen. Da war es ein leichtes Spiel für GFA. Wer nicht auftaucht, hat verloren. Wer gewinnt, haut auf den Putz. Die dachten natürlich, wir hätten bei dem Battle gekniffen, und kamen nur nach Lichtenrade runter, um Stress zu machen. Das Recht dazu hatten sie. Wir waren nicht da gewesen.

Was hatte Sick da nur für einen Scheiß gebaut? In was für eine Lage hatte er uns gebracht? Ich war voll enttäuscht. Mir war Loyalität einfach sehr, sehr wichtig. Das Wichtigste überhaupt. Was er da gemacht hatte, war das genaue Gegenteil. Wahrscheinlich wusste Sick sogar, dass es Stress geben würde, und kam deshalb gar nicht erst, sondern ließ uns einfach ins offene Messer laufen. Das machte mich richtig sauer.

Was sollten wir machen?! Abhauen? Dann wäre unser Ruf endgültig im Eimer gewesen. Wir mussten abwarten, was passiert. Der gleiche Typ, der uns vorher schon von dem Stress erzählt hatte, kam dann wieder reingerannt und meinte, dass die anderen draußen wären und auf uns warten würden. Okay, es wurde ernst. Und ich war dabei. Ich wollte mir einen Namen machen und zeigen, dass ich hinter der Crew stehe, komme, was da wolle. Also ging ich raus und stellte mich der Situation.

GFA war mit acht Leuten gekommen. Wir waren zu dritt und hatten schlechte Karten. Bus und Bisaz versuchten es deshalb erst mal diplomatisch, aber ich war so enttäuscht und wütend, dass ich gleich auf wild machte. Mir war alles egal, scheißegal.

Es lag was in der Luft. Ein Funke reichte, um das Ganze zum Explodieren zu bringen. Und ausgerechnet Kazim, der »Sprüher mit den gebrochenen Händen«, der mich mal für die »Yugo-Stars« anwerben wollte und jetzt bei GFA war, knallte den Funken ins Spiel, als er plötzlich sagte: »Messer raus und in den Arsch stechen!«

Das war voll die Provokation. Man zeigte Messer, drohte ein bisschen damit oder schoss mal mit der Gaspistole, aber man stach nicht zu. Ansonsten wurde nur geschlagen. Mehr nicht. Das war '89 noch so. Und Kazim wusste das. Er musste das einfach wissen und sagte es trotzdem. Da konnte ich mich nicht zurückhalten, ging auf ihn los, schubste ihn ein bisschen und wollte hören: »Was quatschst du da? Messer raus?«

Ich war voll enttäuscht, so was von Kazim zu hören. Ich war richtig sauer und dachte gar nicht großartig darüber nach, was ich da machte, sondern rannte einfach nur hin: »Was quatschst du da? Messer raus?« Die anderen versammelten sich gleich um uns und staunten, dass ich mich allein mit so vielen Leuten einlassen wollte. Mir war das gar nicht bewusst, ich war einfach nur sauer, richtig sauer. Kazim merkte das und gab klein bei: »Okay, nicht bei dir. Aber bei den anderen.« Das stachelte mich nur noch weiter an. Als ein anderer, wie sich später rausstellte auch ein Kroate, dann rief, »Ach was, ihn auch!«, da drehte ich erst richtig auf. Das war zu viel! Ich rannte hin und fing gleich an, mich mit ihm rumzuschubsen. Ich wollte mich mit ihm schlagen, wollte ihm dafür richtig ein paar Dinger verpassen, aber er kniff. Er sah, dass zu acht auf einen unfair gewesen wäre. Das hätten wir schon unter uns ausmachen müssen, eins gegen eins, damit GFA sich nicht den Ruf machen, dass sie zu acht einen Typen schlagen. Eins-gegen-eins wollte er aber nicht, weil er sah, wie ich aufdrehte, richtig sauer wurde und zu allem bereit war. Ich wollte es ihm zeigen, diesem miesen Arschloch, aber die anderen hielten mich zurück, bis sich die Situation wieder abgekühlt hatte und Ruhe herrschte.

Später am Abend kam Kazim dann noch zu mir und machte voll auf Kumpel: »Hey, wir sind doch Landsmänner. Ist doch eigentlich auch egal. Das ist ein Streit zwischen Sick und Soko.« Und warum hatten dann ausgerechnet er und der andere Kroate das Maul so aufgerissen?! Fürs erste hatte sich die Situation wieder beruhigt. Aber eben nie richtig. GFA war mir ab da immer ein Dorn im Auge.

Mein Auftritt machte Eindruck. Bus und Bisaz kriegten mit, dass ich zur Crew stehe und was dafür riskiere. Sie waren richtig stolz auf mich. Auch andere kamen später noch zu mir und fragten, wer bist du, wir kennen dich ja noch gar nicht, wo kommst du her, was taggst du. Das war natürlich ein geiler Erfolg. Erster Auftritt und gleich abgeräumt, da konnte ich dann richtig happy auf die Party zurück und erst mal feiern bis zum Umfallen. Ich fühlte mich sauwohl.

Ganz klar, dass ich danach richtig dazugehörte. Aber irgendwie war das eine komische Crew. Wieviele sie eigentlich waren, wussten sie selber nicht so genau. Anfangs hieß es, sie seien sechs und kämen aus dem Wedding, aus Steglitz und Mariendorf. Ich lernte allerdings nie alle kennen, was ich sehr eigenartig fand. Entweder man ist eine Crew, hängt zusammen rum und macht gemeinsam Aktionen, oder man ist keine. Aber so?!

Andererseits war die Truppe schon okay. Ich hatte von ihnen so viele Tags gesehen wie sonst nur von AC, den Art Creators, bei denen Sick mal angefangen hatte, dann aber rausgeworfen wurde. NSK und AC waren zu der Zeit die einzigen Crews, die wirklich viele Tags machten, und dadurch automatisch Konkurrenz. Ich kannte zwar gar keinen aus AC, aber das war mir egal, ich brauchte das einfach. Ich brauchte eine Konkurrenz, einen richtigen Gegner, um mich beweisen zu können, um überhaupt existieren zu können, brauchte dieses Feindbild, um mich aufzubauen und richtig aufdrehen zu können.

Die passende Wut im Bauch hatte ich. Auch durch Sick. Ich war voll enttäuscht von ihm. Er nahm nichts so richtig ernst, kiffte viel und baute nur Scheiße, scatete ständig nur durch die Gegend und machte Randale. Er war so alt wie wir, so um die 16, und richtig hart drauf. Ihm war alles scheißegal, wirklich alles, selbst die eigene Crew. Er hatte einfach nur Bock, Action zu machen, und war immer zu allem bereit.

Er war Deutscher, fand das aber wohl selber zu langweilig und erzählte mir deshalb, dass er halber Kroate wäre, was völliger Quatsch war. Das sagte er nur, um sich aufzublasen. Dabei hatte er das gar nicht nötig. Die Leute fuhren voll auf ihn ab, vor allem die Mädels. Er war schlank, hatte lange Haare, sah gut aus und war der einzige, der damals schon eine Freundin hatte. Für mich mit meiner katholischen Erziehung war das total tabu. Ich konnte mir noch so sehr einreden, dass ich die Fesseln zu meiner Familie gesprengt hatte. Da lief nichts.

Anfangs war ich von Sicks Verhalten so enttäuscht, dass ich mich wirklich fragte, ob das mit der Crew das Wahre ist. Was das Ganze ein paar Tage später wieder rausriss, war der Geburtstag von Bus. Sick, Bisaz, Bus und ich trafen uns am Ku'damm, hatten voll gute Laune, zogen ein bisschen rum und machten unsere Action. Wir hatten ständig was zu lachen, hauten irgendwelche Sprüche raus und bauten Scheiß ohne Ende. Wir sorgten richtig für Aufruhr am Ku'damm, als Bus genau auf Höhe eines fliegenden Schmuckhändlers Sick so anrempelte, dass er voll auf den Tisch mit den tausend Ringen und Ohrsteckern flog, mittendrauf und – boom! – das Ding zusammenbrach und der ganze Schmuck kreuz und quer durch die Gegend segelte. Wir lachten uns halb tot, rannten weg und machten woanders weiter, verarschten Leute, warfen mit irgendwelchen Sachen um uns, scheißegal, wir machten, was uns gerade in den Kopf kam und Spaß brachte, waren ständig in Bewegung, guckten hier, guckten da, und immer passierte im nächsten Moment wieder was, irgendwem fiel immer was Neues ein, irgendwas völlig Verrücktes. Man hatte die eine Action noch nicht ganz verdaut, da gab es schon die nächste. Mann, das machte so einen Spaß mit diesen Leuten. Immer den Ku'damm rauf und runter und einfach in irgendwelchen Läden gezockt, was wir so brauchten, Kassetten, Klamotten, Sprühköpfe, war fast schon egal. Auch wenn man es nicht gebrauchen konnte, Hauptsache, es brachte Spaß. Weiter den Ku'damm runter und gegenüber der Gedächtniskirche ins »Lifestyle« rein, wo es ziemlich angesagte Klamotten gibt, aber ein Pullover locker mal 60 oder 70 Mark kostet. Das konnte sich natürlich keiner von uns leisten. Was macht Sick also, völlig kaltblütig? Er nimmt einen Pullover und reißt einfach die Sicherungsmarke ab. Das gab zwar ein Loch, aber im Grunde machte es den Pullover ja nur noch cooler. Es störte ihn weiter überhaupt nicht, dass er dabei gesehen wurde. Er rannte einfach raus. Und wir gleich hinterher, rüber ins Marché, wo wir uns am Selbstbedienungsbuffet den Bauch vollschlugen und einfach abhauten. Kaum wieder zu Atem gekommen, zockte Bisaz im Vorbeigehen gleich wieder irgendwas, und die Rennerei ging weiter, irgendwer schmiss irgendwas um und weiter, irgendwer pöbelte irgendwen an und weiter. Ich konnte bald nicht mehr. Irgendwer zockte was und weiter. Die ganze Zeit lachen und laufen, ich war völlig alle. Aber egal, weiter. Action und weiter.

Zu sehen, was abgeht zwischen den Leuten, wie die zusammen funktionierten und aufeinander abgestimmt waren, das faszinierte mich. Es war schon geil, worauf man jederzeit gefasst sein musste. Zu was die fähig waren! Ich war begeistert. Ich hatte mit dem meisten gar nicht gerechnet. Es war abgemacht, dass wir irgendwas zocken würden, okay, aber dass die es so kaltblütig bringen, hätte ich nicht gedacht. Irgendwie waren die Typen nicht ganz dicht. Aber mir wurde bewusst, dass es so funktioniert. So geht es halt ab. Das kapierte ich an dem Tag. Und das war wichtig. Sehr wichtig.

Der ganze Sommer '89 war von dem Kaliber. Ständig Action, ständig Party, ständig High-Life. Es kam mir vor, als hätte ich die Handbremse an meinem Leben gelöst und käme nun langsam in Fahrt. Ich blühte total auf. Bevor die Leute von NSK kamen, war ich oft ein Trauerkloß, der nur zu Hause saß und sich selbst leid tat. Aber dann wurde ich ein ganz anderer Mensch. Party, Spaß und Action, und ich war voll dabei.

Auch was das Taggen anging. Wenn ich am Anfang mal eine Nacht durchmachte und allein unterwegs war, um mit einer Dose Silber ein paar Tags an Stellen zu machen, die ich für wichtig hielt, weil da viele Leute vorbeikamen, am Ku'damm und so, dann machte ich danach erst mal ein paar Tage Pause, damit das nicht so auffiel, und taggte in der Zeit nur ein bisschen mit dem Edding in der U-Bahn und plante richtig, an dem und dem Tag gehst du wieder mit der Dose los. Aber die Leute von NSK waren ganz anders drauf. Die hatten ständig was dabei und machten überall ihre Tags. Wo die auch hinkamen, egal, was die zu tun hatten, ob die zur Schule mussten, ob die einkaufen gingen, egal, was anlag, die hatten immer einen Edding oder sogar eine Dose dabei und machten ihre Tags. Das überraschte mich. Und faszinierte mich.

Ein richtig organisiertes Bombing von wegen, du gehst in den Stadtteil, du in den, Team A dahin, Team B dorthin, und dann wird getaggt auf Teufel komm raus, das gab es mit NSK nie. Dazu war der Haufen einfach zu chaotisch. Wir wollten das immer mal machen, der Stadt so richtig ins Gesicht hauen, der Szene mal so richtig zeigen, wer wir sind, aber wir bekamen das nie hin.

Unsere Graffiti-Aktionen beschränkten sich den ganzen Sommer über darauf, an einzelnen Stellen alles wie die Wilden zuzubomben. Wir diskutierten zwar Pieces von anderen, für uns selber war das aber viel zu weit weg. Wir mussten erst mal ein Gefühl für die Buchstaben kriegen, mussten die Buchstaben erst mal richtig lieben lernen. Das tun überhaupt nur noch die wenigsten Writer. Viele haben gar keine richtige Liebe zu den Buchstaben. Das ist schade und hat mit Graffiti nicht viel zu tun. Graffiti heißt, die

Buchstaben wirklich zu lieben, eine Leidenschaft für die Buchstaben zu haben, den eigenen Namen, den eigenen Tag, das eigene Bild perfekt machen zu wollen. Ich setzte mich in der Zeit sehr intensiv damit auseinander und machte ständig Skizzen, feilte ständig an den Buchstaben, probierte ständig aus, was geht und was nicht, was sieht gut aus und was geht daneben.

SOR VI

Als ich zu NSK kam, legte ich »Fetzo« ab und »Rima«, den Namen, den ich mir am Reuterplatz gegeben hatte. Die Namen waren beide albern, viel zu artig, viel zu harmlos. Die brachten nichts rüber. Kurze Zeit taggte ich als »Dace«, hörte dann aber, dass es im Wedding einen Typen gab, der »Daez« taggte. Er war schon vor mir da, also konnte ich diesen Namen nicht verwenden. Das wäre respektlos gewesen und hätte Stress gegeben. Also sagte ich mir, okay, das war's dann, und kam ziemlich schnell auf »SOR VI«. Vorne mit scharfem S und hintendran englisch »six«. Das hörte sich voll an. Und aggressiv. Scharfes S, scharfes X, das hatte diesen ganz speziellen Sound: SOR VI. Natürlich hatte ich mich damit auseinandergesetzt, was aggressiver klang, mehr nach Action, mehr nach Randale, mehr nach Aufruhr. SOR VI klang hart und aggressiv, und die Buchstaben ließen sich geil abstylen. Wenn man gut ist, kann man eigentlich mit jedem Buchstaben etwas anfangen, aber mit einem schlechten Buchstaben hat man nicht so viele Möglichkeiten. Deshalb SOR. Das S am Anfang ist aggressiv und schwungvoll. Mit dem O kann man immer etwas anfangen. Man kann ein Gesicht reinsetzen oder einen Stern draus machen, ein Verkehrsschild, eine Zielscheibe, eine Sonne, irgendwas. Es geht unglaublich viel. Das R am Ende kann man schön auslaufen lassen und dann das VI draufsetzen. Das sah gut aus und klang richtig geil, was wichtig war, damit es bei den Leuten ankam. Die sollten das geil finden und Respekt davor haben. Deshalb orientierte ich mich auch daran, was schon da war und ankam. Da passte es gut rein.

Das war das einzige, was mich noch interessierte. Alles andere war mir scheißegal. Das einzige, was ich zu der Zeit in der Schule noch auf der Haben-Seite verbuchen konnte, waren Ordnungstadel. Mit den Zensuren vor den Sommerferien hätte ich im Eiskunstlauf vielleicht abgeräumt. Für die Versetzung reichte es nicht. Deutsch und Chemie 5, Französisch auch, Mathe 6. Die Vierer in den anderen Fächern waren nur zustande gekommen, weil die Lehrer ein Auge zudrückten. »Allgemeine Beurteilung: ... zeigte in diesem Halbjahr wenig Interesse an der Schule«. Wenig Interesse? Ich hatte überhaupt kein Interesse mehr. Schule war mir völlig egal. 30 versäumte Tage, davon 13 unentschuldigt. Na und?! 18 versäumte Einzelstunden, davon 4 unentschuldigt. Mir war das so egal, dass ich irgendwann nicht mal mehr die Entschuldigungen fälschte. Nicht versetzt in Klasse 10. Was soll's?! Bin ich halt zum zweiten Mal hängen geblieben. Auf der Sophie-Charlotte hatte ich die 7 schon zwei Mal gemacht. Dann die 9 halt auch, war mir doch egal.

Ich hing sowieso meistens mit den Jungs von NSK rum oder war bei den Leuten vom Reuterplatz. Die was hatten, das mir gefiel. Obwohl ich längst in NSK war, konnte ich mich nicht richtig von denen trennen. Außer mir war da zwar niemand drin, trotzdem taggte ich mit den Leuten vom Reuterplatz auch »NSK«. Denen bedeutete das gar nicht viel. Die halfen mir einfach nur dabei, weil sie Spaß daran hatten. Dafür war denen sowieso alles recht.

Vom Reuterplatz ist es nur ein Katzensprung zu den Gewerbehöfen am Landwehrkanal, wo man gut an die Hofmauern taggen kann, Sor VI und NSK. Man verewigt sich und zeigt, wo man dazugehört, vermehrt den eigenen Fame und den der Gruppe. Das konnten auch die Leute vom Reuter machen, die nicht dazugehörten. Das war okay.

Deshalb zogen Shade, Fuat, Kalle und ich mit unseren Dosen da rum, machten unsere Tags und jede Menge Action, hatten richtig Spaß und standen gerade an einem Altglascontainer, setzten die

Dosen an und zogen unseren Tag, Sor VI, setzten noch mal an, NSK, guckten noch, lachten und quatschten, als urplötzlich von beiden Seiten voll Speed Bullenwagen angeschossen kamen, in die Eisen gingen, sich quer stellten und uns den Weg abschnitten. Gerade noch voll Spaß gehabt und plötzlich keine Chance mehr abzuhauen! Scheiße!

Als ich sah, was passierte, dachte ich gar nicht lange nach und feuerte sofort meine Dose in den Kanal. Wir waren am Arsch. Die Bullen hatten es gesehen. Auch wie wir sprühten. Da war nichts zu wollen. Wir mussten uns alle mit ausgestreckten Armen an einen Zaun stellen, Arme auseinander, Beine auseinander, Leibesvisitation, und so stehen bleiben.

Es war ein ganzer Haufen Bullen, aber es waren vor allem zwei, die sich um uns kümmerten. Einer war richtig cool, der andere völlig mies drauf. Er legte mir als Haupttäter erst mal Handschellen an, was richtig weh tat an den Handgelenken, und bugsierte mich nach hinten in den Wagen, um meine Personalien festzustellen. Ich hing da drin, leicht nach vorne gebeugt, weil es an den Handgelenken sonst übel weh tut und richtig zieht, er setzte sich nach vorne, holte was zu schreiben raus und fragte ab, Namen, Adresse, Geburtsdatum, »Geburtsort?« – »Sinj, Jugoslawien.« Da drehte er sich um, guckte mich an und schob seinen Sitz so weit nach hinten, dass ich mich aufrichten musste und die Handschellen mir voll in die Gelenke schnitten. Oah, tat das weh! Wahnsinn! Und dieser Scheißbulle grinste sich eins, ließ mich so sitzen und stieg aus. Die anderen mussten immer noch mit ausgestreckten Armen draußen rumstehen. Kalle hatte die Faxen langsam dicke und fragte den Bullen:

»Was ist denn hier los? Können wir die Arme nicht mal wieder runternehmen?«

Der Bulle: »Ja, okay.«

Sie nahmen die Arme runter und schüttelten sie aus. Nur zu Fuat, dem Kurden, sagte der Bulle: »Du nicht. Du lässt die Arme oben.«

Er musste noch eine ganze Weile so stehen bleiben.

Die Schikane hatte der Bulle voll drauf. Auch als er wieder zu mir ins Auto stieg und richtig Druck machte, von wegen, ich solle besser gleich ein Geständnis ablegen: »Solltest du die Aktion nicht zugeben, holen wir Taucher und lassen das Ding suchen. Das wird richtig teuer für dich, mein Junge. Wir sind genug glaubhafte Zeugen, die gesehen haben, dass du hier rumgeschmiert und dann die Dose in den Kanal geschmissen hast. Du glaubst gar nicht, was wir dir alles anhängen können!«

Die anderen wurden wieder laufen gelassen, von wegen Ersttäter und kein hinreichender Tatverdacht. Mich nahmen sie mit zum Polizeirevier in die Sonnenallee. Der Scheißbulle, der mich vernommen hatte, fuhr zum Glück im anderen Wagen. Ich war bei zwei Typen, die echt in Ordnung waren. Der eine quatschte mich sogar an: »Mensch, lasst euch nicht immer bei jedem Scheiß erwischen! Wir haben doch früher auch Scheiße gebaut, aber wir waren nicht so blöd, uns erwischen zu lassen. Wir haben früher überall ›Black Eyes‹ hingekritzelt; das war unsere Gruppe. Aber wir haben uns nicht erwischen lassen.« Krass! Was erzählte der mir denn da!? Ich war voll überrascht. Den interessierte der ganze Einsatz überhaupt nicht richtig. Der fand uns einfach nur blöd, weil wir nicht richtig Ausschau gehalten hatten, ob wir beobachtet wurden, und uns dann auch noch erwischen ließen. Der Typ war cool drauf.

Trotzdem ging mir auf dem Polizeirevier vor allem durch den Kopf, was jetzt wieder losgehen würde. Wieder die alte Prozedur, Eltern müssen mich abholen, weil ich noch nicht achtzehn bin, wieder der Stress mit meiner weinenden Mutter, wieder diese Wut von meinem Vater, wieder dieser ganze Scheiß. Es tat mir leid. Nicht die Aktion. Die war okay. Sondern wegen der Sorgen, die sich meine Mutter wieder machen würde. Das wollte ich einfach nicht. Ich grübelte rum, wie ich da am besten wieder rauskam, und auf einmal ging alles ganz schnell. Die ließen mich einfach wieder laufen. Wahrscheinlich hatte ich es dem netten Bullen zu verdanken, keine Ahnung, jedenfalls steppte ich ganz locker zum Reuterplatz zurück und erzählte den Jungs erst mal, was noch so abgegangen war.

Es war schon hart, gerade vom Revier zu kommen, einfach nur tierisch Schwein gehabt zu haben und ein paar Minuten später schon wieder dazustehen und Witze drüber zu machen. Aber so ging das eben. Wir wollten uns nicht beeindrucken lassen. Schon gar nicht von den Bullen. Stress mit denen zeigte nur, wie hart man drauf ist.

Für Shade und mich war es nach unserem Bild auf dem Parkhaus schon das zweite Mal, dass wir wegen der Sprüherei mit der Polizei zu tun hatten. Deshalb dachte ich, die Leute von NSK müssten eigentlich beeindruckt sein von ihm, müssten sehen, dass er gut drauf ist, und dann würden wir ihn in NSK aufnehmen. Aber sie wollten das nicht, weil sie meinten, Shade wäre nicht so ein offener Mensch für diese Bewegung, würde da einfach nicht richtig reinpassen und auch nicht lange durchhalten. Vielleicht hatten sie recht, aber ich wollte, dass sie ihn erst mal richtig kennenlernen. Deshalb brachte ich Shade auch zu dem Einbruch mit, den wir ein paar Wochen später mit NSK machten.

Irgendwer hatte im Norden ein geiles Farbengeschäft entdeckt und schlug vor, dass wir das ausräumen. Es war vorher nie jemand von uns in den Laden reingegangen, aber von außen konnte man sehen, dass da viele Dosen rumstanden. Okay, dachten wir uns, das ist perfekt, alle Mann hin! Nachts natürlich, so um eins rum, alle mit Rucksäcken am Start, dunkle Klamotten an, Werkzeug dabei. Wir waren eine ganze Meute, bestimmt acht oder neun Leute. Im Grunde der absolute Wahnsinn, viel zu viele für einen Einbruch, aber gut, wir waren da und zogen es durch. Der Hintereingang lag sowieso in einem Hinterhof, da konnte uns keiner sehen, egal wie viele wir waren.

Wir gingen durch das Treppenhaus in den Hof und guckten uns alles in Ruhe an. Neben der Tür ging es gleich runter in den Keller, daneben war der Hintereingang zum Laden. Wir postierten jeweils einen von uns im Treppenhaus und an dem Kellerabgang, damit sie die Lage peilen, falls jemand kommt. Wir anderen checkten die Hintertür des Ladens. Nicht mal ein Gitter davor, nur eine dicke Scheibe drin. Das sollte kein Problem sein, Brechstange her und – auf einmal ging im Keller das Licht an! Schock! Abhauen! Alle raus auf die Straße, wie die Wilden, um die nächste Ecke und erst mal abwarten. Kommt Polizei? Kam nicht. Wir also wieder rein, Posten bezogen im Treppenhaus und am Kellerabgang und weitergemacht. Und wieder Licht im Keller! Scheiße! Raus! Abhauen! Und warten. Nichts passiert. Noch mal zurück, ganz vorsichtig, und wieder Licht, wieder alle raus, wieder abgehauen und gewartet. Was war denn da los? Ständig ging das Licht an, aber weit und breit war niemand zu sehen. Da kam keiner aus dem Keller und keiner von oben. Was ging da ab? Wir hatten noch gar nicht richtig an der Tür rumhantiert und waren es leid: Komm, jetzt ziehen wir es durch! Beobachteten dabei alles ganz genau, checkten alles gründlich und wunderten uns, dass schon wieder das Licht anging. Wir hörten aber niemanden die Treppe runtergehen, sahen niemanden, nichts. Auch aus dem Keller kam niemand. Was ist hier los? Noch mal alles gecheckt, vorsichtig, immer mit der Panik, dass da irgendwo einer war, der uns schon die ganze Zeit beobachtete und auf einmal da auftauchte. Guckten, hörten, wo kam dieses Geräusch her? Ah, das war einer von uns. Wer kommt da? Gehört auch zu uns! Alles noch mal gründlich gecheckt, und dann endlich gepeilt, dass unser Typ, der den Kellereingang im Auge haben sollte, immer wieder am Lichtschalter vorbeigekommen war. Idiot! Alle Panik für nichts! Aber endlich Ruhe, um sich mit der Tür zu befassen. Nur ein einziges Schloss, das war gut, aber damit wurden vier schwere Schließstangen verriegelt. Okay, die mussten wir aufbrechen, nahmen die Brechstange und schafften es, den obersten und untersten Riegel zu knacken, die anderen beiden gingen einfach nicht. Wir wuchteten und stemmten, hebelten rum wie die Blöden und waren schon kurz davor, die Geduld zu verlieren, als wir die dritte Stange auch noch schafften. Aber die letzte gab nicht nach. Wir versuchten alles, wirklich alles, aber es ging nicht. Nur noch eine einzige letzte Scheißstange! Die musste doch aufzukriegen sein! Das konnte doch nicht wahr sein! Aber es war nichts zu wollen. Wir konnten die Tür schon ein bisschen aufbiegen, aber an dieser einen Stelle gab sie einfach nicht nach.

Sick verlor dann die Geduld, »das geht schon irgendwie«, drehte auf, stemmte voll dagegen, wie ein Wilder, immer wieder, gab wirklich alles, voll Power, noch mal und noch mal, bis es auf einmal splitterte, richtig krachte, und er mit der Scheibe durch die Tür mitten in den Laden flog. Riesige Glasscherben rasten auf ihn runter, ein richtiger Wolkenbruch aus Splittern. »Oh, Scheiße! Sick! Hey, Sick? Alles in Ordnung?«

Er rappelte sich hoch, schüttelte die Splitter ab und grinste: »Hab ich doch gesagt, geht schon!«

Er hatte nichts abgekriegt, wirklich nichts, nur an den Händen ein paar Kratzer, sonst gar nichts. Mann, hatte der Schwein! Nur kurz gecheckt, ob alles klar ist, dann erst mal abgehauen und gewartet, was passiert. Nichts. Keine Bullen, keine Mieter, die irgendwas gehört hatten. Schien keiner was mitbekommen zu haben. Also los! Rein in den Laden, rüber zu den Dosen, alle in die Taschen, dann gucken, was es sonst noch mitzunehmen gibt. Den ganzen Laden gecheckt, aber kaum was Brauchbares dabei, außer einem Computer mit Tastatur. Zu schwer zum Schleppen, nur die Tastatur, die kann man vielleicht verkaufen. Also greift sich Bus das Ding und reißt so fest da dran, dass der Monitor gleich mitkommt, runterknallt und auf dem Boden implodiert. Jetzt nichts wie weg hier! Schnell noch gucken, was sonst noch brauchbar ist, alles mitnehmen, was nicht niet- und nagelfest ist, und abhauen. Schnell weg, in tausend Richtungen, falls uns jemand verfolgt, und dann in einer Nebenstraße sammeln, die Beute checken und: Scheiße! Es sprangen für jeden nur siebzehn oder achtzehn Dosen raus, die verwertbar waren. Der Rest war unbrauchbar. Haufenweise Neon-Quatsch, Metallic-Farben, Klarlack und so was. Damit konnten wir nichts anfangen. Absolut unbrauchbar. Genauso wie die meisten

Sprühköpfe. Aber das wussten wir ja schon. Die normalen Sprühköpfe sind zum sauberen Sprühen einfach nicht zu gebrauchen, weil sie eine viel zu große Streuung haben. Deshalb mussten wir in Drogerien die Caps von L'Oreal-Dosen abziehen. Das sind die besten, weil sie einerseits die Farbe gut durchlassen und nicht so leicht verstopfen. Andererseits haben die einen sehr genauen Sprühstrahl.

Man kann die Caps auch in Writer-Läden kaufen oder aus Untergrundmagazinen bestellen, aber Zocken kostet halt nichts. Es wurde nur immer schwieriger, weil die Drogerien sich darauf einstellten, dass die Writer zockten wie die Raben, und es Caps dann nur noch an der Kasse gab. Auf den meisten Dingern sind heute ja sowieso nur noch Pumpzerstäuber drauf. Die Caps kann man natürlich vergessen.

Mit den paar Dosen, die wir im Wedding erbeutet hatten, war kein großer Start zu machen. Für unsere erste richtige Aktion mit NSK mussten wir uns dann noch welche in anderen Läden zocken. Aber ich hatte solchen Bock darauf, dass ich es in Kauf nahm. Mit der eigenen Crew ein richtiges Bild zu machen, das bedeutete mir sehr, sehr viel.

Ich haute wieder durchs Fenster von zu Hause ab und traf mich mit Sick und Bus am Bahnhof Zoo. Wir waren voll gut drauf, hatten unsere Dosen dabei und zogen los, rannten nachts durch Charlottenburg in die Gegend vom Savignyplatz und versuchten, auf die S-Bahntrasse raufzukommen. Wir hatten beim Vorbeifahren eine geile Stelle gesichtet und waren uns einig, okay, der Platz ist es, da werden wir es machen, da ist das Bild gut zu sehen.

Wir hatten uns das genau überlegt, aber nicht, wie wir auf diese Hochbahntrasse kommen sollten. Wir versuchten es mal hier, mal dort, aber es klappte einfach nicht. Da war kein Hochkommen, so sehr wir es auch versuchten. Uns blieb gar nichts anderes übrig, als es vom Bahnhof aus zu versuchen. Vom Bahnsteig runter auf die Gleise und dann hin.

Also erst mal oben checken, guckt der Bifi, sieht er uns, peilt er die Lage? Möglichst unauffällig bis zum Ende des Bahnsteigs schlendern, noch mal die Lage peilen, sieht uns jemand, dann abtauchen, runterschleichen zu den Gleisen. Vom erleuchteten S-Bahnhof die Stufen runter in die Dunkelheit, aus der ganz normalen Welt runter an diesem Schild vorbei, »Durchgang verboten!«, diesem Metallschild am Ende des Bahnhofs, und sobald man das passiert hat, herrscht absolute Dunkelheit, und du weißt sofort, jetzt habe ich die Grenze überschritten, jetzt bin ich in einer anderen Welt, jetzt tue ich was Verbotenes. Dann läufst du diese Treppen runter zu den Schienen hin, läufst an diesem Bifi-Häuschen vorbei, das da am S-Bahnhof Savignyplatz noch kommt, läufst und läufst und läufst, siehst wenig, hörst aber immer diese Steine unter den Schuhen, glaubst, dass alle Welt dich hören kann, weil es so laut ist, und guckst dich ständig um, hat uns jemand auf dem Bahnhof gesehen, hat uns der Bifi bemerkt, kommt ein Zug? Du läufst an den Häusern vorbei, die an den Seiten der Hochstrecke sind, und kannst überall reingucken, kannst gucken, was die Leute gerade machen. Du rennst da vorbei, und keiner weiß von dir. In einer Küche streiten sie sich gerade, da guckt jemand Fernsehen, woanders wird gebügelt oder gespült oder sitzen welche und unterhalten sich. Beim Liebesakt sahen wir keinen, aber das hätte uns auch nicht aufgehalten. Wir waren so geil auf das Sprühen, wir wären weitergerannt. Garantiert.

Es regnete ein bisschen. Die Gegend sah dadurch noch geiler aus als sonst. Wenn man von oben in die Nebenstraße guckte und den Regen vor den Straßenlaternen sah, die Lichter der Autos und das glänzende Kopfsteinpflaster, die Spaziergänger unten auf der Straße, die nichts davon ahnten, dass wir da oben waren. Oder die schwarzen Gleisstränge und die ganzen Lichter, die an so einer Bahnstrecke sind, Haltesignale, Weichen, ab und zu eine Streckenleuchte. Alles glänzte in dem Nieselregen.

Wir liefen da lang, liefen und liefen, bis wir endlich zu der Stelle kamen, wo wir sprühen wollten. Wir checkten die noch mal aus der Nähe und besprachen, so und so soll es werden, da und da müssen wir anfangen, der und der wird dies und das machen. Wir standen da, planten das Piece und sahen plötzlich eine S-Bahn kommen. Verdammt, wohin? Wir hatten gar nicht darüber nachgedacht, wo wir uns verstecken sollten.

Auf einmal sah ich einen Graben, parallel zur S-Bahntrasse, wahrscheinlich ein Kabelkanal oder so was, frisch ausgehoben, vielleicht fünfzig Zentimeter breit und dreißig, vierzig Zentimeter tief. Da warfen wir uns rein, drückten uns so nah wie möglich an die Schienen ran, so dass wir im Vorbeifahren ausgesehen haben müssen wie ein Teil der Trasse oder ein Haufen Schutt. Nicht bewegen! Bewegungen fallen sofort auf. Aber so aus dem Augenwinkel würde uns kein Zugführer bemerken, auch wenn uns das Licht der S-Bahn für ein paar Sekunden voll erwischte. Es war ein geiles Gefühl! Du liegst da fast unter der S-Bahn, dieses gewaltige Teil knallt da an dir vorbei – Kattung, Kattung, Kattung – und oben sitzen Leute. Du weißt das und siehst sie sogar, aber die wissen nichts von dir, wissen nicht, wo du bist und was du gerade vorhast. Ab und zu entsteht ein Blitz an den Schienen, ein Funkenschlag am Stromabnehmer. Du erschrickst und findest es im gleichen Moment auch wieder geil.

Immer wieder mussten wir uns in diesen Graben werfen, wenn ein Zug kam. In der Zwischenzeit fingen wir an zu sprühen. Erst zog Sick vor und verhaute total. Dann kam Bus, was auch nicht besser war. Dann ich, genauso miserabel. Bis dahin war NSK nur eine Tagger-Crew, keine Writer-Crew. Wir waren alles keine Leute, die wirklich Pieces machen konnten und damit Erfahrung hatten. Jeder probierte mal. Und dazwischen immer wieder in den Graben, einen Zug abgewartet und die Gegend gecheckt. Hat uns jetzt jemand aus dem Fenster gesehen, was war das für ein Geräusch? Zurück an die Wand, einer sprühte hier, einer da, Outlines und Fill-ins völlig unkoordiniert, bis wir endlich einsahen, dass es keinen Sinn hatte. Wir crossten das Bild selbst aus und hauten ab. Auch wenn wir das Bild hinterher ausgecrosst haben, scheißegal, es war unsere erste richtige Aktion. Das bedeutete mir wahnsinnig viel. Das war der Spirit, der Flavour! Es war einfach geil und schweißte uns weiter zusammen.

Vor allem Bus lernte ich danach immer besser kennen, weil ich merkte, dass er auf meiner Wellenlänge lag. Mit Sick hatte ich nie so viel zu tun. Okay, er kannte die Szene. Das machte ihn interessant. Aber menschlich kam ich überhaupt nicht mit ihm zurecht. Dann schon eher mit Bisaz, obwohl der immer etwas Eigenbrötlerisches, etwas Einzelgängerisches hatte. Wenn es ihm irgendwie zu eng, zu intim wurde, zog er sich auf eine ganz komische Art und Weise zurück und machte sein eigenes Ding.

Trotzdem hing ich mit beiden, mit Bus und Bisaz, auf meiner Reise durch Berlin dann öfter unten im Süden rum, in diesen total toten Ecken, Mariendorf und so. Voll die spießigen Gegenden. Aber da unten gab es die Partners of Crime, P of C, eigentlich eine Crew, wie eine Crew sein sollte, mit Writern, MCs und DJs. Die Leute machten genau das, was ich wollte. Graffiti, HipHop, Party! Mann, ich war richtig beseelt. Wie wenig das da unten mit der eigentlichen Graffiti-Szene zu tun hatte, raffte ich da noch nicht. Es war einfach geil, was die losmachten. Deshalb hielt Bisaz auch noch sehr lange an dieser Crew fest, obwohl sich das am Ende nicht lohnte. Mal existierte die Crew, mal existierte sie nicht, ganz seltsam. Nichts, worauf man stolz sein konnte.

Andererseits galt Bisaz da unten schon etwas. Er hatte einen Namen unter den Kids in diesen toten Gegenden und war bei P of C der wichtigste Writer. Ein wirklich guter Sprüher war er zu der Zeit noch nicht, aber für da unten reichte es, um einigen Fame zu genießen. Auf einer ganz eigenartigen Mittelinsel einer vierspurigen Straße hatte er an Pfeilern, die vielleicht früher mal zu einer Brücke gehörten, seine eigenen Wände, die immer nur »Bisaz' Hall of Fame« genannt wurden. Eine richtige Hall of Fame war das aber nicht, eher eine gute Übungsfläche. Man konnte sie von der Straße aus nicht sehen und keiner konnte Notiz davon nehmen, wenn wir da sprühten. Nichts zum Vorzeigen, sondern was zum Üben. Ein zugewachsenes Betonloch mit einer selbst gebauten Scater-Halfpipe in der Mitte, auf der ich allerdings nie jemanden fahren sehen habe. Nur wir hingen da öfter rum und sprühten. Manchmal quatschten wir auch nur oder machten Party. Es war geil da. Man konnte machen, was man wollte. Die Bilder, die ich da sprühte, waren ziemlich mies, aber ich guckte mir dabei einiges von Bus ab, der zwar auch noch kein guter Sprüher war, der aber immerhin schon raushatte, wie man es einigermaßen sauber macht. Überhaupt fing ich in der Zeit an, viel mit Bus rumzuhängen, zu zeichnen, zu üben und später dann auch an die Wand zu gehen. Vor allem probierten wir viel mit Drogen rum. Ich hatte am Reuterplatz zum ersten Mal einen Joint gezogen und fand das richtig geil. Mit Bus ging es dann richtig ab. Wir hatten eigentlich immer was zu rauchen und probierten alles mögliche aus. Meistens bei Bus, weil da einfach die besten Voraussetzungen waren. Seine Mutter hatte nichts dagegen, wenn wir da aufliefen. Was wirklich abging, kriegte sie gar nicht mit. Sick war da, Bisaz, ich hing da immer rum, und dann malten wir, quatschten, guckten »Fritz the Cat«, kifften wie die Wilden und testeten alles mögliche an.

Wir hatten von einem neuen Trend aus New York gehört und mussten das natürlich ausprobieren. Man schmiert normale Filterzigaretten mit Zahnpasta ein und lässt die eine Weile trocknen, am besten ein paar Tage in der Sonne. Dann raucht man sie. Wir hatten nicht die Geduld, ein paar Tage lang zu warten, schmierten die Zigaretten ein, trockneten sie schnell mit einem Feuerzeug, bis man die Zahnpasta nicht mehr sah, und rauchten sie dann. Ich merkte gar nichts, mir wurde nur ein bisschen schwindelig. Sick fing auch nur an, ein bisschen zu lächeln. Nur Bus, den haute es richtig um. Bestimmt zwanzig Minuten lang rannte er wie wild im Zimmer rum, schüttelte sich die ganze Zeit und lachte ganz blöde. Er war richtig fahrig, unruhig, aufgedreht, flippte völlig rum, bis er plötzlich rausrannte und überhaupt nicht mehr aufhörte zu kotzen. Dem ging es richtig schlecht. So schlecht, dass er sich hinterher schwor: »Nie wieder, nie, nie wieder!«

Am nächsten Tag war Schluss mit »nie«, und wir kifften wieder. Dazu soffen wir wie die Wilden. Ich machte all die Sachen, die ich früher nie gemacht, die ich mich nie richtig getraut hatte, aber die ich unbedingt machen wollte. Es war geil mit den Leuten, auch wenn manche es mit den Drogen übertrieben. Bei mir blieb es eigentlich beim Saufen und Kiffen. Das machte jeder, und es war so ein Extrading zum Sprühen. Für mich gab es aber eigentlich nur Sprühen. Sprühen war für mich das Wichtigste. Mädchen interessierten mich nicht, meine Familie nicht, die Schule sowieso nicht, nichts. Für mich gab es nur noch das Sprühen. Alles andere war mir egal.

WRITIN' THE CITY

Allmählich trauten Bus und ich uns auch aus dem Versteck im Süden weiter vor in die City. Wir hatten geübt, waren noch keine wirklich guten Writer, brauchten uns aber auch nicht mehr zu verstecken und gingen richtig in die Öffentlichkeit, an die S-Bahnstrecken, dahin, wo man unsere Bilder auch sehen konnte, wo schon andere vor uns waren und wir uns einreihen konnten.

Wir machten viel – sehr, sehr viel – an der Strecke Großgörschenstraße und an den Stationen Richtung Norden und Süden. Eigentlich war das sehr simpel. Man kam leicht hin, ging einfach an die S-Bahnstrecke und musste sich nur vor dem Ordnungsdienst hüten, der aber sehr locker zu umgehen war. Und dann hatte man alles, was man braucht, Platz, Zeit, eine geile Umgebung. Besser konnte man es sich kaum vorstellen. Und wir gaben unser Bestes. Vielleicht war das damals noch nicht viel, aber es wurde mehr, von Bild zu Bild. Wir gaben uns richtig Mühe und brachten Styles an die Strecke, nicht so einfache Blockbuster oder simple Buchstaben, wie es heute der Fall ist, sondern richtige Styles, richtige Bilder, und wahnsinnig viele davon. So oft wir konnten, rannten wir dahin und sprühten. Da lernte ich es dann eigentlich erst richtig, im Sommer '89 an der S-Bahnstrecke zwischen Großgörschenstraße und Schöneberg. Von Bild zu Bild kriegte ich ein besseres Feeling dafür, wie man was macht, kriegte ich einen besseren Swing in meinen Style, kriegten die Pieces mehr Leben. Außer Bus und mir, die wir in dem Sommer ständig an der Strecke rumhingen und unsere Bilder machten oder einfach nur dasaßen, Bilder von anderen anguckten und den vorbeifahrenden S-Bahnen nachsahen, kamen noch zig andere Writer da hin. Unter anderem Poet und Kage, die für die damalige Zeit da schon sehr geile Bilder gemacht hatten.

Wir lernten sie an der Strecke kennen und kriegten durch Sick engeren Kontakt mit ihnen. Sie gehörten zu GFA und damit zu AGS, einer Crew aus dem Norden, aus Reinickendorf, dem Märkischen Viertel und dem Wedding. Was AGS genau bedeutete, wussten sie selber lange nicht. Irgendwann einigten sie sich aber auf das, was sie waren: Alle Guten Säufer. Einige von ihnen waren auch bei GFA, den Glorious Five Artists. Oder umgekehrt. Einige von GFA waren auch bei AGS. Das wusste keiner so genau. Die eine Crew war die Schwester der anderen, und zusammen waren sie eine ganze Meute mit DJs, MCs und Breakern, halt mit allem, was dazugehört. GFA hatte immer auch diesen Gangster-Quatsch drauf, aber AGS waren vor allem Writer und zu der Zeit wirklich die wildesten. Nichts war vor denen sicher. Die bombten wie die Wahnsinnigen. Niemand war so aktiv wie die. More und Bose bombten systematisch S-Bahnen, Poet und Kage machten die ersten richtigen Bilder auf Zügen. Die gaben dem Ganzen wirklich einen Kick, bewegten richtig was und schossen den Vogel ab, als sie mal vier End-to-Ends hintereinander machten: »Heute ist nicht alle Tage, wir kommen wieder, keine Frage!«

Mann, das waren richtig Große in der Szene. Sie waren keine Kings, weil es bessere Sprüher gab. Aber sie waren die aktivsten, die risikofreudigsten, die radikalsten. Und Bus und ich hingen mit denen rum. Was für ein Gefühl! Oben im Norden, an der Mauer in Schönholz und Wilhelmsruh, an der Hall of Fame von Amok, Kane, Shek und Chaos, trafen wir uns mit denen, einer ganzen Meute von bestimmt 20 Leuten, hingen da rum, machten Action und gingen um die nächste Ecke an die Mauer, ein Stück von der Hall of Fame entfernt, und machten unsere eigenen Bilder. Wir waren nur vier oder fünf Mal da, meistens trafen wir uns an der Großgörschenstrecke, aber innerhalb von ein paar Wochen lernte ich so viele Leute kennen, alles Writer, alle aus der Szene, dass es einfach zu einer richtig geilen Zeit wurde. Es war Sommer, es war Party, und ich war dabei!

Nicht nur das, ich spürte zum ersten Mal, dass mich dieser Virus gepackt hatte. Ich spürte ihn, und er fühlte sich geil an: Fame! Fame! Fame! Bus und ich hatten an der Strecke wahnsinnig viel gemacht und wurden gesehen. Die Leute nahmen wahr, hey, da passiert was, da sind neue Leute, neue Bilder, und die sind geil. Die Leute sprachen drüber, hauten uns drauf an und fanden geil, was wir da machten. Keiner hatte so viele Bilder an der Strecke wie wir. Zusammen mit Poet und Kage hatten wir regelrecht unsere eigene Hall of Fame. Und das wurde gesehen.

Dieses Sprühen an der S-Bahnstrecke veränderte mich völlig. Ich war nicht mehr derselbe. Davor war ich immer recht still und beobachtete die anderen mehr, als dass ich selbst aktiv gewesen wäre. Egal ob bei NSK oder bei P of C, AGS oder GFA, ganz egal, eigentlich war ich immer mehr der Beobachter, der Besucher, der Zuschauer. Ich war dabei, okay, aber ich war versteckt, nicht so aktiv wie die anderen, nicht so selbstbewusst. Aber durch die Bilder an der Strecke veränderte ich mich völlig. Das gab mir ein Selbstbewusstsein, das ich vorher nie hatte. Es war einfach ein irres Gefühl, an der S-Bahnstrecke zu sprühen, an der ganzen Strecke den eigenen Namen zu haben und dann im Zug zu sitzen und das zu sehen. Das ist unbeschreiblich. Das ist einfach geil.

Das Geilste war aber, allein loszugehen, allein die Wand zu streichen, allein zu sprühen. Ganz auf sich allein gestellt kommen einem Gedanken, die man sonst nicht hat. Wenn ich mit anderen Leuten unterwegs war, dann quatschte man die ganze Zeit, baute Scheiße und konzentrierte sich nicht so auf sein Bild. Das ging erst, wenn ich allein war. Dann hatte ich ganz andere Gedanken. Und das Sprühen selbst machte viel mehr Spaß. Man wusste immer viel besser, was man zu tun hatte. Wenn viele Leute dabei waren, konnte man sich gar nicht richtig auf das Bild konzentrieren, und wenn man was hörte, wusste man nie genau, kommt da jetzt einer angerannt oder ist das mein Partner neben mir. Ständig diese Unruhe, diese Panik und dieses Chaos. Beim Sprühen allein hast du die Gewissheit, welches Geräusch von dir selbst ist und welches nicht. Wenn irgendwo Steine kullern oder Äste knacken, dann weißt du gleich, Vorsicht! Wenn man mit mehreren Leute sprüht, ist da immer eine Riesenunruhe.

Die Bilder, die ich da machte, waren noch nicht gut, aber sie wurden besser. Und die anderen sahen das, die anderen Leute aus der Szene, die zu der Zeit sowieso immer größer und aktiver wurde. Es wurden immer mehr, und ich lernte immer mehr kennen. Soda und Mofa, Kage und Poet, zig Leute. Wir waren eine Generation. Kage und Poet hatten 88/89 angefangen, richtig Züge zu bomben, und damit Graffiti aus seinem Schlaf gerissen. Wir holten nach, was woanders schon längst am Start war. In München kam Graffiti schon 83/84 hoch, als »Beat Street« und »Wild Style« liefen. Da ging es richtig los und entwickelte sich. In Berlin war das nicht der Fall gewesen, und wir waren die Generation, die das rauskickte, die was lostrat, die aufbrach. Die Szene wurde immer größer, im Norden, im Süden, und auf einmal wurde der Bahnhof Friedrichstraße zum Treffpunkt. Auf einmal war das so, man traf sich da, und Bus meinte plötzlich zu mir, hey, lass uns mal zur Friedrichstraße gehen, da ist jetzt so ein Treffpunkt, da sind die aus dem Norden, die aus dem Süden, das ist genau in der Mitte, da geht was ab, lass uns mal vorbeischauen. Und gleich beim ersten Mal, als wir da aufliefen, waren 15 oder 20 Leute da, was viel war, wirklich viel für die damalige Zeit, wo man Writer sonst nur einzeln traf oder als kleine Gruppe. Aber da hingen gleich 20 rum, quatschten über Graffiti, machten Action, bauten Scheiße. Das war genau das, was ich wollte und bei NSK nicht gefunden hatte. Die Crew war viel zu chaotisch. Bisaz hing immer im Süden bei den Partners of Crime rum, Sick oben im Norden. Das war nicht das Wahre. Ich wollte eine Familie, und das war NSK nicht. Abgesehen von Bus. Er war mein Bruder, die Friedrichstraße wurde mein Zuhause, und die Leute waren meine Familie. Ich hing einfach jeden Tag da rum, haute mit den Leuten auf den Putz und war gut drauf. Mein Name wurde bekannter, und unsere Aktionen wurden immer verrückter. Und dabei merkte ich gar nicht, wie ich immer tiefer in die Szene reinkam.

Selbst als wir uns Anfang '90 wie immer, wirklich wie jeden Tag am Friedrichstraßen-Corner trafen und plötzlich einer vorschlug, hey, kommt, wir machen eine U-Bahn, Endstation Rudow! Selbst da kam mir das ganz normal vor, obwohl ich noch nie in einem Depot war, noch nie einen Zug gemacht hatte. Einen Zug! Das, worauf es ankam, womit in New York alles angefangen hatte! Das gehörte einfach dazu. Das musste sein. Die anderen hatten schon mal welche gemacht, für die war das nicht so ungewöhnlich, und ich zog einfach mit, geile Stimmung, Party, Action. Da war ich natürlich dabei.

Wir rotteten uns zusammen, Snor und Born vom Corner, Mofa, den ich kurz vorher kennengelernt hatte, weil er den gleichen Namen taggte wie ich, aber versprochen hatte, es bald bleiben zu lassen, und dann noch wir von NSK, Bisaz, Bus und ich. Wir stiegen in die nächste U-Bahn und fuhren runter nach Rudow, gingen raus auf die Straße, um durch einen Luftschacht ins Depot einzusteigen, aber das klappte nicht. Die Schächte waren entweder zugestellt oder verschweißt. Jedenfalls war nirgendwo was zu wollen. Wir hatten aber so einen Bock darauf, dass wir gar nicht lange überlegten und in den Bahnhof zurückgingen, kurz checkten, ob uns einer sieht, und dann einfach alle auf einmal vom Bahnsteig aus in den Tunnel rein liefen! Wir warteten gar nicht erst bis zum Betriebsschluss, sondern fingen gleich an, ein bisschen rumzusprühen und Faxen zu machen, um in Fahrt zu kommen, setzten ein paar Tags an die Tunnelwände oder auf Stromkästen, wir hinterließen unsere Namen.

Der Tunnel war nicht besonders aufregend, nur ein kurzes Stück und dann standen da schon die Züge, gut beleuchtet, eigentlich ideal, aber so eng nebeneinander, dass man gar nicht richtig rankam. Zum Sprühen hätte es vielleicht gereicht, aber es gab keine Chance, Fotos davon zu machen. Wenn das nicht geht, kann man die ganze Aktion vergessen. Fotos sind der wichtigste Beleg der Aktion, weil die Züge meistens ganz schnell wieder gebufft werden. Gibt es dann keine Fotos davon, hat es das Bild quasi nie gegeben.

Es war eine voll hektische Aktion da unten in Rudow, alle gleichzeitig rein, alle gleichzeitig angefangen, und jeder machte, wozu er Lust hatte. Da war nicht viel Qualität zu erwarten. Mofa stieg in einen Waggon und besprühte ihn von innen, andere bombten die Dinger einfach nur mit ihren Tags zu, und Bus und ich machten einen Zug von vorne, so dass man das gleich sehen würde, wenn er in einen Bahnhof einfährt. Damit waren wir die ersten, die so was in Berlin machten. Allerdings sahen wir ihn nie fahren. Vielleicht war das auch besser so. Die Bilder, die wir da machten, waren ziemlich schlecht, aber die Stimmung war saugut. Voll die Party-Laune! Und deshalb hatten wir Bock weiterzumachen. Es war noch früh, wir hatten noch Dosen, es konnte weitergehen: »Kommt, lasst uns noch einen Zug machen!«

Also wieder ab in die U-Bahn und los nach Frohnau, hoch in den Norden, ins nächste Depot. Wir kamen über Friedrichstraße, stiegen noch mal aus, um was zu trinken zu kaufen, und wollten gleich weiter. Ich wartete am Kiosk, quatschte ein bisschen mit zwei Kroaten, die ich in der Schlange kennengelernt hatte, da stiegen am Bahnsteig gegenüber ziemlich betrunkene Fußball-Hooligans aus, die gerade von einem Spiel kamen und ihre Schlachtrufe brüllten. Als die Bisaz sahen, fingen sie gleich an, irgendwelches Fascho-Zeug zu brüllen und Anti-Türken-Lieder zu singen. Erst beachteten wir das gar nicht weiter. Aber ihre Lieder wurden immer heftiger, und als sie dann auch noch anfingen, mit Bierflaschen nach uns zu werfen, war das einfach zu viel!

Ich dachte gar nicht mehr groß nach, sondern handelte einfach danach, was ich fühlte, und fragte Bus nach seinem Messer. Er ahnte nicht, wofür ich das haben wollte, und gab es mir. Ich nahm das Ding, dachte gar nicht mehr nach und rannte einfach los. Bus noch hinter mir her, »wo willst du denn hin?«, aber ich sagte nichts mehr, sah nur noch rot und rannte in die Unterführung, um zum anderen Bahnsteig zu kommen. Die anderen peilten gleich, was anlag, und kamen mir nach: »Ey, hör auf! Mach keinen Scheiß! Hör auf!« Bus rief mir hinterher, dass er sein Messer wiederhaben wollte – ich blieb kurz stehen, fühlte, ob es noch in der Tasche war, das war das Wichtigste, das einzige, was mich interessierte, und rannte weiter, die Treppen runter, durch die Unterführung, am nächsten Bahnsteig wieder hoch, auf den erstbesten Typen zu: »Was brüllst du da?« Ich war vollkommen außer mir und verpasste dem ersten direkt ein Ding. Die Idioten waren aber viel zu besoffen, um noch irgendwas zu peilen. Ich drehte völlig durch, prügelte los wie ein Wilder und schlug einfach jeden, den ich treffen konnte, sechs, sieben Leute, alle völlig besoffen, und einer nach dem anderen kriegte ein Ding verpasst. Mir ging es gar nicht drum, sie wirklich zu verletzen, sondern dass sie einfach irgendwas abbekommen, was auf die Schnauze, auf die blöden Fascho-Fressen. Ich hatte gerade einen mit meiner Tüte voller Sprühdosen umgehauen, die dabei kaputtging, so dass die Dosen über den ganzen Bahnsteig flogen, und stürmte auf den nächsten los, da rief der nur: »Nein, nein, nein! Mein ganzer Rucksack ist voller Bier!« Dem war es scheißegal, ob er Schläge bekommt oder seine Freunde, Hauptsache, das Bier blieb heile. Idiot! Ich guckte ihn an und schubste ihn nur ganz leicht, das reichte, er fiel um, genau auf das Bier, und man hörte hinten in seinem Rucksack nur noch Glas klirren, alles im Arsch. Ich wollte gerade den nächsten packen, da kamen zwei Typen, denen ich auf dem Weg dahin ein paar mitgegeben hatte, um durchzukommen, packten mich, zogen mir die Jacke über den Kopf, damit ich mich nicht mehr bewegen konnte, und schlugen zu zweit auf mich ein. Ich legte nur noch die Arme vors Gesicht und versuchte, möglichst wenig abzubekommen, aber ich hatte wenig Chancen. Die schlugen auf mich ein, traten mich, ich konnte mich nicht wehren, kam da nicht mehr raus – bis Bisaz und Bus kamen, Mofa, Snor und Born, und mich da rausprügelten, zusammen mit den beiden Kroaten, die ich gerade vorher erst kennengelernt hatte. Alles rannte durcheinander und schlug um sich. Bus und Mofa besprühten die Leute, die schon am Boden lagen, mit Tränengas, damit sie nicht wieder aufstehen konnten. Es war das volle Chaos. Als die Hools dann nur noch rumlagen, hauten wir ab.

Im Grunde war es nur Schlagen, Abhauen, fertig. Action machen, Spaß haben, Weiterziehen. Ein geiler Tag! Zug gemacht, Schlägerei, noch einen Zug machen! Was Besseres gab es einfach nicht! So hätte jeder Tag sein müssen und nie zu Ende gehen dürfen. Also weiter! Völlig aufgepusht ab in die nächste S-Bahn und los nach Frohnau!

Wir waren gerade in Höhe von Wittenau-Nord, voll gut drauf, da sahen wir einen Waggon weiter die Chaoten aus dem Norden: AGS, Alle Guten Säufer. Geil! Wir sahen die, die sahen uns, und gleich ein großes Hallo. Die freuten sich, uns zu sehen, schwenkten ihre Biere, waren natürlich mal wieder total voll und surften gleich zu unserem Waggon rüber, Tür auf, rausgeschwungen, Griff der nächsten Tür gepackt und rüber! Hey, Party! Begrüßung! Shake! Und gleich angefangen, den Wagen auseinanderzunehmen, den ganzen Waggon, alles kurz und klein geschlagen. Das machte solchen Bock! Um mehr ging es nicht: Es machte einfach Spaß! Vor allem mit den Leuten von AGS, die ständig so draufwaren. Wenn die in eine S-Bahn kamen, dann war es nachher keine mehr, die Scheiben rausgehauen, die Bänke zertreten und alles zugetaggt, von außen und von innen. Scheißegal! Hauptsache Spaß! Hauptsache Chaos und Action! Zwei oder drei Scheiben schlug ich ein, dann versuchte ich mich an den Bänken so wie More von AGS, der einen Trick draufhatte, mit dem Fuß eine Bank einzudrücken und ganze Haltestangen rauszureißen, aber ohne Erfolg. Ich schaffte das irgendwie nie. Trotzdem blieb nichts heil, gar nichts. Einer hatte angefangen, und weil wir alle höllisch geil drauf waren, steckte das einfach jeden an, die ganze Meute. Keiner konnte sich entziehen, und jeder hatte voll den Spaß dabei. Natürlich war das reiner Vandalismus, klar, aber er machte Spaß.

Deshalb wollten wir auch weiter, als wir den einen Wagen auseinandergenommen hatten, und uns den nächsten vorknöpfen. Türen auf bei voller Fahrt und rübergesurft zum nächsten Waggon. Es war stockdunkel und höllisch kalt, aber es machte voll Bock, außen am Zug zu hängen, den Wind zu spüren, das Rattern zu hören, die Lichter vom nächsten Waggon zu sehen und dann zu versuchen, den Griff der Tür zu erreichen, um sich rüberzuschwingen.

Im Wagen hinter uns war jemand drin, also mussten wir in Richtung Zugspitze zum nächsten freien Wagen. Im nächsten saßen aber auch zwei Typen. Die guckten völlig seltsam. Was sind das für Typen? Die guckten nicht einfach wie der geschockte Bürger, der sich fragt, was wir da machen, sondern eher so, als würden sie sich fragen, wie sie uns verhaften können. Okay, nächste Station raus und gleich mit der S-Bahn zurück, um sie abzuschütteln! Wir also raus, gleich in die nächste S-Bahn wieder rein, aber Scheiße, die beiden Typen kamen hinter uns her und zusätzlich noch drei andere.

Egal, wir machten trotzdem weiter, taggten weiter, surften weiter und hatten unseren Spaß, bis Shane sich plötzlich wieder in den Wagen schwang, völlig geschockt, und rief: »Der ganze S-Bahnhof ist voller Bullen.« Wir schauten alle raus und tatsächlich: Der ganze S-Bahnhof war hell erleuchtet und alles voller Bifis, Bullen, Polizeihunde – alles voll. Nein! Was machen wir jetzt? Alle in Panik, rannten wie blöd durcheinander, More tat so, als würde er Zeitung lesen, Mofa machte seine Tür wieder zu, als würde es das besser machen, Bisaz rannte auf und ab, alles durcheinander, was machen wir bloß?! Der Zug war nur noch fünfzig Meter vom Bahnhof entfernt, hatte aber noch ein sattes Tempo drauf. Was tun?! Da sah ich, wie Shane auf der anderen Seite des Zuges die Tür aufmachte, die Chancen checkte und sich darauf vorbereitete, während der Fahrt rauszuspringen. Bus und ich schauten uns das an, ein paar Steine, ein bisschen Gebüsch, dahinter eine steile Böschung. Sollen wir? Bus guckte mich an, rief »Los!« und sprang raus. Auf der anderen Seite versuchten schon die ersten Polizisten, in den Wagen reinzukommen. Also sprang ich auch, knallte erst mal hin, rappelte mich wieder auf und versuchte, die Böschung raufzurennen, aber es war so nass und rutschig, dass ich nur auf allen Vieren hochkam, krabbelnd, panisch. Hinter uns hörten wir schon die Hunde bellen. Bullen. Panik. Schreie. Chaos. Wir rannten, rannten, rannten, rutschten immer wieder ab, knallten hin, rannten weiter, schafften es hoch, kamen oben an und standen vor einem Zaun, obendrauf ein Stacheldraht, dahinter ein Schrottplatz. Rüber! Ich versuchte, über den Zaun zu klettern, schaffte es aber nur bis zur Hälfte, blieb hängen, schaukelte rum wie eine Waage, kam nicht vor und nicht zurück und merkte, dass sich mein Pullover im Stacheldraht verheddert hat. Scheiße! Egal, dachte ich mir, lasse ich mich einfach nach vorne fallen, egal was passiert, alles besser, als von den Bullen verhaftet zu werden und auch noch irgendwas zu zahlen dafür. Ich schwang los und merkte im selben Augenblick, dass mich ein Bulle an den Beinen gepackt hatte und versuchte, mich wieder runterzuziehen. Ich hatte ihn nicht kommen sehen, nicht gehört, nichts. Scheiße! Ich gab mir einen richtigen Ruck, einen letzten, und ließ mich mit dem ganzen Gewicht auf die andere Seite fallen, haute ihm dabei noch mit dem Fuß die Mütze vom Kopf, fiel auf der anderen Seite hin, sprang gleich wieder auf und rannte los. Adrenalin, Herzrasen. Panik. Ich versuchte, mich zurechtzufinden. Es war dunkel, Leute rannten, Hunde bellten. Chaos. Ich wollte losrennen, zwei, drei Schritte, und sah eine grüne Windjacke um ein Auto kommen. Riesenschock! Bullenjacke! Ah, nur Sake mit seiner Writerjacke aus dem Second-Hand. Was für ein Schock! Komm, weiter, abhauen hier! Rannte weiter über den Schrottplatz, panisch, kam zwischen ein paar Autos durch und sah den blauen Ärmel von einer Windjacke. Scheiße, BVG! Wohin jetzt? Guckte noch mal hin: Es ist Snor! Ich rannte weiter, wusste nicht wohin, suchte einen Ausweg und traf Soc: »Komm mit! Ich kenne die Gegend hier. Ich bring dich raus.« Über Zäune, Mauern, Dächer. Wir hörten Geräusche und wussten nicht, von wem sie kommen, hörten weiter hinten das Hundegebell, Polizeisirenen, Rufe. Rannten weiter bis zu einer Mauer mit Glasscherben oben drauf, wo keine Sau rüberkonnte – außer Soc, der mir half, das Ding zu bezwingen, und mich über Garagendächer führte, durch Höfe, über Mauern, bis wir endlich eine Straße sahen. Guckten rum: alles ruhig. Dosen und Rucksäcke hatten wir längst weggeworfen und liefen an der Straße entlang wie ganz normale Passanten. Da hörten wir auf einmal einen Wagen kommen: Bullenwanne. Scheiße! Was tun? Wegrennen? Normal weitergehen? Nein, an Socs Schulter geworfen und auf besoffen gemacht. Die Bullenwanne kam langsam näher und fuhr im Schritttempo neben uns. Die Bullen fixierten uns genau und fragten, wo wir hinwollen. »Nach Hause.« Ich gab mein Bestes, den Besoffenen zu mimen. Die schauten uns prüfend an, misstrauisch, schon bereit, die Tür aufzureißen, uns hinterherzurennen, uns zu verhaften, fragten aber vorher noch, woher wir kämen. Soc nannte eine Kneipe in der Nähe und schimpfte, wie besoffen ich wär und dass er mich nach Hause schleppen müsste. Ich pöbelte ihn so besoffen wie möglich an, dass er das Maul halten soll.

Sie kauften uns das nicht ab. Das glaube ich nicht. Sie wussten wahrscheinlich nur nicht, wie sie uns nachweisen sollten, dass wir dabei waren, fuhren noch eine Weile neben uns her und gaben dann Gas. Als wir endlich zwischen den Siedlungshäusern waren, rannten wir noch mal wie die Wilden und waren endgültig weg.

Am nächsten Tag das übliche Spiel: Rumtelefonieren und Treffen, wer wurde erwischt, wer nicht. Einer wurde erwischt, ein einziger. Der hielt dicht und kam ziemlich glimpflich davon.

Natürlich sprachen sich solche Aktionen rum wie ein Lauffeuer. In der Szene wusste ein paar Tage später jeder, wer dabei gewesen war. Die Namen kursierten, dazu die Geschichten, das brachte Fame. Hardcore war angesagt. Und Aktionen wie die waren hardcore. Sie waren geil, brachten Spaß und machten mutiger.

Im Winter liefen dann auch ab und zu ein paar Mädchen aus dem Märkischen Viertel am Friedrichstraßen-Corner auf. Eine von denen fuhr auf mich ab. Ich merkte das gar nicht und kriegte es erst mit, als ihre Freundin ein bisschen vermittelte.

Obwohl ich durch meine Bilder und Aktionen als Sor VI in der Berliner Szene schon ein bisschen bekannter geworden war, hatte ich noch überhaupt keinen Kontakt mit Mädels gehabt. Ich kriegte das irgendwie nicht geregelt. Ich verknallte mich zwar immer gleich und quatschte dann stundenlang mit dem Mädel rum, ließ aber nichts konkret werden. Mein Vater hatte mir das so krass eingebläut, dass ich erst dann was mit Mädchen zu tun haben dürfte, wenn ich Arbeit hätte, dass ich das voll drin hatte. Als ich durch die ganzen Aktionen dann lockerer wurde, über mein Sprühen so langsam zu Selbstbewusstsein kam und mich von diesem ganzen Familiären und Katholischen gelöst hatte, da hatte ich die Zeit verpennt, in der man die ersten Mädchen kennenlernt. Als ich mitkriegte, dass sich dieses Mädchen, eine junge Deutsch-Araberin, für mich interessierte, dachte ich, das würde an meinem Fame als Sor VI liegen. An mir selber konnte es ja nicht liegen, sonst wäre ja schon viel früher was gelaufen. Wir sahen uns meistens auch nur am Corner zwischen den ganzen Writern. Ich sagte dann kurz »Hallo« und flitzte mit den anderen durch die Gegend. Nach zwei Wochen trafen wir uns dann zum ersten Mal allein und gingen am Ku'damm spazieren. Ich wusste gar nicht, was ich machen sollte, und traute mich nicht mal, ihre Hand zu nehmen. Sie war es dann, die sich meine Hand griff und sagte: »Jetzt lass uns doch hier nicht langlaufen, als würden wir uns nicht mal kennen.«

Auch als wir später bei ihr zu Hause waren, in ihrem stockdunklen Zimmer, traute ich mich nicht, sie zu küssen. Vielleicht, weil ihr Vater Araber war und ich Angst vor dem Familienstress hatte. Eigentlich kam sie aber aus einer Familie, in der es recht locker war. Darauf hätte ich also gar keine Rücksicht nehmen müssen. Trotzdem lief nichts. Nach zwei Wochen war ihr das zu viel, und sie ließ mich einfach links liegen. Ich war voll erleichtert, weil ich das irgendwie nicht hinkriegte. Ich hing lieber mit den Leuten am Corner rum, quatschte mit denen und machte Action. Das interessierte mich viel mehr, dieses Leben unterhalb der Stadt, im U-Bahnhof Friedrichstraße, der eigentlich nirgendwo richtig dazugehörte, mitten im Osten lag, aber Teil vom Westen war. Das faszinierte mich. Wir saßen wie auf einer Insel.

Besonders krass merkte ich es immer daran, dass wir wie die Piraten auf offener See zwischen Friedrichstraße und dem nächsten Westbahnhof in aller Ruhe die Züge vollbomben konnten, ohne dass Sicherheitsleute der BVG eingreifen durften. Also pendelten wir ständig hin und her, enterten die Dinger und knallten sie komplett zu.

GOIN' EAST

Was sonst abging, interessierte mich nicht. Dass im Herbst die Mauer aufgemacht worden war, Grenze weg, Vereinigung, das war mir scheißegal. Das einzige, was mich daran interessierte, waren die vielen leeren Flächen im Osten, die man so gut erreichen konnte, weil sie niemand gegen uns schützte. Auf so was wie uns waren die nicht eingestellt.

Also gingen wir hin, gleich zu der Zeit, als man zwar über die Grenze kam, aber noch einen Pass brauchte. Wir hatten immer schon diese toten Bahnhöfe auf der Strecke gesehen, im Untergrund von Ostberlin, wo die Westberliner Bahnen ziemlich langsam durchfuhren, aber nie hielten, weil das östliches Territorium war, keiner aus- und erst recht keiner einsteigen durfte. Wir hatten uns den Bahnhof Oranienburger Tor ausgeguckt, eine richtig geile Stelle, an der jeder vorbeikam. Wir wären die ersten, die da sprühten – und jeder würde es sehen.

Bus, Bisaz und ich wollten zusammen hin und nahmen Dash 3 mit, einen kleinen Jungen, vielleicht 13 oder 14, der noch ziemlich ängstlich und unerfahren war. Aber das gehörte einfach dazu. Man muss für den Nachwuchs sorgen, der einem Respekt zollt, weil er weiß, was er einem zu verdanken hat.

Wir fuhren mit der S-Bahn in den Osten und nahmen uns vor, im Bahnhof einfach vom fahrenden Zug zu springen, um an den Häuschen und Kachelwänden unsere Bilder zu sprühen. Bei einem der nächsten Züge wollten wir wieder aufspringen und verduften. Gesagt, getan. Wir standen im Zug, näherten uns allmählich dem Bahnhof, rissen die Türen auf, machten uns zum Absprung bereit, warteten, warteten, warteten – und sprangen nicht. Der Zug war doch zu schnell. Der einzige, der sprang, war Bus. Wir trauten uns nicht, und er stand auf einmal völlig allein da. Verdammt! Wir überlegten, was wir jetzt tun sollten, und stiegen beim nächsten Halt im Westen aus, um von dort in die Tunnel reinzulaufen. Bus entgegen. So konnten wir auch gleich Fluchtwege checken, ein paar Tags in den Tunnel setzen und andere tote Bahnhöfe auskundschaften. Auf einem fanden wir ein paar uralte Feuerlöscher. Geil! Erst mal die Dinger von der Wand gerissen und uns eine satte Schaumschlacht geliefert, gegenseitig von oben bis unten besprüht und mit dem Rest schnell noch paar Tags geschäumt. Feuerlöscher bringen einfach Spaß, hängen in jedem Bahnhof oder in der U-Bahn unter den Behindertensitzen und laden richtig ein, Scheiß damit zu bauen. Mit den neuen Dingern geht es gut ab. Die sind nicht weiter schlimm. Aber diese uralten Dinger, die wir in dem toten Bahnhof fanden, waren reines Gift. Es verschlug einem einfach nur den Atem. Egal, Spaß muss sein, und erst mal Dash voll zugesprüht, bis der anfing zu schreien, zu husten und zu weinen. Okay, okay, ist ja schon gut. Nur noch wild mit den Dingern rumgesprüht, bis sie leer waren, und dann weitergezogen.

Allmählich kamen wir dem Bahnhof näher, wo Bus abgesprungen war. Wir hatten keine Ahnung, ob er noch da war. Er hatte bestimmt keinen Bock mehr gehabt, auf uns zu warten, und war losgezogen. Aber in welche Richtung? Vielleicht war er längst auf die nächste S-Bahn aufgesprungen und abgehauen, vielleicht war er auch geschnappt worden. Woher sollten wir das wissen?!

Als wir das Gefühl hatten, dem Bahnhof immer näher zu kommen, fingen wir an zu rufen: »Bus, hey, Bus, hörst du uns?« Auf einmal hörten wir Schritte. Scheiße! War er das? Waren das Bullen? Wir drückten uns an die Tunnelwand, warteten, lauschten angestrengt auf die Schritte und hörten auf einmal ganz nah eine Stimme: »Bisaz? Sor VI? Dash?« Okay, es war Bus, raus aus dem Versteck und erst mal gejubelt wie die Wilden, unser Wiedersehen gefeiert und dann gemächlich zu dem toten Bahnhof zurückgelaufen, um endlich zu sprühen.

Ich hatte mir ein komplexes Sor VI ohne Freiräume zwischen den Buchstaben vorgenommen, einen kompakten Block, in dem nur durch ein paar Linien Buchstaben erkennbar werden sollten. Im Entwurf sah es gut aus, war es originell und setzte sich von den anderen ab. An der Wand kriegte ich es nicht hin. Ich wurde langsam ungeduldig. Außerdem nervte es mich, dass wir uns jedes Mal, wenn aus einer Richtung ein Zug durchfuhr, hinter den Häuschen in Sicherheit bringen mussten, und plötzlich aus beiden Richtungen gleichzeitig Züge kamen. Scheiße! Wir standen blöd da rum und konnten nur hoffen, dass uns keiner gesehen hatte. Es rechnete da niemand mit uns. Das war unser Vorteil.

Wir hatten uns auf den ganzen Bahnhof verteilt. Bisaz und ich besprühten jeweils ein Abfertigungshäuschen. Bus und Dash machten sich an Säulen und Wänden zu schaffen. Auf einmal hörte ich, wie an der Seite des Häuschens, an dem ich sprühte, eine Tür aufging. Ich guckte nach rechts, guckte nach links: alle Mann da! Ging um das Häuschen rum, um zu gucken, was das für ein Geräusch war, und schaute plötzlich zwei Vopos direkt in die Augen. Die standen nur eine Armeslänge von mir entfernt und waren mindestens so überrascht wie ich, dass sie da plötzlich einem Typen gegenüberstanden. Schock! Vopos! Die schießen! Drehte nur noch um, ließ die Dosen stehen, rief den anderen nichts mehr zu und rannte einfach los, völlig panisch im Zickzack über den Bahnhof Richtung Tunnel. Die anderen sahen mich, peilten, was los war, und sprinteten mir nach in den stockdunklen Tunnel, in dem wirklich nichts zu erkennen war, gar nichts. Auf dem Hinweg hatten wir uns noch an den Stangen orientiert, die es da für die Gleisarbeiter in regelmäßigen Abständen gibt. Bei der Panik, bei dem Schiss, den wir hatten, ging das kaum. Trotzdem versuchten wir, uns so gut wie möglich an diesen Dingern langzuhangeln, um wegzukommen, nur schnell weg.

Zum Glück waren die Vopos nicht besonders erfahren darin, auf Schienen rumzurennen, aber sie hatten den Vorteil des Lichts. Zwar nur im hinteren Bereich, aber genug, um wenigstens ein bisschen was sehen zu können. Wie nah sie uns kamen, konnten wir am Licht erkennen, Abschnitt für Abschnitt machten sie es an, um selbst besser laufen zu können, immer nur eine Stufe für den nächsten Tunnelbereich. So waren sie schneller, viel schneller als wir. So schnell wir auch rannten, sie waren schneller, waren uns ganz dicht auf den Fersen. Es war nur noch eine Frage von Metern, dann hätten sie uns gehabt – doch dann war Schluss. Irgendwas schien mit dem Licht nicht zu stimmen. Vielleicht gab es da auch keins mehr, wer weiß, vielleicht war das schon der Westen, wo wir liefen, und sie durften uns nicht folgen, keine Ahnung, jedenfalls gab es kein Licht mehr, und es war wieder stockduster. Aufatmen, ein Hoffnungsschimmer, das war unsere einzige Chance, es noch zu packen, rennen, weiterrennen, einfach weiterrennen, vielleicht schaffen wir es doch noch, da brüllten die plötzlich: »Stehenbleiben! Stehenbleiben! Oder wir schießen!« Nein! Nicht schießen! Panik, wahnsinnige Panik. Wir konnten uns nicht vorstellen, dass sie auf kleine Jungs schießen, aber wer weiß das schon?! Deshalb nichts als weitergerannt, weitergerannt, immer tiefer ins Dunkle rein. Bus und Bisaz vorneweg, ich als nächster, Dash hintendran. Schrie die ganze Zeit und heulte, flog alle paar Schritte hin, rannte gegen Stangen, stolperte über Schwellen, weinte schon: »Wartet auf mich, wartet auf mich!« Wir warteten kurz und zogen ihn weiter: »Komm, Dash, nicht schlappmachen, komm weiter!« Bis wir endlich einen Luftschacht fanden, Durchatmen, aber keine Zeit verlieren, und beten, dass er offen ist. Osten! Gesperrter Bezirk!

Toter Bahnhof! Hier hielten keine Züge. Warum hätte er offen sein sollen? – Wir hoch, einer nach dem anderen die Steigeisen rauf, schnell, beeilt euch, raus!

Wie durch ein Wunder war das Ding offen. Ein sonniger Sonntagnachmittag. Unbescholtene Bürger machten einen Spaziergang, schoben einen Kinderwagen, freuten sich ihres Lebens. Wende! Es war was Neues passiert, es passierte was im Leben. Es war was los. Man war zufrieden und ahnte nichts Böses, da flog plötzlich neben denen ein Luftschacht auf und vier Irre, alle völlig dreckig und verschmiert, mit Schrammen und blutigen Kratzern, sprangen aus dem Schacht und rannten durcheinander wie die Blöden, versuchten sich zu orientieren, rannten los und sahen plötzlich Vopos. Panik! Wissen die schon was? Suchen die uns? Wir hatten keine Ahnung, ob wir verfolgt wurden. Man kannte es ja nur vom Hörensagen, hatte die Berichte in der Glotze gesehen: auf den Gebäuden überall Kameras, totale Überwachung.

Vielleicht hatten die die Lage längst gecheckt und waren hinter uns her. Wir wussten nicht, was abging, hatten sämtliche Fantasien im Kopf, aber nichts zu verlieren. Wir mussten abhauen, kannten uns nicht aus, waren noch nie da, rannten einfach drauflos und hauten Leute an: »Wo ist ein Grenzübergang.«

»Da drüben«, völlig verängstigt: Wer sind die? Wo kommen die her? Was haben die gemacht?

Da der Grenzübergang! Aber wie sollten wir rüberkommen? Keiner von uns hatte einen Ausweis dabei. Seit mal ein Sprüher erwischt wurde, der am Zug seine Monatskarte verloren hatte, galt es als oberstes Gesetz, bei Aktionen keine Papiere dabei zu haben. Jetzt wurde uns das zum Verhängnis.

Wie die Gauner standen wir in der Nähe des Reichstags an einem provisorischen Grenzübergang und sondierten die Lage. Ein schmaler Korridor mit Grenzhäuschen – keine Chance, da durchzukommen. Rechts und links davon eingezäunte Rasenfläche, vielleicht 50 Meter breit, nach Osten und Westen jeweils mit anderthalb Meter hohen Metallzäunen abgegrenzt. Mitten auf der Grünfläche ein Bauwagen. Was sollten wir machen? Wir standen rum, checkten die Lage und diskutierten, was wir machen sollen. Die Grenzer schielten schon ganz misstrauisch zu uns rüber. Wussten die was? Waren die womöglich schon verständigt? Wurde schon in alle Ecken was durchgefunkt? Wir hatten keine Ahnung, nur riesige Angst.

Was sollten wir machen? Sollten wir einfach über den Zaun auf den Rasen springen und durchrennen in den Westen? Können die uns dann noch was? Ist es noch wie früher, oder hat sich das auch schon geändert?

Wir mussten es probieren. Uns blieb ja keine andere Wahl. Wir wollten einzeln laufen, über den Rasen bis zum Bauwagen, wollten uns sammeln und dann zusammen weiterrennen.

Als erster ging Dash. Wir dachten uns, wenn es schiefgeht, merken sie es vielleicht nicht gleich beim ersten und kleinsten, sondern erst bei uns, wenn wir als letzte rennen. Dann wäre zumindest Dash schon mal in Sicherheit, und wir müssten weitergucken. Also kletterte er als erster über den Zaun und ging langsam, sehr, sehr langsam bis zum Bauwagen. Alles klar! Stand dann da, grinste und winkte, freute sich voll. Als nächstes ging Bisaz. Ein Drittel der Strecke wie abgesprochen ganz, ganz langsam, blieb völlig cool und tat fast so, als wollte er nur mal den Rasen checken. Dann kletterten Bus und ich über den Zaun und sahen gerade noch, dass Bisaz plötzlich – keiner weiß warum – losrannte wie ein Bekloppter. Bus und ich guckten uns nur an, sagten kein Wort, sahen aber, dass wir den gleichen Gedanken hatten: Wenn der losrennt, müssen wir auch rennen. Also los! Als Dash sah, dass wir alle wie die Bescheuerten loswetzten, rannte er auch los.

Wir rasten über die Wiese, sprangen auf der anderen Seite über den Zaun und waren in Sicherheit. Bus blieb noch am Zaun hängen, aber schon im Fallen, als er merkte, dass er es geschafft hatte, fing er an, breit und frech zu lächeln.

Als wir in Sicherheit waren, fielen wir uns in die Arme, freuten uns voll und machten ein Tänzchen. Die Spaziergänger rafften natürlich nichts und wunderten sich nur, was denn mit uns los ist, wo die harten Zeiten doch jetzt vorbei sind. Wir waren nur happy. Alles war glattgegangen. Und selbst die Bullen, die da rumstanden, machten keinen Stunk. Wahrscheinlich hielten die es nur für Spaß und Übermut und rafften gar nicht, dass wir auch vor ihnen auf der Flucht waren. Wendezeit, da sahen die alles nicht so eng.

Das war überhaupt das einzige, was mich daran faszinierte, an der Wende, der Grenzöffnung und dem Mauerfall. Ansonsten war mir das scheißegal. Mir war zwar klar, dass was Besonderes passiert war, aber irgendwie registrierte ich das gar nicht richtig. Ich war so abgerückt in meine Welt, dass mich das, worum sich die Spießer kümmerten, gar nicht mehr interessierte. Wir gingen eigentlich nur in den Osten, um zu checken, was für Dosen die in den Läden haben, ob man dort zocken kann und was in den Depots abgeht. Wie kommt man rein, wo stehen die Züge? Das interessierte uns, danach suchten wir – und fanden das Paradies. Wir zockten die leer und bombten sie zu, überrannten die einfach und hatten dabei ein leichtes Spiel. Niemand rechnete mit uns, niemand wusste was mit uns anzufangen, niemand kümmerte sich richtig um uns. Und wir nutzten das aus. Wir konnten an den Zügen stehen, solange wir wollten, von abends bis morgens, sechs Stunden am Stück, eine Ewigkeit, das war traumhaft. Wir konnten Krawall machen, Radau, Action abziehen, es störte niemanden, weil niemand mit uns rechnete. Anfangs hatten wir noch Schiss vor dem, was man in der Glotze gesehen hatte, Überwachungskameras, Soldaten, Vopos und so weiter. Als wir aber mitkriegten, dass da nichts mehr lief und alles zusammengebrochen war, dass zu der Zeit alles viel harmloser abging als im Westen, da stürmten und eroberten wir ihr Terrain.

Auch dass die Mauer selbst abgerissen wurde, war für uns nicht tragisch. Okay, sie wurde ab und zu zum Sprühen genutzt, war aber nicht besonders wichtig für uns. Sie war einfach da, man konnte dort sprühen, aber das interessierte uns nicht weiter. Es war eben nicht illegal. Wenn man mal Bilder machen wollte, die

Zeit brauchten, okay, dann ging man an die Mauer. Aber für mich war das damals noch uninteressant. Leute, die wirklich schon was draufhatten, Sheck zum Beispiel oder Amok, die echten Kings, die waren an die Mauer gegangen und zogen ihre erste Hall of Fame da auf, eine regelrechte Galerie der Writer, wo sie in aller Ruhe richtig geile Bilder machen konnten, die auch stehen blieben und von anderen Writern respektiert wurden. Da kam zwar auch ab und zu mal der Grenzschutz vorbei und forderte sie auf, einen Meter Abstand zu halten. Aber das interessierte eigentlich niemanden. Selbst den Grenzschutz nicht. Zumindest griffen die nie ernsthaft ein.

Ich ging da höchstens mal hin, um mir die geilen Sachen anzugucken und in mein Skizzenheft zu malen. Aber selbst machte ich wenig an der Mauer. In der Nähe der Hall of Fame zu sprühen, wäre auch respektlos gewesen. Das war nur den wirklich guten Writern erlaubt. Ein Toy wie ich hätte da richtig Stress kriegen können. Ich musste mir meinen Respekt erst noch erkämpfen, musste erst mal noch Fame sammeln, bevor ich mit den Großen der Szene sprühen durfte. Davon war ich 89/90 noch weit entfernt.

GOIN' EUROPE

Ein bisschen näher kam ich dem in den Osterferien '90. Meine Schwester und ich kauften uns ein Interrail-Ticket und gingen auf Euro-Tour. Ich war total happy, zum ersten Mal ohne meine Eltern loszufahren, was von der Welt mitzukriegen und mein eigenes Ding zu machen. Klar, es gab nur einen Grund, warum ich quer durch Europa wollte, warum ich nach London wollte, nach Paris und Amsterdam: Ich wollte Writer treffen, ich wollte andere Sprüher kennenlernen, ich wollte den Flavour spüren. Für mich bestand die Welt nur noch aus Graffiti. Die Sehenswürdigkeiten interessierten mich nicht, es sei denn, sie wären besprüht. Die Leute interessierten mich nicht, es sei denn, sie wären Writer. Alles andere war mir egal. Ich kannte zwar niemanden, aber ich war mir sicher, dass ich irgendwen treffen würde.

Heute funktioniert die Szene viel besser. Wenn man irgendwohin will, besorgt man sich erst mal Adressen von ein paar Writern, ruft da an oder schreibt einen Brief, stellt sich vor, und dann geht das klar. Man wird empfangen, kann da pennen und zieht mit denen los. Damals fuhr ich einfach auf blauen Dunst, aber ich dachte mir, naja, ich werde die Writer schon erkennen, und dann können wir Aktionen zusammen machen.

Und so war es dann auch. Meine Schwester und ich liefen einfach ein bisschen durch London und checkten ein paar Läden, wo man gute Schuhe bekommen konnte oder andere Klamotten, so den London-Style und das HipHop-Outfit. In einem von diesen Läden hing ein Typ rum, der mir irgendwie nach HipHop aussah. Den quatschte ich an. Bingo! Er nannte sich Snatch, hatte früher viel gesprüht, war aber nicht mehr so aktiv und interessierte sich jetzt mehr für das DJing. Trotzdem war er völlig begeistert, dass ich nur wegen Graffiti extra aus Berlin kam, mich einfach in den Zug gesetzt hatte und durch die Gegend reiste, um andere Writer zu treffen. Als wir uns abends wiedertrafen, brachte er ein paar Fotos mit und zeigte mir, auf welchem Level London war. Okay, die Sachen gefielen mir nicht so, waren nicht so mein Ding, aber die Geschichten, die er drum herum erzählte, waren richtig geil und hatten voll den London-Flavour. Von all den Sachen, die er mir zeigte, faszinierte mich nur eine. Die aber richtig. Es war eine Skizze von ihm selbst, »The Style-Machine«, ein Apparat, in den oben links ganz einfache Buchstaben reinkommen, dann rattert und knattert die ganze Maschine comicmäßig rum, und am Ende kommt ein Style raus. Eigentlich logisch, dass es so abläuft. Aber ich hatte mir das noch nie richtig klargemacht. Dabei ist es genau das, worum es geht: die Umwandlung von normalen Buchstaben in Styles, von Normalität in Kunst, von Alltag in Farbe. Genau das ist es! Es war ganz einfach, aber irgendwie genial. Mir kam das fast vor wie eine Erleuchtung.

Ansonsten war es mit Snatch nichts Besonderes. Wir hingen ein bisschen bei ihm rum, hörten Platten und quatschten. Er war einfach nicht mehr produktiv und sprühte nicht mehr. Tote Hose. Aber er zog mit meiner Schwester und mir noch ein bisschen durch London, zeigte uns ein paar angesagte Läden und warnte uns vor den Leuten, die davor abhingen, meistens Schwarze, die Jeans anhatten, Burlington-Socken, die Jeans in die Burlington-Socken reingestopft und die allerneuesten Nike-Treter an den Füßen. Wenn Snatch uns nicht gewarnt hätte, hätte ich die wahrscheinlich nur für cool gehalten, Ghetto-Kids eben, original. Als wir aber gerade aus so einem Laden rauskamen, flüsterte Snatch mir plötzlich zu : »Wenn wir um die Ecke sind, rennen wir los. So schnell wir können. Ich erklär's dir später.« Also wir um die Ecke und losgerannt wie die Wilden. Ich guckte mich um, aber keiner verfolgte uns. »Und was sollte das jetzt?« Snatch erklärte, dass das Ragger waren, Typen, die vor den Läden warten, dich beobachten, genau mitkriegen, wenn du dir was Geiles gekauft hast, und es dir dann einfach wieder abnehmen. Skrupellos.

Abends nach der Rush-Hour, wenn so gut wie nichts mehr los ist, treffen die sich in Gruppen von 20, manchmal 30 Leuten an den Bahnhöfen, wo die Züge in die Vororte vorbeikommen, und werden zu »Steamern«, zu Dampfern. Sobald ein Zug hält, stürmen sie alle rein, verteilen sich über den ganzen Zug, ziehen Messer und Knarren, rauben die Leute aus und steigen an der nächsten Station wieder aus. Keine Polizei, kein Aufsehen, gar nichts.

So allmählich kriegte ich ein anderes Bild von London. Und von Berlin. Irgendwie waren die viel härter drauf als wir, ging da viel krasser die Post ab als bei uns. Ich hatte mir England immer total spießig vorgestellt, nicht so lebendig. Aber das, was ich da sah, überzeugte mich total vom Gegenteil. Das war der Wahnsinn, war zehnmal verrückter als Berlin. Berlin ist dagegen einfach tot.

Das merkte ich auch an den beiden Typen, die ich zwei Tage später in der U-Bahn sah. Von den Klamotten her sah man denen erst gar nicht viel an. Die waren gar nicht so gekleidet, wie es in

Berlin üblich war oder wie man es aus New York mal gesehen hatte. Kein HipHop-Style, eher sportlich. Aber ich sah, dass der eine in einer Plastiktüte viele Dosen dabei hatte. Man sieht das einfach, man bekommt ein Auge dafür, für die Form von Dosen in einer Tasche, man erkennt das irgendwann. Geil! Ich natürlich gleich hingegangen und die erst mal vollgequatscht, hey, ich komme aus Berlin, bin auch Writer, auf Besuch hier. Die Jungs waren richtig cool drauf und sagten gleich einen Treffpunkt für den Abend. Okay, dachte ich mir, die kommen sowieso nicht, was soll's?! Aber sie waren tatsächlich da. Zwei wirklich geile Typen. Der eine nannte sich Mean, war groß, drahtig und sehr, sehr flink, hatte lange Haare, Dreadlocks und war überall der Wortführer. Er war immer gut drauf und gleichzeitig wahnsinnig streng zu den Leuten, mit denen er rumhing. Er entsprach einfach dieser Mentalität, dieser London-City-Mentalität, er war einfach richtig tough. Das sah ich schon, als wir uns abends auf einem U-Bahnhof trafen. So ein kleiner Junge, ein Toy, dachte wohl, ich wäre hoher Besuch aus Berlin, und wollte unbedingt mit dabei sein, wenn wir zusammen losziehen. Er war gerade mal ein Anfänger, der sich vor den anderen beweisen wollte, und quatschte Mean auf dem U-Bahnhof voll, dass er gerne dabei sein würde. Ich verstand kaum ein Wort, weil die so schnell und irgendeinen komischen Slang sprachen, jedenfalls quatschten die da rum, diskutierten, stritten sich ein bisschen, bis sich Mean auf einmal entschuldigte, den Typen kurz um eine Ecke zerrte und man nur noch hörte, wie er dem Kleinen eine verpasste. Als sie wiederkamen, der kleine Typ ganz still, meinte Mean nur cool: »Okay, gehen wir!« In die nächste U-Bahn rein, und beim Losfahren sah ich dann, wie der Kleine ganz langsam davontrottete, richtig traurig. Er wollte doch nur mit Profis losgehen und hatte dafür eine verpasst gekriegt. Er tat mir voll leid.

Wir fuhren dann zu einem der Typen nach West-London, in eine völlig abgefuckte Gegend, lauter Reihenhäuser, total runtergekommen, verwilderte Vorgärten, Müll auf den Straßen. Und auch drinnen, das sah man, überall das absolute Chaos. Aber irgendwie völlig geil, voll die Atmosphäre.

Wir saßen zusammen in einem Zimmer, malten Skizzen, weil wir später noch zusammen sprühen gehen wollten, und erzählten dabei Geschichten. Es war einfach geil, wie sie mich aufnahmen, ohne Vorbehalte, ohne Vorurteile, ganz selbstverständlich. Ich kannte das aus einem dieser Bücher, »Subway Art« oder »Spraycan Art«, wo Writer zusammensaßen, malten, über Aktionen quatschten, kifften – und genauso war es bei den Typen in London. Ich erzählte denen, was ich bis dahin so gemacht und erlebt hatte. Und die erzählten mir ihre Geschichten. Ich fühlte mich da richtig wohl. Vor allem war es für mich die erste Berührung mit diesem internationalen Denken; du bist Writer, du bist aus einer fremden Stadt, aber du wirst aufgenommen wie ein Freund, dir wird mit Respekt begegnet, einfach weil du die gleichen Interessen hast, weil du dazugehörst und einer von ihnen bist. Das fand ich faszinierend.

Geredet, vorbereitet, gekifft wie die Wilden, dann losgezogen und unterwegs noch einen kleinen Laden ausgeraubt. Ich kriegte das gar nicht richtig mit. Wir gingen rein, zu acht oder neunt, und schauten uns nur ein bisschen um. Ich holte mir Zigaretten, ging mit den anderen wieder raus, und erst als wir weiterliefen, sah ich auf einmal, wie die alles mögliche aus den Taschen holten. Ich dachte, ich sehe nicht richtig: Das war so viel, was die da mitgenommen haben! So krass viel. Unglaublich!

Wir liefen unendlich lange, liefen immer weiter und kamen nach Ewigkeiten endlich in die Nähe des Depots, waren aber noch lange nicht drin.

Wir mussten durch tausend Gärten, über Zäune, Mauern, Bretterwände. So was Umständliches hatte ich noch nie erlebt, und mir passierte laufend Scheiße. Normalerweise war ich bei Aktionen in Berlin immer recht leise und fiel selten auf. An dem Abend gab es aber nichts, wo ich nicht irgendwie Krach machte. Mir passierten wirklich die peinlichsten Sachen, und Mean, der gedacht hatte, er wäre von Profis umgeben, meinte nur, dass ich mich nicht länger Sor VI nennen soll, sondern besser Noisy VI. Den Namen hatte ich dann weg. Keine Chance.

Als wir endlich bei den Zügen ankamen, die in diesem riesigen Depot auf bestimmt sechs, sieben Gleisen nebeneinanderstanden, wiesen mich die anderen erst mal ein: »Sei vorsichtig! Pass gut auf die Schienen auf! Gib acht, wo du hintrittst! Wenn du stolperst, kannst du tot sein.«

Krass! Im Gegensatz zu Berlin, wo die Stromschienen abgedeckt sind und auch nur Strom führen, wenn ein Zug in unmittelbarer Nähe ist, was auch egal ist, weil man dann sowieso überfahren wird, sind die Dinger in London und New York offen und wirklich lebensgefährlich, weil sie ständig unter Strom stehen.

Ich kriegte richtig Schiss. Es kam ständig vor, dass man abhauen musste, plötzlich wie ein Wilder über die Schienen rannte und dabei in der Panik, in der Hektik ins Stolpern kam. Und dann? – Nicht drüber nachdenken, reingehen und sprühen! Ran an den Zug und ein Bild machen!

Es lief gut. Ich war als erster fertig, sprühte die letzten Feinheiten, wollte noch ein bisschen Hintergrund machen und dann den anderen helfen, da hörte ich auf einmal Sirenen, wusste aber nicht, ob es eine Bullenwanne oder ein Krankenwagen war. Alle anderen sprühten weiter, guckten vielleicht mal kurz hoch, aber ließen sich gar nicht beirren. Auch Mean blieb völlig locker. Was ist das nur für ein Typ!? Da tut sich was, und der reagiert nicht mal! Ich fragte ihn: »Ey, hörst du die Sirenen?«

»Ja.«

»Ist das ein Krankenwagen, oder sind das Bullen?«

Er sprühte ganz locker weiter: »Bullen.«

»Wollen wir nicht abhauen?«

»No.«

Den interessierte das überhaupt nicht. Der sprühte einfach weiter. Ich wurde völlig unruhig, fremde Stadt, wer weiß, was passiert, keine Ahnung, was auf mich zukommen konnte. Ich war es aus Berlin gewohnt, dass die Bullen sich nicht anschlichen, sondern mit Blaulicht und Martinshorn angedonnert kamen. Das war für uns natürlich die beste Warnung und gab uns Vorsprung beim Abhauen. Vielleicht schlichen die sich in London richtig an. Dann wäre es für Mean wirklich das Zeichen gewesen, dass die nicht wegen uns unterwegs waren. Jedenfalls ließ er sich gar nicht aus der Ruhe bringen. Erst als er fertig war, packten wir ganz in Ruhe unsere Sachen zusammen und hauten ab.

Ich war nur fünf Tage in London, aber es waren fünf geile Tage. Ich kriegte was von dem internationalen Spirit mit und wurde gleich in zwei Crews aufgenommen. Besser hätte es gar nicht sein können! CWS und SBS, die Cheeba Wizards und die Subway Saints gaben mir das Recht, den Namen auch anderswo zu sprühen und zu verbreiten. Das machte die Gruppen international und brachte ihnen richtig Fame. Und mir natürlich auch. Ich war plötzlich Mitglied in zwei Londoner Crews, in zwei All-Europe-Crews, und hatte das Recht, in Berlin zu sagen, du, du und du, ihr seid auch mit dabei, wir sind jetzt international. Geiler hätte es nicht kommen können!

Ich war voll beseelt und dachte mir, so würde es in Amsterdam und Paris weitergehen, ich würde da noch mehr Leute kennenlernen, noch mehr Aktionen machen und gleich ein paar Mitglieder in die Crews aufnehmen. Aber irgendwie lief da nicht viel. Ich fand in Amsterdam einfach keine Writer. Scheiße. Ich war da, und ich wollte was machen. Also ging ich einfach allein an den Zug und machte am helllichten Tag ein Bild. Es war zwar nur ganz einfach und sah übelst schlimm aus, aber ich machte es, am Zug, allein, am helllichten Tag. Und darauf war ich stolz.

In Paris lernte ich dann wieder ein paar Writer kennen. Die waren aber ziemlich eigenartig drauf, hatten gar keine Lust, auf Züge zu sprühen, und wollten überhaupt nichts Richtiges machen. Ich zog zwar ein paar Mal mit denen los und lag ihnen in den Ohren, dass ich was machen will, aber immer wenn es fast soweit war, sagten die nur, naja, später vielleicht. Wie ich das hasste! Am schlimmsten fand ich aber, dass die sich einfach weigerten, Englisch zu sprechen. Gerade die Writer! Ich konnte kaum Französisch, nur ein bisschen Englisch, aber die weigerten sich einfach, mit mir Englisch zu reden! Von denen konnten sicher einige ein paar Brocken Englisch, aber sie wollten nicht. Selbst die jungen Araber, die ja selber ihren Hass auf die französische Gesellschaft haben, selbst die weigerten sich, sprachen nur Französisch und taten so, als würden sie nichts verstehen. Dabei wussten die genau, was ich meine, »graph sur le metro«. Mann, kapiert das doch! Als sie dann endlich verstanden, was ich wollte, winkten die nur ab, no, no, no! Okay, die Jungs waren nur Eintagsfliegen, Anfänger, Modesprüher. Die bombten ein bisschen die Straßen, machten ein paar Auftragssachen und hatten gar keine richtige Ahnung. Wahrscheinlich um nicht ganz blöd dazustehen, nahmen sie mich dann mal mit zum Sprühen: in irgend so einen gottverlassenen Hinterhof, wo nie im Leben ein Mensch hinkam. Voll lächerlich! Dann wollten sie auch noch, dass ich ihnen beim Sprühen helfe, worauf ich nun wirklich überhaupt keinen Bock hatte. Ich guckte mir das kurz an und dachte mir, okay, mach dein eigenes Ding!

Ich ging auf eigene Faust in ein Depot und machte meinen Zug. Okay, er wurde nicht gut, ging richtig in die Hose, aber ich machte ihn, ich hinterließ meinen Namen und konnte beruhigt mit meiner Schwester wieder in den Zug steigen und nach Berlin zurückfahren.

Sie machte während der ganzen Zeit ihr eigenes Ding, schaute sich Museen an, besichtigte die Städte, ging einkaufen und ließ sich am nächsten Morgen von mir erzählen, was nachts so abgegangen war. Sie hatte immer tierische Angst, dass ich gepackt werde oder irgendwas passiert. Vor allem auch wegen unserer Mutter, die sich immer solche Sorgen machte und wahrscheinlich zu Hause hoffte, dass ich es lassen würde, wenn ich mit meiner Schwester unterwegs bin. Aber ich konnte es nicht lassen, egal mit wem ich unterwegs war. Es gab für mich einfach nichts anderes. Ich musste sprühen. Es war wie eine Droge, wie eine Sucht, und der Fame war mein Trip.

In Berlin erzählte ich natürlich allen, was ich erlebt hatte. Ich war nur kurz zu Hause, um meine Sachen abzustellen, und fuhr gleich wieder los zur Friedrichstraße: Ich erzählte von den Londonern und den beiden Crews, in die ich aufgenommen worden war, von dem Zug in Amsterdam und den Idioten in Paris, ich zeigte die Fotos, die ich unterwegs schon hatte entwickeln lassen, und fühlte mich einfach geil, weil die Leute wirklich respektierten, der Junge war da, der hat es gemacht, der hat es durchgezogen.

Ich sprühte dann richtig mit Stolz die neuen Crew-Namen in Berlin, CWS und SBS. Das war mein eigenes Ding, war international und machte was her. Mir war vorher schon klar gewesen, dass es NSK eigentlich gar nicht mehr gab. Die Leute waren völlig lustlos, machten kaum noch was und waren zu nichts zu bewegen. Es war für keinen mehr das, was er sich eigentlich ersehnt hatte, war nicht die Crew, mit der man zusammen ist und eine Familie bildet, in der einer für den anderen einsteht. Das war es einfach nicht, und deswegen kamen CWS und SBS genau zur richtigen Zeit. Vor allem für Bus und mich.

Es war für uns so etwas wie die letzte Chance. Bus war mein bester Kumpel, mein Freund, mein Partner. Ich weiß nicht, was ich Höheres über einen Menschen sagen kann. Gleich vom ersten Tag an, als wir uns im Bahnhof Nollendorfplatz trafen, mochte ich ihn. Wir konnten stundenlang über alles reden, lagen voll auf einer Wellenlänge, zogen die lustigsten Aktionen zusammen durch und wuchsen beim Bomben an der Großgörschenstrecke richtig zusammen. Alles, was wir konnten, hatten wir zusammen gelernt. Wir waren zusammen in die Szene reingekommen und waren nonstop zusammen, waren ein Herz und eine Seele und hingen ständig an der Friedrichstraße rum, erlebten eine richtig geile Zeit und machten ständig Action.

Aber ich sah, wie er sich veränderte. Er wirkte immer öfter einfach abwesend und lustlos, war immer schwerer zu irgendwas zu bewegen. Graffiti interessierte ihn immer weniger. Statt dessen probierte er immer mehr mit Drogen rum und wurde immer faszinierter davon. Er las alle möglichen Drogen-Comics und erzählte mir voll begeistert, dass er mit Sake und ein paar anderen Leuten mal LSD geschluckt hat. Das, was er dabei gesehen und erlebt hätte, würde er gerne malen können. Er probierte es aus und kiffte ständig dabei.

Man konnte zusehen, wie er sich immer stärker veränderte, aber ich dachte, ich könnte ihn durch dieses CWS- und SBS-Ding, dieses Internationale wieder dafür begeistern loszulegen, richtig Action zu machen und für unseren Fame zu sorgen, der nicht besonders war, weil NSK zerfiel und keiner mehr wirklich stolz auf die Gruppe war. Ein paar Mal klappte das.

Wir zogen wieder los, trafen uns wie immer Friedrichstraße und sprachen dann ab, wohin wir gehen wollten. Der Corner war in kurzer Zeit so groß geworden, dass man nicht mehr geschlossen losgehen konnte, sondern sich in Gruppen aufteilen musste, die ihr eigenes Ding durchzogen, ohne den anderen zu sagen, wohin sie gingen und was sie vorhatten. Die ersten zogen ab, wir warteten einen Moment, dann machten wir uns auch auf den Weg.

Bus und Sake waren mit dabei, Bisaz und Mofa und noch ein paar andere. Wir waren ungefähr zu zehnt und wollten zusammen nach Schöneweide ins Depot, um Züge zu machen. Da angekommen, gingen wir erst mal auf die Brücke, von der aus man checken kann, wie die Lage ist und wo Gefahr lauert. Die Luft war rein, wir liefen an der Brücke runter auf den Yard, auf einmal hörte einer was. Da war wer! Scheiße! Bullen?

Es war schon dunkel. Wir konnten nicht viel sehen und waren selbst ganz still, um was zu hören. Tatsächlich, Geräusche, die immer näher kamen. Das waren Schritte, viele Schritte, aber wir konnten nichts erkennen. Zum Abhauen waren sie schon zu nah. Wer ist das? Das hörte sich nicht nach Bullen an, auch nicht nach Gleisarbeitern. Das waren – oh, Scheiße, die ganzen Leute, die kurz vor uns vom Corner aufgebrochen waren.

Kacke! Mit so vielen Leuten zu sprühen war einfach Scheiße, aber was blieb uns anderes übrig, es war schon zu spät, um noch in ein anderes Yard zu gehen, also mussten wir halt alle zusammen loslegen. Mit fast 20 Leuten! Wahnsinn! Ein paar machten nur Tags, andere stromerten rum oder spielten Einkriegen, wieder andere versuchten richtig zu sprühen. Es war ein absolutes Chaos! Ständig kamen Leute an, haste mal die Farbe oder die, haste den Sprühkopf oder den. Das stresste. Ich versuchte, mich einfach nur auf mein Bild zu konzentrieren, weil ich endlich mal einen gescheiten End-to-End auf die Reihe kriegen wollte. Ich wusste genau, wie er aussehen sollte, hatte mir zu Hause Skizzen gemacht und versuchte, ihn richtig gut abzustylen. Ich wollte mich absolut nicht ablenken lassen und vertiefte mich völlig in mein Bild, schaute nur mal kurz zur Seite und wollte gerade weitermachen, als ich merkte, dass da nur noch fünf Leute nebeneinander am Zug standen und sprühten. Was ist denn hier los!? Wo sind denn die anderen?! Wir guckten uns um: Die ganze Meute war weg. Wie vom Erdboden verschluckt. Auf einmal hörten wir nur noch schnelle Schritte auf Steinen, guckten unterm Zug durch und sahen jede Menge Füße da langrennen. Scheiße! Sofort die Dosen zusammengepackt und losgerannt! Man hörte nur noch Schritte, Schreie, »Hier lang!«, »Da lang!«, »Hier sind wir!«, »Geht nach da!«. Stimmen von unseren Leuten und von irgendwelchen anderen, jede Menge Schritte, Schreie, ein absolutes Chaos.

Wir rannten erst mal in die falsche Richtung, auf die Bahnanlagen zu, wo sie uns viel lockerer hätten kriegen können, weil wir uns da gar nicht auskannten. Dann wieder zurück, an ein paar verwirrten Feuerwehrleuten vorbei, die da wohl eine Übung gemacht hatten und meinten, uns dingfest machen zu müssen, dann hoch auf die Straße, über die Brücke, auf das Gelände von einem Kindergarten, runter in den Kellerabgang, verstecken und warten. Wir kamen langsam wieder zu Atem, warteten noch ein bisschen, schauten dann vorsichtig um die Ecke und sahen direkt vor unserer Nase einen Bullenwagen, der langsam seine Kreise zog. Scheiße, weiter warten! Nach einer ganzen Zeit wagten wir uns dann raus, stürmten einfach auf die Straße und kamen heile davon, rannten zur S-Bahn und fuhren zum Corner zurück, um die Lage zu peilen. Haben sie einen erwischt? Erst am nächsten Tag stellte sich raus, dass wirklich nur einer von uns erwischt wurde, einer von zwanzig. Aber der hielt dicht und kam ohne Verfahren davon.

Okay, wenn es klappte abzuhauen, machten solche Aktionen Spaß, aber irgendwie stressten sie auch. Ich wollte endlich einen End-to-End machen! Ich hatte mir so fest vorgenommen, okay, heute mach ich's, heute klappt's – und dann herrschte so ein Chaos, dass ich ihn schon zum dritten Mal nicht fertigkriegte.

Mir war dieser End-to-End wirklich wichtig. Ich wusste genau, wie er aussehen sollte. Ich hatte in Subway Art studiert, wie sie es in New York machten, hatte mir Skizzen gemacht und wollte, dass dieses Teil endlich klappt. Ich hatte mein Sor VI schon überall getaggt und allen möglichen Leuten erzählt, das wäre die Abkürzung für »Se Optical Revolution«. Natürlich wusste jeder, wie das richtig geschrieben wird, aber darauf kam es nicht an. Die Leute standen drauf und viele sagten, ich sollte das mal ausschreiben, weil der Name einfach geil wäre, End-to-End, das käme am besten. Das musste doch zu machen sein!

Den nächsten Versuch machte ich unten in Marienfelde. Bisaz kannte die Gegend aus seiner Zeit bei den Partners of Crime und wusste, dass da Züge rumstehen und wenig los ist. Das war gut, auf Chaos-Aktion hatte ich keinen Bock mehr, und deshalb gingen auch nur Bisaz, Bus, Sake und ich zusammen hin. Geil, noch mal mit den Leuten von NSK zu sprühen, und dann auch noch CWS und SBS, ein schönes Gefühl!

Gleich neben den Zügen war ein Lager für Blumenerde und Gartenkram. Da machten wir uns erst mal fertig, zogen Handschuhe an, sortierten die Klamotten und brachten Ruhe in die Sache, um dann an den Zug zu gehen. Wir peilten noch mal die Lage und sahen auf einmal, wie sich Inka und Diaz in einer dunklen Ecke des Bahnhofs rumdrückten. Was machen die denn da?! Ich kannte die beiden noch so gut wie gar nicht und wusste nur von Inka, dass er noch nie einen Zug gemacht hatte. Was wollte er da?

Bus und Bisaz drehten gleich voll auf und wollten sie vertreiben, aber Sake machte dann auf Harmonie und meinte, wir sollten sie da sprühen lassen, Inka hätte noch keine Zugerfahrung und könnte von uns noch was lernen. Okay, es war ja auch für einen selbst ein Stolz, wenn man jemanden introducen konnte, wie man Züge macht, Buchstaben ausfüllt und Bilder gestaltet. Sollten sie also ruhig mitkommen.

Mir war das sowieso egal. Ich zog da nur mein eigenes Ding durch. Ich wollte endlich meinen End-to-End hinkriegen. Blöderweise erwischte ich einen Waggon mit Werbung drauf, so dass der Hintergrund ziemlich mies war, aber trotzdem wurde er dann genau so, wie ich ihn haben wollte. Genau so sollte er sein!

Dass dann irgendwann ein paar Bifis von der Station angelaufen kamen und wir abhauen mussten, war mir völlig egal. Ich lachte mich halb tot, als wir über so eine komische Kohlenhalde krabbelten, um wegzukommen, machte nur noch blöde Sprüche und war voll gut drauf.

Es hatte geklappt! Ich hatte meinen End-to-End gemacht, genau so, wie ich es geplant hatte! Es hatte tatsächlich geklappt! Ich war völlig außer mir! Da stand er jetzt, mein End-to-End! Ich war stolz und glücklich. Bis dahin war eigentlich nur Bisaz für seine End-to-Ends bekannt gewesen. Er machte wirklich geile Dinger. Vor allem seinen »Backe, backe Kuchen, lange könnt ihr mich suchen«-End-to-End kannte jeder in der Szene. Der war Kult.

Ich konnte in der Nacht bei Bus pennen, damit ich gleich am nächsten Morgen noch mal hin konnte, um Fotos davon zu machen. Bus hatte mir gesagt, dass der Zug bis zum späten Vormittag noch da stehen würde, aber ich wusste nicht, ob ich mich darauf verlassen konnte, und rannte gleich am Morgen los, weil ich Schiss hatte, dass er sonst schon weg sein könnte. Ich wäre gestorben, auf der Stelle tot umgefallen, aber er stand noch da, und ich dann gleich runter zu den Gleisen und meine Fotos gemacht. Ein schöner, sonniger Tag, blauer Himmel, klare Luft und mein Zug: SE OPTICAL REVOLUTION.

Ich war happy, und das hielt an, weil ich immer wieder zu hören bekam, dass der Zug sogar fuhr. Es war einfach ein so schönes Gefühl, wenn ich zum Corner kam, und die Leute mir sagten, hey, vorhin ist dein Zug vorbeigefahren. Das war ein tolles Gefühl! Denn das ist doch der Sinn der Sache. Deshalb werden Züge ja gebombt, damit sie fahren, damit alle sie sehen können, damit sie den Namen durch die ganze Stadt tragen. Zu der Zeit waren nur selten Pieces unterwegs. Aber mein Zug fuhr! Er war auf der Strecke, sorgte für sehr, sehr viel Aufsehen und vermehrte dadurch meinen Fame, weil alle drüber sprachen.

Ich selbst habe ihn nie richtig fahren sehen. Ich lag zwar ständig auf der Lauer, um ihn irgendwo mal zu sehen und am besten auch noch zu fotografieren, während der Fahrt oder wenn er gerade in einen Bahnhof rein fährt. Aber ich habe ihn nur einmal ganz kurz gesehen, als er über die Yorckbrücken fuhr. Ich sah gerade noch das Ende des Zuges vorbeifahren, rannte gleich wie ein Wilder auf den Bahnhof hoch, aber sah nur noch, wie er wegfuhr. Doch dieser Anblick, dieser extrem geile Anblick, wie der Zug da oben lang fuhr! Das Gefühl dabei lässt sich gar nicht beschreiben! Diesen Zug zu sehen, wie er in der Abenddämmerung über die Brücke rollt, die Autos fahren drunter durch und stauen sich, vor der Döner-Bude stehen Leute, an der Bushaltestelle warten welche, überall ein paar Tags, alles ein bisschen verrottet, und drüber rattert mein Name, kreischt wie der Strich, der jemandem durch die Rechnung gemacht wird: SE OPTICAL REVOLUTION. Perfekt! Allein schon diese Atmosphäre! Wie gerne hätte ich da eine Videokamera dabei gehabt! Etwas Besseres gäbe es nicht!

Es war vielleicht mein wichtigster Zug. Bestimmt nicht der beste, aber er kam zur richtigen Zeit. Die Leute merkten einfach, wie ich abging. Ich war in London gewesen, in Paris und Amsterdam, ich taggte zwei internationale Crews, machte einen End-to-End, der durch die ganze Stadt fuhr – die Leute merkten das, ich war voll drin, ich war dabei, ich war wer. In genau dieser Stimmung gründeten Poet, Kage, Bus und ich eine neue Crew, CKC, Cold Kolour Crush, wobei niemand wusste, was das genau bedeuten soll. Für mich mussten Crew-Namen immer einen Sinn ergeben, aber für Poet zählte nur, dass sich der Name geil anhörte. Egal, CKC waren wir vier, die am meisten an der S-Bahnstrecke gebombt hatten, die mehr gebombt hatten als jeder andere, und gegen die niemand ankam. Das musste Bus einfach noch mal mitreißen und wieder richtig für das Graffiti interessieren, wenn wir als neue Crew am Corner aufliefen und unsere Action machten, wenn wir zeigten, hey, mit uns müsst ihr rechnen.

Was wir machten, war fast egal, Hauptsache, es war Action. Wir trafen uns wie immer am Friedrichstraßen-Corner und überlegten, was wir als nächstes machen. Ein paar fuhren los, um die U1 zu bomben, die an der Endstation eine Weile rumstand, bevor sie wieder durch die ganze Stadt fuhr, und deshalb einfach geil zum Taggen war. Der Rest hing noch am Corner rum, als plötzlich einer meinte, dass in Kreuzberg irgendeine Demo wäre, ob wir da nicht mal hinwollten, um die ein bisschen aufzumischen. Okay. Worum es ging, war uns egal. Wir waren einfach nur dabei, um ein bisschen Stunk und Action zu machen, so ein bisschen die Demo auszunutzen, um unseren Spaß zu haben. Die Stimmung war geil, wir waren voll drauf und für Action immer zu haben. Die Stadt gehörte uns. Uns konnte keiner was. Von wegen Hitlers hundertstem Geburtstag, das erfuhren wir erst nachher aus der Zeitung. Uns war das völlig egal.

KAPITEL 4

FROM HERE TO FAME

Mofas Tod schockte uns alle. Er platzte mitten rein, mitten in eine richtig geile Zeit, als am Corner die Hölle los war, immer mehr Leute in die Szene kamen, ständig Action war und wir Spaß hatten ohne Ende. Da platzte Mofas Tod mitten rein. Er war einer von denen, die ständig mit uns am Corner rumhingen, bei allen möglichen Aktionen dabei waren und immer Bock auf Action hatten. Und dann kam er nicht mehr.

Die Stimmung am Corner war voll mies. Keiner hatte mehr richtig Bock, was zu starten, alle chillten nur noch rum, und wenn wirklich mal einer den Edding zog, um ein paar Tags zu machen, oder mit den Dosen klapperte, na, hat einer Bock mitzukommen, dann guckten die anderen nur, lass mich in Ruhe.

Wir redeten nicht viel über Mofas Tod, aber man merkte, dass er jeden irgendwie bewegte. Auch mit den Leuten, mit denen ich in der Zeit am meisten zu tun hatte, redete ich kaum darüber. Wir wollten uns unser Ding nicht verderben lassen. Dabei war es verdorben. Es stank zum Himmel. Wenn ich allein für mich darüber nachdachte, dann merkte ich, dass mich Mofas Tod richtig traf, dass er mir weh tat, und dass ich das voll bedauerte. Andererseits wollte ich mich davon nicht unterkriegen lassen, wollte mir den Spaß nicht verderben lassen, nicht jetzt. Irgendwas faszinierte mich auch an Mofas Tod. Nicht, dass ich ihn toll gefunden hätte. Aber irgendwie ließ er alles, was wir so machten, in einem anderen Licht erscheinen, in einem Hardcore-Licht. Wir wollten etwas anderes leben, okay, wir taten es, und wenn es nötig war, starben wir sogar dafür. Was ich machte, wollte ich mit Haut und Haaren machen, wollte mit Leib und Leben dafür einstehen, alle Brücken kappen, alle Fesseln sprengen, alles hinter mir lassen. In dem Sinne brachte Mofas Tod mich weiter. Ich überschritt eine Schwelle und war geil auf das, was mich dahinter erwartete. Deshalb war es logisch, dass wir nur ein paar Wochen, nachdem das passiert war, loszogen, um mit unserem ersten Whole-Car so was wie eine neue Dimension zu eröffnen.

Bus, Bisaz, Sake, Snor und Born holten mich abends in Buckow ab. Sie warteten an der Bushaltestelle um die Ecke. Ich kletterte wieder durch das Fenster über die Garage in den Garten und los. Die anderen warteten schon, die Stimmung war geil. Alle in Writer-Klamotten, alle mit Rucksäcken, prallvoll, die Dosen klapperten, Begrüßung, Shake, hey, kommt, lasst uns durchziehen!

Ich war richtig geil drauf. Okay, ich hatte schon ein paar Bilder gemacht und zuletzt meinen End-to-End, aber dies hier sollte was anderes werden, wir wollten unseren ersten Whole-Car machen, ein Bild über einen ganzen Waggon, von vorne bis hinten und von oben bis unten. Ich freute mich tierisch darauf und hatte mir vorher genau überlegt, wie der Wagen aussehen soll, hatte noch mal in »Spraycan Art« und »Subway Art« nachgeblättert, wie die das in New York machten, wo das Writing geboren wurde und wo sie das Ganze schon so weit entwickelt hatten, dass sie genau wussten, was für Buchstaben auf einen Whole-Car draufpassten, wie die aussehen mussten, was für verschiedene Arten von Whole-Cars es gab und wie sie zu gestalten waren. Die wussten genau, was sie taten, und waren uns um Lichtjahre voraus. Aber genau das Ziel galt es zu erreichen.

Auf der ganzen Fahrt quatschten wir drüber, wer macht was, wer mit wem, wie und wo. Alle ein bisschen aufgeregt und voll geil drauf kamen wir zu einem Depot im Osten, das ich von der S-Bahn aus entdeckt hatte, das mir aber irgendwie zu gefährlich aussah. Erst als ich es mal über Tag genauer checkte, sah ich, dass da sehr, sehr viele S-Bahnen standen und alles nur von einer kleinen Mauer umzäunt war. Völlig easy. Alles klar, da gehen wir hin, und tatsächlich, es wurde nicht bewacht. Kein Mensch da, niemand. Also einfach an die Züge ran und angefangen. Bisaz machte einen End-to-End, stylte unterhalb der Fenster in fetten Buchstaben seinen Namen ab. Sake, Snor und Born machten einen Whole-Car. Bus und ich hatten uns einen King-Whole-Car vorgenommen. Wir wollten nicht einfach nur einen Wagen vollsprühen, sondern unterhalb der Fenster unsere Namen in richtig schönen New Yorker Wild-Style-Pieces abstylen, in der Mitte eine Botschaft anbringen und rechts und links davon jeweils einen Character hinhauen. Meiner sollte ein Zeitungsjunge werden, der ein Extrablatt im Arm hält: »NSK rules over Berlin!« Mir war klar, wenn der Whole-Car klappen sollte, dann würde die Botschaft sogar stimmen und das Ding richtig Furore machen.

Wir hatten Zeit, unendlich viel Zeit und konnten sechs Stunden ganz locker da am Zug stehen. Heute haben die Jungs an der S-Bahn vielleicht noch zwanzig Minuten, bis sie entdeckt werden und abhauen müssen. So was müsste heute noch mal möglich sein, dann kämen da richtig geile Bilder raus, und in Berlin würden echte Kunstwerke rumfahren.

Wir hatten Zeit, aber wenig Ahnung. Ob man an der Wand sprüht oder am Zug, auf Metall, das ist ein himmelweiter Unterschied. Wenn man das nicht raushat, läuft die Farbe nur so runter. Außerdem hatten wir die völlig falschen Caps. Wir hatten noch gar keine Fat-Caps, wussten zwar, dass es so was gab, wussten aber nicht genau, was man damit macht und wie sie funktionieren. Um einen breiteren Farbstrahl zu bekommen, nahmen wir einfach die Sprühköpfe von Tränengasdosen. Aber das taugte nicht die Bohne. Die Hälfte der Farbe drippte beim Sprühen einfach runter, die andere Hälfte fledderte irgendwie raus und landete überhaupt nicht gezielt am Zug. Das konnte man absolut vergessen.

Im Grunde wurde unser Whole-Car eine einzige Katastrophe. Bus haute einen ganz anderen Style hin, als abgesprochen war, und zog ihn auch noch bis fast zum Dach. Meiner hatte zwar ungefähr die passende Größe, sah aber einfach nur grauenhaft aus, völlig unsauber und leblos. Ich machte einfach nur Outlines, füllte die aus, fertig. Der Zeitungsjunge, der unsere Herrschaft über Berlin rausposaunen sollte, war kaum zu erkennen. Okay, ein bisschen eckig sollte er schon werden. Aber so eckig, dass ein Bein völlig deformiert und das andere fast wie gebrochen aussah, so eckig sollte er wirklich nicht werden. Eigentlich konnte man gar nichts erkennen.

Weil Bus nichts anderes einfiel, sprühte er rechts einen Baum hin, der überhaupt nicht als Baum zu erkennen war. Ich fragte noch, was er da macht, und er sagte nur, es soll ein Baum werden, der die Jugend und die Kraft unserer Bewegung ausdrücken soll. Okay, dachte ich mir, mach mal. Und später sah ich, dass es eigentlich nur aussah wie Durchfall.

Zu einem wirklichen King-Whole-Car gehört oben noch ein Spruch, der eine Message rüberbringt. Sehr viel einfacher gemacht als die Styles, aber richtig lang über Zweidrittel des Wagens. Weil uns nichts besseres einfiel, taggte ich ohne Outlines und Füllung einfach einen hin, den ich aus »Spraycan Art« kannte: A DREAM TO SOME * A NIGHTMARE TO OTHERS.

Am frühen Morgen, die Sonne ging schon auf, standen wir dann da, voll stolz, und beguckten unser Produkt: zwei Whole-Cars und ein End-to-End. Das war ein überwältigendes Gefühl. Nachts konnte man noch nicht so genau sehen, dass es eigentlich völlig mißglückt war. Wir waren einfach nur stolz auf das, was wir geleistet hatten. Wir wussten gar nicht, ob es so was vorher überhaupt schon mal gegeben hatte. Klar war nur, dass die Aktion ungeheuren Staub aufwirbeln würde. Das ging gar nicht anders. Das brachte richtig Fame. Wir waren stolz auf uns, richtig stolz, machten noch ein paar Fotos, um etwas zum Vorzeigen zu haben, und hauten dann ab, warfen auf dem Rückweg an anderen S-Bahnen noch ein paar Scheiben ein, damit sie ins Reparaturwerk mussten und unsere Whole-Cars zum Einsatz kamen. Das gehörte dazu.

Wir fühlten uns richtig gut. Wir hatten was geschafft und waren wer. Aber es kam noch besser. Zwei Tage später rief Bus mich an und fragte, ob ich es schon gelesen hätte. Ich hatte keine

Ahnung, was er meinte. In der BZ stand ein kleiner Artikel mit Foto: »Schmierer überfielen das S-Bahndepot«. Geil! Was die da für eine Scheiße schrieben! »Auf der Flucht hinterließen die Täter Sprühflaschen.« Wir lachten uns tot. Voll die Sensations-Story! Dass wir überhaupt in der Zeitung standen – allein diese Ehre! In der Szene wusste natürlich jeder, dass wir es waren. Das brachte uns unendlich viel Fame!

Da war Mofa fast schon vergessen. Wir waren eine Stufe höher gestiegen, hatten was bewegt und waren endlich wer. Es war ein geiles Gefühl, es machte Spaß, und trotzdem war mir mein Fame gar nicht so richtig bewusst. Okay, ich gehörte zu den aktiven Writern, vielleicht sogar zu denen, die in der Szene was bewegten, aber es gab ja immer noch die Stufe über uns, Amok, Shek, Dane, Chaos. Die hatten Fame, das waren Kings! Auf eine Art bewunderten und beneideten wir sie für ihre Bilder, für die Qualität, die sie brachten, auf eine andere Art verachteten wir sie aber auch. Von denen sah man eigentlich nie einen illegalen Tag, ganz selten mal einen Zug. Die blieben immer an ihrer Hall of Fame, machten halblegale Sachen oder sogar Auftragsarbeiten. Das war für uns kein richtiges Writing. Writing musste illegal sein. Wir waren die eigentlichen Writer! Wir waren die Bomber! Wir fanden die Yards, gingen in die Depots und machten die Züge. Wir waren das – und kriegten nicht genug davon, egal was passierte. Ständig waren wir unterwegs, zwei-, dreimal die Woche. Immer wieder. Uns konnte nichts aufhalten, auch wenn es mal eng wurde, so wie im Frühsommer '90, als Kage, Poet, Bus und ich, also die ganze CKC-Besatzung, plus Some, nach Lichtenberg fuhren, um ein paar Züge zu machen. Wir hatten alles vorbereitet, jeder hatte so um die dreißig Dosen dabei, und wir waren voll in Fahrt. Was wollen wir machen? – Blöde Frage, Whole-Cars!

Der Yard in Lichtenberg liegt in einer Senke. Rechts und links sind steile Böschungen, wo auf halber Höhe die reguläre S-Bahntrasse verläuft. Ein Stück tiefer liegen jede Menge Abstellgleise. Wir suchten uns einen Zug ganz am Rand aus, um nachher geile Fotos machen zu können und nicht zwischen den Zügen rummachen zu müssen, wo man sowieso kein Gesamtfoto hinkriegt von der Collage, die wir machen wollten: vier Whole-Cars nebeneinander! Das wäre der Hammer gewesen! So was gab es in Berlin noch nie!

Weil Bus dann doch nicht genug Dosen dabeihatte, mussten wir einen Wagen zusammen machen, was vielleicht sogar besser war, denn Whole-Car-Sprühen ist wirklich krass. Dieses Rumhangeln am Wagen geht voll in die Arme. Außerdem verpeilt man unheimlich leicht die Form, wenn man am Zug hängt, sowieso Probleme hat, sich festzuhalten, und dabei auch noch sprüht. Erst recht, wenn man auf der Schattenseite rummacht, so wie wir. Bei dem bisschen Licht, das da nachts brennt, ist das richtig krass. Aber irgendwie auch geil. Die Atmosphäre ist voll faszinierend. Sie hat was Geheimnisvolles. All dieser Stahl, der eigentlich nur tagsüber bewegt wird, ruht nachts dort und ist in ein ganz komisches Licht getaucht. Hier und da sind ein paar provisorische Leuchtmasten über das Yard verteilt, gelbliches Licht zwischen den Zügen, auf den Anlagen und Trassen, dann wieder dunkle Ecken, wo man kaum was sieht – gerade dieses Licht lässt das alles richtig geil aussehen.

Wir wollten sprühen, zu fünft vier Wagen nebeneinander, und hatten schon angefangen, als Some plötzlich meinte: »Hier habe ich keinen Bock. Hier sprühe ich nicht.« Kage genauso. Sie suchten sich einen anderen Zug. Na gut, war ja kein Problem, standen ja genügend rum. Bus und ich hatten unseren Wagen schon angefangen und dachten uns, egal, lass die machen, was sie wollen, wir machen hier weiter.

Irgendwie kam Poet aber auch nicht richtig in die Gänge, hatte keinen Bock mehr und hörte ziemlich schnell wieder auf. Er hatte ein komisches Gefühl bei der Sache und schlich nur ein bisschen um die Wagen, checkte die Lage, peilte das Yard. Ich weiß nicht, was ihn umtrieb. Er hatte irgendwie ein schlechtes Gefühl, cruiste nur ein bisschen rum und verbreitete diese typische Unruhe, wenn man nicht weiß, kommt da einer, wer ist das, was war das für ein

Geräusch? Es war wieder völlig unkontrollierbar, einer ist da, ein anderer da, wo ist der Rest, was macht Poet denn da, kriecht rum wie ein Soldat, hat er sie nicht mehr alle?!

Ich ließ mich nicht groß stören, machte weiter und stieg kurz runter, um zu checken, wie es wurde. Scheiße, völlig verpeilt. Naja, egal, bring das Teil zu Ende, scheiß drauf. Mit Bus war nicht zu rechnen, der war schon völlig lustlos. Er hatte keinen richtigen Bock mehr, das merkte man ihm an. Früher lachten wir ständig am Zug, machten unsere Witze und hatten immer irgendwie unseren Spaß dabei. Aber das war alles weg. Er war schon gar nicht mehr richtig bei der Sache. Ganz komisch.

Ich sprühte alleine weiter, hing am Wagen, war mit den Türen beschäftigt und guckte durch die Scheiben, die noch frei waren. Irgendwas stimmte nicht. Irgendwas lag in der Luft. Ich konnte Kage nicht sehen, Poet nicht. Sah nur noch Bus neben mir, völlig lustlos. Und ab und zu Poet, der irgendwo in der Gegend rumcruiste. Irgendwas war komisch. Ganz, ganz komisch. Allmählich kriegte ich auch ein eigenartiges Gefühl bei der Sache, wurde wachsamer, guckte ständig durch die Fenster, die ich noch nicht zugesprüht hatte, und sah auf einmal zwei Gestalten über die Schienen huschen. Krass! Zwei Typen, die richtig angeschlichen kamen. Das war keiner von uns! Ich sofort zu Bus: »Ey, Dosen zusammenpacken! Abhauen!« Aber Bus rallte es nicht: »Hä? Was?« Ich zischte ihm zu: »Ey, da kommen zwei Typen. Lass uns abhauen. Pack die Dosen ein! Schnell!« Bus war völlig apathisch: »Wo kommen die denn?« Oh Mann! Statt die Dosen dann schnell und leise verschwinden zu lassen, mir zu vertrauen und abzuhauen, pfefferte er jede einzeln in den Rucksack und machte richtig Randale dabei. So schnell ich konnte, packte ich meine Klamotten zusammen und schnallte oben auf den Rucksack meine geliebte Adidas-Jacke, dieses alte schwarze Teil, das ich von meinen Cousins aus Kroatien geschenkt bekommen hatte und auf das ich richtig stolz war, Adidas, schwarz, drei Streifen, original der Old-Schooler-Style! Geiles Ding!

Ich wollte gerade die Böschung hoch, da ging hinter mir eine Taschenlampe an, bumm, voll hell: »Halt! Stehenblieben! Bahnpolizei.« Ich war einigermaßen darauf vorbereitet. Worauf ich überhaupt nicht vorbereitet war, das war diese riesige Taschenlampe. Bus war voll erschrocken, quetschte sich einen ganz eigenartigen Laut raus und rannte wie von der Tarantel gestochen die Böschung rauf. Ich wollte hinterher, rannte los, kam aber auf ein völlig sandiges Stück und rutschte immer wieder weg. Bus war längst über alle Berge. Irgendwie schaffte ich es dann zumindest bis zur S-Bahntrasse auf halber Höhe und lief auf den Schienen weiter.

Die meisten Writer haben es drauf, auf Schienen zu laufen. Man kann nicht einfach von einer Schwelle zur nächsten, sondern muss jeweils eine oder zwei überspringen, sonst kommt man nicht schnell genug voran. Das auf die Reihe zu kriegen, ohne ins Stolpern zu geraten, das ist das Problem. Rennt man auf den Steinen daneben, findet man keinen richtigen Halt, rutscht dauernd weg, ist viel zu langsam und im Tunnel außerdem zu laut.

Ich rannte auf den Schwellen, nahm jede zweite, jede dritte, je nachdem, rannte und merkte plötzlich, wie mir die Jacke vom Rucksack fiel. Scheiße! Ich blieb stehen, guckte, wo die Verfolger waren, packte die Jacke wieder ein, wollte wieder losrennen und knallte voll auf die Schiene. Voll mit dem Kopf gegen eine Schraube. Blut! Panik! Richtig verrückt! Rappelte mich wieder hoch, wollte den Rucksack nehmen, sah, wie nah die schon waren, und rannte einfach los, ließ den Rucksack und meine geliebte Jacke liegen und rannte weiter.

Ich hatte Bus gesehen, wie er die Böschung hochkletterte und oben verschwunden war. Okay, Alter, da musst du auch hoch, du hast keine andere Wahl! Ich nahm die Böschung, verschätzte mich völlig, kriegte es nicht geregelt mit dem hohen Gras, den blöden Steinen, dem beschissenen Gestrüpp und packte mich noch mal voll hin. Auf allen Vieren weiter, weiter diese Böschung hoch, bis fast schon zur Mitte, da packte plötzlich eine Hand meine Ferse. Bong! Schraubstock! Bauarbeitergriff! Als ob mich ein Blitz getroffen hätte. In einer Hundertstelsekunde schossen mir eine Million Sachen durch den Kopf: Eltern, Strafe, Knast, Geld ... wie Bilder aus dem Kino. Wahnsinn!

Warum ich plötzlich mein Bein hochzog und dem Typen voll vor den Kopf trat, weiß ich nicht. Das war nicht geplant! Ich dachte gar nicht drüber nach. Es war ein Reflex. Tritt! Und dann sah ich den Typen die Böschung runterkullern, wollte weiter und merkte, dass ich voll die Gummi-Knie hatte, richtig krass. Ich kam kaum noch auf die Beine, krabbelte so gut es ging weiter und stand oben plötzlich vor einem Jägerzaun, dahinter eine riesige Pipeline, Fernwärme oder so, keine Ahnung, unendlich lang. Ich war fertig, völlig fertig, konnte mich kaum noch auf den Beinen halten, sah aber, wie der andere mir hinterherkam. Ich musste über den Zaun, ein Mini-Ding, ein Witz, aber ich konnte nicht mehr, war völlig außer Atem und stieg unendlich langsam über diesen blöden Zaun. Scheiße, und jetzt? Die Pipeline war endlos.

Hinter mir stieg der Typ mit der Taschenlampe schon ganz locker über den Jägerzaun und haute mich an: »Wo willst du denn eigentlich hin?« Er wusste wahrscheinlich, dass ich keine Chance mehr hatte, und kam gemächlich näher. Ich überlegte krampfhaft, wie ich über diese Pipeline kommen sollte, guckte, dachte, so geht's, stützte mich gegen den Jägerzaun, mit dem Rücken gegen die Pipeline, versuchte mich hochzudrücken, um mich auf der anderen Seite einfach runterrollen zu lassen. Aber es klappte nicht. Ich hatte nur noch Gummi in den Knien, rutschte ab und knallte auf den Boden. Scheiße! Der Typ kam immer näher, ich sah nur noch die Taschenlampe und die Füße, guckte unter die Pipeline und sah, dass da ein bisschen Platz war, nicht viel, aber das musste reichen. Ich robbte los, quetschte mich drunter durch, sprang wieder auf, hörte schon, dass er mir nachkam, und versuchte mich zu orientieren. Es war stockdunkel, ich sah nichts und konnte nur einen Maschendrahtzaun ertasten. Scheiße, das konnte nicht wahr sein! Dieser Scheißzaun hörte einfach nicht auf. Ich tastete weiter, weiter, weiter und entdeckte auf einmal ungefähr in Armhöhe ein

Loch. Gottseidank! Ich zog mich rauf und bildete mir ein, oben einfach eine Rolle machen zu können, um auf den Beinen wieder aufzukommen, landete aber voll auf der Schulter, Scheiße, rappelte mich wieder hoch und sah noch, dass der Typ gerade erst unter der Pipeline durchkam und mir mit seiner Taschenlampe hinterherleuchtete, bevor ich losrannte, mitten in eine Wohnsiedlung rein, und eine ummauerte Ecke für Müllcontainer entdeckte, Gebüsch drum herum, wo ich erst mal die Sprühaufsätze in die Mülltonne warf und mich dann in die Sträucher zwischen die Container stellte, die Luft anhielt und wartete. Es war die Hölle, gerannt zu sein und dann die Luft anzuhalten. Die Lunge brannte, das Herz raste. Dass er das nicht hört! Er kam in die Containerecke, leuchtete rum und mir auf einmal voll auf die Schulter, nicht auf den Arm, nicht auf das Gesicht, sondern wirklich nur auf die Schulter, auf das schwarze T-Shirt. Er blieb so stehen, hielt richtig lange drauf, eine Sekunde oder zwei, eine Ewigkeit. Okay, dachte ich, das war's, vorbei! Aber der Typ drehte einfach wieder ab, ging zurück auf den Rasen und suchte weiter. Ich sah die Taschenlampe auf dem Rasen, dann noch eine zweite, wahrscheinlich von dem Typen, den ich die Böschung runtergetreten hatte. Was haben die vor? Sammeln die sich? Haben die jetzt Schiss, wo ich dem einen schon vor den Kopf getreten habe?

Erst mal passierte nichts. Ich wartete und sah auf einmal, dass der eine Typ noch mal in die Containerecke kam, alles absuchte und diesmal genau auf meinen Oberschenkel leuchtete. Alles klar, er musste mich gesehen haben, sonst wäre er nicht wiedergekommen. Was blieb mir anderes übrig, als rauszukommen und zu sagen, okay, schon gut, ich ergebe mich. Ich wollte das gerade machen, da drehte der Typ wieder ab, fluchte irgendwas und ging weiter. Ich konnte es gar nicht glauben. Was ist denn los? Was haben die vor? Wollen die mich fertigmachen?

Ich wartete weiter, wartete, hatte keine Ahnung, wie viel Zeit vergangen war, hörte keinen Mucks mehr außer dem üblichen Rascheln, Wind, irgendwelche Tiere. Weiter nichts. Okay, ich musste es riskieren, raus hier! Bis zum Morgengrauen wechselte ich die Verstecke, hockte mich immer wieder in irgendwelche Büsche, kauerte hinter Mülltonnen, schlug mich durch Gestrüpp, bis ich irgendwann einfach nur noch lief, wegrannte, scheiß drauf, wegen mir checkten die nicht die ganze Gegend ab, nicht die ganze Nacht lang. Das konnte nicht sein. Also los!

Als ich schon ein ganzes Stück gelaufen war, entdeckte ich eine Kneipe, die noch auf hatte oder schon wieder. Ich ging rein, um mich zu waschen, und sah zum ersten Mal im Spiegel, wie ich aussah: übel, richtig übel, überall zerkratzt, völlig dreckig und am Kopf das angetrocknete Blut von der Platzwunde, als ich mich auf den Schienen langgemacht hatte. Scheiße! Was mussten die in der Kneipe von mir denken? Ich hatte keinen Bock, dass die wegen mir gleich die Bullen rufen, und verpisste mich schnell wieder. Als ich endlich zu einem S-Bahnhof kam, war mir klar, dass ich aus der Sache raus war.

Am nächsten Tag rief ich die anderen an, um zu hören, wie es ihnen ergangen war, und um zu erzählen, wie lang meine Nacht noch geworden war. Insgesamt waren alle heil aus der Sache rausgekommen. Poet und Kage hatten sich zusammen verdrückt, Some schaffte es allein, und Bus hatte ja die gleiche Richtung genommen wie ich, war nur besser weggekommen. Irgendwie schien ihn das aber gar nicht richtig zu interessieren.

LOSIN' BUS

Er hörte kaum zu. Er wurde einfach immer komischer, rief selbst kaum noch an, und wenn ich ihn dann mal an der Strippe hatte, erzählte er ständig irgendwelche Drogen-Geschichten, was er wieder eingeworfen hatte, welches neue Zeug er ausprobiert hatte, was er wann dabei gesehen oder erlebt hatte. Das, was uns früher wichtig war, das Writing, die Szene, die Leute, das interessierte ihn überhaupt nicht mehr. Er war nicht wirklich abwesend, aber er redete nicht mehr über die alten Dinge, die uns zusammenschweißten. Ich war total geschockt, wie weit wir auf einmal voneinander entfernt waren. Er quatschte nur noch über Drogen. Er steigerte sich da richtig rein, liebte das Zeug, war voll fasziniert davon. Okay, ich meine, wer nicht?! Auf die eine oder andere Art liebten wir es alle. Ich konnte das ja nachvollziehen. Aber die Scheiße war, dass Sake und er nicht so ganz klarkamen damit. Sie übertrieben es, warfen immer mehr Zeug ein und pushten sich gegenseitig hoch. Das war nicht mein Ding.

Früher ging es nur um Styles und darum, wer was gemacht hat, wo es was zu sehen gab und wem wir was entgegensetzen mussten. Aber davon redete er plötzlich gar nicht mehr. Wenn es mal um Graffiti ging, sagte er nur, dass er jetzt Leinwände machen würde, welchen Grund er dabei verwendet und welche Optik die haben. Aber das waren Dinge, mit denen ich einfach nichts zu tun hatte.

Als ich aus London wiederkam und CWS/SBS sprühen durfte, versuchte ich, Bus und Sake noch mal richtig für das Writing zu begeistern. NSK gab es eigentlich gar nicht mehr, und ich dachte, dass wir drei, vielleicht Bisaz noch, wenn er Bock gehabt hätte, richtig Welle machen würden mit zwei internationalen Crews, noch mal richtig aus dem Arsch kommen und aktiv werden – aber das hielt sich nicht lange. Sake begeisterte sich zwar eine Zeit lang dafür, aber irgendwann merkte ich, dass seine Begeisterung eigentlich nur durch Drogen hervorgerufen war, durch irgendwelche Visionen und Zusammenhänge, auf die ich nie gekommen wäre.

Nicht jeder fährt bei Drogen so ab wie die beiden. Vielleicht waren sie einfach zu jung und checkten nicht, was abgeht. Ich weiß es nicht, jeder Mensch ist anders. Ich kenne Leute, die schlucken seit Jahren die schärfsten Dinger und verändern sich kein bisschen. Andererseits habe ich auch Leute gesehen, die Drogen nahmen, vor allem so chemisches Zeug, und sich dadurch völlig veränderten, meistens geistesabwesend waren und total arrogant wurden, weil sie meinten, Welten gesehen zu haben, die man selbst nicht gesehen hat, und dann ankamen nach dem Motto, hey, wer bist du denn schon, du lebst dein stumpfes normales Leben, und ich habe alle möglichen Welten gesehen.

Auch Bus brachte CWS/SBS nicht mehr viel. Er war nicht mehr der alte, es brachte ihm alles nichts mehr. Ich quatschte ihn ständig voll, dass er aufhören soll mit den Drogen, hey, Mann, wir sind doch ein Team, komm, lass uns wieder sprühen gehen. Aber es nutzte nichts. Er behauptete, er würde gar nichts mehr nehmen, hätte ein paar Mal Scheißerfahrungen damit gemacht und deshalb aufgehört, aber das stimmte nicht. Er log mich an.

Die Drogen waren stärker als das Sprühen und unsere Freundschaft. Ich war ihm fremd geworden. Ich konnte ihm nicht genug geben, um ihn zu halten. Ich konnte es nicht verhindern. Er stürzte einfach ab. Ganz langsam, aber unaufhaltsam.

Das zog sich alles über Monate hin, aber ich bemühte mich immer weiter um den Kontakt. Als ich mal wieder anrief, um mit ihm zu labern, hatte ich seine Mutter an der Strippe. Ob ich denn noch nichts davon wüsste? Ich wusste von nichts. Bei irgendwelchen Drogen-Eskapaden wäre er fast draufgegangen und war ins Krankenhaus eingeliefert worden, wo er auch erst mal eine ganze Zeit lang bleiben müsste. Irgendwas mit seinem Herzen stimmte nicht. Es machte nicht mehr mit.

Danach sah ich ihn noch einmal kurz, dann lange nicht mehr. Er war total verändert. Er war ganz anders als früher, ganz anders als der Bus, den ich richtig liebhatte. Früher hatte er nur gelacht, nur Scheiß gemacht, zu allem seinen Senf dazugegeben, dass man aus dem Lachen nicht mehr rauskam. Alles, was er sagte, war lustig. Er brachte nur geile Aktionen. Der Typ und sein Aussehen, das passte einfach zu allem, was er machte. Aber genau der war er nicht mehr. Er zog sich völlig aus der Szene zurück, vielleicht auch, weil alle wussten, was er durchgemacht hatte. Mittlerweile soll er eine ältere Lehrerin geheiratet haben, die schon ein paar Kinder hat. Er soll richtig glücklich sein. Ich wünsche es ihm.

Als ich merkte, dass mit Bus kein Staat mehr zu machen war, war ich tief enttäuscht. Ich ging wieder allein an die Strecke, der letzte Mohikaner, zog mein Ding durch und versteifte mich immer mehr darauf, nur noch für das Sprühen zu leben. Ich hing einfach da rum, machte Tags, guckte mir die Bilder an, sprühte selber welche, genoss die Atmosphäre, guckte, wie die Züge vorbeifuhren, wie die Züge wirkten neben den Bildern oder die Bilder an der Strecke neben den Zügen, an den Wänden und Brücken, tagsüber und nachts. Die Atmosphäre war einfach geil!

Dass ich da oft allein rumhing, hatte viel mit Selbstmitleid zu tun. Irgendwie machte es aber auch Spaß. Es war okay, nicht auf einen Partner angewiesen zu sein, auf den sowieso kein Verlass war. Dann musste ich mein Ding eben allein durchziehen. Und ich sah, dass es funktionierte. Die Leute wollten das sehen, begriffen das, sahen meine Bilder und redeten drüber. Mein Name wurde immer bekannter. Das war ein geiles Gefühl. Ich spürte zum ersten Mal, was es heißt, Fame zu haben und dafür zu kämpfen. Ich konnte an gar nichts anderes mehr denken. Ich kriegte immer mehr mit, saugte immer mehr auf und rutschte ganz automatisch immer tiefer da rein.

Es kam ja auch an. Ich sah doch, wie diese Kids mir zuguckten, als ich mal mittags ein Bild da machte. Wahrscheinlich schwänzten sie die Schule und waren einfach neugierig. Keine Ahnung, jedenfalls machte ich richtig Welle, konzentrierte mich auf das Bild und genoss es einfach, wie fasziniert sie mir zuguckten, vergaß die Welt um mich rum und ließ es mir gefallen, wie sie mich bewunderten. Ich hätte noch stundenlang so da stehen können, wenn nicht auf einmal einer von denen gesagt hätte, ey, guck mal nach oben, da steht ein Bulle. Tatsache! Einer stand oben und guckte, ein anderer kam schon die Böschung runter. Ich packte meine Dosen zusammen und rannte den Kids hinterher, die gleich losgesprintet waren. Es war völlig unwirklich, tagsüber wegzurennen. Das konnte ich mir nur nachts vorstellen. Man rennt nicht tagsüber weg!

Voll komisch, am helllichten Tag die Böschung hochzurasen, während die Leute aus den vorbeifahrenden S-Bahnen ganz ungläubig zuguckten, wie ich über eine Mauer in einen Hinterhof kletterte, um auf der Straße abzuhauen. Die Kids hatten diesen Weg genommen, den ich bis dahin gar nicht kannte, ich war ihnen einfach hinterhergerannt und dachte eine ganze Zeit später, als ich wieder mal von da abhauen musste, es würde genausogut klappen.

Ich chillte nachts mit Phos, den ich an der Strecke kennengelernt hatte, nur ein bisschen unter den Brücken rum. Wir setzten ein paar Tags, guckten uns die S-Bahnen an, quatschten über die Pieces an der Strecke und alles mögliche, als wir auf einmal Taschenlampen sahen, orangene Gleisarbeiterwesten und Bullenmützen. Scheiße, Ordnungsdienst! Vielleicht hatte uns jemand aus der S-Bahn gesehen und gleich die Bullen verständigt. Erst mal ruhig verhalten und abwarten! Vielleicht hatten sie uns noch gar nicht bemerkt. Was tun? Sie kamen immer näher. Okay, abhauen: »Pass auf, Phos, ich renne über die Gleise. Und wenn du siehst, dass sie mir hinterherkommen, rennst du in die andere Richtung.« Ich dachte, dass ich es mit meiner Erfahrung schon schaffen würde wegzukommen, und rannte einfach los, quer über die Schienen zur gegenüberliegenden Böschung, die gleich rauf, ab über die Mauer in den Hinterhof, in dem drei oder vier Bauwagen und eine ganz Reihe Autos standen, wollte gerade weiter auf die Straße, als ich plötzlich einen Bullen vor mir sah. Der war genauso überrascht wie ich, blendete einmal mit seiner Taschenlampe auf und konnte wahrscheinlich nur noch sehen, wie ich gleich nach rechts um den Bauwagen rumrannte. Ich dachte, dass er mir hinterherlaufen würde. Dann hätte ich eine Runde um den Wagen gedreht und wäre abgehauen. Aber Scheiße, ich kam rum und sah direkt noch einen Bullen. Ich rannte einfach an ihm vorbei, rüber zu den Autos, warf mich auf den Boden und rollte unter das erstbeste drunter, hielt den Atem an und wartete.

Dann legten sie los. Ich hörte eine Bullenwanne in den Hinterhof reinfahren, Leute aussteigen, Stimmen, Schritte, Taschenlampen, und sah auf einmal, wie sie ganz hinten anfingen, unter jedes Auto zu leuchten. Ich konnte nur den Lichtstrahl sehen, der Auto für Auto näher kam. Oh Scheiße, was mache ich jetzt? Wir hatten nichts gemacht. Aber das würden die mir nie glauben. Wer weiß, wofür die uns drankriegen wollten. Bullen hieß Abhauen, da gab es kein langes Reden!

Sie guckten in aller Seelenruhe unter jedes Auto und kamen näher. Ich schnappte immer deutlicher Gesprächsfetzen von denen auf, dachte, die würden über mich reden, würden langsam sauer, aber nichts. Die unterhielten sich über irgendwelchen Mist, irgendeinen privaten Quatsch. Das war fast enttäuschend. Ich dachte, die wären richtig hinter mir her, und wenn sie mich gleich gefunden haben, geht richtig die Post ab, aber die zogen das in aller Seelenruhe durch und hörten plötzlich auf. Am vorletzten Wagen vor mir machten sie einfach nicht weiter. Ich konnte es gar nicht glauben! Sie checkten noch den ganzen Hinterhof, guckten in die Aufgänge, suchten alles ab, guckten aber nicht weiter unter die Autos und schwirrten irgendwann ab. Ich hatte so ein riesiges Schwein, unglaublich!

Ich wartete noch Ewigkeiten, bis ich mich raustraute, und schlug mich dann über tausend Umwege, durch Nebenstraßen, hinter geparkten Autos entlang zu Phos durch, nicht, dass die mich noch heimlich verfolgten und uns bei Phos überraschten. Er war da, chillte bei sich rum und wartete auf mich. Wir ruhten uns erst mal aus, quatschten drüber, was passiert war, und verdauten den Schock.

Um zu chillen, ging ich auch immer mal wieder zum Reuterplatz. Selten zwar, aber ich ging hin. Eines Tages, nachmittags war das, kam da auf einmal ein Typ um die Ecke, ungefähr so alt wie ich, halb Inder, halb Deutscher, mit einer unglaublich geilen Ewing-Jacke von Adidas an. Oh Mann! Wer ist das denn?! Shade stellte uns gegenseitig vor. Es war Arunski.

Er wusste, welchen Eindruck er mit seiner Jacke machte, überhaupt mit seinen Klamotten, und so kamen wir dann auch ins Quatschen. Er holte sie selbst aus den Staaten, flog da rüber, kaufte das Zeug billig ein und vertickte es hier für irre Preise. Er kannte in New York Läden, wo er für 25 Dollar die angesagtesten Sportschuhe kriegte, die er in Berlin locker für 200 Mark wieder los wurde. Shirts, Jacken, Schuhe, alles mögliche. Er selbst trug natürlich auch nur das Geilste vom Geilen. So kamen wir ins Quatschen, quatschten immer öfter, trafen uns ab und zu, und irgendwann merkte ich, dass ich eigentlich nicht mehr wegen Shade zum Reuterplatz kam, sondern wegen Arunski. Shade hatte sich ziemlich zurückgezogen, weil er nicht mehr so den Bock auf Sprühen hatte. Die anderen am Reuter waren sowieso nicht so HipHop- und writingmäßig drauf. Außer Arunski. Er wusste zwar anfangs nicht viel von der Writer-Szene, interessierte sich aber für HipHop und Rap und kam irgendwann einfach mal an der Friedrichstraße vorbei. Eigentlich nur zum Checken, was da so abgeht. Als er dann sah, was für Freaks da rumliefen und wie wir drauf waren, kam er öfter. Er hatte einfach Spaß an uns und den Aktionen, die wir brachten.

Arunski und ich hatten richtig Respekt voreinander. Er war einfach cool drauf, war schon ein paar Mal in New York gewesen, was mir total imponierte, und konnte genau so rappen, wie es eigentlich sein muss. Er haute spontan die geilsten Songs raus, rappte einfach los, dachte sich irgendeinen Schwachsinn aus und machte Party. So was hatte ich noch nie gehört, das war einfach geil!

Andersherum hatte Arunski voll den Respekt vor mir, weil er mitkriegte, was ich für einen Namen in der Szene hatte und was ich schon alles durchgezogen hatte. Er hielt mich für den verrücktesten Kroaten, den er je gesehen hat. Und er hatte schon einige gesehen.

Außerdem erschien zu der Zeit mein erstes Interview in der »Enterprise«. Das machte natürlich Eindruck. Nicht nur auf Arunski. Ich merkte, dass die Szene das wahrnahm und respektierte, dass es meinen Namen einfach bekannter machte und richtig zu meinem Fame beitrug.

Ami D. von Partners of Crime, dieser HipHop- und Graffiti-Crew aus dem Süden, brachte das Magazin heraus. Es war zwar nicht besonders erfolgreich, aber trotzdem eine Sensation, weil es das erste war in Berlin. Woanders gab es die schon länger, Magazine, in denen vor allem Fotos abgedruckt wurden, die die Writer selber von ihren Pieces gemacht hatten, um sie rumzeigen zu können. Geile Sache, obwohl es mittlerweile schon Writer gibt, denen es nur noch um das Foto geht, die ein Bild sprühen, ein Foto davon schießen und gleich das nächste Bild drübermachen. Das ist nicht der Sinn der Sache. Okay, die Magazine leben von den Fotos. Aber ich sprühe doch nicht, um in ein Magazin zu kommen, sondern weil ich ein gutes Bild machen will. Wenn das dann hinterher in einem Magazin abgedruckt wird, geil, dafür sind die Magazine da. Richtige Beiträge gibt es da drin sowieso nicht viele. Mal ein paar Credits, mal ein Interview, das war's. Es kommt ganz selten vor, dass mal einer was schreibt. Man findet da höchstens noch Postfachadressen, wo man alles mögliche bestellen kann, andere Magazine, spezielle Caps, Dosen, Klamotten, alles mögliche.

»Enterprise« war ein voll chaotisches Teil, nichts stimmte richtig, es war völlig mies gemacht, aber irgendwie auch typisch. Berliner Magazine waren immer voll chaotisch. Das gehörte einfach dazu und entsprach dem Berlin-Flavour. Die Leute erwarteten gar nichts anderes von uns. Wir hatten sowieso überall den Ruf, voll chaotisch zu sein. Da passte das schon. Hauptsache, die Bilder waren drin, das Drumherum war egal.

In dem Interview kam vor allem meine Euro-Tour richtig gut rüber. Es war halt noch was Außergewöhnliches, dass sich einer in den Zug setzte und durch Europa heizte, nur um überall Writer zu treffen und zu sprühen. Das machte Eindruck in der Szene. Die Leute sahen, hey, der Junge zieht das voll durch, der kennt keine Grenzen, der lebt das mit Haut und Haaren. Und das stimmte ja auch. Es brauchte nur jemand zu erzählen, dass es irgendwo Action gibt, dann war ich schon unterwegs.

Als es im Sommer am Corner hieß, dass in Kreuzberg die Post abgeht, weil an der U 1 gebaut würde und die Züge auf der Hochbahn so eingesperrt wären, dass sie mindestens einen Tag lang nicht gebufft werden könnten, war ich natürlich gleich da, um mir das anzuschauen. Und zig andere auch, die das gnadenlos ausnutzten. Es war völlig easy, die Dinger zu sprühen, und machte richtig Bock, weil man wusste, dass sie wirklich fuhren. Dagegen konnte die BVG nichts ausrichten, absolut nichts, es sei denn, sie hätten die Züge krass bewacht. Aber das taten sie nicht, und in Nullkommanichts rotteten sich die ganzen Writer zusammen, kletterten da hoch und machten ihre Action, surften wie die Wilden, zogen die Notbremse, setzten Tags, sprühten Throw-ups – absoluter Wahnsinn, was da abging! Tagelang! Einfach krass!

Es war genau so, wie es sein sollte, sämtliche Züge waren total besprüht. Okay, das meiste waren nur ganz simple Sachen, einfache Outlines, schnell ausschraffiert, fertig. Das, was ein guter Writer in fünf Minuten macht. Aber es waren auch einige gute dabei, richtige Pieces und sogar ein paar Whole-Cars, die zwar mies gemacht waren, aber es kam eben nur drauf an, dass irgendwas auf der Strecke war. Und die BZ regte sich tierisch drüber auf – das war einfach geil!

Kreuzberg haute noch mal richtig auf den Putz. Es war jeden Abend Action an der Strecke, zig Leute waren da, und auf einer Wiese in der Nähe vom Kottbusser Tor gab es immer Party, richtig mit Ghettoblustern, Rappern, Writern, Breakern. Für kurze Zeit lebte da alles noch mal richtig auf, war aber genausoschnell vorbei, wie es angefangen hatte. Als die Strecke wieder regulär befahren wurde und die Züge clean waren, machten die Kreuzberger ganz normal mit ihrem Gangsterzeug weiter. Bei denen geht immer gleich alles in Richtung Gangs und Jugendbanden, mit Schlägereien, Abziehen, Rumballern mit Gaspistolen, Messerstechereien und all dem Zeug. Wirklich gute Writer haben die nie hervorgebracht. Dazu sind bei denen Crews und Gangs viel zu eng miteinander verbunden.

Die Kreuzberger machten weiter wie immer, und der Rest der Szene traf sich wieder an der Strecke oder am Friedrichstraßen-Corner, wo ich halt auch ständig rumhing. Was zu Hause abging, war mir scheißegal. Die Schule auch. Wenn ich da wirklich noch mal hinging, dann nur, weil um die Uhrzeit am Corner noch nichts los war. Dann machte ich meine Action eben in der Schule. Deshalb wurde das auch nichts mit der Realschule. Genauso wenig wie mit der Gesamtschule, wo ich noch ein Jahr lang hinging. Eine Versetzung in die Zehnte war nicht drin. Naja, was soll's!? Gehe ich halt nach der Neunten ab. Das juckte mich überhaupt nicht. Im Gegenteil, ich war total happy, keine Schule mehr zu haben, keine Lehrer, die einen vollquatschen, keine Nervereien. Das war einer der schönsten Momente überhaupt! Ich war richtig erleichtert. Ich dachte sowieso nur an das nächste Piece, an die nächste Action und wie ich meinen Fame vermehren konnte. Schule, Ausbildung, Beruf, das gehörte einfach nicht zu meiner Welt, das passte da nicht rein. Ich wohnte bei meinen Eltern, musste keine Miete oder so was zahlen, und was ich zum Leben brauchte, Zigaretten, Alkohol, Gras, Dosen, das zockte ich meistens. Oder das Geld dafür. Auch von meiner Mutter. Ich ging ein paar Mal an ihre Haushaltskasse, nahm aber nur so viel raus, dass ich dachte, es würde nicht auffallen. Irgendwann tat es das aber. Es gab einen Riesenstress, Schläge, Vorwürfe und die Drohung von meinem Vater, dass er jetzt die Nase voll hätte von mir und mich rausschmeißen würde. Irgendwie war ich mir sicher, dass er das nicht bringen würde, schon wegen meiner Mutter. Der hätte es das Herz gebrochen. Aber was, wenn doch? Ich hätte echt nicht gewusst, wohin. Okay, eine Zeit lang hätte ich wahrscheinlich schon bei irgendwem pennen können, aber danach?

STYLISM MISSION

Ich machte mir aber keine großen Gedanken drüber: Ich war in der Szene drin, ich machte mir einen Namen, und ich kannte immer mehr Leute. Alles andere interessierte mich nicht. Trotzdem kriegte ich große Ohren, als ich nach Ewigkeiten Cut'em T. mal wiedertraf und der mir von Boe B. erzählte. Er war auch Musiker bei Islamic Force, genauso wie Cut'em T., machte mit denen richtig Welle und wollte deshalb auch seine Schildermaler-Lehre bei der Ziegner-Stiftung schmeißen, so einem Laden für soziale Ausbildungsprojekte, also für schwervermittelbare Leute, die einen miesen oder überhaupt keinen Schulabschluss haben, vorbestraft sind oder mal was mit Drogen zu tun hatten. Cut'em T. fragte mich, ob ich da nicht Bock drauf hätte, Schildermaler, irgendwie würde das doch mit meinem Ding zusammenpassen. Okay, dachte ich mir, eigentlich hat er recht. Schildermaler zu werden, das konnte ich mir vorstellen. Ich dachte, das wäre das Beste, was ich machen kann, bezogen auf Buchstaben, einigermaßen kreativ, das müsste es sein.

Ich bewarb mich. Sie nahmen mich. Und im Herbst '90 fing ich an. Voll motiviert, ja, ich will das machen, das kommt gut, den Job ziehe ich durch. Ich kriegte dann aber ziemlich schnell mit, dass man wirklich nur das machen konnte, was der Kunde wollte, irgendwelche Schilder für irgendwelche Läden, genau nach den Vorstellungen des Besitzers, und nichts anderes. Das war natürlich Scheiße, war mir einfach nicht kreativ genug, brachte mir nichts. Das einzig Gute war, dass ich viel über das Konstruieren von Buchstaben mitkriegte, über Proportionen, Abstände, Formen, dass ich da erst mal richtig begriff, wie Buchstaben überhaupt aufgebaut sind und funktionieren, wie sie am besten zusammenwirken und wie sie aussehen müssen. Ich bekam da ein Gefühl für Formen, gerade in den Buchstaben, und sah, wie viele verschiedene Schriften es gibt, worauf die Gesetze der Schriften eigentlich beruhen, diese Proportionen, Wiederholungen, Parallelen. Das faszinierte mich, und ich dachte mir, dass es beim Graffiti auch so funktionieren müsste, dass beim Graffiti in die Buchstaben auch Gesetze reinmüssten, um wirklich beurteilen zu können, das ist gut, das ist schlecht, das kann man machen, das nicht. Das war der Anfang meiner »Stylism Mission«, meiner Idee davon, dass es im Style Gesetze geben müsste, die sich am Optimalen orientieren, am Leben, am Ausdruck, an der Form und der Schönheit.

Bei vielen Pieces, die mir nicht gefielen, wusste ich nie genau, warum eigentlich. Da war zwar Bewegung drin, auch Power, aber die waren einfach deformiert, formlos, so als ob Michelangelo bei seinem David ein Bein an der Schulter angesetzt hätte. Die Formen stimmten einfach nicht. Mir wurde immer klarer, dass die Ästhetik der Formen natürlichen Gesetzen folgt, die unumstößlich feststehen und sich nie ändern, so wie sich auch der Körper des Menschen im Grunde nie ändert. Es ist immer ein Skelett mit einem Körper drum herum. Die einzelnen Menschen sehen ganz unterschiedlich aus, aber das Grundprinzip ist immer gleich.

Das hatte ich auch immer an den Buchstaben der anderen auszusetzen, und deshalb versuchte ich ständig, ihnen klarzumachen, dass es mit den Proportionen der Buchstaben das Gleiche ist. Die haben auch ein Grundprinzip und eine Seele. Ein Buchstabe kann aussehen, wie er will, deformiert, plump, statisch, ganz egal, wenn er dem Grundprinizp folgt und bewusst so gemacht ist, hat er eine Seele, dann lebt er, dann ist er genauso individuell wie jeder Mensch. Ein Buchstabe, der keine Seele hat, ist kein Buchstabe und sein Schöpfer kein guter Writer.

Buchstaben sind erst mal unvollkommen. Sie zeigen etwas, deuten etwas an und verbergen gleichzeitig. Das ist das Wesen der Buchstaben. Sie können Kraft ausdrücken und Eleganz, Macht und Schönheit, alles mögliche. Aber dafür muss man sie fühlen und mit dem Herzen verstehen und muss man den Wunsch haben, sie vollkommen zu machen, damit sie ausdrücken, was unter der Oberfläche lauert. Genauso wie die Menschen unvollkommen sind und nach Vollkommenheit streben, sollten auch die Buchstaben nach Vollkommenheit streben. Sie ist unerreichbar. Aber das Streben danach ist die Motivation.

Ich hasse die Leute, die unüberlegt mit den Buchstaben umgehen, die es einfach nicht begriffen haben und nur meinen, ich sprühe, wie ich will, wie ich mich fühle, wäre doch langweilig, wenn alle den gleichen Geschmack hätten. Was soll man mit solchen Leuten machen, die einfach nicht begreifen, dass Schönheit keine Frage von Geschmack ist? Für mich fehlt da die Ästhetik, der Anspruch auf Kunst, den die Leute aber selber immer stellen, ja, ja, wir sind Künstler! Das sagt fast jeder von sich, weil es ein paar Writer über Nacht geschafft haben, als Künstler in Galerien reinzukommen. Und auf einmal sagten alle, siehste, wir sind Künstler! Sie erkannten den Unterschied überhaupt nicht. Künstler waren wirklich nur ganz wenige.

Bei Jay One, einem Writer von der BBC-Crew aus Paris, ist mir zum ersten Mal aufgefallen, dass er bewusst Fehler in die Buchstaben einbaut, aber so gut, dass sie einfach nur geil aussehen, völlig schwerelos, und auf eine dezente Art sehr viel ausdrücken. Es ist wunderbar, was der Junge macht. Sein Style strömt eine Ruhe aus, bei dessen Anblick man sich fühlt, als ob man von einem Orkan in absolute Windstille kommt.

Als ich selber begriffen hatte, wie die Buchstaben funktionieren und wie man das im Graffiti umsetzen kann, dachte ich mir, okay, jetzt machst du das auch, jetzt baust du bewusste Fehler ein, die gekonnt aus dieser ganzen Richtigkeit ausbrechen und einen Punkt setzen, wo es sich lohnt hinzugucken. Nicht diese Fehler, weil man es nicht besser kann, sondern weil man es so will, weil man die Normalität verlassen will, weil man gegen die Gesetze verstoßen will.

Ab da versuchte ich, jeden von meiner »Stylism Mission« zu überzeugen, und malte bei der Ziegner-Stiftung fast nur noch meinen eigenen Kram, um meinem eigenen Ideal nahezukommen. Ich hatte immer neben dem offiziellen Entwurfsblock meinen eigenen liegen und malte, skizzierte, zeichnete meine eigenen Sachen, nutzte die Zeit und übte, probierte tausend Dinge aus, versuchte verschiedene Versionen eines Styles, testete Buchstaben, was man mit ihnen anstellen kann, und entwickelte den Ehrgeiz, meine Buchstaben, meine Styles vollkommen zu machen. Klar, wenn die Meister das erblickten, dann war die Skizze weg, einfach kassiert, da half kein Protestieren. Aber ein paar Minuten später fing ich wieder was Neues an. Ich war besessen davon.

Die Ausbildung selbst nahm sowieso keiner richtig ernst. Wie auch? Es hingen vor allem Writer da rum, und es ging voll ab.

Gleich am ersten Tag, als es ein Treffen der neuen Azubis gab, sah ich plötzlich Neco wieder, den Anführer von TGK, dieser Kreuzberger Crew, bei der ich '88 mit Crash mal eine Zeit lang rumgehangen hatte. Als ich dann auch noch Some da wiedersah, Dime und Dekor kennenlernte und einen ganzen Haufen anderer Writer, war mir klar, dass es richtig abgehen würde. Wir bauten die ganze Zeit so viel Scheiße, dass es schon ein Wunder war, wie uns die Meister aushielten. Die wussten Bescheid, dass wir alle sprühen gingen, und blieben ganz locker, wenn wir morgens völlig verpennt aufliefen, weil wir wieder die ganze Nacht Action gemacht hatten.

Es war richtig lustig da mit den Leuten. Vor allem Neco faszinierte mich. Seine Art sich zu bewegen, seine Art zu reden, seine Art, etwas zu erklären, das war einfach fantastisch. Für mich war er der typische Künstler. Er war gar nicht mehr so in der Graffiti-Szene drin, machte mehr auf Malerei und orientierte sich in andere Kunstrichtungen, scheute sich aber trotzdem nicht, immer mal wieder mit ein paar Leuten rauszugehen und einfach seinen Namen zu sprühen. Das fand ich cool.

Vor allem hatte er ständig irgendwelche größenwahnsinnigen Ideen, voll krasses Zeug, an dem aber immer was Realistisches dran war. Das liebte ich so an ihm. Wenn er das dann erklärte und versuchte, die Leute dafür zu begeistern, winkten die meisten zwar nur ab, ach komm, Neco, hör mal auf, erzähl nicht so 'nen Quatsch. Aber er ließ sich trotzdem nie kleinkriegen. Er redete immer weiter, das will ich machen, und das will ich machen, steigerte sich da richtig rein und pushte sich selber hoch. Okay, die wenigsten seiner Aktionen zog er wirklich durch, aber er hatte den Willen dazu, und das faszinierte mich. Er dachte nicht so klein, nicht so beengt, sondern wollte seine Gedanken expandieren lassen, wollte einfach alles überfluten mit seinen Gedanken.

Deshalb war er genau der Richtige für die Writer's Revolution. Ich quatschte oft mit ihm und erzählte von der Friedrichstraße, was da abgeht, wer da rumhängt und wie wir drauf sind. Er fand das geil, und irgendwie kamen wir auf die Idee, man müsste mal ein richtiges Writer-Treffen machen, richtig groß, wo alle hinkommen, alle Writer der Stadt, um dann in alle Richtungen auszuschwärmen und die ganze Stadt mit Pieces zu überfluten. Komm, wir erzählen es allen Writern, wir machen Plakate und Zettel, hängen die überall auf, alle Writer zur Friedrichstraße, und dann machen wir Gruppen, teilen uns auf und gehen in die Graffiti-Geschichte ein. Berlin soll diesen Tag spüren, soll merken, wow, da ist was passiert, da ist was los, da tut sich was, auf einmal ist die Stadt ganz bunt, über Nacht, aus dem Nichts.

Wir waren total begeistert und erzählten es den anderen. Die meisten waren skeptisch, aber Neco und ich waren nicht mehr zu stoppen. Wir rannten zum Corner, um es allen weiterzusagen, machten Zettel und hängten die an den Bahnhöfen auf: Alle Writer am 9. November zum Bahnhof Friedrichstraße! Ein Jahr nach der Maueröffnung wollten wir unsere eigene Revolution machen und zeigen, hey, wir sind da, an uns kommt ihr nicht vorbei, wir sind viele, sehr, sehr viele!

Und wirklich, am Tag der Writer's Revolution kamen 150 Leute zum Corner, dreimal, viermal so viele wie sonst. Ich wusste gar nicht, dass es so viele aktive Writer in Berlin gab. Ich hatte keine Ahnung, wo die auf einmal alle herkamen. Einer hatte dem anderen Bescheid gesagt, und plötzlich waren richtig viele Leute an der Friedrichstraße. Natürlich wurde da nur Scheiß gemacht, gleich überall getaggt und richtig Randale veranstaltet, obwohl wir gesagt hatten, nicht taggen, keine Action, sonst laufen gleich die Bullen auf, und wir können die Sache vergessen. Aber wie Writer halt sind, machten sie es trotzdem und interessierten sich überhaupt nicht dafür, was wir sagten. Die Stimmung war geil, also was soll's?!

Irgendwie schafften wir es dann doch noch, Gruppen zu bilden und genau aufzuteilen, die gehen dahin, die dorthin. Die in den Yard, die in das Depot. Die haben so viele Dosen dabei, die so viele. Die machen Pieces, die machen Tags. Die schlagen S-Bahnfenster ein, die werfen Farbbomben. Am nächsten Tag sollten nur bunte Züge fahren.

Aber es ging total in die Hose, war nur ein absolutes Chaos. Keiner kriegte wirklich was auf die Reihe. Man sah am nächsten Tag ein paar Farbbomben fahren, ein paar zerschlagene Fenster, ein paar Tags. Aber nichts Besonderes. Es fiel kaum auf. Jeder einzelne Writer ist ein Chaot. Wenn die alle zusammen was bewegen wollen, kann das überhaupt nicht klappen. Wir waren einfach zu viele. Die Aktion interessierte niemanden so richtig, niemand hatte richtig das Gefühl, hey, das ist meine Aktion, da hänge ich mich jetzt voll rein. Den meisten ging es nur darum, die anderen Writer zu sehen und mit denen ein bisschen rumzuhängen. In dieser Szene kann man nichts organisieren, dazu ist sie viel zu chaotisch.

Die Stadt bekam nicht viel davon mit, aber geil war, dass durch die Writer's Revolution viele Sprüher, vor allem die aus den Randbezirken, selber erst mal merkten, ey, da gibt's ja eine richtige Szene, da geht was ab, da tut sich was. Plötzlich wussten alle, wo man sich traf. Es kamen tausend Kontakte zustande, man lernte tausend Leute kennen. Auf einmal war die Szene riesengroß und voll in Fahrt. Graffiti war zum Leben erweckt, nicht mehr was für eine Handvoll Leute, sondern eine richtige Bewegung. Kann sein, dass der Tag selber in die Hose ging, aber danach ging richtig was los.

Es kamen immer mehr Leute an den Corner, immer mehr Writer liefen da auf. Es wurde ein richtiger Treffpunkt. Wir trafen uns da, quatschten, machten Action, bildeten Gruppen – wer da war, kam mit – und dann zogen wir los, um irgendwo zu sprühen, an die Strecken zu gehen oder in die Yards einzufallen. Vor allem der Bahnhof unterm Potsdamer Platz hatte es uns angetan. Eine riesige unterirdische S-Bahnstation, die schon richtig geil aussah, wenn man da mit dem Zug durchfuhr, dieser tote Bahnhof, alles voller Staub, richtig dreckig, verfallen, die Buchstaben vom Schriftzug »Potsdamer Platz« zum Teil abgefallen, runtergekommen und dreckig, irgendwie aber auch alt und respekteinflößend wie aus einer anderen Welt. Das hatte Atmosphäre, war nur schwach beleuchtet, richtig dunkel. Die Pieces, die wir da sprühten, konnte man im Vorbeifahren kaum sehen.

Wir gingen oft über einen Luftschacht mitten auf der Straße da rein, hoben einfach den Schachtdeckel an und stiegen dann einer nach dem anderen die Leiter runter. Das war nicht ganz einfach, weil die Steigeisen kaputt waren und wir das letzte Stück klettern mussten, bis wir im Dunkeln standen, dann erst mal rumirrten und uns zum Bahnhof vortasteten, wo wir unsere Pieces ransprühen konnten. Das war schon mühselig. Trotzdem sprühten da immer jede Menge Leute. Der riesige Bahnhof sah richtig geil aus. Alle waren mal da – lange vor Daimler und Sony. Man hatte richtig Zeit, musste sich nur ab und zu vor den vorbeifahrenden Zügen verstecken und konnte dann in Ruhe weitermachen. Aber es war ein Ort, wo jeder die Bilder im Vorbeifahren sehen konnte. Das machte den Potsdamer Platz so geil.

Meistens stiegen wir durch den Luftschacht ein, irgendwann kam am Corner aber auch mal jemand auf die Idee, man könnte einfach vom Zug abspringen, wenn er da langsam durch den Geisterbahnhof fährt, und später wieder aufspringen.

Ich war einer derjenigen, der die Türen aufhielt. Zum Schließen wird richtig krass Druckluft auf die Türen gegeben, damit sie zuknallen, und erst nachdem der Zug den Bahnhof verlassen hat, entweicht sie langsam wieder. Dann kann man die Türen mit viel Kraft wieder aufmachen. Wenn der Zug durch die toten Ost-Bahnhöfe fuhr, musste man voll dagegenhalten, weil der Fahrer den Druck da noch mal richtig verstärkte, damit sie in dem Moment nicht aufgerissen werden konnten. Deshalb mussten wir sie vorher öffnen und uns zu zweit dagegenstemmen.

Als der Zug durch den Bahnhof fuhr und etwas langsamer wurde, sprang einer nach dem anderen raus, rannte ein Stück mit, ließ dann den Griff los und versuchte auszulaufen, um nicht aufs Maul zu fallen. Kage überschlug sich dabei mal so übel, dass er sich fast das Genick gebrochen hätte. Aber er kam ohne eine Schramme davon.

Wir in den Zügen, die die Türen aufgehalten hatten, blieben dann bis zur nächsten Station drin, stiegen in den entgegenkommenden Zug, fuhren zurück, stiegen wieder um und pendelten ständig hin und her, um zu gucken, wie weit sie mit den Pieces waren, ob die Leute sich gut versteckten, wenn ein Zug durchkam, oder ob man sie sehen konnte. Jedes mal, wenn wir wieder durchfuhren, konnten wir mehr erkennen, ach, die haben jetzt gerade mal vorgezogen, jetzt hat der da ausgefüllt, der da füllt gerade aus, ein anderer versucht, noch eine andere Farbe rein zu machen. Beim nächsten Mal sah man schon die Form der Pieces, und irgendwann konnte man sehen, dass alle Bilder fertig waren.

Als der Zug dann wieder durchfuhr, sah man plötzlich wie aus dem Nichts hinter den Säulen ein paar Typen hervorkommen, die alle im selben Moment wie die Wilden losrannten, auf den Zug starrten, mitrannten und in die offenen Türen rein sprangen. Das sah einfach geil aus. Riesenjubel, geile Pieces gemacht, coole Aktion gebracht.

Am nächsten Tag quatschten wir natürlich bei der Ziegner-Stiftung noch lang und breit drüber. Jeder hatte seine eigene Geschichte, wer welches Piece verhauen hatte, wer was gesehen hatte, wer beinah nicht auf den Zug gekommen wäre und so weiter. Wir trauten uns immer mehr, hatten kaum noch Schiss vor irgendwas und wurden immer mutiger. Je wilder sich das anhörte, was wir aufschnappten, desto besser.

Irgendwer erzählte mal, Skume hätte unterm Alexanderplatz ein Depot mit Nostalgie-Zügen entdeckt, so historischen S-Bahnen, die da abgestellt waren und nur zu Sonderfahrten rausgeholt wurden. Okay, das klang geil, da wollten wir hin. Wir trommelten eine ganze Meute zusammen. Die ganzen Leute von der Ziegner-Stiftung waren dabei, dazu noch Lazer, Soc und Bisaz. Selbst Neco kam mit. Das normale Sprühen interessierte ihn zwar nicht mehr so, aber wenn es größenwahnsinnig wurde, dann war er dabei. Und Skume natürlich, weil er mit Poet, Sick und noch ein paar anderen vorher schon mal da war, um zu checken, was es da so gibt.

Wir stiegen kurz vor Betriebsschluss am Bahnhof »Märkisches Museum« ein. Von der Station aus konnte man schon sehen, dass

Schienen seitlich wegführten und ein Tunnel weiterging. Der musste es sein. Wir checkten kurz, ob uns jemand beobachtete, und liefen dann einfach los. Anfangs war alles hell erleuchtet, richtig schön. Wir stiefelten einfach los, guckten uns erst mal nur ein bisschen im Tunnel um und kamen zu einem größeren Depot, wo auf mehreren Gleisen ein paar Züge nebeneinander standen. Okay, nicht schlecht, aber da hätte man uns aus einem vorbeifahrenden Zug sehen können. Das brachte es also nicht. Außerdem wollten wir zu diesen Nostalgie-Dingern.

Bis dahin waren mehrere Gleise nebeneinander gewesen, aber auf einmal ging es nur noch auf einem einzigen weiter und wurde dunkel, stockdunkel. Man sah nichts mehr, gar nichts. Wir erschraken uns richtig. Wenn wir normalerweise zum Sprühen im Tunnel unterwegs waren, war immer ein bisschen Licht, irgendwo war immer ein Zug abgestellt, so dass man sich an dem roten Standlicht orientieren konnte. Aber da konnte man nichts sehen, wirklich gar nichts.

Zwei Leute hatten Feuerzeuge dabei, die sie aber nicht die ganze Zeit fackeln ließen, sondern immer nur kurz anrissen, immer wieder, in ganz schnellem Rhythmus, damit man sah, wo man hinlief. Wir liefen weiter und machten unsere üblichen Scherze. Das ging gar nicht anders. Irgendwer machte immer Action, blöde Sprüche, irgendeinen Scheiß. Wir waren sowieso schon so verloren in der Dunkelheit, dass wir dachten, da findet uns sowieso niemand, egal, wie laut wir sind.

Uns war gar nicht bewusst, dass wir immer tiefer runtergingen. Keiner wusste, wo wir genau waren und wie tief wir eigentlich schon runtergelaufen waren. Erst als wir weiterliefen, merkten wir auf einmal, dass Wasser zwischen den Schwellen stand und irgendwas nicht stimmte.

Okay, nicht weiter drüber nachdenken, ein paar blöde Witze machen und weiterlaufen. Wir waren noch gar nicht weit gekommen, da ging das erste Feuerzeug kaputt. Scheiße! Na komm, wir haben ja noch eins. Klappt schon! Wir liefen noch ein Stück weiter, quatschten dabei, machten unsere Action, versuchten uns zu orientieren, da hörten wir auf einmal, wie aus dem zweiten Feuerzeug der Reibstein raus sprang und gleich ein paar Leute voll ins Wasser traten. Schuhe nass, Socken nass, und sofort das Gezeter, lass uns abhauen, keinen Bock mehr, ist doch Scheiße hier, das bringt doch nichts, wo laufen wir überhaupt hin, sind hier überhaupt Züge?! Es war stockdunkel.

Wir liefen weiter, und irgendwann wurde der Tunnel endlich breiter, zwei Gleise nebeneinander, und auf einem davon standen Züge. Wir gingen langsam ran und schauten uns diese schönen alten Dinger erst mal an. Okay, das ist wieder eine Schlagzeile in der Zeitung wert, das kommt gut an!

Jeder suchte sich seine Stelle am Zug und fing an zu sprühen. Schwer zu sagen, wie lange wir da sprühten, eine Dreiviertelstunde, vielleicht eine ganze. Beim Zugsprühen erlebt man die Zeit ganz anders. Man widmet sich voll seinem Bild, guckt sich zwar ständig um und hört auf jedes Geräusch, geht mal eine Runde am Zug auf und ab, einfach nur, um das eigene Bild zu checken, ein bisschen Ruhe zu kriegen und zu sehen, dass die anderen noch in Ruhe sprühen, und macht dann weiter.

Bisaz war mal wieder als erster fertig. Bomber, der er ist, hatte er wie immer eine recht simple Sache gemacht und rannte gleich wieder rum, um alles zu checken. Wohin der Tunnel weiter führte, wusste keiner. Bis dahin war noch niemand gegangen. Er lief da rein, machte ein paar Tags und kam plötzlich zurückgerannt: »Scheiße, da ist ein Zug vorbeigefahren. Der Fahrer hat mich gesehen. Garantiert. Der muss mich gesehen haben, das ging gar nicht anders. Hundertprozentig. Der hat mir genau in die Augen geguckt.«

Okay, abhauen! So schnell wie möglich. Wir rannten nicht wieder zurück in den dunklen Tunnel, das hätte zu lange gedauert, sondern weiter in die Anlage rein und kletterten gleich bei den ersten Steigeisen hoch, raus an die Oberfläche, aber Scheiße! Wir standen wieder in einem Tunnel. Wir wollten doch raus. Wir rannten den Tunnel runter, über ein kahles Schotterbett, auf dem gar keine Schienen lagen, und suchten einen Luftschacht, um rauszukommen. Auf einmal war der Gang zu Ende, war da einfach eine Wand und der Tunnel dicht. Scheiße, was jetzt? Zurück?

Plötzlich sah einer in der Mauer einen Durchbruch, einen winzig kleinen, vielleicht einen halben Meter hoch. Alle Mann rein. Ein Schacht. Okay, hoch! Einer nach dem anderen hochgeklettert, und schon wieder ein toter Tunnel!

Wir hatten völlig die Orientierung verloren, hatten keine Ahnung mehr, wo wir eigentlich waren, und nur Panik, weil wir nicht wussten, ob die uns nicht längst verfolgten, wie nah sie schon waren und wo sie plötzlich auftauchen konnten. Hier? Da? Die kannten sich besser aus als wir. Welche Wege kannten die, welche Tricks? Wir mussten weiter, nur schnell weiter und weg. Überall, wo was zum Hochsteigen war, stiegen wir hoch, Treppen, Steigeisen, Leitern. Aber statt irgendwann mal an die Oberfläche zu kommen, waren da immer nur neue tote Tunnel, immer wieder. Wie im Film. Jede Leiter, die wir fanden, kletterten wir hoch und kamen nur zu einem neuen Stockwerk und noch einem und noch einem. Drei Ebenen, vier. Die reine Panik. Wo sind wir hier? Wann hört das endlich auf? Kaum Licht, keine Ahnung, wo wir waren, und dazu die Abhau-Panik. Kommen sie schon? Wir peilten nichts mehr, hörten nur noch Schritte, wussten nicht, sind es die eigenen oder sind es fremde, ständig Sprüche, die pure Panik! Endlich ein richtiger Luftschacht! Wir stiegen hoch und – Scheiße, der Schacht war zu! Ein paar Schritte weiter noch eine Leiter, noch ein Luftschacht. Wieder hoch. Auch zu! Wir versuchten alles, alle möglichen Tricks, nichts ging. Diese verdammte Klappe war zugeschweißt. Anfangs dachten wir noch, sie wäre einfach lange nicht geöffnet worden und hätte sich verklemmt. Wir ruckelten da rum, pulten panisch mit einem Taschenmesser den Dreck aus den Ritzen, aber nichts ging, einfach nichts. Scheiße! Wir saßen in der Falle! Selbst die Erfahrensten kamen richtig ins Schwitzen. Was sollten wir machen? Wir saßen fest. Zurücklaufen hieß, uns entweder völlig zu verirren oder unseren Verfolgern direkt in die Arme zu laufen. Aber uns blieb gar nichts anderes übrig. Wir mussten es riskieren.

Eine Ebene nach der anderen wieder zurück, immer mit der Panik, was uns da vielleicht erwartet. Bevor wir wieder auf die unterste Tunnelebene runterstiegen, war uns klar: Wenn jetzt jemand kommt, dann prügeln wir los! Wir sind mehr und haben den Überraschungseffekt auf unserer Seite! Keine Gnade, es geht um unsere Haut! Aber es war keiner da. Also losgerannt und wieder in einen dunklen Tunnelabschnitt, einfach über den Schotter, scheißegal, wie laut wir waren, Hauptsache laufen wie die Wilden, weg, bloß weg! Irgendwann sahen wir auf einmal das Licht einer regulären Fahrstrecke. Endlich wieder was Bekanntes! Endlich wieder was Vertrautes, diese Stangen, die Schienen, die Abdeckungen und Installationen – das kannten wir. Nach diesem Horrortrip durch die toten Tunnel war das fast wie Nach-Hause-Kommen.

Wir hatten einen Tunnel erwischt, der gleich hinter dem U-Bahnhof Heinrich-Heine-Straße in die offizielle Trasse mündete. Der Bahnhof war längst dicht und wurde gereinigt. Da kamen wir also nicht raus. Aber gleich gegenüber war ein Luftschacht. Wir mussten nur noch über die Gleise und hatten es geschafft.

Also einer nach dem anderen langsam, ganz langsam über die Schienen, um keinen Lärm zu machen, dann den Luftschacht hoch und – nein! Nein, das konnte einfach nicht wahr sein! Das Teil war zu! Dicht! Nichts zu wollen! Irgendwie war mir da klar, das wird nichts mehr, das geht hier voll in die Hose! Wahrscheinlich wussten die längst Bescheid und tauchten im nächsten Moment irgendwo auf, um uns zu verhaften. Wahrscheinlich taten die auf dem Bahnhof nur so nichts ahnend, damit wir nicht noch mal abhauten und noch mehr Schwierigkeiten machten. Vielleicht warteten die sogar darauf, dass wir zur Station kommen, um von da aus abzuhauen.

Was tun? Der Luftschacht war dicht, auf die Station wollten wir nicht. Was blieb uns anderes übrig als weiterzulaufen, einfach in die andere Richtung, vom Bahnhof weg, tiefer in den Tunnel rein und auf den nächsten Luftschacht zu hoffen? Wenn der auch zu sein sollte, tja, dann sähen wir wirklich alt aus. Am nächsten Schacht war allen klar, das ist unsere letzte Chance.

Obwohl keiner mehr daran glaubte, ließ der sich aufmachen. Ganz easy, so wie immer, als wäre es das Normalste der Welt. Man musste noch aufpassen, dass keiner hinter einem auf der Leiter das Gewicht abkriegte, das die Klappe hochschwingen lässt, sobald sie ein bisschen geöffnet wird, aber dann sprang das Ding einfach auf. Erst mal nur einen Spalt breit, um draußen die Lage zu checken, okay, die Luft war rein, dann ganz, und schnell der erste raus. Von außen die Klappe wieder zugedrückt, nur ein bisschen, damit man durch den schmalen Spalt die Lage weiter peilen und die Kommandos von oben hören konnte, okay, die Luft ist rein, weiter! Zweimal ging das gut, dreimal, die Leute sprangen raus und hauten ab, dann kam auf einmal ein Bullenwagen an, ganz langsam, checkte die Gegend, fuhr gar nicht richtig, rollte nur, peilte die Lage. Scheiße, die konnten nur wegen uns da sein! Also erst mal wieder warten, neu checken, wann die Luft rein ist, und dann weiter, einer nach dem anderen raus und weg. Wir hatten es geschafft.

Ich fuhr nur kurz nach Hause, zog mich um, aß was und ging gleich wieder los zur Arbeit. Unsere Ausbilder sahen natürlich, dass wir nachts wieder zusammen Action gemacht hatten, und rissen ihre Sprüche. Vor allem über Dekor, der richtig weg vom Fenster war, völlig alle. Ständig nickte der kurz weg, pennte einfach ein und legte sich in der Pause gleich auf einen Tisch, um zu schlafen.

Irgendwie hatten wir alle fest damit gerechnet, dass davon was in der Zeitung stehen würde. Aber es kam nichts. Erst als wir später am Nollendorfplatz mal andere Nostalgie-Züge machten, die einfach oben auf der stillgelegten Hochbahn abgestellt waren, gab es richtig Trara in der Presse. Kurz bevor die Linie wieder eröffnet werden sollte, ging wirklich jeder, der eine Dose halten konnte, hoch und sprühte. Es war richtig Party da oben, ein einziges Kommen und Gehen, bis wirklich alles voll war. Als die später mit Kränen da runtergehoben wurden, kam das natürlich geil.

HANGIN' AT THE CORNER

Die Tunnelaktion brachte mächtig Fame, speziell mir, weil mir da wirklich eins meiner besten Zugbilder gelungen ist, und das auch noch mit der ganzen Action drum herum – das kam natürlich an.

Eigentlich hatten wir uns ja vorgenommen gehabt, da unten alle zusammen eine Collage zu machen. Aber wenn Soc dabei war, konnte man so was vergessen. Er war einfach ein zu schlechter Writer. Aber er war immer dabei und einer von uns, egal wie mies er sprühte. Als ihn sein Vater später wegen der ganzen Sprüher-Action in die Türkei brachte und ihm da den Pass abnahm, damit er nicht zurückkonnte, schmiedeten wir voll die Pläne, um ihn da rauszuholen. Egal wie er drauf ist, das hat er nicht verdient, er war einer von uns, wir holen ihn da raus! – Aber es wurde nichts draus.

Bevor es im Herbst zu kalt wurde, ging ich noch mal an die Strecke, um den Character, diesen Zeitungsjungen mit seinem Extrablatt, den ich bei unserem ersten Whole-Car so danebengehauen hatte, an der Wand noch mal zu sprühen. Ich traute mir das jetzt eher zu, dachte mir, das paßt immer besser – NSK rules over Berlin – und achtete gar nicht groß drauf, wo ich den hinsprühte, und störte mich auch nicht weiter dran, dass ich ein altes Bild von Maxim dabei übersprühte. Es war schon etwas verblasst und bestimmt nicht eins seiner besten. Gut, dachte ich mir, meins wird besser, mache ich es da hin.

Dass Maxim das anders sah, war klar. Als wir uns kurz drauf dann an der Friedrichstraße sahen, haute er mich gleich drauf an: »Ey, sag mal, wieso hast du das Bild übersprüht?«

Ich tat ganz dumm: »Welches Bild denn?«

»Du weißt schon, dieses Maxim, dieses alte.«

»Ach so, das. Ich dachte, das ist schon alt. Da waren auch schon ein paar Tags drin, glaube ich.«

»Ich habe da nie Tags drin gesehen.«

»Weiß ich nicht mehr. Tut mir leid.«

»Tut dir leid?! Das ist nicht gut, was du da gemacht hast.«

Er grinste dabei auch noch, nach dem Motto, ich hab dich, du Sau!

»Du weißt, dass ich jetzt hingehen und dieses Bild übersprühen kann. Das ist mein Recht. Denn du hast mich zuerst gecrosst.«

Und ich nur noch: »Ja, okay, kannste.«

Oh Mann, es war so hart, das zu sagen! Es dauerte eine ganze Weile, bis ich es überhaupt zugeben konnte, und dann auch nur zähneknirschend. Maxim grinste sich eins: »Okay. Gut.« Aber er machte es nicht. Ich hoffe auch, dass er es nicht doch noch irgendwann macht. Das Recht dazu hätte er.

Crossen ist so ziemlich das Übelste, was man machen kann, und gibt eigentlich immer Stress. Keiner darf ein Bild übersprühen, höchstens sein eigenes. Wenn rauskommt, wer gecrosst hat, gibt es richtig Ärger. Das ist wie ins Gesicht spucken. Das kann man sich nicht bieten lassen. Da muss man gleich dafür sorgen, dass der andere Respekt vor einem bekommt, sonst kann man seinen Namen vergessen.

Wenn Maxim es wirklich machen würde – was soll ich sagen. Natürlich würde mich das aufregen, aber ich könnte nichts dagegen tun. Er hat das Recht dazu. Wirklich machtlos ist man, wenn irgendwer kommt, der einfach keine Ahnung davon hat, was er tut. An der Strecke hauten ständig irgendwelche Kurden oder Palästinenser ihre Sprüche hin, ohne Rücksicht auf die Bilder. Das war denen völlig egal. Die wussten gar nicht, was für einen Wert unsere Bilder haben. Klar war ich ständig sauer auf die und konnte deshalb Maxim auch verstehen, dass er sauer auf mich war. Aber mit ihm konnte man wenigstens drüber reden.

So was regelte man am besten am Corner. Da konnte man in Ruhe drüber labern und zusehen, dass man irgendwie klar kam. Es gab zwar auch ständig Stress, irgendwelche Prügeleien, aber die waren meist schnell wieder vorbei, weil sonst die Polizei gekommen wäre, um alles aufzulösen. Trotzdem war immer die Hölle los. In den besten Zeiten hingen jeden Abend bis zu 50 Leute da rum. Anfangs kannte ich noch so gut wie jeden mit dem richtigen

Namen, später meistens nur noch mit dem Writer-Namen. Aber selbst dazu musste einer schon wirklich was gemacht haben, damit man ihn überhaupt bemerkte und wusste, ach so, der Typ ist der und der. Wenn man schon was gebracht hat, ist der Writer-Name wie ein Markenzeichen. Und selbst wenn nicht, dann ist er die andere Identität, das andere Leben, für das man sich entschieden hat, um diesen Familienkram, dieses Normale loszuwerden und anders zu sein.

Wir wollten vor allem Spaß haben, waren zwar schon hinter der Sache her und wollten uns als Writer einen Namen machen, sahen das aber alles nicht so verbissen. Wir hingen einfach nur zusammen an der Friedrichstraße rum und vertrieben uns die Zeit, egal wie, machten jeden Scheiß, spielten stundenlang das Hände-Klatsch-Spiel, das ich mit Crash früher immer in der Schule gemacht hatte, bis wir vor Schmerzen nicht mehr konnten, stellten uns auf die Trittbretter der S-Bahn, wenn sie im Bahnhof losfuhr, schneller wurde, immer schneller, um dann so spät wie möglich vor dem Ende des Bahnsteigs, erst kurz vor der Mauer, wo es haarig geworden wäre, wieder abzuspringen, oder versuchten, im letzten Moment die Türen am Wagen aufzureißen, um noch reinzuspringen, was ein paar Mal beinah übel ins Auge gegangen wäre, weil sich Leute auf die Fresse legten oder die Tür nicht aufkriegten und bis in den Tunnel außen hängen blieben, wo sie dann zwischen den Stangen und Pfeilern runterknallten, was richtig übel hätte enden können. Aber egal, es brachte Spaß. Was anderes wollten wir gar nicht. Wir wollten Action, und die machten wir. Jeden Tag war was los, kein Tag war langweilig, immer ging irgendwas völlig Verrücktes ab, immer fiel irgendwem was ein. Man konnte nie sicher sein. Die eine Action war noch nicht ganz vorbei, dann kam der nächste schon auf eine neue. Nichts war uns zu krass. Irgendwann brachte mal jemand eine Nebelgranate mit zum Corner. Er wusste selber nicht, wie man so ein Ding zündet, nicht mal, ob es wirklich eine Nebelgranate war oder nicht doch eine echte Handgranate. Da standen dann ein paar Leute rum, guckten sich die Granate an, beäugten sie alle, ganz fachmännisch natürlich, und überlegten, ob man jetzt erst den Stift rausziehen muss oder gleich den Ring? Keiner peilte das richtig, und alle schauten sich das nur ganz fasziniert an, bis Bisaz – wer sonst!? – das Ding nahm, am Ring zog, Ploing!, der Stift rausflog, und er es einfach wegschmiss, direkt in einen Mülleimer. Schock! Bloß weg hier! Die nächstbeste Treppe runter und gucken, was passiert. Drei, zwei, eins – auf einmal gab es einen Riesenknall und in Nullkommanichts war der ganze Bahnhof voller Nebel. Man sah die Hand vor Augen nicht mehr. Riesenpanik auf den Bahnsteigen, an den Zügen, ein richtiger Aufruhr. Wir lachten uns halb tot, hatten einen Mega-Spaß, rannten weg, sprangen erst mal in den nächsten Zug, um abzuhauen, und bauten da gleich den nächsten Mist, taggten ihn zu und holten die Feuerlöscher raus, rissen die Türen auf und surften ein bisschen rum – es war einfach eine geile Zeit, vor allem, als dann auch noch Schnee lag und wir uns im Bahnhof riesige Schneeballschlachten lieferten, richtig Action machten, bis die Polizei kam und einen von uns abführte, in ein BVG-Häuschen brachte, bei dem wir dann die Tür aufrissen und zu dritt wie die Wilden Schneebälle reinfeuerten. Bevor die überhaupt peilten, was abging, waren wir schon weg. Es war ständig voll das Chaos am Corner, aber richtig geil.

Es brachte nichts, irgendwas planen zu wollen. Es kam sowieso immer anders, selbst wenn man sich richtig was vorgenommen hatte, wie diesen Zug in Frohnau, ganz weit oben an der Endstation. Wir waren eine ganze Meute, vielleicht so fünfzehn Leute, wollten eigentlich den Zug machen und sahen eine Station vor der Endhaltestelle auf einmal, dass wir allein im Zug waren. Hey, geil, Dosen raus und losgelegt. Klar war das Schwachsinn. Im nächsten Bahnhof konnte jeder sofort riechen, dass die Farbe noch frisch war und nur von uns kommen konnte. Aber eine Station vor dem Ende war uns das egal, wir waren allein im Zug, wir hatten Dosen dabei, also los, alles vollmachen, den ganzen Waggon, Scheiben, Bänke, alles. Es machte richtig Spaß.

In Frohnau stiegen wir aus, als wenn nichts gewesen wäre, taten ganz unbeteiligt und liefen rüber zum Depot. Es stand aber nur ein einziger Zug da, den wir nicht mal nehmen konnten, weil man uns vom Bahnhof aus hätte sehen können. Also gingen wir wieder zurück, quatschten dabei ein bisschen und ahnten nichts Böses, als uns auf einmal eine Bullenwanne entgegen kam. Okay, cool bleiben, gibt ja viele Skins hier, vielleicht ist es nur Routine. Die Bullen trauten uns aber nicht, hielten an und stellten irgendeine dumme Frage. Keine große Gefahr, da wären wir locker rausgekommen, wenn Bisaz nicht plötzlich losgerannt wäre, einfach so, ohne nachzudenken, wie ein Wilder. Bevor wir überhaupt rafften, was abging, sprangen die Bullen gleich alle aus der Wanne, forderten noch eine zweite an und nahmen uns alle fest, brachten uns zur Wache und behielten uns bis zum nächsten Nachmittag da.

Mal wieder Zelle. Das kam ständig vor. Bei irgendeinem Mist aufgegriffen, beim Sprühen gepackt, ständig verbrachte ich eine Nacht im Bau und musste mir dann das Heulen meiner Mutter anhören, die das immer irgendwie mitbekam, und sei es, dass sie die Briefe sah, erst eine Vorladung zum Verhör, dann das Verfahren wieder eingestellt. Ständig die gleiche Leier.

Dabei sprühten wir im Winter eigentlich wenig. Es war einfach zu kalt. Wenn man bei der Kälte am Zug stand, froren einem wirklich die Finger ab, man hatte kein Gefühl mehr drin, und irgendwann taten sie richtig weh. Trotzdem ließ ich mich breitschlagen, mit Phos und East zusammen loszugehen. Sie wollten unbedingt ihren ersten Zug machen. Ich traute Phos einiges zu. Ich hatte ihn im Sommer schon an der Strecke kennengelernt und gesehen, dass er ein paar Bilder gemacht hatte, die sehr, sehr geil waren, zwar noch deutlich inspiriert von anderen Leuten, noch nicht eigen genug, aber für sein Alter – er ist ein Stück jünger als ich – hatte er es schon sehr weit gebracht.

Er wohnte gleich neben der S-Bahnstrecke und war deshalb fast jeden Tag da. Anfangs kam er ziemlich arrogant rüber, aber wahrscheinlich lag das nur an seiner Unsicherheit, die er irgendwie überspielen wollte. Für Phos war ich schon ein wichtiger Writer, dessen Position er sich erst noch erkämpfen musste. Mit der Zeit mochte ich ihn richtig gerne. Ich gewann ihn richtig lieb, wie einen kleinen Bruder. Er war einfach geil.

Im Sommer war ich sogar mal in DSG gewesen, in der Crew, die Phos am Laufen hatte. Er hatte mich gefragt, ob ich nicht eine Zeit lang Mitglied sein wollte, um den Ruf der Crew ein bisschen aufzupolieren. Gut, dachte ich mir, ist ja nur für einige Zeit, und Phos ist ein netter Kerl, warum eigentlich nicht?! Mit meinen Crews lief zu der Zeit sowieso nicht viel. NSK und CKC waren so gut wie tot, okay, war ich halt Mitglied in DSG, machte ein paar Bilder, Sor VI – DSG, damit die Leute sahen, hey, bei DSG ist Sor VI jetzt mit dabei, die Crew wird ja richtig gut, und ging schnell wieder raus. Außer Phos und East konnte ich die anderen Leute nicht so ab.

East war der Partner von Phos, wohnte gleich bei ihm schräg gegenüber in der Straße und war auch oft an der Strecke. East ist arabischer Kurde, ein wirklich geiler Mensch, den ich heute noch richtig mag. Er hat voll das gute Herz, aber die wenigsten kennen ihn so, weil er ständig Leute abzog. Diejenigen, die ihn wirklich kennen, wissen ihn aber auch zu schätzen. Er ist ein voll guter Typ und hatte verdammt noch mal Talent.

Irgendwann holte ihn dann die Realität ein, und er hörte auf zu sprühen. Kein Schulabschluss oder nur ein ganz mieser, dann arbeiten müssen, Geld verdienen. Das Übliche halt. Wobei das mit dem Arbeiten nichts ist für East. Nur das Geldverdienen, egal auf welche Art und Weise. Aber er hat das gute Herz trotzdem noch beibehalten, trotz des Milieus, in dem er jetzt rumhängt und sein Geld macht.

Damals waren Phos und East noch kleine Sprüher, die sich wirklich wie die Kinder darauf freuten, ihren ersten Zug zu machen. Sie waren richtig happy. Wir fuhren zum S-Bahnhof Schöneweide, an einem Sonntagmorgen so gegen 11 oder 12, kamen auch tatsächlich an die Züge ran und schafften unsere Bilder, was tagsüber nicht leicht war. Es war schon viel Schiss mit im Spiel, weil man leichter gesehen werden und sich schlechter verstecken kann.

Obwohl ich ein wirklich extrem schlechtes Scheiß-Piece machte, war es eine richtig schöne Aktion. Die Bilder von Phos und East waren wirklich gut geworden, und sie freuten sich richtig darüber, ihren ersten Zug gemacht zu haben. Ich freute mich darüber, dass sie ihn für mich gemacht hatten, und irgendwie waren wir alle zufrieden.

Wie wichtig es ihnen war, dass sie ausgerechnet von mir introduced wurden, weiß ich nicht. Ich hing zwar oft mit ihnen rum, hatte aber mit ihrer Crew nichts mehr am Hut, bis Phos mich dann fragte, ob ich nicht doch noch mal kurz zurückkommen wollte, weil sie Stress mit DS hätten, einer Gruppe aus Kreuzberg, der die Namen zu ähnlich waren, DS und DSG. Obwohl es DSG wahrscheinlich schon länger gab als DS, wollten die das nicht durchgehen lassen und meinten, es ginge so nicht weiter, man müsste das regeln. Es war auch schon klar, wie sie es regeln wollten. Es waren Gerüchte zu hören, dass sie 350 Dosen abziehen und den Namen DSG verbieten wollten.

Ich sollte noch mal offiziell zu DSG reinkommen und mit den Leuten verhandeln, weil Phos meinte, dass es Eindruck machen würde, wenn einer dabei wäre, der in der Szene einen Namen hat und von dem man weiß, dass er austeilen kann. Wir trafen uns an dem ausgemachten Tag unten im U-Bahnhof Friedrichstraße. Es waren vielleicht so zwanzig Writer da, die alle Bescheid wussten und gespannt waren, was passieren würde. Wir warteten auf das, was da kommen würde, und wurden ein bisschen nervös, weil wir auch nicht wussten, wen die mitbringen. Schläger, das war klar, die waren bei Kreuzbergern sowieso dabei. Aber wir wussten nicht, ob sie nicht auch irgendwelche Psychos dabeihaben, denen alles zuzutrauen ist, wussten nicht, was auf uns zukommt, mussten warten, und irgendwann sahen wir es. Ganz hinten, am anderen Ende des Bahnsteigs, kam eine ganze Meute die Treppe runter, zehn, fünfzehn Mann, alle nebeneinander, und auf einmal rannten sie alle gleichzeitig los, hielten direkt auf uns zu, und von den 20 Leuten, die wir vorher waren, blieben nur fünf übrig. Alle anderen kriegten Panik und rannten weg. Ich hatte natürlich auch Schiss, blieb aber da, musste einfach dableiben, mir blieb gar nichts anderes übrig.

Die kamen an und fragten, was denn mit den anderen passiert wäre, warum die weggelaufen sind.

»Ja«, sagte ich, »die hatten wahrscheinlich Angst.«

Die taten ganz harmlos.

»Wir machen doch nichts, die brauchen doch keine Angst zu haben.«

»Naja«, sagte ich, »kann man nie wissen. Die Leute sind eben vorsichtiger.«

»Ach, wir sind liebe Jungs. Es passiert nichts.«

Ich fing ein bisschen an, mit denen zu labern, ganz locker eigentlich, da zog mich auf einmal jemand am Ärmel und zeigte in eine Ecke, wo ein Schläger von DS Phos gerade eine Schelle gab. Phos hatte ein voll verängstigtes Gesicht. Er tat mir richtig leid. Ich rannte gleich rüber, stieß den Typen weg und fragte ihn: »Was ist denn hier los? Was soll das? Ich denke, wir wollten reden.«

Er zurück: »Ja, was denn?! Was willst du denn?! Wer bist du denn?!«

Gleich Schubserei, Sprüche, die ganze Meute um uns rum, alle gespannt. Seico, der Anführer von denen, ein Typ, der für sein Breaken bekannt war, im Graffiti aber nicht viel drauf hatte, fing dann auf eine richtig gebieterische Art an, mit mir zu reden: »Pass auf!« Ich rauchte eine Zigarette. Er stand ganz dicht vor mir. »Pass auf!« Er versuchte die ganze Zeit, mir durch ein paar Gebärden Angst zu machen, wollte sehen, ob ich überhaupt Angst habe. »Pass auf! Wir machen's so: DSG wird es nicht mehr geben, und ihr gebt uns 350 Dosen. Dann ist die Sache geklärt. Oder,« und dann sagte er irgendeine Zahl von Dosen, »und alle von DSG kommen zu DS.«

Klar, was er damit bezwecken wollte. Seine Crew sollte größer werden und vor allem um ein paar Namen mächtiger. Phos war zu dem Zeitpunkt wirklich schon auf dem Weg dazu, einen richtig guten Namen zu bekommen. Und Seico dachte wohl, ich wäre richtiges Mitglied und er würde mich gleich mit einsacken.

Als ich das hörte mit den 350 Dosen und der Auflösung von DSG, fragte ich nur »Was?!« und blies ihn dabei mit meinem Zigarettenqualm an. Für die anderen sah es so aus, als ob ich das extra gemacht hätte, um ihn zu beleidigen oder zu reizen. Dabei war ich nur geschockt darüber, was er sich erlaubte. Das konnte ich natürlich nicht auf mir sitzen lassen. Da musste ich gegenhalten. Wenn ich da nichts gemacht hätte, wäre mein Name für immer im Arsch gewesen.

Wir diskutierten ein bisschen rum, wurden auch laut dabei, aber es hatte sich alles längst wieder beruhigt, als plötzlich einer sagte: »Okay, lass uns nach oben gehen.« Sie wollten sich schlagen, wollten vom Bahnsteig weg, damit uns die Bifis nicht störten, und wollten sich oben prügeln. Wir hätten natürlich sagen können, nee, wir bleiben hier. Aber das hätte so ausgesehen, als ob wir kneifen. Also gingen wir mit nach oben. Bloß keine Angst zeigen!

Draußen auf dem Parkplatz hätte einiges passieren können. Es ist keine richtig tote Gegend, aber es kommen kaum Leute vorbei. Die Kreuzberger hätten uns da locker zusammenschlagen können, und keiner hätte was gemerkt. Wir redeten aber erst mal ein bisschen und diskutierten rum, bis es ein paar von denen zu langweilig wurde und sie anfingen, Stress zu machen. Sie zogen einfach ein paar von unseren Leuten ab, Monatskarten, Geld, Dosen, was sie gerade so fanden. So was konnte mich tierisch aufregen. Ich ging hin und fragte, was das soll, was sie da machen. Auf mich hörten sie komischerweise sofort. Nicht, weil sie Angst vor mir hatten. Da sind die aus Kreuzberg ganz anderes gewohnt. Wenn die wirklich Angst haben, stechen die einfach zu, das ist denen scheißegal. Ich denke, sie respektierten, dass ich was darstellte, weil ich im Graffiti schon was geleistet hatte und einfach keine Angst zeigte.

Okay, dachte ich, jetzt herrscht erst mal Ruhe, sah aber schon im selben Moment, wie Lazer von einem Typen getreten wurde, einem kleinen Türken. Ich sofort rüber: »Was machst du denn hier für eine Scheiße?« Der Typ guckte mich nur finster an, mehr nicht, sagte nichts, sondern starrte mich nur richtig finster an, nach dem Motto, man sieht sich immer zwei Mal im Leben. Das taten wir auch.

Wir standen noch so da, als es in meinem Rücken schon wieder weiter ging. Ein paar von denen wollten Chuck abziehen, aber der weigerte sich, und gleich holte einer von denen ein Messer raus, rannte Chuck hinterher, der Panik kriegte und abhauen wollte, zwischen den Autos lang, drei Leute hinterher, ich auch, Hektik, bis ich Chuck erreichte, ihn gegen eine Wand drückte, mich vor ihn stellte und den Leuten sagte, dass sie ihn in Ruhe lassen sollen. Aber sie versuchten weiter, ihn um mich herum abzustechen, wollten ihn wirklich treffen, stachen immer wieder zu, aber trafen nicht, weil Chuck den Stichen auswich. Er brüllte wie am Spieß, hüpfte hektisch rum, fing an zu heulen, hatte richtig Todesangst, sah wohl schon vor sich, wie er abgestochen wird, und wimmerte nur noch rum. Wahrscheinlich hätten die wirklich zugestochen, die kennen kein Pardon, aber irgendwie schaffte ich es, sie immer wieder wegzustoßen und sie soweit zu bringen, dass sie aufhörten: »Guckt doch mal, was ihr macht? Der kann sich doch gar nicht wehren. Zu dritt auf einen, was seid ihr nur für Typen?!«

Sie zogen noch ein paar Leute ab und verschwanden. Von 350 Dosen und Auflösung von DSG war danach keine Rede mehr. Im Gegenteil, Seico und einer von den Typen, die ein Messer gezogen hatten, tauchten hinterher oft am Corner auf, um einfach mit uns rumzuhängen, und freuten sich immer richtig, wenn sie mich sahen. Wir gaben uns die Hand, alles kein Problem, der Streit war aber vorbei. Ich redete zwar noch auf Seico ein, dass er als Sprüher doch nicht einfach herkommen kann, um jemanden abzustechen, nur weil der einen ähnlichen Namen sprüht, und dass er sich doch mal drüber klar werden soll, warum er das eigentlich gemacht hat, nämlich nur, um Angst zu verbreiten, weil das seinen Respekt erhöht. Aber das Thema war durch. Wir quatschten später noch ein paar Mal drüber, aber nur noch aus Spaß.

Diesen kleinen, finsteren Typen, diesen 14-, 15jährigen, der Lazer getreten hatte, sah ich später tatsächlich noch mal. Ich lief zusammen mit Some durch Kreuzberg. Der Kleine saß auf dem Rad, schaute mich lange an und fuhr weiter. Ich guckte ihm hinterher und sah, wie er in ein Café verschwand. Some und ich gingen weiter. Plötzlich kam uns der Kleine mit einem anderen Typen hinterhergelaufen. Some: »Ach du Scheiße. Der andere da, das ist der Cousin von einem ganz großen Tier hier in Kreuzberg!« Der war zwar auch erst 15, 16, auch nur so ein kleiner Typ, trotzdem hieß das, wenn du dich mit dem prügelst, gibt es auf jeden Fall Konsequenzen. Und die können ganz schön herbe sein.

Er kam also an und sagte: »Ey, du hast meinen Freund geschlagen.«

»Ich habe ihn nicht geschlagen, ich habe die einfach nur getrennt. Er sollte meinen Kumpel nicht schlagen.«

Da holte er ein kleines Schweizer Messer mit so einer Miniklinge raus. Davor konnte ich keine Angst haben. Er selber hatte welche, das sah man ihm an, aber sein Kumpel hatte ihn gerufen, da musste er was machen. Er hatte schon einen gewissen Ruf, den er verteidigen musste, dachte wohl, er könnte sich als Cousin von diesem großen Tier alles erlauben, und gab mir eine Schelle. Ihm konnte ja nicht viel passieren. Some neben mir: »Bleib ruhig, mach nichts, das gibt richtig Ärger.« Ich stand da, kochte, brodelte, war kurz vor dem Überlaufen, aber so schwer mir das fiel, ich machte nichts und sagte nur: »Du weißt selber, ich könnte dich da oben aufs Haus werfen. Aber ich weiß, wessen Cousin du bist. Und du weißt ganz genau, wärst du nicht sein Cousin, würdest du hundertprozentig da oben rauffliegen! Wir sehen uns irgendwann noch mal wieder!«

Er war heilfroh, das sah man. Ganz sicher konnte er sich nicht sein, dass sein Cousin ihm wirklich geholfen hätte. Vielleicht hätte der nur gesagt, na gut, hast halt ein paar Schellen bekommen, musst selber sehen, wie du da rauskommst. So aber hatte er seine Schuldigkeit getan, hatte die Ehre seines Freundes verteidigt, hatte mir eine Schelle gegeben, und das war's für ihn. Ich war natürlich gedemütigt. Für mich war das – schlimm! Das werde ich nie vergessen!

Santos wird diesen Typen wohl auch nie vergessen, denn er war es, der dafür sorgte, dass Santos anderthalb Jahre lang, egal, was er machte, egal, wo er auftauchte, das Leben zur Hölle gemacht wurde. Der Höhepunkt war, dass dieser kleine Cousin Santos mal im Schwimmbad anmachte, weil er tierisch eifersüchtig darauf war, dass Santos so eine gut aussehende Freundin hatte. Also fing er Streit an. Als Santos ging, warteten vor dem Schwimmbad 30 Leute auf ihn. 30 gegen einen, der nur eine Badehose anhatte. Die fingen an, auf ihn einzuprügeln, holten dann alle Messer raus und versuchten, ihn zu stechen. Sie schlugen ihn übelst zusammen und stachen ihm dann in den Arsch, richtig tief, bis zum Ansatz. So was verheilt nur ganz, ganz schwer, und Santos kann bis heute noch nicht wieder richtig sitzen. Die Typen wissen das, kennen aber kein Pardon.

Klar, wir waren alle keine Engel. An der Friedrichstraße gab es oft Stress, irgendwelche Schlägereien, weil sich Leute nicht abkonnten, einer den anderen abgezog oder gecrosst hatte, und der dann mit seinen Kumpeln wiederkam, um abzurechnen. Dann wurden ein paar Dinger ausgeteilt und fertig. Das konnte gar nicht anders sein, wenn den ganzen Winter über zig Chaoten auf dem Bahnhof rumhingen, die alle nur Action im Kopf hatten. Dann liefen da halt schon mal Typen auf wie der mit dem eingestickten »DJ Magic B« hinten auf der Jacke, der völlig besoffen aus der S-Bahn stieg, mich anpöbelte, ich wäre eine Fascho-Sau, und mir gleich eine Gaspistole unter die Nase drückte. Ich wusste gar nicht, was der von mir wollte. Der musste mich irgendwie verwechseln, hörte mir aber gar nicht zu. Ich wurde richtig sauer. Hielt mir da eine Pistole vors Gesicht und laberte Scheiße! Mann, der sollte damit aufhören! Ich drehte richtig auf, wurde einfach nur sauer und dachte mir, okay, wenn du der Meister im Hände-Klatsch-Spiel bist, dann kannst du dem Typen auch die Waffe aus der Hand schlagen, und tat es. Der konnte gar nicht so schnell gucken, wie ich ihm das Ding weggenommen hatte, einen Arschtritt verpasste und ihn in die Hölle wünschte. Vorher hatte mir schon mal ein Hertha-Fan eine Waffe an den Kopf gehalten, als wir ihn wegen seinem ausländerfeindlichen Gegröle anmachten. Plötzlich hatte ich so ein Ding am Kopf. Dem zeigten wir dann zu mehreren, dass er so was mit uns nicht machen kann. So was kam immer wieder vor. Das gehörte irgendwie dazu.

Die Szene fordert einem was ab, keine Frage. Wirklich geschockt hat mich aber zu sehen, wie viele Opfer sie gefordert hat und wie egal den meisten das war. Ich habe so viele Kids gesehen, die anfangs noch richtig die Begeisterung in den Augen hatten, wenn sie zum Corner an die Friedrichstraße oder zum McDonald's am Zoo kamen, ganz normale Kids, die sich für Graffiti interessierten, es nicht packten und später in Drogen abstürzten. Die hatten vielleicht Stress mit den Eltern oder kriegten es mit der Schule nicht hin und dachten sich, dass sie vielleicht in der Szene was werden können. Aber entweder war die Szene zu hart, oder sie taten nicht genug, um hochzukommen, und versagten dann, sahen, Scheiße, ich schaffe es nicht, ich schaffe es nicht, in diese obere Klasse zu kommen. Sie schafften es in der Phase, als Styles wichtig wurden, einfach nicht, Buchstaben so zu meistern, dass es den anderen Respekt abverlangte, dass sie für voll genommen wurden und ihr Name bekannt wurde. Tags machen kann jeder. Es gibt auch Skins, die ihre Hakenkreuze irgendwo hinschmieren. Darum geht es nicht. Das ist keine großartige Kunst. Es geht darum, Styles zu bringen, was zu bewegen in der Szene, sich Respekt zu verschaffen. Wer das nicht schafft, hat verloren.

Das enttäuschte viele, die einfach an den Corner kamen, um dabei zu sein, um ein paar Skizzen von den großen Writern zu kriegen und es selber auszuprobieren, es aber nicht schafften. Bei vielen kam dann der Absturz in die Drogen. Das ist kein großer Schritt. Drogen gibt es an jeder Ecke, in der Graffiti-Szene erst recht, da zieht jeder was durch oder wirft irgendwas ein. Das gehört einfach dazu. Und die, die es nicht packten, warfen immer mehr ein und waren irgendwann völlig verwirrt im Kopf. Okay, manche waren das vielleicht schon vorher, vielleicht kriegten die sowieso nichts auf die Reihe und stürzten ab. Kann sein. Aber den meisten Leuten in der Szene ist das vollkommen egal. Die ziehen nur ihr eigenes Ding durch, Hauptsache, sie selbst und vielleicht noch ihre eigene Crew kommen hoch und machen sich einen Namen. Was anderes als der Respekt des eigenen Namens interessiert die gar nicht.

Einen sah ich mal, mit dem ich selbst nie gesprüht hatte, den ich aber kannte, weil er immer an den Corner kam und Skizzen haben wollte von den anderen Sprühern, als ich bei der Ausbildung in der Mittagspause was zu essen holte am Kottbusser Tor, an den Imbissen, am Fixertreffpunkt. Da hing er rum. Dass er nicht mehr sprüht war klar, aber zu sehen, dass er da gelandet war, durch uns, durch die Graffiti-Szene, weil er es nicht gepackt hatte dazuzugehören, das war ein schwerer Schlag.

Graffiti ist einfach eine sehr egoistische Kunst. Die Leute sagen immer, sie machen es für andere, sie wollen den Leuten zeigen, wie sie uns vergessen haben, sie wollen das Gedächtnis wieder aufrütteln. Aber das stimmt nicht. Die meisten machen es nur, um sich selbst zu bestätigen, um etwas zu werden, um einen Namen zu kriegen innerhalb der Szene. Es gibt nur ganz wenige Ausnahmen. Im Endeffekt machen es die meisten nur für sich und vernachlässigen dadurch alles. Sie entfernen sich völlig von den eigenen Werten und töten einfach ihre Wärme ab für andere Menschen, für die Familie, und motivieren dadurch andere Kids, es genauso zu machen. Das ist mir zu billig. Das finde ich schade. Die meisten Leute sind einfach zu jung dafür.

Ich war es auch. Ich war genauso. Und ich liebte es.

STAY HUNGRY

Some erkannte es, als er mir mal ins Blackbook schrieb: Stay hungry! Genau das war es. Es war wirklich so, dass ich Ende '90 schon sehr, sehr hungrig war nach Fame und Respect. Ich war kein King, aber mein Name war in der Szene ein Begriff, ich hatte viel gemacht, war rumgekommen, war bei krassen Aktionen dabei und hing ständig in der Szene rum. Ich war wer, war hungrig nach mehr und richtig motiviert durch Leute wie Neco oder Maxim, die es einfach drauf hatten, Politik in der Szene zu machen, Fäden zu ziehen, Macht zu bekommen. Neco machte nicht mehr viel, aber was er früher mit TGK abgezogen hatte, wie er da erst einen nach dem anderen aufnahm, um sie dann alle wieder rauszuschmeißen, das faszinierte mich. Der Typ hatte es draufgehabt mit der Macht, dem Expandieren, dem Regieren. Oder auch Maxim, der eigentlich nie richtig in einer Crew war, aber überall seine Finger drin hatte. Der machte sich seine Hände nicht schmutzig, zog aber überall die Fäden. Das faszinierte mich. Dazu dieser Fame in der ganzen Stadt!

Ich war hungrig und gründete mit Some eine neue Crew. NSK war tot, mit CKC war nie groß was gelaufen, ich wollte was Neues, was Eigenes. Anfang '91, kurz nach Neujahr, saßen wir zusammen bei der Arbeit und quatschten ein bisschen darüber, ob wir nicht zusammen was aufziehen wollten. Ich war zwar menschlich von Some nie besonders begeistert, aber sein Style war in der Szene ein Begriff und zählte was. Von den ganz Großen, von den Kings wurde er nicht richtig anerkannt, aber in der eigentlichen Szene war Some ein wichtiger Name. Jeder kannte seine Bilder. Für eine Crew war das natürlich ideal. Some hatte ein richtiges Tagger-Herz und machte gleichzeitig geile Styles. Das ist selten. Meistens verlieren Writer, wenn sie erst mal richtige Pieces draufhaben, die Lust am Taggen. Andere sind so begeistert vom Taggen, dass sie gar nicht den richtigen Ehrgeiz entwickeln, auch mal Pieces zu machen, und bleiben immer auf der untersten Stufe kleben. Some hatte beides drauf, und das machte seinen Ruf aus.

Wir saßen bei der Arbeit und dachten über einen Namen für unsere Crew nach. Some war von »Saints« ganz begeistert, fand aber auch »Spirits« richtig geil. Das war mir allein zu langweilig. Wir probierten dann ein bisschen rum, und weil wir sowieso nur Styles machten, weil wir Styles für das eigentliche Writing hielten und gar nichts anderes gelten lassen wollten als Styles, Styles, Styles, kam am Ende »Spirit of Styles« dabei raus: SOS. Some war nicht besonders überzeugt von dem Namen, aber ich fand, dass er nur so einen Sinn ergab, für den es sich lohnte, was zu riskieren. Ein Shake auf der Arbeit, okay, die Sache lief.

Weil es mit Some alleine nicht gut gegangen wäre, haute ich gleich am nächsten Tag noch Phos an, ob er mitmachen will. Er war dabei. Wir waren voll motiviert und nahmen uns richtig was vor. Wir wollten es allen zeigen und fuhren direkt nach Erkner raus, um einen Zug zu machen, einen reinen SOS-Zug, der allen zeigte, Vorsicht, da kommt was auf euch zu! Wir tauchten auf, und jeder sollte es sehen. Deshalb setzten wir auch an die wichtigsten Stellen gute, große SOS-Tags, um zu zeigen, nehmt euch in acht, wir sind da, ab sofort müsst ihr mit uns rechnen, es gibt eine neue Größe in der Szene!

Wir waren erst mal nur zu dritt, aber wir wollten was. Mit Phos verstand ich mich richtig gut, mit Some eher nicht, aber wenn es um Styles ging, lag ich auch mit ihm auf einer Welle. Einer der wichtigsten Sätze für mein Writing, vielleicht der wichtigste überhaupt, kam von Some. Wir standen an der S-Bahnstrecke Großgörschenstraße, guckten uns die Bilder an und diskutierten ein bisschen, was einen guten Style ausmacht, als er auf einmal sagte: »Ein guter Style muss aussehen wie ein Schlachtschiff.« Some war gar nicht richtig bewusst, was er damit in mir lostrat. Es war wie ein Schlag. Dafür bin ich Some am dankbarsten, für diesen einen Satz!

Er sah dabei sicher einen Panzerkreuzer Potemkin vor sich. Ich sah aber eher ein spanisches Kriegsschiff aus dem 17. Jahrhundert, so ein richtig schönes Ding mit verzierten Kanonen und dicken

Segeln, mit Schnitzereien und Galionsfigur, mit tausend Tauen, Stricken und Seilen, ein prächtiges Teil, das jedem Sturm trotzt, jede Schlacht schlägt. Und dazu die Vision, das Ding schwebt über die Schlachtfelder, über die Meere der ganzen Styles und vernichtet alles!

Dieser eine Satz hat meinen Style geprägt. Ich machte tage- und nächtelang Skizzen, um meinem Ideal näherzukommen. Die Buchstaben kriegten Bäuche wie Segel, Spitzen wie Kanonen, Verzierungen wie eine Reeling. Der Style verschlang sich wie Tau und Takelage und wurde immer prächtiger, mächtiger, uneinnehmbarer. Meine Styles sollten wie Schlachtschiffe wirken, wie mächtige, reich verzierte und unsinkbare Kriegsschiffe, gefährlich, uneinnehmbar und herausfordernd. Sie sollten sich nie geschlagen geben, sondern immer unter vollen Segeln stolz den Kampf suchen, bedrohlich wirken und gleichzeitig elegant. Mein Name sollte siegreich sein.

Ich ging mit meinen Skizzen hausieren, zeigte sie am Corner und erntete Respekt, ich quatschte tausend Leute an, wollte nur noch über das Writing reden, laberte alle mit meiner »Stylism Mission« voll und diskutierte ständig rum. Auf der Arbeit machte ich kaum noch was anderes, als meinen eigenen Style zu verbessern, zu trainieren, zu vervollkommnen. Dieser Satz, die neue Crew, der Respekt der Leute – ich war wie besessen und zeichnete den ganzen Winter über wie ein Kranker.

Als es im Frühjahr '91 dann zum ersten Mal richtig mild war, endlich mal wieder sonnig und schön, da musste ich natürlich gleich rausgehen und sprühen. Nach diesem scheißlangen Winter wollte ich endlich was machen. Ich konnte es gar nicht abwarten, endlich wieder an die Strecke zu kommen, um ein Bild zu machen, fuhr hin, freute mich schon richtig, lief die Böschung runter zu den Gleisen und traute meinen Augen nicht: Es waren zig Leute da! Kage, Poet, Phos, East, einfach alle. Alle waren da und sprühten. Alle hatten nach dem langen Winter das gleiche Gefühl gehabt, die gleiche Sehnsucht nach den Wänden, nach dem Sprühen, nach den Bildern. Alle sprühten, alle waren gut drauf, alle freuten sich, die anderen auch wieder an der Strecke zu sehen – es war einfach geil, konnte wieder richtig losgehen. Wir waren bereit, hauten einen geilen Style neben den anderen und machten unser typisch Berliner Ding, Style neben Style. Figuren zählten gar nicht richtig. Berlin heißt Style, heißt richtig geil ausgearbeitete Buchstaben, je versierter, desto besser. Manche finden das Old School-mäßig, weil Graffiti genau damit angefangen hat, mit Namen, mit Buchstaben, mit Styles, aber das sind meist Leute, die einfach nicht begreifen, dass es um nichts anderes geht als um Buchstaben. Alles andere ist schön und gut. Character sind ganz nett und kommen bei den Leuten auf der Straße besser an. Sie sind nicht leicht zu machen und fordern einem was ab. Aber das hat nichts mit Writing zu tun, zumindest nicht so, wie ich es verstehe, und wie ich meine, dass es verstanden werden muss. Character sind oberflächlich. Buchstaben transportieren auf viel geheimnisvolleren Wegen die Wünsche, Empfindungen und Gefühle des Writers. Daran sollen alle teilnehmen, und deshalb mache ich Werbung für meine Gefühle. Es wäre egoistisch, sie für mich allein zu behalten.

Wenn wir wirklich mal die Nase voll hatten von dem ganzen Writing und einfach zu viel gemacht hatten, trafen wir uns mit ein paar Leuten an der Friedrichstraße und zogen zusammen auf Partys, soffen wie die Wilden und hatten unseren Spaß. Vor allem Arunski war völlig partymäßig drauf. Der kannte jeden Club und wusste immer, wo gerade wieder ein neuer aufgemacht hatte. Zu der Zeit machte wirklich kein Club ohne uns auf. Und mancher wegen uns wahrscheinlich sogar wieder dicht. In manche Läden fielen wir ein wie die Fliegen, machten Action, als würden sie uns gehören, taggten alles voll und machten Welle, tranken aber nicht viel, weil wir keine Kohle hatten, sondern kamen meistens schon betrunken da hin und hatten selbst was zu trinken dabei, das wir vorher an einer Tankstelle geklaut hatten.

Mit dem Reuterplatz hatte Arunski nicht mehr viel zu tun. Genauso wie ich. Entweder holte er mich direkt von der Arbeit ab und quatschte noch ein bisschen mit den anderen Writern da, oder wir trafen uns an der Friedrichstraße und chillten zusammen rum. Am Wochenende, Freitag, Samstag, gingen wir regelmäßig auf Partys oder zogen durch die Clubs in der Nürnberger Straße und hauten uns die Birne zu, bis nichts mehr ging, manchmal so krass, dass wir einfach auf der Straße rumlagen, weil wir so voll waren, und uns totlachten, wenn ein Auto vorbeikam. Damals kannte ich noch keinen Kater. Andere kotzten ab und waren am nächsten Morgen halb tot, aber ich fragte mich nur, was die eigentlich haben und wollte am liebsten direkt wieder saufen gehen.

Eine Menge Leute vom Corner waren richtig beeindruckt davon, wie wir drauf waren, besessen vom Sprühen, besessen vom Saufen, Writing und Clubbing – viele sahen in Arunski und mir so was wie ein Dreamteam. Jeder für sich stellte in der Szene was dar, und zusammen waren wir das Action-Pack. Es wurde nie offen gesagt, aber man sah, dass uns viele um unser Verhältnis beneideten.

N.Y.C.

Wenn ich mit Arunski rumhing, erzählte er ständig von New York. Er war zu dem Zeitpunkt schon drei-, viermal da gewesen, wollte wieder hin und fragte, ob ich nicht Bock hätte mitzukommen. Ich war voll begeistert. Mann, New York, die Stadt meiner Träume, Big Apple, die Welthauptstadt des Writing! Fantastisch! Ich träumte schon lange davon, sehnte mich richtig danach, da mal hinzukommen, hatte aber finanziell keine Chance, überhaupt keine. Mir fehlte mehr als die Hälfte der Kohle, und deshalb quatschte ich ständig meine Mutter und meine Schwester voll, ob sie mir das nicht finanzieren könnten. Wochenlang, monatelang. Ich versprach ihnen, dass ich mich danach bessern würde, ganz bestimmt, nur da müsste ich noch hin, dann würde ich aufhören. Ich flehte sie an, bettelte richtig. Aber die Antwort war klar: »Nein, unmöglich, viel zu teuer.«

Arunski hatte für sich und Ortkis, einen Typen aus der Hip-Hop-Szene, der schon zigmal drüben war, mal ein Jahr schüleraustauschmäßig da gelebt hatte und genau wie Arunski mit Klamotten dealte, schon Tickets geholt und meinte, wenn ich wollte, könnte ich mir auch noch welche holen, es wären noch genug da. Ich quatschte meine Mutter noch mal voll, flehte sie noch mal an, bettelte wieder rum, aber es sah schlecht aus, war einfach unmöglich, und mir blieb nichts anderes übrig, als Arunski zu sagen, geht nicht, vielleicht irgendwann mal.

Zwei Tage vor Arunskis Abflug ging es bei mir auf einmal doch noch klar. Meine Mutter und meine Schwester sagten plötzlich ja. Sie sahen einfach, wie traurig ich war, und vertrauten mir, dass danach wirklich alles besser wird. Vielleicht dachten sie auch, dass ich es so kurzfristig nicht mehr auf die Reihe kriegen würde, aber dazu war es mir zu wichtig. In einer totalen Panik-Aktion besorgte ich mir schnell das Visum, düste mit meiner Schwester und meiner Mutter kurz vor Geschäftsschluss zur Bank, kaufte im letzten Moment das Ticket, erledigte in einem Affenzahn noch ein paar andere Sachen und lief am Abend vor Arunskis Abflug bei ihm auf: »Ey, ich fahre.« Er freute sich richtig, hey, Mann, die Sache geht klar, geil! Weil ich nicht schon wie er am Donnerstag, sondern erst am Montag fliegen konnte, verabredeten wir uns da: »Montagnacht in New York City.«

Das war mein erster Flug überhaupt. Was für ein Gefühl! Der Stress am Flughafen, die ganzen Leute, die Angst im Flieger – ich war allein und zog mir alles voll rein, den Start, das Abheben, das Fliegen. Fantastisch! Ich hatte mir vorgenommen, während des Flugs ein paar Skizzen zu machen. Aber ich war viel zu aufgeregt dafür, rannte ständig aufs Klo, grinste die Stewardessen an, stresste rum. Ich konnte einfach nicht ruhig bleiben. Wegen des Flugs, klar, aber vor allem wegen der Vorfreude, ey, Mann, du bist auf dem Weg nach New York! Ständig der Blick aus dem Fenster, und dann: New York bei Nacht, die Skyline, Lichter so weit das Auge reichte! Ich konnte es gar nicht fassen. Es war, als würde ich das alles nur im Fernsehen sehen. Ich konnte es überhaupt nicht begreifen.

Auf dem Flughafen kriegte ich dann erst mal Schiss, hey, du bist jetzt in New York, alles voll, Gewimmel, Menschen, Lärm, was erwartet dich hier? Ich kam raus in die Halle, guckte rum, suchte die anderen, sah sie nicht, konnte sie nicht finden. Scheiße. Ich war voll aufgeregt. Ganz allein. John F. Kennedy-Airport. Rundherum Tausende von Leuten. Es dauerte bestimmt zehn Minuten, verdammt lange zehn Minuten, dann sah ich sie endlich, Arunski und Ortkis, willkommen in New York, erst mal umarmt, begrüßt, gefreut. Und totgelacht. Sie dachten, ich käme mit irre viel Gepäck an. Aber ich hatte nur ganz wenig dabei, eine kleine Tasche mit kaum was drin. Dazu war ich angezogen, wie ich dachte, dass es geil wäre. Arunski hatte mir den Tip gegeben, besser keine übertrieben teuren Klamotten anzuziehen, weil die sowieso nur abgezogen würden. Also dachte ich mir, okay, zerfetzte Turnschuhe, zerfetzte Hose voller Farbe, eine alte Windjacke, auch voller Farbe, Writer-Kluft, fertig. Den Writern da würde es gefallen. Alles andere war mir egal.

Ortkis organisierte erst mal Bier, natürlich Budweiser, Prost New York, und dann stiegen wir in den Bus, der uns in die City brachte. Von der Stadt war noch nichts zu sehen, aber mir ging es schon richtig gut: Du bist in New York, deine Homies sind da, Bier ist da. Es ist alles klar. Erstmal einen rein pfeifen, was natürlich verboten war, aber wir saßen hinten auf der letzten Bank im Bus, da kriegte keiner was davon mit. Die anderen mussten mich erst mal auf New York vorbereiten, was so abgeht, wo man hinmuss und was man gesehen haben sollte. Ich war in New York! Ich konnte es noch gar nicht fassen!

Der Bus fuhr auf einem Highway Richtung City, machten plötzlich eine scharfe Kurve, und auf einmal sah ich an der Seite ganz kurz ein Leuchten: »Ey krass, was war denn das? Was war das?« Die anderen verstanden gar nicht, was ich meinte. Ich wartete, bis der Bus die nächste Runde gedreht hatte, und sah plötzlich das Lichtermeer von New York, die ganze Skyline hell erleuchtet: »Geil! Geil! Geil!«

Wir fuhren nach New York rein, sahen schon dieses typische Straßenbild, diese Backstein-Architektur und alles, da entdeckte Ortkis plötzlich einen Yard. »Ey,« sagte er, »guck mal da rüber!« Ich erkannte erst gar nichts. »Guck mal genau hin!« Ich starrte rüber und sah schwach beleuchtete Züge, Zäune, Gleise. Geil! Ich quatschte gar nicht mehr mit den anderen und guckte nur noch aus dem Fenster. Es war einfach unfassbar! So muss sich ein Moslem fühlen, wenn er nach Mekka geht!

Vom Busbahnhof bis zum Hotel mussten wir noch eine Weile durch Manhattan laufen, und ich guckte mir alles an, sog es richtig auf, ließ es auf mich wirken. Diese Häuser, an denen man gar nicht richtig hochgucken kann! Diese Straßen, auf denen einfach Stahlplatten über die Löcher gehauen wurden! Die Taxis! Die Menschen! Ich war einfach überwältigt. Und das in Manhattan, wo um die Uhrzeit so gut wie nichts los war. Das war schon komisch.

Im Hotel schlugen Arunski und Ortkis vor, den Abend noch ein bisschen abzuchillen, was zu trinken und fertig. In mir rebellierte alles.

»Nein, nein, nein, ich will U-Bahn fahren!«

Die beiden erklärten mich für bescheuert: »Du willst um diese Uhrzeit U-Bahn fahren? Hör auf! Um diese Uhrzeit schaut sich kein vernünftiger Mensch die U-Bahn an.« Aber ich musste sie sehen, ich musste sie einfach sehen! Ich musste hören, wie diese U-Bahn über die Schienen rattert, musste hören, wie sie sich bewegt, musste wissen, wie sie riecht! Ich musste!

Und ich setzte mich durch. Wir gingen wieder los, wieder durch diese Häuserschluchten, liefen durch eine tote Straße, vor uns Kanaldeckel, aus denen Dampf aufstieg, die Lichter der Straßenbeleuchtung, Hydranten auf dem Bürgersteig, nur ein paar Autos ab und zu, ganz wenig Leute unterwegs, im Hintergrund eine typische Bullensirene, die näher kam und wieder verschwand – das war New York! Ich hätte sterben können! Hören und sterben! Das war's einfach! Da hätte ich schon wieder fahren können. Das reichte mir. Mehr wollte ich nicht. Aber es ging weiter, endlich zu einem U-Bahnhof, der genauso aussah, wie ich es wollte, ein bisschen runtergekommen, die Kacheln ein bisschen verrottet, alles etwas angemodert, richtig geil, aber dann der Schock: Es gab keine Tags! Nichts! Das durfte einfach nicht wahr sein! Es konnte doch nicht sein, dass es hier keine Tags gab! Sollte es tatsächlich stimmen, was ich vorher mal gelesen hatte, dass die New Yorker U-Bahn nicht mehr vollgesprüht ist, dass die Züge jetzt rot lackiert sind und die alten U-Bahnen nur noch auf gewissen Linien fahren? Ich hatte das alles schon gehört, aber ich wollte es einfach nicht glauben! Ich musste das erst mit eigenen Augen sehen, musste erst in den Bahnhof runter und gucken.

Es riecht ganz anders da unten als in Berlin, riecht irgendwie mehr nach U-Bahn, etwas modrig, etwas verrottet. Einfach geil! Man riecht regelrecht, wie alt das U-Bahnsystem ist. Pfützen zwischen den Schienen, die alten Säulen, die alten Schilder. Ich genoss das noch, da hörte ich die U-Bahn kommen, war voll gespannt, kriegte richtig Herzrasen, die New Yorker U-Bahn, freute mich, da kam so ein scheißsauberes, so ein blitzblankes, scheißsauberes silbernes Ding reingerollt. Das war der Absturz für mich! Das konnte einfach nicht wahr sein! Ich fühlte mich, als wenn meine Liebe fremdgegangen wäre. Es war eine Katastrophe! Nur ein paar eingeritzte Tags, kein Tag mit einem Edding, keiner mit Sprühdose, nichts. Nur am Anfang des Tunnels sah man noch ein paar alte Pieces, ein paar alte Tags. Das war schon was wert. Aber die U-Bahn?! Die war nicht mehr die alte. Ich hätte heulen können.

Die anderen kriegten mit, wie enttäuscht ich war, wie mitgenommen, und versuchten, mich wieder aufzumuntern, aber keine Chance. Ich war enttäuscht, geschockt, fast schon sauer. Kein Mensch käme auf die Idee, die Decke der Sixtinischen Kapelle weiß zu streichen. Aber in New York haben sie es gemacht.

Ich sagte keinen Ton mehr. Der Abend war für mich gelaufen. Am nächsten Tag suchten Arunski und ich zusammen nach guten

Schuhläden. Ortkis kannte zwar genug, wollte uns aber keine verraten, weil er meinte, er würde sich dadurch das Geschäft kaputt machen. Krass! Aber gut, suchten wir halt auf eigene Faust und schauten uns dabei New York an. Es war geil. Ich kannte das alles aus dem Kino. Wieviele Filme wurden in New York gedreht?! Aber das original zu erleben, war einfach geil.

Die Läden, in denen ich mit Arunski war, interessierten mich nicht besonders. Ich hatte sowieso keine Kohle. Mich interessierte nur einer, der Laden von Seen. Ich hatte gehört, dass er irgendwo in der nördlichen Bronx einen Tätowierladen haben sollte. Da wollte ich unbedingt hin. Seen ist einfach eine lebende Legende, ein ganz, ganz Großer der Szene. Wenn es Überväter der Spraycan Art gibt, dann ist er einer davon. Er war schon früh dabei, hat so viel gemacht wie kaum ein anderer und das Writing enorm weiterentwickelt.

Ihn zu besuchen, war wie eine Pilgerfahrt. Arunski, Ortkis und ich machten sie am nächsten Tag und fuhren mit der U-Bahn in die nördliche Bronx. Da sah ich dann endlich auch von der Hochbahn aus oben auf den Dächern dieser typischen alten Backsteinhäuser richtig alte Bilder, den original New Yorker Wild Style. Geil! Das war Amerika! Das alte Amerika, vollgesprüht und zugetaggt! Aber es war vorbei. Man sah, dass die Tags völlig verblichen waren und es keine neuen mehr gab. Sie gehörten der Vergangenheit an.

Trotzdem genoss ich es, diese ganze Atmosphäre zu sehen, diese alten Häuser, diese Menschen, dieses typisch amerikanische Leben! Diese Ami-Schlitten, diese amerikanischen Reklamen, dieser ganze American Way of Life! Es war überwältigend. Auf eine Art verachtet man das alles, auf eine andere ist man einfach fasziniert.

Wir hatten uns beschreiben lassen, wo der Laden von Seen genau ist, liefen los und wunderten uns unterwegs, dass die Häuser immer besser wurden. Ein paar Blocks weiter waren sie noch richtig runtergekommen, und auf einmal wurden sie immer familienmäßiger, richtige Einfamilienhäuser. Das war doch nicht mehr New York! Niemals! Hier sollte Seen seinen Laden haben? Wir konnten es gar nicht glauben. Aber es war so. Wir fanden ihn, marschierten rein und fragten, ob er da ist. Nee, der kommt erst später. Okay, hingen wir also eine halbe Stunde auf einern Spielplatz rum und warteten, bevor wir wieder zu dem Laden zurückgingen. Von weitem sahen wir schon ein paar Leute oben auf dem Dach rumhantieren. »Ey, der eine ist Seen!« Tatsächlich, er war's! Ich konnte es gar nicht glauben! Da oben war Seen, leibhaftig! Ich wusste überhaupt nicht, was ich machen sollte. Ich war völlig sprachlos. Ortkis fragte, ob mit mir noch alles in Ordnung ist: »Komm, lass uns reingehen und ein bisschen mit denen labern, wenn sie vom Dach runterkommen!«

»Nein, nein, nein, ich kann das nicht!«

»Was ist denn mit dir los?«

»Ich kann das nicht! Ehrlich, ich kann das nicht!«

Wir gingen trotzdem in den Laden, und da stand er dann, Seen. Ich war fertig. Ich kriegte Herzrasen und kein Wort mehr raus, keine Chance. Um nicht einfach nur blöd rumzustehen, fing Ortkis ein Gespräch mit ihm an, Arunski laberte ein bisschen mit, und ich stand dabei, brachte so gut wie nichts raus und fragte Seen nur irgendwann, ob er mir vielleicht eine Skizze in mein Blackbook machen könnte. Für Seen kein Problem. Er nahm mein Buch, und ich sah zum ersten Mal, wie ein Writer freestyle malt, einfach einen Stift nimmt, keinen Bleistift zum Vormalen, sondern gleich einen Stift und einen richtig geilen Style fabriziert, völlig locker, einstudiert, zigtausend Mal gemacht, überhaupt kein Problem für ihn.

Das war unglaublich für mich, wie eine Offenbarung, eine Erkenntnis. So was hatte ich noch nie gesehen, aber mir war schlagartig klar, okay, so wirst du jetzt auch malen, freestyle, egal, was du machst, auch wenn du an die Wand gehst, dann ohne Entwurf, ohne Skizze, damit bist du eingesperrt, nicht frei genug, nicht richtig locker, und das sieht man den Bildern an, die leben dann nicht, die atmen nicht, bewegen sich nicht. Erst wenn du freestyle malst, malst du das Leben.

NEXT TIME WE'LL
BE BETTER!
SEE THE DIFFERENCE BETWEEN
SPARMAR AND TOP-TON!
THE FIRST PIECE
BUT NOT THE LAST!

CWS SBS
'90

WANTED
No.1

ODEM
MIT BUCHSTABEN HAT ES
ANGEFANGEN...
MIT BUCHSTABEN WIRD ES ENDEN!!
SAFE THE ORIGINAL GRAFFITI.
STYLISM .. MISSION.

'92
ODEM
SOS

·GOLD·
DIGGER

SE OPTICAL REVOLUTION IS NOT LAZY. THAT'S WHY THE KOPS ARE RUNNIN CRAZY!

SUBWAY SAINTZ LONDON BERLIN AMSTERDAM MILANO
FOR CUT'EM TEE FROM DA IBF - POSSE

2
TO KING AMOK...
THE SIX-PACK SOS

4
3
..BACK75 SOS CREW..

"ANGELA"
STYLISM

CREW 2
TO PRINCE
·PHOS 4·
·ODEM· SOS· CREW 92

·SOS·
LOOMIT,
KANE,
AAM,
THE ONE AND
ONLY... AMOK!
HANNOVER
'92

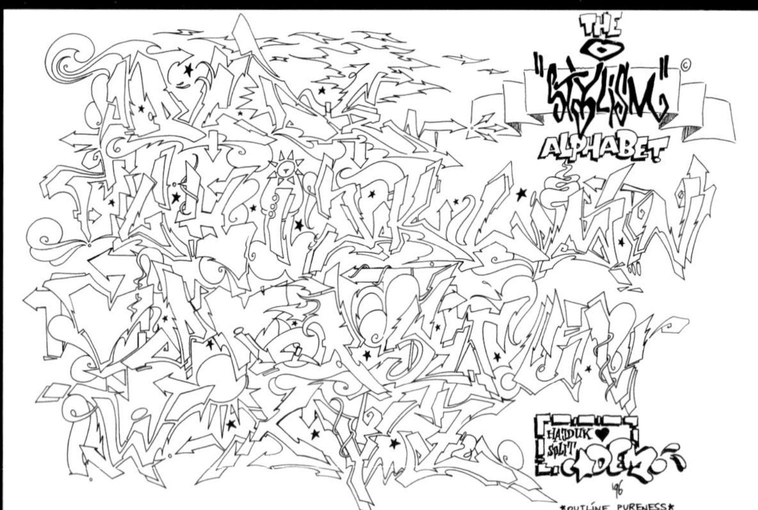

ABBILDUNGEN

Seite I: ODEM, '93

Seite II: RIMA '89; SOR VI + SHEK '91

Seite III: SOR VI '90

Seite IV/V: ODEM '92

Seite VI/VII: SOR VI '90 (oben),
ODEM '92 (unten)

Seite VIII/IX: ODEM '93 (oben und unten)

Seite X: ODEMS offiziell letzte Skizze, '94
unten: ODEMs Style Alphabet

Seite XI: ODEM '94

Seite XII: Skizze ODEM '94

Seite XIII/XIV: Skizzen ODEM '96 und '94

Seite XV: Skizze ODEM '96/'97

Seite XVI: Deutschlandtag der Jungen Union
ODEM, JARIC, SHEK '94

THE BEAST
STYLE WAR
"SIX★PACK"
THE BEAST IS BACK... "ODEM" 94

'44
THE "THINK-ABOUT" YEAR
DO YOU REMEMBER: BURN ME, 'O"? TAKE IT PERSONAL.
ENJOY IT
THE TOY
"ODEM"
NEVER FORGET WHERE IT COME FROM AND... NEVER FORGET WHERE YOU COME FROM
THE POWER OF GOD
THE KING

FAME!
FAME!
FAME!!!!!
SOS
HAJDUK SPLIT
KILL TOYS
THE DOMINATION of the "E"
ODEM

Navik × Bili
Torcida Split
Hajduk
19 11
Majstor s mora
'96
'97
Dem

VODEM'N'JARIC"

Das bei Seen gesehen zu haben, half mir krass weiter. Und auch gesehen zu haben, dass er sich vermalte. Er fing an, haute den ersten Versuch daneben, blätterte gleich um und machte es auf dem nächsten Blatt neu. Seen hat sich vermalt! Wenn selbst dem das passierte, dann durfte mir das auch passieren. Und der zweite Versuch wurde perfekt. Er nahm mein Buch, malte da rein, und wenn es vorher auch nichts wert war, war es danach der größte Schatz, den ich hatte. Nur durch ein bisschen schwarzen Marker – aber von Seen!

Ich wäre für mein Leben gern mit Seen sprühen gegangen, aber ich war unfähig, irgendwas mit ihm zu verabreden. Ortkis wusste das und machte für mich ein Date. Ein Bild mit Seen! Das wäre das Größte gewesen! Ich sagte sofort zu, dabei wusste ich genau, dass ich am nächsten Tag schon gar nicht mehr in New York sein würde, weil wir nach Reading mussten, in so eine typisch amerikanische Kleinstadt bei Philadelphia, drei, vier Autostunden von New York entfernt. Arunski und Ortkis hatten da beide Gastfamilien, die sie besuchen wollten, um ein bisschen abzuchillen. Sie waren in den drei, vier Tagen, die ich später kam, schon in New York gewesen und hatten nicht genug Kohle, um die ganze Zeit im Hotel rumzuhängen und einzukaufen. Die fanden es sogar richtig geil, für ein paar Tage nach Reading zu gehen. Ich fand es überhaupt nicht geil. Ich wollte New York! Was sollte ich in Reading?

Als das Date mit Seen stand, dachte ich, Arunski ließe sich noch umstimmen. Tat er aber nicht. Er wusste zwar, wie viel mir das bedeutete, aber er meinte, nee, keine Chance, geht nicht. Also fuhren wir nach Reading, und ich musste Seen zum ersten Mal versetzen!

Von Reading aus rief ich ihn dann an und fragte, ob wir vielleicht einen neuen Termin ausmachen könnten. Seen schlug einen neuen Termin vor, und es klappte wieder nicht! Ich wollte zu dem Zeitpunkt wieder in New York sein, aber es haute nicht hin. Ich wollte aber unbedingt mit Seen sprühen, rief deshalb noch mal an, und klar, da verarschte er mich nur noch. Es war zwar eindeutig seine Stimme am Telefon, aber er behauptete, Seen wäre nicht da, laberte noch irgendeine Scheiße und legte einfach auf. Okay, wenn es zweimal nicht hinhaut! Der lässt sich ja nicht verarschen.

Wir hingen dann in Reading rum. Ich wusste gar nicht, dass es so was in Amiland überhaupt gibt, so eine richtig verschlafene Kleinstadt, überall amerikanische Fähnchen, nirgendwo Zäune zwischen den Grundstücken und die totale Ruhe, der Frieden schlechthin, die absolute Langeweile. Wir fielen auf wie bunte Hunde und wurden richtig zur Schande, als der Kassierer in einem Seven-Up auf einmal anfing, Ärger zu machen und die Polizei rief, nur weil wir mitten in der Nacht mit einem 50-Dollar-Schein bezahlen wollten. Irgendwie waren die nicht ganz dicht in dieser Stadt. Ich war heilfroh, als wir nach drei oder vier Tagen endlich wieder aus diesem Kaff abdampften und nach New York zurückfuhren.

Ich wollte unbedingt noch in der 8. Straße zu einem riesigen Second-Hand-Laden, wo in einer hinteren Ecke namhafte Writer Airbrush-Sachen machen sollten. Wayne, Poem, lauter große New Schooler, die ich natürlich kennenlernen wollte. Dazu klapperten wir die ganze 8. Straße ab, eine richtige Einkaufstraße, nicht gerade mit Nobelgeschäften, sondern mit ganz normalen Klamottenläden, für Sportswear, Schuhe, alles mögliche. Es war richtig was los da. Vor den Läden lungerten scharenweise 14-, 15jährige Kids rum und chillten ab. Man hatte keine Chance, da durchzukommen, ohne jemanden anzurempeln. Das sah verdammt nach Stress aus, auf den ich keinen Bock hatte. Ich wollte mich irgendwie durchmogeln, drehte mich dazu ein bisschen zur Seite und konnte es selber kaum fassen, als mir plötzlich alle Platz machten und ich völlig locker durchmarschieren konnte. Ich fragte Ortkis, was mit denen los ist.

»Die halten dich für nicht ganz sauber. Wenn du so rumläufst, dann stimmt irgendwas nicht mit dir.«

Ich war eigentlich voll amerikanisch angezogen, Ghetto-Style mit Windjacke und Schuhen, die es nur in Amiland gab. Meine Writer-Klamotten halt. Das waren da mal die begehrtesten überhaupt. Aber das war schon Jahre her.

»Wer so rumläuft, kann in deren Augen einfach nicht ganz sauber sein im Kopf. Die sehen dich als Penner an. Jeder, der in New York was auf sich hält, holt sich seine Klamotten, auch wenn er nichts zu beißen hat.«

Deshalb standen die Kids auch vor den Läden rum, genauso, wie ich es schon in London gesehen hatte, alle in den angesagtesten Klamotten, weil sie einfach die Leute abzogen, die aus den Läden kamen.

Wir gingen unbehelligt durch, kamen zu dem Second-Hand-Laden und kriegten gleich am Eingang Stress mit einem Typen, der sich am Münztelefon vordrängelte und dann auch noch voll zickig rüberkam, als Arunski und ich anfingen, ihn ein bisschen rumzuschubsen, von wegen, was er sich einbildet. Im selben Moment kam auch schon ein ganz krasses Muskelpaket hinten aus dem Laden und meinte, wenn wir Stress machen wollten, sollten wir rausgehen und uns vor dem Laden prügeln. Wir waren erst mal geschockt von diesem Muskeltypen, gingen dann aber raus, und sofort, wirklich in Sekundenbruchteilen bildete sich ein Kreis um uns. So was hatte ich noch nie gesehen! Natürlich gibt es überall Gaffer, aber da in der Straße waren die Leute voll darauf vorbereitet. Das war ein richtiges Ritual. Die wussten genau, was sie zu tun und wie sie sich zu stellen hatten, auf den Zentimeter genau. Action? Okay, gleich Kreis drum und zugucken: Was passiert jetzt? Wir waren davon so überrascht, dass wir es bleiben ließen und wieder in den Laden gingen. Telefonieren tat dann der andere Typ. Er hatte halt Heimvorteil.

Wir gingen lieber nach hinten, um die Writer zu sehen, und staunten nicht schlecht. Im ganzen Laden hingen oben an den Wänden Bilder von alten New Yorker Legenden, eins neben dem anderen, nur von den besten Leuten. Es war der Wahnsinn! Ich kriegte das gar nicht richtig auf die Reihe! Zu sehen, dass die alle mit Airbrush noch aktiv sind, mitzukriegen, wie die Leute drauf sind, die wir da kennenlernten, Wayne, Poem und wie sie alle hießen, die ganzen New Yorker New Schooler, die später weltbekannt wurden! Wahnsinn! Voll nette Typen, total gut drauf. Die erzählten ein bisschen von sich, ich erzählte ein bisschen von uns, und dann malten sie auch noch in mein Blackbook. Okay, ihre Bilder gefielen mir nie so richtig, aber sie hatten immer diesen New York Touch, diesen geilen New York Flavour, von dem ich nie begriffen habe, wie er eigentlich zustande kommt. Es gibt ihn. Man sieht ihn, man spürt ihn, aber man kann ihn nicht erklären.

Wir laberten noch ein bisschen über dies und das, als plötzlich einer zu mir meinte, okay, komm heute Abend wieder, dann kommt Phase 2 hierher. Ehrlich? Phase 2? Krass! Phase 2 ist eine alte Legende, ein Old Schooler, der so viele wichtige Sachen und Elemente ins Writing eingeführt hat, dass man sie gar nicht aufzählen kann. Dazu bringt er noch ein Magazin raus, das sehr wertvoll ist.

Um den auf keinen Fall so zu versetzen wie Seen, war ich superpünktlich da. Und er kam auch. Er ist ein richtig geiler Typ, voll gut drauf, ein Schwarzer, mit dem ich richtig locker quatschen konnte. Unter anderem versuchte ich, ihm meine Faszination für New York zu erklären. Aber er: »Oh, Scheiße, New York! Scheiß auf diese Stadt! So schnell wie möglich weg hier!« Ich konnte das gar nicht verstehen. Für mich brach eine Welt zusammen. Phase 2 sagt mir, dass er keinen Bock auf New York hat?! Das kann doch nicht wahr sein! Aber er blieb dabei: »Das ist doch alles Mist hier. Du siehst nur Leute sterben, draufgehen, kaputtgehen. Das bringt doch nichts. Das ist doch Scheiße.« Er fand mich richtig naiv wegen meiner Begeisterung für New York und fragte mich dann später, als wir bei einem Mexikaner um die Ecke Nachos essen waren, nach der Graffiti-Szene in Deutschland. Ich erzählte ihm, soviel ich wusste, und bevor wir gingen, schrieb er mir noch seine Adresse auf eine Serviette. Oh, dieser uralte Style, voll die New Yorker Old School! Geil!

Phase 2 war selber nicht mehr so aktiv, deshalb verabredete ich mich mit Wayne, um einen Zug zu machen. Zwei Tage lang ließ er mich in diesem Laden warten, weil er noch so viele Airbrush-

Aufträge zu erledigen hatte, ziemlich grausames Zeug, Airbrush auf stone-washed Jeans. Er ließ mich immer wieder antanzen, schickte mich wieder weg, ließ mich warten, bevor wir dann endlich zusammen mit einem Sprüher, dessen Name mir nichts sagte, losziehen konnten. Und was wollten sie machen?! Ein Piece in einer Tunneleinfahrt! Darauf hatte ich überhaupt keinen Bock. Ich wollte auf diesen New Yorker U-Bahnen, auf diesem alten Stahl, auf dem alles entstanden ist, da wollte ich sprühen und nirgendwo anders! Aber sie wollten nicht. Es brachte ihnen nichts. Die Züge führen nicht, meinten sie, und deshalb hätten sie keine Lust drauf. Ich war völlig entnervt! Ich hatte keinen Bock auf Tunneleinfahrt oder so was. Ich hatte auf einen Zug gehofft, auf einen dieser Züge, auf denen schon die Größten der Größten gesprüht hatten, auf denen das alles entwickelt wurde, mit denen alles anfing. Wir hatten die Dosen schon griffbereit und wollten losziehen. Und dann ging es doch nicht klar.

Ich war völlig genervt, ließ die allein machen und zog meiner Wege – allein. Arunski hatte kein Geld mehr für die Stadt und war nach Reading gedüst, Ortkis war irgendwo anders hingefahren, und auf einmal stand ich ganz allein in New York. Ich hatte das Hotelzimmer für die Nacht nicht mehr bezahlt, weil ich eigentlich nur noch den Zug machen und dann nach Reading fahren wollte. Obwohl es nicht mal zum Sprühen gekommen war, wurde es dann zu spät. Es fuhren keine Busse mehr. Also musste ich mir ein neues Hotelzimmer suchen. Ich rannte mit meiner Tasche durch die Straßen und quatschte alle Leute voll, Hotel? Hotel? Hotel? Aber es war einfach alles zu teuer. Das stresste richtig. Irgendwann fand ich dann endlich eine Abrissbude, die ich bezahlen konnte. Sah zwar scheiße aus, aber da musste ich halt durch. An der Rezeption saß ein Asiate mit Hawaiihemd, der noch schlechter Englisch sprach als ich und mich erst mal voll abziehen wollte, einen richtig krassen Preis nannte, den ich aber noch runterhandelte. Wie das da schon aussah! Zwar eine richtig große Vorhalle, aber alles dreckig, richtig krass dreckig! Ich ging dann hoch zu meinem Zimmer, wie man das kennt, durch einen langen Flur mit tausend Türen an den Seiten, die weißen Wände mittlerweile gelb, aber gut, dachte ich mir, das gehört dazu, das musst du eben auch erleben, wenn du in New York bist, kam in mein Zimmer und dachte nur: Krass, was für eine üble Absteige?! Es pfiff durch die Fenster, die Heizungen waren verrostet, Kakerlaken rannten da rum. Es war wirklich eine Katastrophe. Aber scheißegal, ich war hundemüde, haute mich hin und wollte einfach nur pennen. Ich war stocksauer. Ich war so krass sauer auf alles, auf die missglückte Sprüh-Action, auf dieses Scheißhotel, einfach auf alles, und war heilfroh, als ich am nächsten Morgen meine Tasche packen und mich wieder nach Reading verpissen konnte, wo ich erst mal ein paar Tage meine schlechte Laune ausließ, bevor wir alle zusammen wieder nach New York fuhren, um von da zurückzufliegen. Wir hatten jeder gerade mal noch Kohle für einen Hamburger. Danach hatten wir keinen Cent mehr. Es war wirklich Zeit abzuhauen.

BACK FROM HELL

Ich kam mit gemischten Gefühlen nach Berlin zurück. Der Stahl, auf dem alles anfing, kreischte und rumpelte ohne meinen Namen weiter durch New York. Das tat weh. Andererseits hatte ich Seen gesehen und Phase 2, hatte Zeichnungen von ihnen in meinem Blackbook und Adressen von den angesagten New Schoolern. Das machte Eindruck in der Szene. Eine ganze Zeit lang rannte ich ständig mit meinem Blackbook durch die Gegend, mit den Fotos, die ich in New York gemacht hatte, und der Serviette von Phase 2. Jeder sprach darüber, Sor VI war in New York, in der heiligen Stadt des Writing, und hat mit Seen rumgechillt, mit Phase 2, Wayne, Poem und all den Leuten, die jeder kennt, wirklich jeder Writer rund um den Globus. Die Berliner hauten mich immer wieder drauf an, quetschten mich aus, wie sind die drauf, was machen die, wie war es mit denen. Ich fühlte mich geil.

Ich war da gewesen, hatte es durchgezogen und fühlte mich groß. Und das wollte ich ausdrücken, wollte ich rauslassen und allen zeigen. Deshalb ging ich ein paar Tage später an die S-Bahnstrecke und sprühte ein Piece, das für Aufsehen sorgte, weil jeder wusste, was gemeint war: »Back from Hell«. Ich kam aus New York, und jeder sah, wie ich davon beeinflusst war, welchen Groove ich spürte, und wie ich mich fühlte, expandierend, herausfordernd, angriffslustig. Deshalb auch der Character daneben: ein Bulle, der hochspringt und »Freeze You ...« brüllt. Genau so fühlte ich mich, genau das meinte ich! Kommt nur her, ich werde es euch allen zeigen! Ich bin mit dem Groove der Hölle zurück, und wer was von mir will, der soll nur kommen!

Ich fühlte mich saugut, absolut unangreifbar, und rannte genau so am McDonald's Corner rum, machte Welle und suchte die Action. Ich weiß nicht, wer auf die Idee kam, sich da zu treffen. Als es wärmer wurde, hieß es einfach, ey, man trifft sich jetzt beim McDonald's am Zoo. Meistens nur davor, weil sowieso keiner Kohle hatte, sich drinnen was zu holen, dann hing man eben auf dem Vorplatz rum, am Wochenende eine ganze Meute von bestimmt 40, 50 Leuten, und machte Action. Gute Zeiten! Ich rannte da auch immer rum, drehte auf und hatte voll meinen Spaß. Die meisten Leute kannten mich, sie wussten, wer ich war und was ich gemacht hatte, dass ich gerade frisch aus New York kam und den Groove der Hölle in mir hatte. Und sie respektierten das.

Deshalb wollte ich es mir nicht bieten lassen, dass bei einem Sprühwettbewerb im Jugendhaus Lichterfelde ein Mitglied von GPK einen Tag von uns gecrosst hatte. Wir waren mit ein paar Leuten da gewesen, unter anderem mit Bisaz, den wir neu in SOS aufgenommen hatten, weil ich ihn einfach mochte und von Anfang an alle möglichen Aktionen mit ihm durchgezogen hatte. Wir sprühten da ohne großen Ehrgeiz, eigentlich nur, um unseren Namen zu verbreiten, und kriegten irgendwann mit, dass jemand drübergegangen war. Es soll aus Spaß gewesen sein oder weil es zu dunkel war, jedenfalls überschrieb einer einen Tag von uns. Da mussten wir reagieren. Wenn wir stillgehalten hätten, hätte uns als Crew keiner mehr ernst genommen. Dann wären wir unten durch gewesen. Eine Crew, die sich einfach crossen lässt, kann einpacken. Die nimmt keiner mehr ernst.

Okay, irgendwie war es aber auch einfach die Chance, am McDonald's-Corner ein bisschen Stress zu machen und Randale zu veranstalten, um uns Respekt zu verschaffen. Bock auf Action hatten wir sowieso – also los! Samstagabend, da war am meisten los, da kriegten alle mit, dass wir uns das nicht bieten ließen. Bestimmt würden ein paar Leute von GPK da sein und jede Menge andere drum herum, los, auf zum Corner! Denen zeigen wir's! Wir machen richtig Stunk!

Dass wir 50 Meter vorher Bus trafen, ausgerechnet Bus, meinen alten Partner, den ich nach seinem Drogenabsturz aus den Augen verloren hatte, kam mir vor wie ein Traum. Ich hatte ihn so lange nicht gesehen, und plötzlich stand er einfach da. Er kam gerade aus dem Zoo Palast und wirkte völlig verändert.

»Hi, Bus, es gibt Stress am Corner. Haste Bock mitzukommen?«

»Ich komme später vielleicht nach.«

Er kam nicht. Ich habe ihn dann Ewigkeiten nicht mehr gesehen.

Wir wollten weiter, hatten uns was vorgenommen, kamen zum Corner und gingen gleich auf Soda und Ben los, die Wortführer von GPK: »He, was soll'n das, was bildet ihr euch ein, uns einfach zu crossen, wer seid ihr denn, was glaubt ihr denn, mit wem ihr's hier zu tun habt?«

Und Ben gleich zurück: »Wie kommt ihr denn rüber, jetzt tut mal nicht so, wer seid ihr denn schon?«

Mein Partner setzte noch einen drauf, sie noch einen, es ging hin und her, wurde lauter, aufgeregter, herber. Wir waren zu zweit, die zu fünft, und schubsten uns ein bisschen rum, bis einer stolperte. Der schlug dann zu, andere gingen dazwischen, schlugen zurück, Schläge, Tritte, alle machten mit, auch die, die drum herum gestanden hatten, keiner guckte zu, jeder war dabei, das völlige Chaos, absolut unübersichtlich, jeder schlug jeden, tierische Action, alle auf meinen Partner, weil der echt frech geworden war, verprügelten ihn, trieben ihn in eine Ecke, schlugen auf ihn ein, traten ihn, richtig übel, und ich nahm meine Gaspistole, guckte gar nicht, zielte gar nicht, schoss einfach auf jeden, den ich treffen konnte, um meinen Partner zu schützen, schoss auf alle, die ihn schlugen, traten. Panik, Chaos. Ein paar halfen denen, ein paar halfen uns. Phos und East liefen auf, noch ein paar andere Leute, die mit uns sympathisierten, kamen angerannt, machten mit, zogen auch eine Gaspistole, versuchten, meinem Partner zu helfen, ich dabei, schoss die ganze Zeit wild rein, damit die ihn in Ruhe ließen, Chaos – und plötzlich Schluss. Totenstille. Einer rannte weg, die anderen gingen auseinander, und bevor ich überhaupt peilte, was anlag, sah ich Soda zum Eingang vom McDonald's gehen, völlig gekrümmt. Dann brach er zusammen.

Ich stand nur da und schaute zu, wie sich ein paar Leute um ihn kümmerten, wusste gar nicht, was passiert war, warum plötzlich Ruhe herrschte, da kam einer von denen zu mir, voll geschockt, richtig blass, kam zu mir und machte mich an: »Ey, ihr Schweine! Ihr habt ihn abgestochen!«

KAPITEL 5

ON THE TOP

Ich wusste nicht, was anlag, kriegte Panik, wusste nicht, was ich machen sollte, Scheiße, wusste gar nichts mehr, gar nichts, rannte weg, einfach weg, scheißegal, ich musste weg. Jemand hatte Soda ein Messer in den Bauch gerammt. Leute standen um ihn rum, Bullen kamen, Krankenwagen, abhauen, bloß weg hier! Ich sah Phos und East, die voll aufgeregt waren, Schiss kriegten, panisch wurden. Wir mussten weg, rannten los, runter zur U-Bahn, drängelten uns zwischen all den Leuten durch, stießen sie zur Seite, hauten ab, kamen auf den Bahnsteig und sprangen in den nächsten Zug. Phos drehte richtig auf, fragte die ganze Zeit, was jetzt passiert, was ist, wenn Soda draufgeht. Ich wusste es auch nicht. Ich wusste nicht, wer zugestochen hatte, wusste nicht, wie es Soda ging, und auch nicht, wo Bisaz war, aber ich versuchte, cool zu bleiben und Phos zu beschwichtigen: »Erzähl keinem was davon. Die Leute werden schon genug drüber reden. Rede mit niemandem drüber!« Was passiert war, war passiert. Wir mussten nur die Ruhe bewahren. Irgendwann wurde nicht mehr über Mofa geredet, irgendwann würde auch nicht mehr über Soda geredet werden – so was passierte nun mal. Das gehörte dazu. Es würde sich schon alles wieder einrenken und am Ende wahrscheinlich sogar richtig Fame bringen.

Ich war sehr gelassen, allein schon, um Phos zu beruhigen. Was genau passiert war, wussten wir nicht: Ist Soda tot? Wer hat ihn umgebracht? Wie geht's jetzt weiter? Kommen die Bullen? Was sagen wir denen? Gibt's Krieg mit GPK? Schießen wir jetzt? Gespräche hin und her, die ganze Nacht über. Aber keiner wusste richtig was. East war bei Soda gewesen, bis der Krankenwagen kam und hatte gesehen, dass es ihm richtig scheiße ging. Er blutete wie wahnsinnig. Mehr wusste er auch nicht. Auch in den nächsten Tagen kriegten wir nichts richtig raus. Okay, Soda hatte überlebt, das hörten wir, aber sonst nicht viel. Er sollte irgendwo auf der Intensivstation liegen und ganz krasses Glück gehabt haben. Das Messer war richtig tief eingedrungen und zwei Zentimeter neben Leber und Niere vorbeigegangen. Beinah wäre er dabei draufgegangen, weil er tierisch viel Blut verloren hat. Aber er packte es. Sechs Tage später war er schon wieder draußen.

Die Gespräche gingen weiter, ständig hin und her, Telefongespräche mit denen von GPK: Was wird passieren? Wie soll es weitergehen? Was kommt als nächstes? Wir verabredeten uns, um darüber zu reden, ob wir uns vertragen, oder ob es einen Sprühbattle gibt, ob wir uns schlagen, wenn wir uns sehen, oder was passiert. Es war völlig unklar. Wir mussten das klären. Am Samstag drauf wollten wir uns am Corner treffen, noch mal über die ganze Sache reden und uns vertragen. Soda war gerade zwei Tage aus dem Krankenhaus, lief aber trotzdem auf, um mit uns zu verhandeln.

Natürlich hatte die ganze Sprüherszene davon gehört und war voll in Aufregung. Es war rundgegangen wie ein Lauffeuer. Dass es so krass abgeht, war neu. Es wurde immer mal ein Messer gezogen oder mit einer Gaswaffe geschossen, aber nie wegen so was, nie wegen Graffiti, oder weil einer den anderen gecrosst hatte, sondern immer nur bei anderem Stress. Das war wirklich neu. Deshalb waren auch alle gespannt, was als nächstes passiert, und kamen am Samstagabend zum Corner, um zu gucken.

Als Bisaz und ich da aufliefen, kamen gleich drei junge Kreuzberger auf uns zu, die vielleicht gerade mal 14 waren, mit denen wir uns eigentlich ganz gut verstanden, die aber als Stressmacher bekannt waren. Noch richtige Kids, aber schon echte Kreuzberger, skrupellos und verrückt: »Ey, wir warten schon seit zwei Stunden auf euch. Lasst uns loslegen! Lasst uns sie totschlagen!«

»Hey, bleibt locker. Lasst uns erst mal gucken. Wir müssen doch erst mal reden und gucken, was passiert. Wenn es nicht nötig ist, ist es nicht nötig. Dann ist es okay.«

Aber die waren heiß: »Nee, wir haben keinen Bock mehr zu warten. Wir warten schon seit zwei Stunden. Wir wollen endlich was machen.«

Bisaz und Soda gingen zusammen weg. Die Leute am Corner schauten ihnen gespannt nach. Als sie ohne eine Spur von Action zurückkamen, waren die Gaffer sichtlich enttäuscht. Bisaz und Soda hatten sich geeinigt: »Kein Stress! Wenn wir uns sehen, gehen wir aneinander vorbei. Aber kein Stress mehr! Die Sache ist geklärt.« Soda hatte bei den Bullen dicht gehalten, weil er keinen Ärger wollte. Er hatte selber an dem Abend nicht genau mitbekommen, wer zugestochen hat, und wollte nicht, dass die Bullen das klären. Er meinte, wir könnten das besser unter uns ausmachen.

Man merkte richtig, dass die Meute enttäuscht war, Scheiße, keine Schlägerei. Den Kreuzbergern reichte das nicht. Sie machten Stunk, »Frieden? Gibt's nicht!«, gingen auf Soda los und fingen an, ihn ein bisschen rumzuschubsen, um ihn so zu provozieren, dass er als erster zuschlägt und sie einen Grund haben, ihn fertigzumachen. Aber er machte nichts, ging nur in Abwehrstellung und blockte ab, obwohl die ihn immer weiter schubsten und von allen Seiten versuchten, ihn zu schlagen. Er kam gerade aus dem Krankenhaus, er wäre beinah draufgegangen, er hatte einfach keinen Bock auf Action. Aber die Kreuzberger ließen ihn nicht in Ruhe, schubsten ihn weiter rum, und plötzlich sah ich, wie einer von denen ein Messer rauszog und zustach. Nein! Nicht schon wieder! Was soll das? Wir haben Frieden vereinbart!

Als die Kreuzberger sahen, was sie angerichtet hatten, hauten sie einfach ab, rannten in den Bahnhof und tauchten in der Menge unter. Soda suchte auch erst mal das Weite, rannte um die nächste Ecke und war weg. Es herrschte völlige Ruhe. Alles guckte sich an. Jeder hatte es gesehen, aber keiner konnte glauben, dass es nur eine Woche später schon wieder passiert war.

Soda kam zurückgehumpelt und stellte sich direkt vor mich hin. Alle guckten zu, waren gespannt, was jetzt kommt. Er zog die Hose runter, zitterte am ganzen Körper, das Blut spritzte nur so aus seinem Bein, pulste richtig raus. Er schaute mich an, ganz intensiv: »Ey, Sor VI, siehst du, was du gemacht hast?« Er drehte sich um, ging noch ein paar Schritte und brach auf dem Bürgersteig zusammen. Schock, alle Leute gleich um ihn rum, was ist passiert, Hilfe, hol doch einer Hilfe, tu doch einer was. Irgendwer musste das Ganze beobachtet haben, vielleicht ein Taxifahrer, ein Busfahrer, keine Ahnung, auf jeden Fall kam im selben Moment schon ein Krankenwagen. Trotzdem wurde es eng für Soda. Das Messer hatte die Arterie durchtrennt. Er war kurz davor zu verbluten, wurde notdürftig versorgt und gleich abtransportiert.

Die beiden Messerstechereien veränderten sein Leben. Eigentlich sollte er in der Woche sein Abitur schreiben, und so wie ich gehört habe, konnte er es aus irgendeinem Grund nicht nachholen. Ein oder zwei Jahre später sah ich ihn mal wieder und merkte, dass er sich völlig verändert hatte. Er rutschte voll in die Technoszene ab und war wahrscheinlich auf Ecstasy, als wir uns trafen.

Das war ein richtiger Schock für mich. Er hatte mich gefragt, ob ich sehen würde, was ich da gemacht hätte. Dabei wollte ich das nicht. Ich wollte das wirklich nicht. Es passierte einfach. Ich konnte nichts dafür. Es tat uns allen leid.

Aber es faszinierte uns auch. Irgendwie war das wieder so ein Ding von wegen Ghetto-Power, so muss es sein, wir sind halt Underground, so geht's eben ab. Das Leben ist hart, wir sind hart, und wir ziehen das knallhart durch. Vor allem ich. Ich spürte, dass die anderen Angst vor uns hatten, weil sie glaubten, dass die Kreuzberger hinter uns stünden. Ich fand das geil. Ich genoss das richtig. Es war rum wie ein Lauffeuer, wir waren in aller Munde, und jeder fragte sich, was als nächstes passiert. Am Corner kursierten Gerüchte, dass wir uns gegenseitig abschießen wollten und einer von GPK mit zwei scharfen Pistolen durch die Gegend laufen würde, um zu schießen, wenn es losgeht. Keiner wusste, ob das stimmte, aber viele hatten deshalb Respekt vor uns. Wir galten als diejenigen, die bereit sind, zu stechen und zu schießen. Das brachte uns Respekt.

Es ist einfach so, ohne Angst kriegt man in der Graffiti-Szene keinen Respekt. Da kann man nichts machen. Das ist auch das Problem von jungen Crews. Das sind wirklich talentierte und begeisterte Writer, die sehr, sehr viel machen. Aber sie sind klein und ruhig, hauen nicht auf den Putz, sind ganz friedlich und werden deshalb überhaupt nicht für voll genommen. Das interessiert die Szene gar nicht richtig. Die Szene will Action, das gehört einfach dazu, schon weil die Leute irgendwie an Geld ran wollen, an Dosen, Drogen, Alkohol, die angesagtesten Klamotten. Was man braucht, das holt man sich.

Als die Szene vor ein paar Jahren ständig größer wurde, ging es immer heftiger ab. Zu der Giants-Zeit Ende der 80er wurden Messer nur gezogen, aber niemand stach zu. Es wurde nur gedroht, und es wurde geschlagen, meistens auch in Gruppen, aber es passierte selten was Schlimmes. Erst später, so ab Anfang der 90er, hörte man dann immer öfter krasse Geschichten, dass einer am Zug einem Gleisarbeiter eine Waffe an den Kopf hielt und ihn als Geisel nahm, um rauszukommen, dass ein anderer gar nicht erst wegrannte, sondern wartete, bis der Streckendienstler nah genug ran war, um ihm mit der Gaspistole mitten ins Gesicht zu schießen, oder dass wieder ein anderer, als er in einem Laden beim Zocken erwischt wurde, einfach den Ladendetektiv erstach, einen Vater von drei Kindern. Es wurde immer heftiger. Auch wenn es sich zwischendurch mal ein bisschen beruhigt, weiß man genau, es dauert nicht lange, dann explodiert es richtig. Die Kids laufen heute zwar alle nur mit Butterflymessern, Gaspistolen und Baseballkeulen durch die Gegend, die haben aber längst alle ihre Pumpguns zu Hause. Die haben sich beim Ausverkauf der Russen richtig eingedeckt, haben Handgranaten, scharfe Waffen, alles mögliche. Schießereien gab es ja schon. Nicht wirklich innerhalb der Graffitiszene, aber außen drum herum, bei den Gangbangern. Es dauert nicht mehr lange, dann knallt es. Aber richtig. Das ist eine Zeitbombe, die tickt. Ein richtiges Pulverfass. Wenn da ein Funke reinfällt, wenn es mal richtigen Bandenstress gibt oder die Kriminellen von außen bedroht werden durch Bullen oder was weiß ich, dann brennt die Luft. Das dauert nicht mehr lange.

Man kann sich davon auch nicht trennen. Es gehört halt dazu, und es ist faszinierend, wenn was passiert und man das mitkriegt. Okay, wer wirklich weiß, was Gut oder Böse ist, der sagt natürlich, hey, das ist doch Scheiße, was da abgeht. Aber wer weiß das schon? Klar gibt es Leute, die von vornherein sagen, nee, da mache ich nicht mit. Aber gerade beim Abziehen habe ich gesehen, wie es läuft. Die Giants haben das auf dem Ku'damm populär gemacht, und es ist heute noch gang und gäbe in ganz Berlin, vor allem in der HipHop-Szene. Das sind nicht wirklich Raubüberfälle, sondern man geht zu einem hin, sagt, hey, das und das will ich von dir haben, und wenn du es mir nicht gibst, kriegst du was auf die Fresse.

Es gibt Leute, die finden es erst mal geil, solche Geschichten zu hören. Das klingt für die nach Ghetto, das fasziniert sie. Wenn sie dann aber selber abgezogen werden, murren sie rum, äh, Abziehen ist Scheiße. Kann ich verstehen. Krass finde ich es aber, dass viele Leute, die erst mal abgezogen wurden und rummurrten, später selber zu den krassesten Abziehern wurden. Das ist völlig Scheiße, aber so funktioniert es. Man kriegt was mit, merkt, ah, so funktioniert das, so was ist angesagt, so kriege ich Respekt, und dann macht man es selber.

So war es auch bei der Sache mit Soda. Ich fand es zwar krass, was da passiert war, aber im gleichen Moment verstand ich auch, was für einen Respekt das bedeutete. Ich merkte, wie mir die Leute begegneten, was die in mir sahen und was die von mir erwarteten. An dem Punkt war mir klar, okay, jetzt weißt du, was du zu tun hast, wenn du dabeibleiben willst. Mir gefiel das, diese Macht, dieses Gefühl, dass die Leute vor mir Angst haben, richtigen Respekt. Und gleichzeitig dieses Wissen, dass ich nicht nur um mich schlage, sondern vor allem Qualität biete in den Bildern. Diese Macht und dieses Gefühl berauschten mich total und machten mich richtig größenwahnsinnig. Mir konnte keiner mehr was. Ich hatte vor nichts mehr Angst, fühlte mich unendlich stark, war fasziniert davon und wurde süchtig danach. Mir wurde alles scheißegal. Nach der Sache mit Soda sowieso. Ich spürte kein Gewissen mehr. Mir war alles recht.

Wer wollte mir was anhaben? Die Polizei, die nach der Stecherei am Zoo irgendwie auf meinen Namen kam und mir eine Vorladung zum Verhör schickte? Quatsch, ich ging hin, einfach weil es einen schlechten Eindruck macht, wenn man eine Vorladung bekommt und nicht reagiert, nicht erscheint, nicht absagt, nichts. Das kommt nicht gut. Deswegen ging ich meistens hin, wenn ich Vorladungen kriegte. Und ich kriegte immer wieder welche. Wenn ich mich absolut sicher fühlte, machte ich eine Aussage. Wenn ich nicht wusste, was passiert, gab ich einfach meine Personalien an und verweigerte die Aussage. Das sah dann zwar auch nicht toll aus, aber da können sie nichts machen. Hauptsache, ich war da und fand heraus, was sie mir genau vorwarfen und wie viel sie wussten.

Meistens ging es in solchen Fällen um Sachbeschädigung. Was meine Sachen anging, wurde das meiste fallen gelassen. Entweder hatten sie zu wenig gegen mich in der Hand, oder es war einfach zu nichtig. Die Bullen wussten das natürlich ganz genau. Die erleben so was jeden Tag. Irgendwann fragte mich ein Bulle auch wirklich mal bei einem Verhör: »Hey, sag mal, wozu mache ich diesen Job hier überhaupt?!« Gute Frage! Das hätte ich auch gern gewusst.

Als ich wegen der Messerstecherei mit Soda auf der Wache war, warfen sie mir jede Menge Sachen vor, immer mehr, immer mehr. Die wollten mir alles mögliche anhängen, aber ich merkte an dem, was sie sagten, dass sie nicht viel hatten und die anderen dicht gehalten haben mussten. Es war nichts großartig erzählt worden. Vielleicht hatte jemand nebenbei ein paar Namen erwähnt, aber bestimmt nicht in der Absicht zu sagen, der war's, der ist schuld. Es waren ungefähr 50 Leute, und jeder hatte gesehen, was abging, aber allen war klar: Das machen wir unter uns aus.

Irgendwann hielten mir die Bullen den fotokopierten Pass von einem Typen unter die Nase, den ich schon mal gesehen hatte. Völlig unverwechselbar. Er hat einen richtig auffälligen Leberfleck im Gesicht. Um den Eindruck zu erwecken, dass ich nicht wüsste, wer das ist, tat ich so, als ob ich den Fleck für einen Fehler vom Kopierer halten würde und versuchte, ihn wegzuwischen. Die Bullen fielen aber nicht drauf rein: »Jetzt tu mal nicht so. Den kennst du doch. Der hat euch doch geholfen.«

»Nicht, dass ich wüsste.«

»Na, dann fahren wir jetzt mal zu ihm nach Hause.«

Scheiße, Gegenüberstellung. Wenn der Typ sich verquatscht, wird es eng. Hauptsache, der hält dicht.

Wir kamen an, standen im Hausflur und schellten. Die Mutter machte auf, eine türkische Mutter, die mir richtig leid tat, weil sie sich gleich Sorgen machte, was schon wieder los ist, und sofort völlig verängstigt ihren Sohn rief. Sohnemann kam aber nur frech grinsend anspaziert und war völlig unbeeindruckt.

Die Bullen: »Kennst du diese Person?«

Ich: »Nein.«

Er: »Hi, Sor VI.«

So ein Idiot, so ein verdammter Idiot! Und dabei grinste er auch noch richtig ab! Für mich brach eine Welt zusammen. Was ist nur mit diesem Idioten los?!

Die Bullen guckten mich prüfend an, aber ich bestand einfach weiter darauf, dass ich ihn nicht kenne: »Vielleicht war er bei der Schlägerei dabei. Kann sein, dass er mich kennt. Ich kenne ihn jedenfalls nicht.«

Und damit kamen wir durch. Jedenfalls wurde nichts weiter draus. Das Verfahren wurde eingestellt. Wahrscheinlich waren die Aussagen zu verwirrend, weil die Leute bewusst irgendwas Falsches aussagten. Das ging die Bullen nichts an. Das war eine Angelegenheit, die wir untereinander klären wollten.

Dadurch, dass Soda und GPK nach der zweiten Stecherei keinen Bock mehr hatten und sich zurückzogen, war die Sache allerdings erledigt. Man sprach zwar noch drüber und merkte auch, dass unser Fame dadurch gewaltig gewachsen war und die Leute uns respektierten, weil sie Angst vor uns hatten, aber es kam zu keinem Battle mehr, und der Corner war wieder Corner, nicht mehr Schlachtfeld. Es ging wieder richtig ab.

Das muss auch Shek angelockt haben. Ich weiß nicht, wer ihn am Corner anschleppte, ich weiß nur, dass er eines Tages auf einmal da war. Unglaublich! Der Typ ist fast so was wie eine Berliner Legende, ein Old-Schooler, ein King vom Rang eines Amok, ein ganz Großer, der fast von Anfang an dabei war und an den geilsten Halls of Fame seine Bilder gemacht hat. Gut, zu der Zeit war er nicht mehr so aktiv, saß mehr zu Hause und machte Leinwände und Skizzen. Aber irgendwer muss ihm gesagt haben, ey, am Corner geht was ab, da tut sich was. Er kam hin, schaute sich das an und war dabei. Das muss ihm eigentlich komisch erschienen sein. Er sprühte jahrelang, und nichts passierte wirklich. Es gab keine richtige Szene, keine Bewegung, und auf einmal kam eine neue Generation, kamen Leute, die in seine Fußstapfen traten und alles in Schwung brachten, die richtig aufdrehten und voll die Action machten. Das war sicher eigenartig für ihn, aber bestimmt auch ein schönes Gefühl. Jedenfalls war er völlig begeistert davon, was abging.

Shek und ich hatten uns ein paar Mal am Corner gesehen und oberflächlich miteinander geredet, aber erst als ich aus New York wiederkam und er mich darauf anhaute, kriegten wir engeren Kontakt. Er war selber schon da gewesen und wollte von mir wissen, was ich für Erfahrungen gemacht hatte, wen ich getroffen hatte und was ich dazu dachte. Ich erzählte ihm alles, wir laberten drüber und lernten uns besser kennen. Wir trafen uns immer öfter am Corner, quatschten stundenlang miteinander und kamen irgendwann spontan auf die Idee, ey, komm, lass uns mal nach Amsterdam fahren! Wir hatten einfach Bock drauf. Es sollte keine große Aktion werden, um uns Fame zu beschaffen, sondern einfach eine Tour for Fun mit seinem alten R5, einem richtigen Turbo-Ding. Shek war schon jemand. Ich war auf dem Weg, jemand zu werden. Und zusammen fuhren wir nach Amsterdam, um die Writer abzuchecken, mit ihnen zu reden und vielleicht was zu sprühen. Es war geil! Einfach losfahren, wohin man will, ein bisschen Geld dabei, Fenster runter, Kassette rein und ab dafür! So stellte ich mir das Leben vor, so müsste es immer sein. Wir heizten einfach los, quatschten dabei über Graffiti, Gott und die Welt, hatten unseren Spaß, hörten Musik und fühlten uns einfach gut.

Wir fuhren gerade auf einer zweispurigen Autobahn, vielleicht mit 130, da sahen wir plötzlich ganz weit vorne was auf der Fahrbahn stehen. Wir konnten es nicht erkennen und wussten deshalb nicht, wie wir reagieren sollten, fuhren aber weiter, weil hinter uns eine ganze Reihe Autos war, rechts alles voll mit Lastwagen, da war nichts zu wollen. Wir hielten immer weiter drauf zu und erkannten auf einmal, dass es ein Truthahn war. Mitten auf der Fahrbahn ein richtig fetter Truthahn, der sich kein bisschen bewegte und einfach nur in unsere Richtung guckte. Scheiße, was machen?! Bremsen ging nicht, dann wären die uns hinten draufgefahren. Rechts war alles voll. Was tun? Shek guckte mich an. Ich guckte ihn an. Und er, »Scheiß drauf!«, gab Gas und fetzte den Truthahn einfach weg, machte ihn platt. Es polterte unterm Auto, krachte richtig, und im Rückspiegel sahen wir die ganze Autobahn voller Federn und den abgetrennten Kopf, der alleine über die Fahrbahn kullerte.

An der nächsten Tanke hielten wir an und guckten, was passiert war. Der Spoiler war angebrochen, und überall klebten Blut und Federn. Ein Scheißgefühl, so ein edles Tier überfahren zu haben. Aber irgendwie passte es. Wir fuhren einfach drauflos, machten uns keine Gedanken, hielten geradewegs drauf zu, scheißegal, was passiert, wir haben keine andere Wahl, gib Gas, es gibt kein Zurück.

Der Spoiler sah übel aus, aber wir fuhren weiter. Wir waren schon zu weit, um noch umzudrehen. Ich nutzte die Stunden im Auto, die Landschaft rundherum, die Musik im Radio, um über einen neuen Namen nachzudenken. Mir wurde das langsam zu heikel, weil man immer noch über die Soda-Stecherei redete. Ich wusste nicht, ob von den Bullen nicht doch noch irgendwas hinterherkommt, vor allem nachdem mich der eine Typ bei der Gegenüberstellung mit Sor VI angesprochen hatte.

Außerdem waren die Bullen, die damals für Gruppenkriminalität zuständig waren, gleichzeitig so was wie eine Graffiti-Soko. Eigentlich waren die wegen der Abziehgeschichten der Giants gegründet worden, aber weil es davon nur noch ein paar Ablegergruppen gab, kümmerten die sich jetzt auch um uns. Ich hatte keine Ahnung, wie viel die mit meinem Namen anfangen konnten. Als Sor VI hatte ich nicht gerade wenig gemacht, zwar vor allem an der S-Bahnstrecke, aber ich hatte Schiss, dass mir die Polizei langsam auf die Schliche kommen könnte. Wir hörten immer nur, dass es in Wessiland schon richtige Sokos gab, die hart drauf waren, richtig krass, und dachten, dass es in Berlin auch bald so kommen würde. Besser, wenn man da unter einem neuen Namen sprüht und die einem wegen der alten Bilder nicht mehr richtig was anhaben können. Deswegen dachte ich mir, änderst du besser mal deinen Namen und machst es ihnen nicht ganz so leicht.

ODEM

Auf Sor VI hatte ich sowieso nicht mehr den richtigen Bock. Ich wollte was Neues, wollte was, das mein neues Gefühl ausdrückte, diesen neuen Schwung. Das konnte ich mit dem anderen Namen gar nicht mehr fortsetzen. Ich wollte einen richtigen Namen haben, der wie ein Logo wirkte. Sor VI schien mir dazu nicht geeignet. Der Name musste nicht mehr so aggressiv klingen. Die Leute wussten ja, wie ich drauf war. Er sollte irgendwas davon rüberbringen, was ich aus New York mitgebracht hatte, dieses Große, dieses Erhabene, dieses Wichtige. Und so kam es zu dem Namen ODEM.

Ich überlegte mir, was für Buchstaben ich nehme, damit ich sie gut abstylen kann und richtig Qualität liefere, wenn ich meine Bilder mache. Ich wollte eine Herausforderung innerhalb der Buchstaben und wollte ein O am Anfang, weil das wirklich sehr, sehr schwer ist. Ein O in der Mitte ist kein Problem. Am Anfang ist es schwierig. Das M am Ende kann man gut auslaufen lassen oder auch richtig aggressiv schwingen, genauso wie das E. Und dann natürlich der Name selber, ODEM, altdeutsch für den Atem. Der Atem, den die Menschen brauchen zum Leben, der Atem, der den Styles Leben einhaucht, der Atem, der bewegt und über Leben und Tod entscheidet. Okay, dachte ich mir, den Namen ziehe ich durch.

Shek fand ihn auch gut, und später in Berlin machte er schnell die Runde, obwohl einige Leute ihn anfangs ziemlich komisch fanden und ihn erst richtig akzeptierten, als meine Styles ihn erklärten. Manche erfuhren es vielleicht erst nach einem Jahr, dass ich einen neuen Namen hatte, irgendwelche Writer, die in Cliquen zusammen abhängen, aber nicht am Corner auftauchen. Aber auf solche Leute kam es nicht an. Es ging um den Kern. Und das ging sehr schnell. Der wusste gleich Bescheid.

Wir machten erst mal unsere Stippvisite in Amsterdam, schauten uns das alles ein bisschen an und trafen irgendwann Shoe. Der Mann ist eine richtige Amsterdamer Legende. Er hat wirklich sehr viel bewegt, auch style-mäßig. In den früheren europäischen Graffiti-Zentren, wo was abging, in London, Paris und München, hat er eine Menge Leute beeinflusst. Er selbst hatte sich von Paris beeinflussen lassen, das dann aber weiterentwickelt zu einem wirklich eigenen europäischen Stil, der früher wirklich mal sehr, sehr gut war. Mittlerweile ist er überholt. Und auch Shoe ist nicht mehr der Writer, der er einmal war. Ich war ziemlich enttäuscht von dem, was er zu der Zeit malte. Es war kein Style mehr darin zu erkennen. Vielleicht war die Pause zu groß, vielleicht hat er zu viele andere Dinge gemacht, vielleicht wollte er nur provozieren und allen zeigen, dass er es nicht mehr nötig hat, sich Mühe zu geben – ich weiß es nicht. Trotzdem war es irgendwie geil, diese Legende zu treffen und ihm beim Malen zuzuschauen.

Wir hatten unsere Blackbooks mitgebracht, um sie ihm zu zeigen und zu hören, was er dazu sagt. Von Sheks Sachen war er ziemlich begeistert, fand sie cool und dies und das. Meine überflog er nur mal kurz und – naja. Ich musste halt noch besser werden. Wir laberten dann noch ein bisschen, schauten uns die Stadt an, sprühten allerdings nichts und hauten wieder ab – weiter nach Dortmund.

Shek wusste da von einer Hall of Fame, und wir fuhren erst mal hin, um uns die anzuschauen. Ganz nett die Sachen, daneben ein Sandplatz zum Fußballspielen, auf dem Shek mit seinem Auto ein paar Slides hinlegte und Staub aufwirbelte, richtig geil. Plötzlich schoss da so ein Junge um die Ecke und kam uns völlig frech. Und das uns Berlinern! Eigentlich ließen wir uns so was nicht gefallen, bei ihm störte uns das aber nicht weiter. Wir wiesen ihn nur ein bisschen zurecht. Das mussten wir einfach, denn Berlin ist krass, ist gefährlich, wir mussten das Image aufrechterhalten. Aber der war okay, der Junge, nannte sich Shit und hing mit seinem Kumpel Atom zusammen rum, den wir später noch beim Sprühen kennenlernten. Die Typen waren einfach geil und richtig cool drauf. Die hatten richtig Spaß am Leben und Spaß an dem, was sie machten. Man sah aber auch, dass sie gerade erst am Anfang ihrer Karriere standen und noch nicht das richtige Selbstbewusstsein hatten. Deshalb hatten sie auch tierischen Respekt vor uns Berlinern und waren richtig begeistert, als wir zusammen sprühen waren. Wir hatten beschlossen, ein Berlin-Dortmund-Connection-Bild zu machen. Dazu ging Shek einfach an die Wand und malte aus dem Kopf ein völlig geiles Bild. Das haute die voll um.

Atom und Shit waren noch nicht richtig in der Szene drin, hatten sich noch nicht durchgebissen. In Dortmund gibt es nicht viele Leute, die sprühen. Aber diejenigen, die es machen, sind richtig krasse Bomber. Davon waren Atom und Shit beeinflusst. Sie waren nur die simplen Stile gewohnt, dafür aber das saubere, flächendeckende Sprühen. Die gingen über die Buchstaben viel öfter drüber als wir, so dass es richtig gut deckte. Okay, der Effekt war schon irgendwie da, aber wir fanden ihn nicht so wichtig. Wir sprühten nur husch-husch, dass ein bisschen Kontrast da war, machten keinen Hintergrund, nichts, Hauptsache, der Name stand irgendwo dran und war gut gestylt. Das war das Lebendige an unserer Berliner Kultur, das war unser New Yorker Einfluss. Aber dazu fehlt den Dortmundern einfach das Herz. Das ist zu plump, was die machen. Dicke, fette Buchstaben, sauber ausgefüllt – und tot. Das ist es auch, was ich an ihnen verachte. Kein bisschen gestylt, das mag ich nicht.

Atom und Shit waren völlig fasziniert von unserer Art zu sprühen und schlugen vor, zusammen einen Zug zu machen. Sie brachten dazu noch einen Kumpel mit, und dann ging es los. Shit hatte zwar schon ein Auto, aber noch keinen Führerschein, also fuhr Shek, fuhr und fuhr und fuhr, eine halbe Ewigkeit. Die Dortmunder meinten, dass es nicht gut käme, im Zentrum zu sprühen. Also mussten wir ewig weit durch die Nacht fahren, um Ruhe zu haben. Die haben da keine U-Bahnen, sondern Regionalzüge, so Silberlinge, die irgendwo in der Pampa abgestellt werden. Es war schon komisch, an Waldgebieten vorbeizufahren und zwischen Wiesen durch, um zu sprühen. Das waren wir nicht gewohnt.

Ich hatte während der Fahrt die ganze Zeit voll Bock, irgendwelchen Mist zu bauen, allein schon, um mich ein bisschen zu präsentieren, um ein bisschen auf crazy zu machen, guck mal, so sind die Berliner. Also drückte ich bei 80 Sachen erst mal die Tür auf, hielt mich dran fest und surfte ein bisschen rum. Das machte einfach voll Bock. Atom lachte sich halb tot, aber Shit kriegte voll die Panik und brüllte nur die ganze Zeit, dass ich wieder reinkommen soll. Im gleichen Moment machte Shek seine Tür auch noch auf und streckte ein Bein raus. Shit drehte hinten fast durch und brüllte rum, dass wir mit diesem Scheiß aufhören sollen. Wir drehten voll auf und hatten einen tierischen Spaß. Das ging die ganze Fahrt so, alles grölte, alles war gut drauf, alles war völlig verrückt. Die Stimmung war einfach geil.

Nur Shit nervte ständig rum und laberte die ganze Zeit irgendwas davon, dass er richtig mit Plan an den Zug rangehen wollte, dass er eine Zeichnung gemacht hätte und eine Collage mit Fotos von einem End-to-End, den sie früher mal gemacht hatten, dass wir diese und diese Farben nehmen sollten, so und so abgestimmt, der eine sprüht da, der andere dort, peilte schon genau mit den Fingern auf dem Foto, wie groß ein Piece sein darf, damit alles genau hinkommt und so weiter, und so weiter. Shek und ich verarschten ihn die ganze Zeit. Uns war das scheißegal. Was Shit da laberte, war uns einfach zu viel, zu gezwungen. Wir wollten endlich zu einem Zug, einfach nur ran, sprühen, fertig. Es würde schon gut aussehen.

Wir fuhren immer weiter durch die Gegend, guckten und suchten, fanden aber einfach kein Zugdepot, wo man richtig sprühen konnte. Wir waren schon richtig genervt und wurden plötzlich von der Polizei angehalten. Das hatte echt noch gefehlt! Die hatten wohl gesehen, fünf Leute in einem alten Auto, und dachten sich, gucken wir doch mal. Und das taten sie auch, aber richtig. Sie durchsuchten das ganze Auto und fanden die Dosen, konnten uns aber nichts nachweisen. Was denn auch?! Wir hatten ja auch noch nichts gemacht. Aber trotzdem Personenkontrolle. Ich fand meinen Ausweis nicht so schnell und kramte noch in der Tasche, als mich einer der Bullen fragte, woher ich komme.

»Berlin.«

Er löste direkt den Druckknopf an seinem Pistolenhalfter.

Ich fragte ihn: »Was ist denn hier los?«

Aber er nur ganz trocken: »Man muss halt immer vorsichtig sein.«

Krass, diese Jungs da in Wessiland! Aber gut für eine Geschichte, die wir in Berlin erst mal überall rumerzählen konnten. Scheiße war natürlich, dass wir nicht mehr zum Zugsprühen kamen. Dafür sorgte aber das Bild, das wir in Dortmund an der Wand gemacht hatten, für Furore und machte uns in der Gegend richtig bekannt. So was hatte es da noch nie gegeben, so was hatten die einfach noch nicht gesehen. Das sorgte natürlich für mächtig Fame, weil andersherum die Berliner beeindruckt davon waren, wie respektvoll die Dortmunder über uns redeten. Das fand ich geil und dachte mir, hey, im Westen kann man richtig viel erreichen, da musst du öfter hin, in den goldenen Westen!

Durch unseren Trip nach Amsterdam und Dortmund wurden Shek und ich richtig down miteinander und zogen den ganzen Sommer über absolut geile Aktionen durch. Es war eine richtig schöne Zeit, in der wir unglaublich aktiv waren, Spaß hatten und uns voll gut verstanden. Als erstes machten wir ein paar Wände in der Nähe vom Bahnhof Westkreuz. Wir wollten mit unseren Namen und Bildern da vertreten sein, bevor die Strecke wieder eröffnet würde und wir die Action hätten, nachts hingehen und uns vor den S-Bahnen verstecken zu müssen. Wir machten vier, fünf Bilder da, stylten in aller Ruhe, mit richtig viel Zeit und ohne Stress wirklich geile Pieces ab. Man konnte es den Bildern ansehen. Die Stelle wurde richtig bekannt, und es kamen jede Menge Leute hin, um ihre Fotos davon zu machen. Klar, Sheks Bilder brillierten einfach immer wieder. Das war wirklich ein ganz, ganz großer Abstand zu meinen, zumal ich noch gar nicht gelernt hatte, mit dem Namen Odem richtig umzugehen. Es war total die Umstellung. Aber die Szene fuhr trotzdem ganz gut darauf ab.

Spätestens da kriegten dann alle mit, dass ich der Schüler oder Partner von Shek war. Und Shek war halt ein Name, ein Old-Schooler, ein King, mit dem rumzuhängen den eigenen Namen richtig pushte. Vor allem lernte ich sehr, sehr viel durch ihn, obwohl er nie sagte, mal so oder mal so. Das einzige, was er mir sagte, war: »Trau dich! Trau dich, bestimmte Dinge zu malen, die du malen willst! Halt dich nicht zurück, weil du glaubst, es könnte nicht ankommen, sondern trau dich! Lass es aus dir raus, mal die Schwünge ausladend, nicht eng und begrenzt, mal sie weit!« Und ich traute mich immer mehr. Das half mir unheimlich. Dieses ganze Reden drumherum war manchmal viel wichtiger als das praktische Umsetzen. Das Wichtigste war aber, ihm beim Malen zuzuschauen. Er konnte sich in Worten oft nicht so ausdrücken, aber wenn man ihm beim Malen zusah, wusste man, was er meinte und was in seinem Kopf vorging. Das war sehr, sehr wichtig für mich.

Wir waren so gut wie jeden Tag zusammen und machten irgendwas. Entweder saßen wir bei ihm zu Hause und malten oder sprühten an der S-Bahnstrecke, gingen zusammen auf Partys oder trafen irgendwelche Leute. Dadurch lernte ich auch Minor kennen, einen Freund von Shek, einen Araber aus Schöneberg, der voll auf Action stand. Er war nie so richtig der Writer, aber er machte immer Action. Und deswegen mochte ich ihn. Er verarschte ständig irgendwelche anderen Writer und war einfach ein lustiger Kerl, auch weil er so auf Ice T. machte. Irgendwer musste ihm mal gesagt haben, hey, Mann, du siehst ja aus wie Ice T. Und dann pflegte er immer dieses Image. Einfach geil.

Minor und Shek hatten eine Crew zusammen, TDT, The Dream Team. Das war eigentlich mehr ein Witz, jedenfalls nichts wirklich Ernstes, bestand nur aus den beiden, aber irgendwann haute Minor mich an, ey, komm doch mit, mach doch TDT! Shek und Minor konnten gar nicht verstehen, was ich mit Some zu tun hatte und was ich mit dem wollte. Sie konnten ihn beide nicht ab und nahmen SOS als Crew gar nicht ernst. Okay, ich war ja auch mit SOS nicht so zufrieden. Es haute mich nicht um, und zusammen mit Some, das schmeckte mir auch nicht so. Aber ich wollte SOS nicht aufgeben. Andererseits war ich von Shek und Minor so begeistert, dass ich gleichzeitig mit TDT loszog.

Some regte sich richtig darüber auf, weil er dachte, dass er mich großziehen würde, mir was beibringen und mit mir die Crew durchziehen würde, aber er sah, dass ich immer mehr mit Shek und Minor rumhing. Irgendwie war es ja auch wirklich Scheiße, dass ich in zwei Crews drin war. Manche Writer sehen eine Crew-Mitgliedschaft wie eine Art Titel an. In je mehr angesehenen Crews du bist, um so besser für dich. Aber ich finde das schade. Deine eigentliche Crew wird dadurch vernachlässigt. Eine Crew-Mitgliedschaft ist eben kein Titel. Eine Crew sollte wie eine Familie sein. Und keiner kann gleichzeitig mit ganzem Herzen Mitglied in zwei Familien sein. Das gibt es nicht. Aber mit SOS funktionierte das nicht richtig, und mit TDT gab es immer was zu tun. Es war ein geiler

Sommer. Vielleicht der schönste überhaupt. Shek hatte ein Auto, Minor hatte eins, und mit einem davon, oder auch mal mit beiden, fuhren wir ständig in den Osten und überfielen die Yards, um Züge zu machen. Shek hatte vorher auch schon ab und zu welche gemacht. Aber erst wir Writer von der Friedrichstraße und vom McDonald's-Corner lösten dann richtig die Train-Welle aus, weil wir öfter mal in die Yards gingen, die ersten guten Whole-Cars produzierten und richtig Schaden anrichteten. Das war aber alles noch nichts gegen die Power, mit der Shek, Minor und ich dann in dem Sommer loslegten. Wir machten wirklich Züge wie die Wilden, fuhren ständig in den Osten, gingen in die Yards und machten Zug um Zug, immer wieder, Züge, Züge, Züge. Manchmal cruisten wir auch einfach nur rum, was geil kam, weil wir unterwegs soviel Mist bauten, dass es Action genug war, wenn wir an der Ampel aus den Autos ausstiegen und so taten, als würden wir uns prügeln, oder Verfolgungsjagden veranstalteten, Slides hinlegten und einfach alles machten, was Spaß brachte. Immer passierte irgendwas. Am Wochenende gingen wir dann auf Partys und machten da die Action. Es war einfach ein richtig geiler Sommer.

Durch die Aktionen mit Shek und die ständigen Partys lernte ich dann auch Kel kennen, einen Writer, der bei Shek in der Nähe wohnte. Der Kontakt zu Poet wurde enger, Bisaz und Phos kamen oft mit, und Lazer von der Friedrichstraße war immer mit am Start. Er hatte seine eigene Crew gegründet, bei der auch Dash mit von der Partie war. Ein Duo Infernale, die Party-Animals schlechthin! Dash war längst nicht mehr der kleine Junge, den man durch den Tunnel schleppen musste, der ständig hinfiel und dann anfing zu weinen. Er war tierisch gewachsen und richtig stämmig geworden. Was die beiden an Sprüchen draufhatten und überhaupt ihr Verhalten, das war grandios.

Wir alle, die den ganzen Sommer über Action machten und tierischen Spaß zusammen hatten, gründeten dann zusammen »The Wall«, unsere eigene Hall of Fame in Lichtenrade. Shek hatte einiges mit den Leuten von dem Jugendhaus da unten zu tun. Wir düsten dann mal alle zusammen hin, schauten uns das an, wie Shek da sein Airbrush machte, und checkten ein bisschen die Gegend. An einem Rest der Mauer, einem ziemlich langen Stück, meinte Shek auf einmal, ey, kommt, lasst uns hier eine richtig lange Wand machen, unsere eigene Galerie. Ich wusste nicht so genau, was ich davon halten sollte, aber er meinte, komm, lass uns wenigstens ein Bild machen. Also machten Shek, Kel und ich da erst mal nur ein Bild auf die Ostseite der Mauer. Und dann noch eins, und noch eins, immer zwei, drei, vier Leute dabei, und so wurde es immer länger, alle möglichen Leute kamen dazu, Phos und Poet, Bisaz und Lazer, Arunski und tausend andere Leute, und irgendwann sagten wir, okay, das ist jetzt unsere Wand, The Wall, unsere eigene Hall of Fame, in der wir richtig geile Bilder abstylen.

Shek hatte immer einen Kassettenrekorder dabei, wenn wir da sprühten, voll laut aufgedreht, und dann gab es Party, war immer richtig was los, geile Stimmung und viele Leute drum herum, weil dann auch die Kids aus der Umgebung kamen, zuguckten und irgendwelchen Mist machten, mit geklauten Motorrädern durch die Gegend heizten oder sich auf ein Autodach legten und voll Speed losfuhren – es war einfach ständig was los, eine geile Party, und dabei machten wir auch noch gute Bilder.

Das sprach sich natürlich rum, guck mal, was die da für eine Wand gemacht haben. So lange Bilder mit System nebeneinander gab es vorher noch nicht. Shek lebte sich da richtig aus, machte zwischen den ganzen Pieces immer noch Character, so dass es wirklich eine richtig schöne zusammenhängende Wand wurde, die dann auch für das »HipHop Berlin«-Video von irgend so einer Medienwerkstatt abgefilmt wurde. Wir im Vordergrund, völlig vermummt, ich mit einer Tüte über dem Kopf, Shek mit Toilettenpapier vor dem Gesicht und einer Sonnenbrille auf, wie wir gerade ein bisschen Beatbox machen, ein paar komische Sounds abgeben, Arunski dazu rappt und wir uns alle vor Lachen kaum halten können. Die Szene kam einfach so blöd, dass sie irgendwie Kultstatus kriegte.

Der Film kam richtig rum und sorgte für eine Menge Fame. Es war ein geiles Gefühl, sich dieses Video anzugucken. Irgendwie hatte man das Gefühl, es geht richtig was los, da ist richtig was in Bewegung, die Szene ist groß, und es passiert viel! Bis dahin hatte man nur so in den Tag hineingelebt, nur für den Spaß. Aber für mich persönlich und auch für die anderen Writer ging es plötzlich richtig los, es war was in Bewegung. Wir merkten auf einmal, wir waren jemand. Wir waren nicht mehr einfach nur eine Handvoll Leute, die ein bisschen Mist bauten, sondern wir bewegten was. Das Video bestätigte uns natürlich darin. Die Action mit GPK und Soda am Corner, die Sache mit Mofa, alles summierte sich irgendwie und man sah, es ist wirklich etwas passiert, wir sind wer.

Für das Video wurde auch eine Szene gedreht, wie wir alle ganz früh morgens – es ging gerade mal die Sonne auf, aber die Videoleute brauchten halt Licht zum Drehen – in Mahlsdorf in das Yard laufen, Züge besprühen und abhauen müssen, weil uns Fahrer entdeckten. Wir hatten vorher vereinbart, egal was passiert, sollten wir entdeckt werden und abhauen müssen, dann treffen wir uns alle ein paar Stunden später wieder am McDonald's.

Wir mussten tatsächlich abhauen, kamen aber alle davon. Poet, Lazer und ich konnten mit Shek im Auto abhauen. Wir hatten noch Zeit bis zum vereinbarten Treffen und fuhren zum Yard nach Lichtenberg, wo ich schon mal eine ganze Nacht lang diese völlig panische Abhauaktion erlebt hatte. Wir chillten einfach nur ein bisschen rum, saßen oben auf der Fernwärmepipeline und guckten uns die Züge unten an, die Whole Cars und andere Wagen, die noch nicht gereinigt worden waren, gingen mal kurz runter, um von ein paar Sachen Fotos zu machen, kamen dann aber wieder hoch und saßen einfach da, voll gemütlich, nur so zum Abhängen. Auf einmal hörten wir ein quietschendes Geräusch. Ein Auto?! Wir guckten, sahen aber nichts und saßen weiter gemütlich da oben, als auf einmal von einer der Garagen, die an die Pipeline rangebaut sind, ein Bulle auf das Rohr sprang. Wir guckten rüber, waren richtig geschockt, weil wir gar nicht genau wussten, wo der eigentlich herkam, und rannten alle gleichzeitig los, alle auf dem Rohr hintereinander her, bis ich irgendwann dachte, ich hätte bessere Chancen, wenn ich runterspringen würde und unten zusähe, dass ich wegkäme. Ich tat es, rannte um die erste Garage und einem Bullen genau in die Arme. Scheiße! Poet hatte die gleiche Idee gehabt wie ich, sprang auch vom Rohr und wurde genauso aufgegriffen.

Die Bullen wirkten richtig zufrieden, brachten uns zum Wagen und quatschten uns mit irgendeinem Mist voll. Ich fragte noch: »Was wollen Sie überhaupt von uns? Wir haben doch gar nichts gemacht. Wir haben doch nur auf dem Rohr rumgesessen. Was wollen Sie eigentlich?« Poet genauso. Aber keine Reaktion.

Bis zum Wagen gingen mir tausend Sachen durch den Kopf, keinen Bock auf diesen ganzen Stress, in der Zelle sitzen, von den Bullen verarscht werden, vielleicht noch eine Anzeige bekommen, womöglich kommen die drauf, wer ich bin, und hängen mir die ganzen Whole Cars da unten an. Was wird daraus? Ich machte mir tausend Gedanken und merkte auf einmal, dass der eine Bulle mich nur ganz locker am Arm festhielt, ganz leicht. Okay, nichts anmerken lassen! Erst als er versuchte, den Wagen aufzumachen, riss ich mich los und rannte weg, rannte so schnell ich konnte, wie um mein Leben. Der Bulle fluchte, kam mir nach und war höchstens noch zehn Meter hinter mir, als ich mich umguckte und sah, wie er langsamer wurde und stehen blieb. Ich war mindestens so kaputt wie er, atmete wie ein Wilder und blieb auch stehen. Er sah das, fasste neuen Mut und rannte gleich wieder los. Ich auch. Wir konnten beide nicht mehr. Ich rannte so gut ich noch konnte und sah, dass er wieder stehen blieb. Ich auch. Er tat noch einmal so, als ob er losrennen würde und hielt gleich wieder an. Ich machte auch noch ein paar Schritte und blieb gleich wieder stehen. Es muss bescheuert ausgesehen haben. Und was machte der Bulle? Er nahm einen Stein, schrie irgendwas – »Du Penner« oder so – und warf mit dem Stein nach mir. Nahm ich natürlich auch einen Stein und warf, traf aber nicht, lief noch ein paar Schritte und sah dann, dass er aufgab.

Ich versteckte mich noch ein bisschen in dieser komischen Siedlung, schlug mich dann zum Bahnhof durch und fuhr zum McDonald's, um zu erfahren, was mit Poet passiert war. Wenn er es gepackt hatte, würde er da auch hinkommen, das war klar. Ich kam hin, guckte, keiner da, überhaupt keiner. Für die anderen, die bei der Aktion vorher schon abgehauen waren, waren wir sowieso zu spät. Also wartete ich auf Poet, wartete und wartete, und sah auf einmal einen Typen, den ich kannte und direkt anhaute: »Ey, sorry, aber ich hab gerade richtig was durchgemacht und muss unbedingt was essen, ein Croissant oder so, und was trinken, einen Kakao oder so was.« Der Typ sagte gleich okay und gab mir einen Fünfer, damit ich mir was holen konnte. Ich kam wieder zurück, und wer stand da? Poet, grinste voll, war richtig gut drauf und erst mal umarmt: »Hey, Poet! Alles klar?! Erzähl doch mal, wie bist'n da abgehaun?« Er lachte sich halb tot: »Ey, Alter, was war denn mit euch los? Ich habe noch nie jemanden, der Angst hat, so langsam weglaufen sehen wie dich. Und sah noch nie einen langsameren Bullen. Ihr seid ja wirklich übelst zeitlupenmäßig gerannt.« Und dann erzählte er, dass er mit dem Bullen da gewartet hat, bis der andere zurückkam, völlig außer Atem und irgendwas fluchend von wegen, die Sau erwisch ich noch! Poet konnte sich nicht gleich abseilen, weil der Bulle ihn fester packte, nachdem ich abgehauen war. Poet wollten sie sich nicht auch noch durch die Lappen gehen lassen. Sie brachten ihn zu einem provisorischen Bullenrevier. Der eine Bulle wollte gerade die Tür aufschließen und kramte die Schlüssel raus, ließ ihn dabei ganz kurz los, und Poet – »Du weißt doch, mein bester Schlag ist der in die Niere!« – holte richtig aus, schlug zu, rannte sofort los und war weg.

JACK IN THE BOX

Vielleicht war es blöd, da tagsüber auf dem Rohr rumzusitzen und sogar in den Yard reinzulaufen, um Fotos zu machen. Aber das war die Zeit, als in Berlin auf einmal völlig geile Whole Cars auftauchten und keiner wusste, von wem die waren. Klar, die wollten wir natürlich sehen und fotografieren. Das waren richtig geile Dinger, Whole Cars mit »Jack« drauf oder mit »Box«, absolut vom Feinsten, richtig gut ausgearbeitet. Zwar einfache Buchstaben, aber trotzdem mit großer, großer Wirkung. Wir konnten es gar nicht fassen, standen oben an der Pipeline und guckten uns diese Dinger an, als wären es Ufos von einem anderen Stern. Die musste jemand mit viel Erfahrung gemacht haben. Aber wir wussten nicht, wer. Er war Jack, und er war Box, ein Jack in the Box, wie die Amis sagen, ein Springteufel, der völlig unerwartet auf einmal aus dem Karton hochschnellte, und keiner wusste, was los war. Wir wussten nur, dass es niemand aus Berlin sein konnte. Zu der Zeit gab es noch keinen Berliner, der so etwas auf Züge zaubern konnte. Die waren einfach perfekt. Einerseits waren wir überwältigt von den Dingern und hatten richtig Ehrfurcht davor, weil die wirklich gut waren, andererseits nervten die uns auch, weil sich jemand einfach in unseren Yards breitmachte und Dinger fabrizierte, die wir selber nicht hinkriegten.

Als Poet zu der Zeit mal in Dortmund war, hörte er sich ein bisschen um und kriegte den Tip, dass es jemand Berühmtes aus Amsterdam sein könnte. Die Dortmunder wussten ganz genau, wer es war, legten sich aber nicht richtig fest. Diese Heimlichtuerei gehörte bei denen einfach dazu. Der Typ wurde international gesucht, weil er richtig viel Damage gemacht hatte. Es hieß, er hätte sich einen anderen Namen zugelegt und hieße jetzt Box oder Jack. Gut, wir wussten, um wen es ging.

Ein paar Tage später kam Rasta, ein kleiner Writer, zu uns gerannt und erzählte, dass er von Box verjagt worden wäre. Aus seinem eigenen, heimischen Berliner Yard! Da war uns sofort klar, okay, wir müssen was tun, das können wir nicht auf uns sitzen lassen, wir müssen die Berliner Ehre retten! Wir nahmen die Herausforderung an und setzten etwas dagegen, fuhren raus nach Zeuthen, wo er auch schon seine Jack- und Box-Dinger gemacht hatte, und machten einen eigenen Whole Car, mit unseren Pieces in der Mitte und zwei Charactern an den Seiten, links ein Jack-in-the-Box und rechts ein Gangbanger, der eine Maschinenpistole in der Hand hält und Jack in den Kopf schießt. Darüber stylten wir »Jack, better stay in your box!« Das war keine wirkliche Kampfansage, mehr so ein Zeichen, hey, wir stellen uns deiner Herausforderung, wir sind bereit, aber wenn du schlau bist, ziehst du dich zurück, denn diesen Battle verlierst du!

Ich weiß nicht, was passiert wäre, wenn wir Box im Yard getroffen hätten. Vielleicht hätten wir wirklich versucht, ein respektvolles Gespräch zu führen. Es wäre aber darauf angekommen, wie er reagiert. Wenn er zu arrogant gewesen wäre, wären Steine geflogen oder Fäuste, ganz klar. Andererseits wollten wir nicht, dass er rumerzählt, die Berliner können was Besseres nicht aushalten und verjagen einen einfach.

Sein Auftritt in Berlin dauerte nur ein oder zwei Wochen, vielleicht sogar weniger. Keine Ahnung, ob ihn unser Bild so beeindruckte oder ob er von vornherein nicht länger in Berlin bleiben wollte. Ich hörte nur später mal, dass ihm unser Whole Car sehr gut gefallen hatte und er unbedingt Fotos davon haben wollte. Klar, es war natürlich auch eine Ehre für ihn, in einer Stadt so viel Staub aufzuwirbeln, dass die Local Heroes ihm einen eigenen Whole Car widmeten.

Fotos davon tauchten dann auch in den Magazinen auf, die im Sommer '91 wie die Pilze aus dem Boden schossen. Vor allem »On The Run« machte richtig Furore, weil es das erste Magazin war, das wirklich Qualität bot, Text hatte und nicht so einfach gemacht war, nur zusammengeklatscht und fertig, sondern von Leuten gemacht wurde, die Ahnung hatten. »On The Run« wurde richtig beachtet, auch überregional, und wir studierten das immer ganz genau, checkten die Bilder, ob sie gut waren oder nicht, ließen uns von den geilen Sachen inspirieren, das auch mal ähnlich auszuprobieren, oder kamen dadurch wieder auf neue Ideen, was man machen könnte. Und wir schnappten natürlich Namen auf, immer mehr Namen, die man dann vielleicht woanders noch mal sah und noch mal und noch mal. Wer da seine Bilder drin hatte, kriegte ordentlich Fame. Deshalb schickten auch alle möglichen Writer ihre Fotos dahin, und es war dann eine richtige Ehre, wenn man aufgenommen wurde. Dann zeigte man das rum, hier, haste schon gesehen, ich bin in On The Run, und ließ sich Respekt zollen.

Wir waren drin, vor allem Shek natürlich mit seinen geilen Bildern, aber auch wir anderen, Phos, Some, Bisaz und ich, die Leute von SOS. Und die Szene sah das. Das gab Auftrieb, motivierte richtig, noch mehr zu machen, besser zu werden, immer geilere Styles hinzukriegen. Deshalb saß ich auch ständig bei der Arbeit und machte mein eigenes Ding oder hing bei Shek rum und malte, malte, malte. Ich war fast jeden Tag bei ihm, malte, machte Aktionen mit ihm, hing einfach nur da rum oder zog mit ihm auf Partys. Meistens in irgendwelche angesagten Clubs, die wir uns gar nicht leisten konnten, ab und zu aber auch ins »Rock it« an der Karl-Marx-Straße. Das war zwar nicht unsere Musik da, aber irgendwie zog es uns trotzdem hin, vorher schon besoffen, weil wir keine Kohle hatten, uns da was zu holen, einen Joint durchgezogen, und dann machten wir Action.

Einen Abend hing ich mit Poet, Arunski, Lazer und noch ein paar anderen Leuten da rum, wollte gerade noch in einer Döner-Bude Bier holen, da meinte irgendwer zu mir: »Hey, da prügeln sich ein paar.« Wir guckten uns das eine Weile an, richtig deftige Prügelei, fünf gegen fünf, bis Poet plötzlich meinte, ey, den einen kenne ich. Er rannte gleich los, wir hinterher, das war klar. Er half seinem Kumpel, wir halfen unserem Kumpel, das war Ehrensache. Und dann mitten rein.

Einer von denen teilte richtig aus und verpasste einem von Poets Leuten ein paar ordentliche Dinger. Den schnappten wir uns erst mal, verpassten ihm ein paar, trafen aber nie richtig, so dass er noch wegrennen konnte. Poet und ich hinterher, Poet von der einen, ich von der anderen Seite, bis wir ihn in einem Hauseingang erwischten, und er nicht mehr wegkonnte. Da droschen wir dann richtig auf ihn ein, verpassten ihm ein paar gewaltige Dinger, hatten ihn voll in der Mangel, bis ein paar Mädchen ankamen, irgendwas von Aufhören schrien und anfingen, an mir rumzuzerren, um mich zurückzuziehen. Besoffen wie ich war, kam ich dabei ins Trudeln und knallte erst mal hin, wollte mich schon aufregen von wegen, ist ja schon gut, ist ja schon vorbei, da kam auf einmal ein Typ angerannt. Ich sah nur noch den Pistolenlauf auf mich gerichtet, und im selben Moment drückte der Typ aus vielleicht einem Meter Entfernung mit seiner Gaspistole dreimal ab. Bumm. Bumm. Bumm. Ich konnte nur noch den Ärmel hochziehen, damit er mich nicht voll im Gesicht treffen konnte. Hätte ich das nicht mehr geschafft, wäre ich heute blind.

Die Augen brannten wie die Hölle. Ich lag da, konnte nichts sehen, konnte nichts machen, hatte tierische Schmerzen und flippte völlig aus, diese Angst, nichts mehr sehen zu können, dieser Schmerz, diese Wut, dieser Hass auf diesen Typen – ich schrie die ganze Straße zusammen: Wo bist du, du Ratte?! Zeig dich, ich mach dich kalt! Aber er war längst weg.

Nachdem mir ein paar Leute hochgeholfen hatten, die selber voll die Schmerzen dabei kriegten, weil sie das ganze Gas abbekamen, ging ich zurück ins Rock it, wusch mir das Gesicht und schwor: Den Typen schnappe ich mir! Komme, was da wolle, den mache ich alle! Ich suchte den ganzen Laden nach ihm ab, fragte tausend Leute, kennste den, wer war das, wo finde ich den – nichts. Ich war mir sicher, dass ich den Typen irgendwoher kannte. Der Typ gehörte irgendwie zur HipHop-Szene, war aber kein Writer. Sonst hätte ich davon gehört. Er war ab und zu mal zu sehen, wenn wir weggingen. Man traf ja sowieso überall nur dieselben Leute. Und irgendwo da musste ich ihm schon mal begegnet sein.

Ein oder zwei Wochen später hatten wir rausgefunden, wer er ist und wer dabei war. Wir hatten gehört, dass er öfter im Madhouse in Schöneberg rumhängen sollte. Shek, Poet und ich warteten vor dem Laden im Auto, hatten Baseballschläger dabei, Gaspistolen und Messer, rauchten eine Zigarette und warteten. Wir hatten die Leute, die vor dem Laden rumstanden, schon gefragt, ob der Typ da wäre. Aber angeblich kannte ihn keiner. Also warteten wir, sagten kaum was, schauten aus dem Wagenfenster, rauchten eine nach der anderen und warteten. Keiner hatte mitbekommen, dass wir noch da waren, im Dunkeln saßen und warteten. Nach einer ganzen Zeit, es war spät geworden, sahen wir einen Typen ankommen, der mit dabei gewesen war. Die ganzen Leute, die wir vorher gefragt hatten und die von nichts was wissen wollten, gingen auf ihn zu, versammelten sich um ihn und redeten auf ihn ein. Wir konnten hören, wie sie ihm erzählten, dass ein paar Typen da gewesen wären, die ihn suchten. Die Schweine hatten alle gelogen, sie kannten ihn alle. Man konnte sehen, dass der Typ unsicher wurde, man sah seine suchenden Blicke, was erwartet mich hier, was kommt auf mich zu, wo ist die Gefahr?

Okay, es ist soweit. Wir packten unsere Baseballschläger aus und gingen zu dem Typen rüber, langsam, ganz langsam, Poet von hinten, ich von vorne. Als der Typ mich sah, war er voll geschockt und suchte gleich einen Fluchtweg. Aber da war es zu spät. Poet zog ihm voll mit seinem Baseballschläger über den Rücken.

Das war Scheiße. Schlägerei ist Schlägerei, aber von hinten zuschlagen ist einfach nicht fair. Poet hatte eine fette Wut im Bauch, das konnte ich verstehen, aber trotzdem war das Scheiße. Und dann auch noch mit einem Baseballschläger. Okay, ich liebe diese Dinger. Ich finde sie richtig geil. Die haben einfach eine sehr große Ästhetik, sehen geil aus, richtig schön und liegen gut in der Hand, wenn man damit schwingt. Deshalb spielte ich ständig damit rum und konnte damit umgehen. Trotzdem, von hinten war nicht fair.

Als die anderen uns sahen, wurden sie ganz still. Poet zog ihm das Teil über den Rücken, der Typ trudelte rum, dann war ich dran. Ich holte aus und haute ihm die Keule voll auf den Kopf. Er hätte dabei draufgehen können, aber er taumelte nur gegen eine Schaufensterscheibe neben dem Eingang zum Madhouse, und als ich noch überlegte, ob der Typ jetzt so benebelt ist, dass er erst mal liegen bleibt, oder ob ich noch mal zuhauen soll, rannte er schon los, wahnsinnig schnell, von der Panik getrieben, weil er wusste, dass er sonst richtig Blut lassen konnte an dem Abend.

Ich stand nur noch da und staunte. Das ging mir einfach zu schnell. Außerdem war die Rechnung damit nur halb beglichen. Wir wollten den Typen, der geschossen hatte, und hauten die anderen an, ob der noch käme. Aber wieder erzählten die nur, dass sie keine Ahnung hätten und den Typen nicht kennen würden. Wir warteten noch eine Weile, trafen noch Maxim und Soko, die schon gehört hatten, was wir da machten, und sahen ein paar Minuten später den Typen, der geschossen hatte, mit einem Jeep da vorbeifahren, ganz langsam, um die Lage zu peilen. Ich sah den und rastete voll aus, konnte mich nicht mehr zurückhalten und rannte einfach los, wollte eine Scheibe kaputthauen an dem Wagen oder einen Typen rauszerren oder irgendwas, scheißegal, aber die gaben gleich Gas und waren weg.

Einen Monat später waren wir mal wieder mit Sheks Auto unterwegs, cruisten ein bisschen durch die Gegend und hatten unseren Spaß, da meinte Arunski plötzlich: »Da vorne ist er in dem Wagen!« Er saß neben einem Mädchen im Auto. Shek gab gleich Gas, setzte sich im Stil von Starsky and Hutch schräg vor deren Auto und hielt an. Wir stiegen aus, gingen rüber, machten die Türen auf und checkten den Typen. Arunski war sich plötzlich nicht mehr sicher: »Ich weiß nicht, ob er es wirklich ist.« Wahrscheinlich sah er meine Entschlossenheit, sah, wozu ich fähig gewesen wäre, und wollte das nicht verantworten. Ich guckte ihn mir an und wusste, dass er es war. Natürlich hatte der Typ auch Angst im Blick, aber ich wusste es. Ich war mir nicht hundertprozentig sicher, trotzdem, er musste es einfach sein. Aber ich dachte mir, Scheiße, wenn er es jetzt doch nicht ist, wird das wirklich eine Scheißaktion. Und wenn er es ist, dann weiß er, dass wir ihn jederzeit finden können. Also gut, soll er weiterfahren.

Viel, viel später sah ich ihn mal wieder, da war er aber schon ganz anders drauf, und ich dachte mir, okay, scheiß drauf, ich hatte es nicht besser verdient. Ich gehörte zu den Leuten, die sich auch einfach prügeln, weil sie Wut im Bauch haben, egal, wer schuld hat. Heute sieht das anders aus. Ich würde nie wieder losrennen, um einfach irgendwelche Schlägereien zu veranstalten. Aber selbst wenn ich heute sage, nee, lasst mal, keinen Bock mehr, es bleibt weiter faszinierend. Ich kann nichts dagegen machen. Gewalt fasziniert mich nach wie vor.

Bei der ganzen Aktion ging es ja auch um den Imageverlust. Hätte ich auf diesen Typen nicht reagiert, dann wären mir noch ganz andere Leute auf der Nase rumgetrampelt. Da musste ich einfach durchgreifen. Wenn die Leute ruhig waren, war alles okay. Aber die Konfrontation war ständig da. Sobald man sich irgendwo blicken ließ, wollten die anderen sofort durch irgendwelche blöden Äußerungen oder Provokationen am Ruf kratzen. Da musste man einfach sofort was gegen tun, sofort, sonst glaubten die, ich kann reden und über die quatschen, die machen nichts, und wenn ich über die rede und die haben einen Namen, dann kriege ich dadurch wieder Ruhm, weil die Leute merken, hey, der traut sich ja gegen die zu reden. Das kann man nicht durchgehen lassen. Da muss man sofort was machen, die Leute entweder zur Rede stellen oder gut kontern. Schläge hat es dafür nie gegeben. Ich wollte das nicht. Mir gefiel es zwar, dass durch die Aktion mit Soda der zusätzliche Respekt kam, aber ich wollte nie rumrennen und nur auf die Fresse schlagen. Das hätte uns einen ganz miesen Ruf gebracht. Der Respekt wäre zwar da, aber der Ruf wäre im Eimer gewesen. Wir wären keine Writer mehr gewesen, sondern Gangbanger, die nebenbei ihren Namen schreiben. Und danach fühlte ich mich nicht. Okay, ich genoss es, diese Angst zu spüren. Das war schon wichtig. Aber ich wollte nie allein von der Angst leben, ich wollte auch wegen meiner Bilder bekannt sein.

BIGGER, BETTER, FASTER, MORE

Die Leute in der Szene wussten sowieso, wie wir drauf waren, aber solche Aktionen verstärkten unser Image immer wieder. Damit jeder sehen konnte, wie wir drauf sind, machte ich mir mit Shek nach dieser Aktion ein Backpiece, mit dem ich dann ständig durch die Gegend rannte: ein Typ in typischen Writer-Klamotten, Kapuze, Jeans und Turnschuhe, der mit der einen Hand eine Baseballkeule schwingt und mit der anderen einen U-Bahnzug zerquetscht. Dabei guckt ihm ein Flachmann aus der Tasche. Drüber »Odem« abgestylt, darunter »SOS«. So sah und fühlte ich mich: Wir hatten vor nichts und niemandem Angst und nahmen uns, was wir wollten. Wir hatten keinen Respekt vor der Stadt, wir konnten ihn gar nicht haben. Wofür? Was gab uns diese Stadt? Liebte uns die Stadt? Sollten wir sie dafür lieben, dass sie uns nicht liebte? Nein! Wir wollten uns die Stadt auf unsere Weise unterwerfen, so wie sie es auf ihre Weise mit uns vorhatte. Dagegen wehrten wir uns und wurden aktiv.

Der Flachmann in der Tasche bezog sich vor allem auf die tausend Partys, auf die wir immer gingen, und meine ständigen Sauftouren mit Arunski in der Nürnberger Straße und den angesagten Clubs der Zeit. Arunski sprühte zwar nicht, war aber trotzdem oft bei Aktionen dabei. Er gehörte einfach dazu. Deshalb haute ich ihn auch im Herbst '91 an, ob er nicht offiziell zu SOS kommen will. Wir waren irgendwo unten im Süden, im Revier von P of C, weil Bisaz da unbedingt an einer Schule einen Blockbuster hinhauen wollte, irgendein dickes Bild, wofür Bisaz halt bekannt war. Er wollte die Leute aus der Gegend, in der er wohnte, beeindrucken und zeigen, hey, ich bin immer noch hier, ich hab immer noch mehr Bilder als ihr, und besser als ihr bin ich sowieso! Er sprühte oben auf einem Vordach, und wir passten unten auf. Ich stand mit Arunski da, wir quatschten ein bisschen, und irgendwann fragte ich ihn, ob er nicht in SOS rein will. Wie es seine Art ist, zog er das erst mal völlig ins Lächerliche. Über manche Dinge macht er sich halt immer erst mal lustig, um auf Nummer Sicher zu gehen. Er fand es damals schon geil, das merkte man ihm an, aber er dachte sich wohl, naja, eine Crew mit diesem ganzen Gehabe drum herum, ich weiß nicht so recht. Trotzdem schlug er ein, und die Sache war klar: Arunski war bei SOS.

Mit der Zeit stand er dann voll dahinter. Er war richtig begeisterter SOSler und wurde unser MC, unser Master of Ceremonies. Er hatte einfach den Groove und war wirklich der beste Stegreif-Rapper, den ich kenne. Bei Battles oder Jams konnte er sich einfach hinstellen und richtig geil SOS zelebrieren, seine Credits verteilen und rappen, dass SOS das Größte ist, dass wir alle Helden sind und dass an uns keiner rankommt. Das war einfach geil.

Irgendwann hatten Arunski und ich damit angefangen, dass ich den Beat machte und er dazu rappte, irgendwas, das überhaupt keinen Sinn machte und mehr Verarschung war als sonst was. Solange ich Arunski kenne, hat er nie einen einzigen Text aufgeschrieben. Freestyle bedeutete für ihn einfach, irgendwelche Wörter hintereinanderweg rausballern, Hauptsache mit ein paar Endungen, die sich reimen. Das war absoluter Schwachsinn. Da waren vielleicht mal zwei, drei Wörter dabei, die überhaupt einen Sinn ergaben. Aber alle waren sich einig, dass es sich geil anhörte. Und so stand er dann bei irgendwelchen Jams auf der Bühne, wurde anmoderiert als »MC Arunski von der SOS-Crew«, was natürlich absolut geil war, wurde voll bejubelt, vor allem, wenn Writer da waren, die ihn vom Weggehen kannten, vom Chillen am Corner, vom Partymachen, dicker Jubel, und dann wählte Arunski irgendeinen coolen Beat, dafür hatte er wirklich ein Gefühl, rappte irgendwas dazu, das sich nach amerikanischem Slang anhörte, aber gar nichts bedeutete, haute ab und zu einfach »Odem« rein oder »SOS-Crew«, »my homie homeboy« oder »Love«, und alles jubelte. Das war natürlich geil, waren einfach tolle Momente, für die ich ihm sehr dankbar bin. Das bedeutete mir viel. Ihn da oben auf der Bühne zu sehen, wie er abging, seine Show machte und die Leute immer richtig auf ihn warteten, jubelten, wenn er angesagt wurde, auch wenn andere Berliner Gruppen auf den Jams waren, die geordneter auftraten als er, mit richtigen Texten, voll durchgeplant, Arunski war trotzdem immer der Joker beim Berliner Publikum.

Das brachte uns alles mächtig Fame am Corner. Unsere Bilder, unsere Aktionen, die Art, wie wir auftraten und drauf waren, das machte Eindruck. Wenn es um SOS ging, sahen sie mich als eigentlichen Führer, weil ich Promotion machte, wo es nur ging, und einfach immer mit Leib und Seele hinter der Crew stand. Die anderen sprühten einfach nur und fanden SOS irgendwie geil, waren aber innerhalb der Szene nicht so aktiv, was die Gespräche betraf, diesen Austausch und auch die Propaganda. Die nahmen das einfach nicht so ernst und wurden deshalb auch nicht so ernst genommen.

Die Szene war etwas Lebendiges, sie war ein Wesen, und dazu gehörte eben auch, dass die einen akzeptiert wurden und die anderen nicht. Am krassesten kriegte Some das zu spüren. Die meisten Leute in der Szene konnten ihn einfach nicht ab, weil sie meinten, dass er sich immer nur wichtig machen würde, und sie verstanden gar nicht, warum er noch in SOS war. Phos und mir stank es gewaltig, dass er ständig neidisch war, weil wir mit Shek rumhingen, und er aus Frust dann anfing, Scheiße über uns zu verbreiten. Als wir ihm zum ersten Mal sagten, er solle aufhören damit, sagte er noch, dass er es bleiben lassen will, dass es wirklich Scheiße von ihm gewesen wäre und ihm leid täte. Als ich es dann von anderen Leuten zum zweiten Mal hörte, warfen Phos und ich ihn raus. Wir hatten einfach keinen Bock mehr drauf, dass er ständig Scheiße erzählt. Er akzeptierte das und tat so, als ob er ohnehin vorgehabt hätte, aus SOS rauszugehen. So konnte er in der Szene sagen, er wäre nicht rausgeschmissen worden, sondern freiwillig gegangen. Er dachte, er könnte damit seinen Ruf retten, aber der war sowieso schon unten.

Im Herbst kursierte dann plötzlich das Gerücht, dass jemand bei einem Verhör Akten durchgeguckt und einen Vermerk über Some mit Fotos und allem Drum und Dran gesehen hätte, der in die Richtung ging, dass Some ein Polizei-Spitzel wäre. Heute weiß ich, dass die Polizei so was nicht offen rumliegen lassen würde und wahrscheinlich sowieso nicht auf diese Art und Weise vermerkt. Aber damals wurde es geglaubt. Die meisten Leute wollten es einfach glauben. Die ganze Szene hasste Some, und da passte es einfach ins Bild. Es sprach sich rum und führte dazu, dass Some kein Bein mehr an die Erde kriegte. Er wurde regelrecht vom Corner verjagt und später sogar von ein paar Kreuzbergern verprügelt.

In der Zeit, als das Gerücht kursierte, kamen viele Leute zu mir und fragten, was an der Sache mit Some dran wäre. Ich schüttete noch ein bisschen Öl ins Feuer, von wegen, kann sein, schon möglich, warum nicht, Some ist ein Idiot, den kannste vergessen. Nach der Sache mit Soda fühlte ich mich einfach mächtig. Ich wusste ungefähr, wie es funktioniert, hatte mir einiges bei Maxim abgeguckt und hatte verstanden, wie die Sache laufen kann, dieses Politikmachen in der Szene. Und ich nutzte das aus. Ich merkte, wie viele Leute meine Meinung zu bestimmten Sachen wissen wollten oder mit mir über Dinge reden wollten, die in der Szene passierten. Das zeigte mir, wie mich die Leute sahen, und dass sie wirklich Respekt vor mir hatten. Ich war wer.

Nach dem Bruch mit Some bestand SOS nur noch aus Arunski, Bisaz, Phos und mir, aber wir waren sowieso immer mit tausend Leuten zusammen. Da war es fast schon egal. In dem Herbst hingen wir oft mit TMC zusammen rum, einer Mädchen-Crew aus dem Süden. Mädchen sind absolut selten in der Szene und wenn, dann nur als Groupies. TMC waren eine richtige Ausnahme. Die drei taggten selbst und sprühten und waren noch dazu wirklich hübsch. Sie dachten, sie wären richtig in der Szene drin, und wollten mir einfach nicht glauben, dass sie es als Mädchen sehr schwer haben würden, sich in der Szene durchzusetzen, und die meisten Writer nur zu ihnen kämen, um sie flachzulegen. Das wollten sie mir nicht glauben, aber es kam genau so. Jeder Writer verliebte sich mal in eine von den dreien. Jeder. Und dann ging es ständig hin und her.

Von einer hielt ich immer Abstand, weil ich sie nicht verstand. Das war Zeone. Ich verstand sie einfach nicht. Es war mir zu anstrengend, über das nachzudenken, worüber sie nachdachte. Es war ein Fehler, nicht näher auf das eingegangen zu sein, was sie von sich gab. In meinen Augen war es das Wertvollste, was TMC hervorbrachte.

Trotzdem war Zeone auch immer auf Action aus, gab nie Ruhe, egal wo sie hinkam, sie musste immer Action machen. Es konnte die totale Ruhe herrschen, alles chillte rum und war cool drauf, und dann riss sie plötzlich im Vorbeigehen den Spiegel von einem Auto ab. Bumm. Sie gab einfach nie Ruhe. Sie machte immer Action und hatte dazu noch Gedanken im Kopf, die ich nicht verstand. Sie war faszinierend.

Wir hingen viel mit denen zusammen rum, und als Shek sich dann einen neuen Wagen kaufte, ging es richtig ab. Wir heizten ständig mit dieser geilen Karre durch die Gegend, ein Al Camino, Ami-Schlitten mit Ladefläche, Baujahr '68 oder so, dicke Reifen drauf und richtig PS unter der Haube. Damit tauchten wir dann bei den Mädels von TMC auf, luden sie ein und cruisten durch die Gegend, zogen eine richtig geile Show ab, drehten die Musik voll auf, chillten auf der Ladefläche rum, bretterten durch die Straßen, fuhren mit quietschenden Reifen vom Corner los – es war einfach was los. Kein Tag war langweilig. Immer war was in Bewegung, ständig Partys, Alkohol, Joints, wir waren richtig geil drauf. Als Shek, Phos und ich dann mal mit den Mädels von TMC völlig betrunken, aber voll gut drauf im Madhouse rumhingen, wollte ich das verewigen und für immer sichtbar festhalten: »Kommt, wir drücken uns unsere Zigaretten in den Handflächen aus. Das ist unser SOS-Zeichen. Und später lassen wir uns tätowieren.« Jeder sollte sehen, dass wir zusammengehören. Shek war schnell überredet. Phos zögerte. Statt die Symbolik zu sehen, dachte er nur daran, dass es wehtun könnte. Das nervte mich.

Aber wir taten es. Auch Phos. Wir legten uns jeder eine Zigarette in die Hand, schauten uns an und pressten dann auf Kommando die Handflächen zusammen. Klar, tat das weh, tierisch weh, aber das spielte in dem Moment keine Rolle. Wir lachten uns dabei an und waren uns einig. Wir hatten unser Zeichen, unsere Narbe. Wir gehörten zusammen.

Dass Shek dann irgendwann auch offiziell zu SOS kommen würde, war nur noch eine Frage der Zeit. Wir hatten kurz vorher Poet schon in SOS aufgenommen, den fliegenden Holländer, der so schnell rennen kann wie sonst keiner von uns. Er ist der Flinkste überhaupt. Nach unseren Erlebnissen mit Some war Poet eine richtige Wohltat. Der Typ war einfach ehrlich, hilfsbereit und im Gegensatz zu Some, der tierisch geizig ist, hat Poet sein bisschen Geld immer gleich mit den Leuten, mit denen er zusammen war, auf den Kopf gehauen. Poet hat eine richtig geile Phantasie und ist ein vorbildlicher Sprüher, der sich bemüht, in allen Bereichen des Writing aufzufallen, was Besonderes zu machen, Qualität zu liefern. Dabei ist er zum Zeichnen nicht talentiert, was seine Styles schlecht aussehen lässt. Er hat kein Gefühl für Proportionen und Formen.

Als wir ihn aufnahmen, war er gleichzeitig noch Mitglied in GFA. Toll fanden wir das auch nicht, aber die Leute von GFA sahen das viel verbissener und stellten ihn vor die Wahl, GFA oder SOS. Die dachten, einmal GFA, immer GFA. Ich hoffte, vor allem, um Maxim eins auszuwischen, dass Poet aus GFA rausgehen würde. Er überlegte eine ganze Zeit lang rum und entschied sich dann für die weniger angesehene Crew, für GFA. Im Grunde war das hochanständig von ihm. Durch GFA war er zum Writing gekommen und zum Groove, mit denen hatte er viel erlebt und war tätowiertes Mitglied. Da konnte man verstehen, warum er sich für die unbedeutendere Crew entschied.

Als Poet noch Mitglied von SOS war, dazu Bisaz, Phos, Arunski und ich, kam Shek dann offiziell in unsere Crew. Es war keine große Überraschung mehr, jeder hatte irgendwie damit gerechnet, aber trotzdem war es ein absolut geiles Gefühl. Dass Shek dabei war, wertete SOS ganz krass auf. Mit ihm war das eine Truppe, auf die ich sehr, sehr stolz war. Die Leute sahen zwar weiterhin in mir den Führer von SOS, aber was das Sprühen anging, war Shek der Angesehenste, der Erfahrenste, einer aus der Elite, ein King, der mächtig Fame hatte und Ansehen genoss. Er war ein ganzes Stück älter als wir, 23 oder 24, wir waren gerade mal 18 oder 19. Ich war so stolz auf uns, auf SOS, auf diese Crew, die richtig in Bewegung war, die was darstellte und Respekt kriegte. Wir machten was los und waren wer. Wir waren eine geile Crew. Und: Wir waren Freunde!

Wir kriegten allmählich einen richtigen Namen. Es gab zwar noch die Leute wie Amok, die eigentlichen Kings, an die wir nicht ranreichten, aber die waren sowieso zu weit weg von einem. Die gehörten nicht zu uns, die waren nicht die Aktiven, die machten nicht dieses All-City-Writing. Die sprühten kaum Züge, keine Tags, nichts, die bildeten die Elite, an die wir niemals rankommen konnten, aber sie waren keine wahren Writer. Mit denen hatten wir nichts am Hut.

TASTE OF THE BEST

Shek war der einzige, der vom Olymp der Writer in die Niederungen der Szene runterstieg. Er gehörte aber weiter zu den ganz Großen und hielt auch Kontakt zu Leuten wie Amok und Adrian, die er noch aus der Zeit kannte, als er Leinwände machte und von Auftragsarbeiten lebte. Ziemlich früh, als er noch gar nicht bei SOS war, muss Shek dann Adrian mal davon erzählt haben, was in der Szene eigentlich abgeht, was sich am Corner tut und wie wir drauf sind.

Adrian gehörte zusammen mit Arunski und Azad zu den Leuten, die schon früh angefangen hatten, Klamotten billig aus den USA zu holen, um sie hier teuer zu verkaufen. Adrian und Arunski kannten sich also schon. Adrian selbst hatte kein Talent zum Sprühen, aber er war der geborene Businessman. Er organisierte alles. Selbst da, wo es nichts zu organisieren gab. Adrian organisierte immer. Deshalb hielt er sich auch an die großen Writer wie Amok, Chaos und Shek und versuchte, sie in Richtung Kunst zu bewegen, um Auftragsarbeiten zu vermitteln oder ihre Leinwände in Galerien unterzubringen.

Alles, was Adrian zu der Zeit über Graffiti wusste, wusste er von Amok und den BBC-Leuten. Im Grunde hatte er anfangs keine Ahnung. Er war von zu Hause ausgerissen, hatte einige Zeit auf der Straße zugebracht und wurde dann von Amoks Eltern aufgenommen. Die waren kurdisch, Adrian war persisch-afghanischer Abstammung, das ging schon zusammen. Dadurch, dass er einige Zeit da lebte, wurde Adrian fast so etwas wie ein Halbbruder von Amok und war natürlich richtig down mit ihm. Als dann im Nachbarhaus eine Wohnung frei wurde, zog er da ein, hing aber weiter ständig mit Amok rum und kriegte zwar einiges über Graffiti mit, interessierte sich im Grunde aber nur für Galerien und Leinwände.

Als Shek ihm dann ein bisschen was über die Corner-Action und die Writer-Szene erzählte, fing Adrian plötzlich an, sich richtig für die Straße zu begeistern, für die eigentliche Quelle. Er ging zurück zu den Wurzeln und wollte sich mit uns darüber unterhalten, was die Styles bedeuten. Er fragte ständig, quetschte alle Leute ganz krass aus, egal ob das New Yorker waren oder Berliner oder von sonst woher, und wollte alles mögliche erfahren. Dadurch hat er heute vielleicht die meiste Ahnung von allen. Aber er kann das nicht umsetzen, weil es in Berlin noch keine richtigen Profis gibt.

Eines Tages lief Adrian dann am McDonald's-Corner auf, zusammen mit Amok. Wir machten gerade wieder voll die Action, turnten da rum, hauten Sprüche raus, rannten durch die Gegend – auf einmal herrschte absolute Ruhe. Amok war da. Ich traute meinen Augen nicht. Ich konnte das erst gar nicht glauben. Amok am Corner? Der leibhaftige Amok, der King? Der Typ, mit dem bei mir alles angefangen hatte, vor dessen Hall of Fame ich gestanden hatte, um seine Pieces abzumalen, und den ich um seine geilen Bilder beneidete? Der stand hier am Corner? Der Typ, der sich ganz zurückgezogen hatte, der mit der Szene nichts am Hut hatte und nur sein eigenes Ding durchzog, den aber trotzdem jeder, wirklich jeder kannte? Der tauchte plötzlich am Corner auf?

Es war wie eine Erscheinung: Amok ist da! Die Elite ist da! Der King! Es herrschte absolute Ruhe, fast so was wie Andacht, Ehrfurcht vor dem großen Meister. Irgendwie schwang aber auch Verachtung mit. Amok war ziemlich schüchtern, kam aber ganz schön arrogant rüber, hielt Abstand von uns Writern und wollte sich das Ganze wahrscheinlich erst mal nur mal angucken und schauen, was aus seinem Nachwuchs so geworden ist. Dabei waren wir die richtigen Writer! Wir waren die Aktiven, wir waren die Szene, wir waren diejenigen, die was bewegten! Okay, Amok war auf seine Art genial, aber '88 der Zug mit Chince aus Dortmund und ein paar Tags in der Stadt waren alles, was er illegal gemacht hatte. Den Fame kriegte er vor allem durch seine eigene Hall of Fame am Bundesplatz und die Mauer oben in Schönholz. Da war ein Bild neben dem anderen, nur von besten Leuten wie Chaos, Kane, Shek und Amok. Geile Bilder, die geilsten überhaupt, aber eben nur halblegal. Das zählte nicht richtig. Wir gingen in die Yards, wir machten die Züge, wir riskierten Kopf und Kragen – das war Writing. Nichts anderes.

Amoks Auftritt war ein Hammer. Aber es blieb so ziemlich sein einziger. Danach ließ er sich nicht mehr blicken. Adrian schaute dann wohl öfter mal am Corner vorbei, aber meistens lief es umgekehrt, dann ging Shek zu denen und chillte ein bisschen da rum. Für uns waren die viel zu weit weg, die schwebten hoch über uns und waren eine andere Güteklasse, bis Shek uns irgendwann einfach mal mitnahm.

Es war etwas Besonderes, bei Adrian aufzulaufen. Das war wie ein Schritt auf eine höhere Stufe. Auch für Adrian kann es nicht ganz normal gewesen sein, dass wir bei ihm rein schneiten. Klar, er hing immer mit Amok rum, dem King schlechthin, aber die richtigen Writer zu treffen, die so sprühten, wie man sprühen soll, das muss für ihn auch etwas Besonderes gewesen sein. Er wusste von Amok zwar schon was über Graffiti, aber er hatte sich nie mit Styles auseinandergesetzt und war voll begeistert von der neuen Writer-Welle, wollte alles darüber wissen, quetschte uns richtig aus, und mit der Zeit hingen wir immer öfter bei ihm rum. Ein paar Wochen vorher hätte ich noch gesagt, an Adrian und Amok komme ich nicht ran, die sind was anderes, was Höheres, vor allem Amok, der ist das Höchste. Anfangs war es auch wirklich noch etwas Besonderes, bei Adrian rumzuhängen, aber irgendwann dachten wir uns gar nichts mehr dabei. Es wurde selbstverständlich. Wir waren down miteinander.

Ab und zu schaute Amok dann auch mal bei Adrian vorbei, wenn wir da waren, hörte erst mal nur zu, weil er uns wohl alle ein bisschen komisch fand, aber allmählich fingen wir an zu reden, quatschten über Writing und Styles, erzählten uns Geschichten, tauschten Bilder, malten ein bisschen zusammen, und irgendwann – es passierte einfach – war ich down mit Amok, dem King.

Mir kam es so vor, als ob sie sich dazu herabgelassen hätten, sich mit uns zu beschäftigen, als ob sie ein bisschen von ihrem Thron runtergestiegen wären, um sich auf eine Ebene mit uns zu begeben, auf die echte, die wahre Writer-Ebene. Auf die Szene wirkte es aber so, als ob wir zu denen aufgestiegen wären, vielleicht noch nicht auf die höchste Stufe, aber auf eine ziemlich hohe. Das Abhängen mit Adrian und Amok sorgte für richtig Fame.

Es war aber auch wirklich geil. Allein das Skizzenmalen war eine Nachhilfestunde in allem möglichen. Nicht nur für das Writing, auch für das Leben. Phos und ich saßen oft genug da, hörten einfach nur zu und staunten.

Irgendwann kamen die ersten Pläne auf, mit Amok sprühen zu gehen. Das war der Wahnsinn! Ich konnte mir das gar nicht richtig vorstellen, dass Amok und ich mal zusammen sprühen könnten. Aber ein Typ aus Kreuzberg, der später MC von Cheeba Garden wurde, organisierte einen Auftrag in einer Disco in der Nähe von Stuttgart und trommelte dafür ein Team zusammen: Amok, Roc, Shek, Moin, Nec, er selbst und ich. Allein diese Ehre, dabei zu sein, angehauen zu werden und mit diesen Leuten loszuziehen, um in Wessiland einen richtig fetten Auftrag zu machen!

Wir nahmen uns einen Mietwagen, fuhren runter und waren richtig begeistert: eine Riesendisco, zig Dosen und die Erlaubnis, sprühen zu dürfen, worauf wir gerade Bock haben, Hauptsache, es kommt aus der Dose und sorgt für Stimmung in dem Laden. Geil! Ich hatte noch nie so viele Dosen auf einem Haufen gesehen und legte gleich los, sprühte zusammen mit Amok in Kleinbuchstaben »graffiti« hin und setzte dann meinen Namen neben seinen, Amok und Odem. Ich hätte platzen können vor Stolz! Ich war so glücklich!

Dann machte jeder, wozu er Bock hatte. Hier einen Namen abgestylt und da einen, in der Nacht die Bar geplündert, bis wir kaum noch stehen konnten, dann kurz gepennt und am nächsten Tag weitergemacht. Wir waren noch voll dabei, als die drei Besitzer der Disco kamen, üble Figuren, die angeblich durch Waffengeschäfte an das Geld für den Laden gekommen sein sollen. Die schauten sich das kurz an und machten gleich voll den Aufstand, was wir da für eine Scheiße sprühen würden, das hätte alles ganz anders aussehen sollen, wir sollten sofort aufhören damit und uns ganz schnell verpissen. Wir wussten gar nicht, was die hatten. Wir waren voll zufrieden mit den Bildern und hatten uns genau an die Absprache gehalten. Wir hatten gemacht, was wir wollten.

Der Fehler lag bei dem Kreuzberger Typen, der das organisiert und völlig falsch verstanden hatte. Die Disco-Leute wussten ganz genau, was sie wollten, und das war nicht das, was wir geliefert hatten. Wir mussten abhauen, ohne einen Pfennig verdient zu haben, packten nur noch so viele Dosen ins Auto, wie rein passten, und verpissten uns.

Dass mein erstes Bild mit Amok wahrscheinlich noch am selben Tag übergepinselt wurde, war natürlich krass. Ich war so stolz, und dann kamen diese Disco-Typen an und machten Welle. Das nervte. Aber das Gefühl, überhaupt ein Bild mit ihm gemacht zu haben, war geil, einfach wahnsinnig geil! Wir waren richtig down miteinander und fuhren dann ein paar Wochen später alle zusammen zu einer HipHop-Jam nach Frankfurt, einer Riesenparty mit DJs, MCs, Breakern, Writern, halt ein paar hundert Leuten aus der HipHop-Szene.

Oh Mann, was für ein Auftritt! Die Berliner kommen! Gut, wir hatten sowieso unseren Ruf weg als Schläger und Randalemacher, aber als wir da mit Amok aufliefen, machte das richtig Welle. Eine ganze Meute, alle mit Backpiece, mittendrin Amok – die machten richtig Platz für uns, als wir kamen, traten einen Schritt zur Seite und schauten uns respektvoll an. Auf eine Art und Weise hassten sie uns, weil wir immer Randale machten und sie uns für primitiv hielten. Aber auf eine andere Art und Weise liebten sie uns auch, weil wir das repräsentierten, wonach sie eiferten, dieses New Yorker Ding. Die lebten es künstlich, und wir waren hardcore. Für die war es ein Freizeitvergnügen, für uns war es das Leben. So waren wir einfach, und sie kamen nicht drum herum, uns dafür zu bewundern, auch für unser angeblich primitives Verhalten. Aber für mich kann Gewalt eine Kunst sein. Zumindest ist sie eine Schönheit.

Man sah es den Leuten an, was für einen Respekt sie vor uns hatten, vor allem den Kleinen, die scharenweise zu Amok kamen oder zu Loomit und More 2, denen ihr Blackbook, ein T-Shirt oder das Plakat von der Jam unter die Nase hielten und rumbettelten, hey, taggst du mir deinen Namen da drauf! Und Amok gab ihnen, was sie wollten. Ganz cool. Das war das Geilste, ein richtiges Bad in der Menge, ein Aufmarsch. Ich war zwar noch nicht so bekannt wie Amok, aber ich merkte, wie die Leute mich anguckten, wenn ich einfach nur mit jemandem zusammenstand und ein bisschen quatschte. Da gab es so ein kleines Zeichen, hey, guck mal nach hinten, und wenn ich mich dann umdrehte, sah ich, wie die Leute das Backpiece anschauten, drüber quatschten, es bewunderten. Das war einfach geil.

Mitten in diesem Getümmel standen wir an einem Stehtisch, peilten ein bisschen die Lage, wer so da ist und was abgeht, als Amok mich auf einmal fragte, ob ich Loomit kennenlernen wolle. Ich? Loomit? Nee! Loomit war schon eine richtig große Nummer, ein echter Hammer, der es international zu einigem Fame gebracht hatte. Gut, mir gefiel seine Art zu sprühen nicht so besonders, mir war das einfach zu perfekt, zu akkurat und irgendwie auch zu harmlos, aber trotzdem war mir der Typ eine Nummer zu groß. Handwerklich ist er einfach perfekt. Da können ihm nur wenige das Wasser reichen. Ich konnte es zu der Zeit zumindest nicht. Ich hatte noch nichts vorzuweisen, wollte lieber erst noch ein bisschen was machen, und dann, vielleicht irgendwann mal, könnte ich ihn ja kennenlernen. Aber so wäre mir das zu schnell gewesen. Ich sah Loomit zwar, aber lernte ihn noch nicht kennen. Das war mir lieber so.

Natürlich passierte auch auf der Frankfurt-Jam genau das, was immer passiert, wenn Berliner da sind. Es gab Stress. Sobald Berliner aufliefen, gab es immer das volle Programm, Randale, Schlägereien, Straßenschlachten. Das ging gar nicht anders. In Frankfurt waren sie so schlau, einfach zu tun, was die Berliner wollten, und damit war Ruhe. Großartige Auseinandersetzungen gab es nicht, obwohl sogar die Sokos aus Frankfurt und Hamburg da gewesen sein sollen – keine Reaktion. Als die Berliner einfach die Frankfurter Türsteher verdrängten und die Kontrolle übernahmen – keine Reaktion. Als der ehemalige Anführer der Giants einem ziemlich bekannten Breaker das Jochbein brach, weil der ihn aus Versehen ganz leicht berührte – keine Reaktion. Ein paar Leute murrten ein bisschen, aber nur ganz leise, und die Soko griff überhaupt nicht ein. Egal, was abging, keiner rührte sich richtig. Am Eingang sollen später ein paar von den Berliner Türstehern mit Handgranaten rumgespielt haben, aber keiner traute sich, was zu sagen. Das entsprach einfach unserem Ruf, das passte in unser Bild, und keiner hätte es wirklich gewagt, uns dafür zur Rede zu stellen.

Am heuchlerischsten fand ich die Leute von Zulu-Nation, die da die ganze Zeit über die Party liefen, ihre Peace-Mission verbreiteten und am Ende auf die Kumpeltour zu uns kamen, uns auf die Schulter klopften, so von wegen, he, hallo ihr Berliner und so, und sich später hinter unserem Rücken das Maul darüber zerrissen, wie wir drauf waren. Ich kannte die Jungs damals noch gar nicht und musste Amok erst mal fragen, wer das ist. Africa Bambaataa, ein

New Yorker Rapper, DJ und MC, hat die Zulu-Nation gegründet, weil er den Kids auf der Straße helfen wollte. Es war eigentlich recht gut gemeint. Für die Bronx war es einfach das Beste. Früher brachten sich die Kids nur für den Namen ihrer Straße gegenseitig um. Genau das wollte Africa Bambaataa mit seiner Zulu-Nation verhindern und hat daraus fast so was wie eine Religion gemacht: Tu alles, was du willst, aber schade keinem anderen damit! Übe keine Gewalt aus! Versuche, kreativ zu sein! Verzichte auf Drogen! Verschwende die Power, die du in dir hast, nicht für das Ghetto, sondern nutze sie, um aus dem Ghetto rauszukommen!

Die eigentliche Vision von Africa Bambaataa, als er damals Zulu-Nation gründete und damit das HipHop-Movement erst richtig lebendig machte, war Frieden auf den Straßen. Das schnappten einige Deutsche auf und zogen das knallhart durch. Auch so eine angesehene Band wie Advanced Chemistry. Die waren absolut gegen Gewalt, und mit Drogen hatte man bei denen keine Chance. Aber wir waren nun mal ständig besoffen und kifften wie die Wilden, und deshalb machten die uns die ganze Zeit nur an und versuchten uns zu überreden, ohne auszukommen.

Okay, die waren auch ohne immer ziemlich lustig drauf, aber irgendwas fehlte denen, was in Berlin einfach wichtig war. Das eigentliche Herz, das hatten die nicht. Die rafften einfach nicht, dass bestimmte Sachen eben dazugehören, und dass es so, wie es in Berlin läuft, und eben noch ein ganzes Stück härter in New York, das Optimalste ist, was man erreichen kann. Mehr ist nicht drin. Ihre Vorsätze sind geil, aber sie lassen sich nicht in die Tat umsetzen. Da nützt es auch nichts, dass Zulu-Nation sich mittlerweile weltweit ausgebreitet hat und in jedem Land, jeder Stadt einen Leader hat. In Berlin war es damals Adrian, in Westdeutschland die Meute um Torch von Advanced Chemistry aus Heidelberg, der so was wie der Vorstand für ganz Deutschland war. Irgendwann knallten die dann völlig durch und kamen mit so einem Schwachsinn an wie keine Coca Cola, keine Gummibärchen! Weiß der Teufel, was das sollte. Jedenfalls machte sie das vollkommen lächerlich.

So wie das in vielen HipHop-Texten vor allem von Advanced Chemistry rüberkommt, ist das naiv. Keine Grenzen, keine Gewalt, keine Drogen, alle Menschen sind Brüder und Schwestern. So einfach ist das eben nicht. Okay, SOS hatte so was Multikulturelles – ein Türke, ein Kroate, ein Niederländer, ein Deutscher, ein Halb-Libanese, ein Halb-Inder – aber uns war das gar nicht bewusst. Uns war es einfach scheißegal, wo einer herkam. Das spielte erst mal keine Rolle. Wir wollten unseren Spaß, wir waren gute Writer und wollten, dass die anderen anerkennen, dass wir die Besten sind. Da war es scheißegal, wer welchen Pass zu Hause liegen hat.

In der Szene gibt es sowieso ganz eigene Gesetze. Die gibt man sich selber, die entstehen von alleine, da redet keiner rein. Es geht schon um die gleichen Sachen wie im normalen Leben, wer bringt was, wer setzt sich durch, wer kommt nach oben. Aber es funktioniert ganz anders. Eher so, wie man es in Filmen gesehen hat und nicht so wie zu Hause oder im normalen Leben. Das normale Leben will uns nicht, in der Schule werden wir anders behandelt, wir gehören nirgendwo richtig dazu, wir kriegen nur ganz schwer gute Jobs. Okay, da sagt man sich halt irgendwann, wir wollen das normale Leben auch nicht. Wir leben unser eigenes Leben. Wir machen unser eigenes Ding. Und das knallhart.

Dann wundern sich alle und bringen tolle Broschüren raus, wie uns geholfen werden kann, dabei wollen wir gar nicht, dass uns geholfen wird. Wir wollen einfach nur unser eigenes Ding machen, und wenn das nicht so aussieht, wie alle das wollen, okay, dann ist das halt hardcore. Wenn ihr sagt, wir sind anders, okay, das könnt ihr haben, dann sind wir halt anders.

Gerade bei den deutschen Writern spielt da oft auch so ein Anarcho-Teil mit rein. Die lehnen dieses ganze Normale, die Ordnung einfach ab und wollen machen, worauf sie Bock haben. Bei den Ausländern ist das meistens ein richtiger Spagat. Die haben von den Eltern tausend Gesetze eingetrichtert bekommen, so und so musst du leben, hab Respekt vor dem Alter, hab Respekt vor fremdem Eigentum, hab Respekt vor diesem und jenem, lass die Finger von den Mädchen, von Alkohol, von Drogen. Tausend Sachen. Und dann geht man auf die Straße und sieht, hey, das funktioniert ja ganz anders hier. Damit kommt man dann nur sehr schwer klar. Sehr, sehr schwer. Hier lernt man was ganz anderes kennen. Zu Hause gibt es nur Vorschriften, Vorschriften, Vorschriften, und wenn man dann rausgeht, kriegt man gerade in Berlin, wo es echt extrem ist, dieses Ding mit von wegen, jeder kann machen, was er will. Damit kommt man einfach nicht klar. Überhaupt nicht. Aber das gibt keiner zu. Dabei geht es auf die eine oder andere Art ganz vielen so. Deshalb hängen die dann auch zusammen rum. Man kriegt Druck von zu Hause, weil man nicht so ist, wie die Eltern es wollen, und Druck von den Deutschen, weil man anders ist als die, man gehört nicht dahin und nicht dahin, und dann tut man sich zusammen, weil man einfach Bock drauf hat, mit jemandem zusammen zu sein, und macht Action, die keinem gefällt.

Ich habe das voll mitgekriegt, was Mädchen angeht. Die ganzen Deutschen in der Szene hatten ständig was am Start. Das klappte nicht immer und ging oft in die Hose, aber die waren voll dabei, wenn es um Mädchen ging. Die ganzen Türken, die Moslems, waren da ganz anders drauf. Ich auch. Ich bin streng katholisch erzogen. Mein Vater hat mir so eingetrichtert, dass ich erst was mit einem Mädchen haben kann, wenn ich einen Job habe, wenn ich sie ernähren kann und wenn wir verlobt sind, dass ich das einfach nicht brachte. Okay, in der Szene haute ich voll auf den Putz, aber mit Mädchen lief bis dahin so gut wie gar nichts. Das kam erst im Frühjahr '92, als ich zum ersten Mal von Venus hörte, die natürlich anders hieß, sich aber selber so nannte. Shek war mit ihr zusammen und tauchte eine Zeit lang quasi unter. Das ging nur einen Monat lang, dann war wieder Schluss.

Venus war eine reine Fame-Bitch. Sie hatte selber mit Sprühen nicht viel am Hut, taggte nur ab und zu mal ihren Namen, lief aber im Winter, als sich die Writer wieder am Friedrichstraßen-Corner trafen, weil es am McDonald's-Corner zu kalt wurde, oft mit ein paar anderen Mädels auf und hing bei den Writern rum. Sie war ein richtiger Groupie. Die anderen kotzten über Venus nur ab. Arunski und die Leute, die mehr mit Musik zu tun hatten, kannten sie von früher aus der Club-Szene und lästerten voll ab, als Shek mit ihr zusammen war, so von wegen wie kann der nur mit so einer was zu tun haben?! Es wurde aber nie genau gesagt, warum, sondern hieß immer nur, die Frau ist 'ne Schlampe, und fertig.

An dem Tag war ich ziemlich mies drauf und wollte nach der Arbeit nur mal kurz am Corner vorbeischauen, um zu gucken, was anliegt. Das war wie in den Briefkasten gucken. Es war schon wieder eine ganze Meute da versammelt, die abends auf eine Party in die Kulturfabrik Lehrter Straße gehen wollte. Poet fragte, ob ich nicht mitkommen wollte. Ich hatte zwar eigentlich keinen Bock, aber er überredete mich dann noch.

Wir zogen los, eine ganze Gruppe von vielleicht 20 Leuten, lauter Writer, ein paar Mädels dabei, unter anderem Venus, ein richtiger Chaos-Haufen. Unterwegs räumten wir erst mal eine Tankstelle leer, nahmen anfangs nur einzelne Sixpacks, die vor der Tür auf einer Palette standen, aber weil das nicht für alle reichte, rannten wir dann noch mal geballt im Pulk hin, griffen jeder vier, fünf Sechserpacks und rannten einfach weg. Der Kassierer sah das zwar, aber scheißegal! Was soll's?! Wir waren versorgt.

An der nächsten Ecke setzten wir uns gemütlich auf eine Mauer, hauten uns erst mal die Hucke voll und waren richtig gut drauf, als wir auf die Party kamen, wo schon die Hölle los war und wir uns nur noch einzuklinken brauchten. Wir gingen voll ab, hatten unseren Spaß und tanzten wie die Wilden. Venus bewegte sich total aufreizend, und ich ging voll drauf ein, tanzte mit ihr, machte sie ein bisschen an, sie machte mich ein bisschen an, spielte mit mir, bis wir dann irgendwann rausgingen und uns unterhielten.

Sie redete die ganze Zeit nur über Sex, aber anders, als ich es bisher mitbekommen hatte, einfach ernsthafter. Und voll kalkuliert. Sie redete nur darüber, um mich heiß zu machen. Ich wusste gar nicht, was los war. Sie war vollkommen selbstbewusst und laberte den ganzen Abend lang Schwachsinn, von wegen, sie würde alles erreichen, was sie wollte, wenn sie es drauf anlegen würde, könnte sie mir sogar noch den Lichtschalter da an der Wand verkaufen. Irgendwie fand ich das geil. Ich spürte eine richtige Faszination für sie. Dass so viele Leute mir von ihr abrieten und meinten, ich sollte die Finger von ihr lassen, reizte mich nur noch mehr.

Wir saßen den ganzen Abend da und quatschten. Irgendwann kam die ganze Meute raus. Sie wollten zum Ku'damm weiter. Venus war auch noch mit einer Freundin in einem Club in der Nürnberger Straße verabredet und wollte, dass ich sie ein Stück begleite. Auf dem Weg vom Ku'damm zur Nürnberger waren wir dann allein. Sie guckte mich an mit einem Blick wie ein Vorschlaghammer, einem Blick, der sagte, küss mich, du Penner! Ein Blick, wie ich ihn noch nie gesehen hatte. Sie hatte das unglaublich gut drauf, so dreist, einfach geil.

Ein paar Jahre vorher hatte ich es mit der Araberin nicht mal in einem stockdunklen Zimmer auf die Reihe gekriegt, und plötzlich küsste ich Venus auf offener Straße. Ich wusste gar nicht, wie mir geschah. Ich war voll happy und total perplex.

Zwei Tage später fuhr sie nach Israel. Sie ist Jüdin und flog also quasi in ihre Heimat. Wie ich später erfuhr, wollte sie unbedingt noch vor der Reise klarmachen, dass wir zusammenkommen. Sie hatte das vollkommen durchgeplant. Und es war ihr geglückt. Wir waren zusammen. Ich wusste anfangs gar nicht richtig, was das bedeutete. Aber okay, dann war ich halt mit Venus zusammen. Irgendwie gefiel mir der Gedanke.

Meine Freunde hassten mich dafür. Am schlimmsten war es, wenn Arunski und Venus aufeinandertrafen. Dann warfen sie sich ständig gegenseitig Blicke zu, die der blanke Hass waren. Shek störte es nicht weiter, dass ich jetzt mit Venus zusammen war. Ihm hatte die Zeit mit ihr nicht viel gebracht, und wenn es mir mehr bringen würde, war ihm das recht. Ich hing sowieso mehr mit ihm rum als mit ihr, so dass unsere Freundschaft davon nicht besonders beeinflusst wurde. Wir cruisten mit seinem Al Camino durch die Gegend, machten Welle am Corner und hingen immer öfter mit zig Leuten bei Adrian rum, der richtig cool draufkam. Wir zogen Joints bei ihm durch, quatschten und malten und verstanden uns immer besser. Phos war mit dabei, Arunski und Azad, Shek natürlich und ich, Inka lief da oft auf, ab und zu schaute Amok vorbei – langsam wurden wir zu einer richtigen Clique.

Inka war längst nicht mehr der Toy, den wir am Zug introduced hatten, sondern ein richtig guter Writer. Er redete oft davon, dass er ein eigenes Magazin auf die Beine stellen wollte, ein Berliner Magazin, mit den besten Bildern der Stadt, das er dann »Overkill« nennen wollte. Er leierte alles an, redete mit tausend Leuten, besorgte die Fotos und kriegte raus, wie das alles funktionierte. Amok, Phos und ich halfen dabei. Was dann dabei rauskam, sprach mal wieder für sich. Die Qualität des Magazins, so wie es aufgemacht war, war typisch Berlin, einfach voll chaotisch. Trotzdem hatte »Overkill« Kultstatus, weil halt die geilen Bilder drin waren und die Leute wussten, wer dahintersteckte.

Meistens saßen wir dazu bei Adrian und machten unsere Pläne. Amok hielt das ganze Sprüher-Volk erst mal aus seiner Wohnung raus, weil er sich immer darüber aufregte, dass wir bei Adrian nur kifften und soffen, um dann auf irgendwelche Partys zu gehen. Darauf hatte er keinen Bock. Wir versuchten zwar ständig, ihn zum Kiffen oder Trinken zu überreden, hatten aber keinen Erfolg. Keine Chance!

Irgendwann ließ Amok uns aber doch hoch zu sich in seine Wohnung. Das war ein komisches Gefühl, so boogie down mit dem King zu sein, dass man bei ihm rumsaß und quatschte. Denn richtig befreundet war eigentlich keiner mit ihm. Amok war älter und hatte ganz andere Ansichten vom Leben, mit denen wir nicht klarkamen. Wir waren die Leute, die einfach immer nur Spaß haben wollten, Partys, Kiffen und Trinken. In Amok sahen wir alle den Weisen, der was vom Leben versteht und sich ganz andere Gedanken macht als wir. In seiner Gegenwart wurden alle irgendwie zu kleinen Schülern, selbst Nec, den Amok irgendwie richtig gern hatte. Er war zwar nur noch ab und zu aktiv, und seine Bilder waren nicht unbedingt so toll, aber er hatte in der Nähe vom S-Bahnhof Großgörschenstraße seine eigene Hall of Fame, wo wir im Frühjahr, als es wieder wärmer wurde, öfter unsere Bilder machten.

Eines Tages war ich allein da und machte gerade ein Bild, mit dem ich sehr zufrieden war, zog gerade noch die letzten Linien und war fast fertig, da sah ich eine ganze Truppe da ankommen, Migel, Roc, Nec, Phos, Shek, Adrian und Amok. Oh, Mann! Ich stand da und sprühte unter dem Druck der ganzen Meute, die kamen an, guckten zu, gaben ihre Kommentare ab, alles gute Writer, die genau beurteilen können, was gut ist und was nicht, die jeden Fehler sofort sehen. Irgendwie war es auch ein tolles Gefühl, dann zu merken, den Leuten gefällt es. Vor allem Amok. Ich war völlig happy, war richtig zufrieden mit mir und der Welt, und da passte es einfach geil, dass Arunski dann meinte, ob wir nicht noch alle zusammen Basketballspielen fahren wollten. Wir düsten mit Sheks Al Camino los, ein paar vorne rein, ein paar auf die Ladefläche, wir machten den Beat, Arunski rappte dazu. Ein cooles Gefühl, auf der Ladefläche von dieser geilen Karre nach Zehlendorf zu fahren mit lauter Leuten, die gut drauf sind und den Groove haben, den Beat machen und sich gut fühlen, da unten dann ein bisschen Basketball spielen und Spaß haben! Das war die pure Harmonie, richtig cool.

Wir wuchsen richtig zusammen, waren oft bei Adrian und immer öfter auch bei Amok. Gerade Phos und ich waren oft da. Wir unterhielten uns mit ihm und lernten eine Menge. Das war für uns eine richtige Offenbarung. Wir dachten alle, naja, von Amok hat man anderthalb Jahre lang nichts gesehen, der ist eingeschlafen, und wenn er überhaupt noch malt, dann wahrscheinlich auf dem alten Level. Aber Scheiße, der Typ war richtig gut und entwickelte geile Sachen: lauter farbige Zeichnungen, die so sauber gemacht waren, wie ich das noch nie gesehen hatte.

Ich hatte auch durch Shek sehr viel gelernt, obwohl ich lange dachte, ich hätte mir das alles selber beigebracht. Shek erzählte eben nicht so viel wie Amok, er malte einfach. Aber dadurch, dass ich viel mit Shek zusammen war und sah, wie er das machte, lernte ich viel. Deshalb war Shek auch während der McDonalds-Zeit der eigentliche Leader für uns, der Vorzeigesprüher, an dem wir uns orientierten. Aber dann wurde es Amok. Man sah einfach die Qualitätsunterschiede. Amok ging mit mehr Wissen und Ernst an die Sache, mit mehr Bedacht. Ich war voll fasziniert von den Gedanken, die er sich machte, während er zeichnete, und dass er mir zum Beispiel erklärte, wie ein Pfeil besser wirkt in einem Piece, welche Elemente man einbauen kann, einfach viele Sachen, die richtungsweisend für mich waren.

LOSIN' LAZER

Parallel dazu waren wir immer mit SOS unterwegs und erzählten Amok dann, wo wir waren, was für Bilder wir gemacht haben und was für eine tolle Crew wir sind. Er hörte sich das ganz interessiert an, blieb aber skeptisch, weil wir halt auch immer wieder Randale machten, kifften und soffen und von einer Party zur nächsten zogen. Das war nicht Amoks Ding. So geil das mit Amok auch war, wir wollten weiter die Szene aufmischen und mit den Leuten vom Corner um den Block ziehen. Amok hatte zwar auch schon so manche Prügelei hinter sich, aber die Zeiten waren vorbei.

Oft war Lazer mit dabei, immer völlig begeistert und nur auf Action gepolt. Mir kam es vor, als würde ich ihn schon eine Ewigkeit kennen, aber irgendwann merkte ich, dass mit ihm was nicht mehr stimmte. Man konnte dabei zusehen, wie seine innere Ruhe verschwand, wie er vor allem abends bei den Partys ganz eigenartig drauf war, nicht richtig bei der Sache, immer etwas abwesend, mal voll aufgedreht und dann wieder richtig ruhig. Ich kannte das. Ich hatte so was schon mal gesehen und wollte das nicht noch mal erleben. Deshalb ging ich irgendwann hin und sagte ihm ganz klar, wenn er mal was anderes nehmen würde als Alkohol, dann gäbe es Schläge. Er wusste genau, was ich meinte, guckte mich aber nur an und tat so, als wüsste er gar nicht, wovon ich rede.

Man kriegte ihn immer seltener zu Gesicht. Er kam kaum noch zum Corner, und wenn man ihn mal auf einer Party sah, war er ganz eigenartig drauf. Irgendwann traf ich ihn mal zufällig im U-Bahnhof Yorckstraße, wo er ausgerechnet mit Sick rumhing, meinem alten Crew-Leader von NSK. Er war völlig merkwürdig drauf, das konnte man ihm ansehen. Ich guckte eine Zeit lang, wie er sich verhielt und was er so machte, und haute ihn dann an: »Sag mal, Lazer, hast du was genommen?« Er war völlig abwesend, irgendwie nicht richtig bei der Sache, lächelte nur völlig blöd und stritt alles ab: »Nee, nee, ich doch nicht.« Sick und ich hatten zwar noch nie das beste Verhältnis, aber ich fragte ihn dann trotzdem, ob sie was genommen hätten. Er hatte es besser verkraftet als Lazer, man sah ihm aber an, dass er drauf war. Er gab auch zu, dass sie ein Paper genommen hätten. Ich ging wieder zu Lazer rüber und fragte ihn, ob er sich noch daran erinnert, was ich ihm mal gesagt habe, was passieren würde, wenn er was anderes nähme als Alkohol. Man konnte es förmlich rattern hören in seinem Kopf, er versuchte nachzudenken, wurde langsam unruhig, immer aufgeregter, dann richtig panisch, steigerte sich da voll rein und flippte plötzlich aus, brüllte rum, er habe nichts genommen, wirklich nicht, ich solle ihn in Ruhe lassen, was ich denn überhaupt von ihm wollte, und fing fast an zu heulen. Die Angst auf dieser Droge war einfach zu viel für ihn. Er rastete völlig aus, schrie rum, guckte mich dabei aber nicht mal an und brüllte irgendwann, er werde es nie wieder machen, nie wieder, er würde es mir versprechen. Okay, dachte ich, lass ich es gut sein.

Kurze Zeit später traf ich ihn im »Rock it« an der Karl-Marx-Straße. Er war wieder völlig drauf. Ich konnte es nicht mitansehen, packte ihn mir und verpasste ihm eine leichte Schelle. Nichts Weltbewegendes, schon weil ich Angst hatte, dass er erst recht drauf hängenbleibt, wenn ich ihn richtig schlage. Aber das musste einfach sein. Ich war es ihm einfach schuldig, dass ich es wenigstens versuche. Ich musste immer daran denken, dass ich Bus auf die gleiche Art und Weise verloren hatte. Da musste ich ihn einfach schlagen, auch wenn mir klar war, dass es das nicht bringen würde. Es war der letzte Versuch, bevor ich es aufgab.

Man kriegte ihn kaum noch zu Gesicht, und als ich ihn vor kurzem mal wieder traf, sprach ich ihn darauf an, ob er sich noch an früher erinnern kann, an die lustigen Zeiten am Friedrichstraßen-Corner, an die ganzen Partys und Aktionen, die wir zusammen durchgezogen haben. Da kriegte er einen ganz sanften, fast verzweifelten Blick, wollte es aber eigentlich gar nicht hören und wechselte schnell das Thema. Er treibt sich nur noch in der Techno-Szene rum und ist völlig verändert. Es tut weh, wenn man weiß, wie der Junge früher drauf war. Alle mochten ihn, er war überall beliebt, weil er einfach sehr, sehr viel Gefühl hatte. Aber das ist heute alles kaputt. Völlig.

Es tut einfach weh, wenn man weiß, wie gut der Junge mal drauf war. Er machte ständig irgendwelche Action, bombte wie kaum ein anderer, hatte überall seine Tags und richtig Spaß an der Sache. Wenn ich nur an diese Beatbox-Aktion denke, als wir an der Friedrichstraße die Tür zu diesem BVG-Häuschen zuhielten und Lazer mit einem Dreikantschlüssel an diese Sprechanlage ging, wo normalerweise dieses »Zurückbleiben!« reingebrüllt wird. Er machte da rum, kriegte das Ding ans Laufen und brüllte allen möglichen Mist in die Anlage, Achtung, Achtung! Feuer! Alarm! Und Yoogeen machte dazu täuschend echt die Sirene, so perfekt, dass auf dem Bahnhof eine richtige Panik ausbrach und alles wild durcheinanderrannte. Voll die Panik, voll die Action! Keiner wusste, was los war. Nur wir. Das war typisch Lazer. Wir hatten einen Riesenspaß!

Mit ihm zusammen war einfach immer was los. Selbst wenn es ganz harmlos anfing, so wie bei der Aktion unten in Wannsee, wo wir mit Skume runtergefahren waren, um ein paar Pieces zu machen, einfach ein paar Throw-ups, nur so, dass sie am nächsten Tag fahren. Es ging auch alles klar, bis wir von Wannsee nach Nikolassee gingen, um da den Nachtbus zu nehmen, weil die S-Bahn nicht mehr fuhr. Skume und ich hatten noch eine Monatskarte oder gerade mal Geld, um eine Fahrkarte zu holen, aber Lazer war blank und quatschte den Busfahrer voll, dass er ihn einfach so mitnimmt. Keine Chance. Der Fahrer war völlig stur und hatte richtig Schiss, dass er seinen Job verliert, wenn das rauskommt. Lazer laberte und laberte und wurde irgendwann voll sauer, spuckte dem Typen ins Gesicht, rannte aus dem Bus, einmal rum und haute auf der Fahrerseite den Außenspiegel ab. Da war klar: Das war zu viel, jetzt ruft er die Bullen, jetzt gibt's Action. Wir also losgerannt und uns noch die ganze Nacht da um die Ohren geschlagen, weil plötzlich überall Bullen auftauchten, Zivis und richtige Wannen. Ausgerechnet Lazer, der das Ganze angezettelt hatte, kam gleich weg, und Skume und ich rannten bis zum nächsten Morgen von einem Wäldchen ins nächsten, waren sogar schon von den Bullen umstellt, hatten dann aber mehr Geduld als die, legten uns beim Abhauen einmal fett auf die Fresse, und erst als weit und breit kein Bulle mehr zu sehen war, konnten wir zu einem ganz anderen S-Bahnhof laufen und endgültig abhauen, weil da längst schon wieder Züge fuhren. Und das alles wegen so einer Scheiße. Nicht mal wegen dem Sprühen, sondern nur, weil Lazer kein Geld für ein Busticket hatte und voll die Action machte.

Bei so was war Lazer immer voll dabei. Ich weiß nicht, warum ihm die Drogen dann mehr brachten als das Writing, warum er keinen Bock mehr auf die Szene hatte. Es tat einfach weh zu sehen, wie er sich von uns abwendete und was dann aus ihm wurde.

Irgendwie war die Szene ein Stück ärmer ohne Lazer, aber keiner nahm das richtig wahr. Wir machten einfach weiter. Ich hing oft bei Amok oder Adrian rum, lief jeden Tag am Corner auf und traf da meistens auch Venus. Für sie war es immer wichtig, sich mit mir in der Szene blicken zu lassen. Das verstand sie unter Zusammensein. Ansonsten lief nicht viel. Sie wollte, dass ich ihren Namen in meine Bilder schreibe, dass in Odems Pieces Venus auftaucht. Das war ihr wichtig. Und ich machte es. Ich hatte sowieso nur ein Ziel. Meine moralischen Bedenken waren längst gefallen, und ich wollte nur noch eins. Aber sie wehrte immer ab: »Ich bin stolze Jüdin und Jungfrau. Sex ist für mich gar nicht drin.«

Ob das, was dann irgendwann doch ablief, gut oder schlecht war, ist eine andere Sache. Wir waren fast jeden Tag zusammen, hatten uns aber nicht viel zu sagen. Wenn, dann waren es meistens Streitereien. Sie war ständig eifersüchtig, wenn ich mit den anderen unterwegs war, und glaubte immer, ich würde dann reihenweise Mädels abschleppen. Aber da lief nie richtig was. Sie machte zwar selber alle Typen heiß und brauchte das richtig, auf Partys die Typen so krass anzumachen, dass sie dann irgendwann ankamen und mehr wollten und sie sagen konnte, nee, läuft nicht. Aber gleichzeitig war sie voll eifersüchtig. Das nervte einfach, faszinierte mich aber irgendwie auch. Sie spielte ständig irgendwelche Rollen, war nur selten sie selbst und lieferte jeden Tag was Neues. Mal war es diese Rolle, mal war es jene. Aber das war eben das Interessante an ihr. Die meisten Writer, vor allem die Mädels, waren sehr einfach zu lesen und irgendwo als Menschen nicht interessant. Venus war ganz anders. Sie öffnete mich für anderes, mir völlig Unbekanntes.

Sie ist ein todunglücklicher Mensch. Vor allem wegen ihrer Eltern musste sie viel durchleiden. Manchmal wollte sie dafür bemitleidet werden, und dann genoss sie es wieder, richtig böse zu sein. Meistens wurde sie von dem unglücklich Bösen in ihr beherrscht. Sie musste rauslassen, was in ihr war, um nicht selbst zerstört zu werden. Darin konnte sie richtig kreativ sein. Ehrlich zu sich selbst war sie nur, wenn ich sie wirklich stellte und voll entschlossen war, definitiv Schluss zu machen. Dann verliebte sie sich wirklich in mich, weil sie einfach jemanden brauchte. Erst dann, wenn sie wirklich ehrliche Tränen weinte, sah man ihren wahren Charakter. Sonst sah man ihn nie, dann war sie jeden Tag eine andere Figur, spielte jeden Tag eine andere Rolle. Die Show, die sie mir vorspielte, war ganz, ganz seltsam. Schon dieses Szenedenken: Du musst wissen, wie du wirkst, wissen, wo du aufzutauchen hast, wissen, was abgeht, darfst nichts verpassen.

Ich brauchte nur mal mit Shek für ein paar Tage wegzufahren, dann kriegte ich schon von irgendwem zu hören, dass Venus mit einem Typen weg war und die wohl jetzt zusammen wären. Das ging ständig so, ständig liefen solche Geschichten. In Sachen Treue klappte es einfach nicht. Irgendwo reizte mich das ja auch, das war die Action. Aber all meine Freunde, Arunski und so, sagten mir immer wieder, ich wäre vollkommen bescheuert. Die ganze Szene lachte über mich. Das verletzte natürlich meinen Stolz. Richtig krass wurde es, nachdem Torch aus Heidelberg in Berlin gewesen war und wir mit unseren Wessi-Kreuzzügen anfingen. Ich war nur ein paar Tage weg, und schon kriegte ich irgendeine neue Geschichte zu hören. Bei ihr liefen ständig irgendwelche Sachen nebenher, was mich aber nicht davon abhielt, durch den Westen zu touren. Ich hatte Blut geleckt, the Taste of Fame. Das war mir wichtiger. Stylism war Stylism. Venus war Venus, oder auch nicht.

GOIN' WEST

Ich hatte Torch schon auf der Jam in Frankfurt gesehen, aber nicht kennengelernt, und wusste nur, dass er ein sehr bekannter Mensch in der HipHop-Szene ist, der deutsche Leader der Zulu-Nation und vor allem der MC von Advanced Chemistry. Shek kannte ihn, und als Torch dann mal in Berlin war, düsten wir alle zusammen mit dem Al Camino durch die Gegend, machten Welle, quatschten ein bisschen rum und kriegten irgendwann von Torch zu hören: »Jungs, kommt nach Wessiland! Da könnt ihr richtig Fame machen. Bombt die Silberzüge! Die Leute sind heiß auf euch!« Wir anderen guckten uns an, fanden die Vorstellung irgendwie gut und meinten: »Okay, machen wir!«

Wir überlegten uns das. Torch hatte uns richtig heiß gemacht, was man da reißen kann. Das faszinierte uns – und motivierte uns, Inka, Phos und mich, uns tatsächlich ein Tramper-Monatsticket zu besorgen und loszufahren, einen Monat lang kreuz und quer durch

Deutschland, von einer Stadt zur anderen, worauf wir gerade Bock hatten, immer unterwegs und überall gesprüht. Wohin wir kamen, machten wir Züge, einen nach dem anderen. Wir kamen an, trafen Writer aus den Städten, wo wir waren, hingen mit denen rum, ließen uns die besten Stellen zeigen, gingen in die Yards, machten Züge, chillten noch ein bisschen ab und fuhren weiter. Wir pflasterten ganz Deutschland mit unseren Pieces. Es war der absolute Hardcore-Erfolg! Überall trafen wir Leute, bei denen wir pennen konnten und die uns das Gefühl gaben, dass sie nur auf uns gewartet hätten, auf die Hardcore-Writer aus Berlin. Es war der totale Triumphmarsch! Ein Siegeszug! Vor allem in Heidelberg, wo wir Leute kennenlernten, die richtig geil drauf waren. Wir dachten sogar, richtige Freunde gefunden zu haben. Zumindest waren das Leute, mit denen man sich richtig gut verstehen konnte. Und damals nannte ich so was Freunde. Vor allem mit Kane, einem gebürtigen Chilenen, der in England aufgewachsen war, schon ein paar Jahre in Heidelberg lebte und richtig gute Styles drauf hatte, auf Berliner Niveau, was für Wessiland eine Sensation war, vor allem mit ihm und seinen Leuten verstanden wir uns richtig gut. Oder wir hingen mit den Leuten von Advanced Chemistry rum.

Die zeigten uns das Depot, und gleich in der ersten Nacht gingen Inka, Phos und ich dahin, zauberten unsere Züge und ernteten Respekt, weil ich einfach aus dem Kopf in Silber mein Odem sprühte. Die wunderten sich nur, wie schnell wir waren, wie hast du das gemacht, aus dem Kopf, so schnell? Die waren das gar nicht gewohnt, kannten keinen Konkurrenzkampf, hatten immer voll die Zeit und konnten ganz gemächlich sprühen. Zumal die Polizei wahrscheinlich nicht mal raffte, dass die Züge da gemacht wurden.

Wenn wir keinen Bock mehr auf die Heidelberger hatten, fuhren wir einfach weiter, mal hierhin, mal dorthin, waren in Frankfurt, machten in Köln Station, fuhren nach Dortmund und wieder runter nach Heidelberg, machten überall unsere Bilder, Zug um Zug, vor allem Silberlinge, diese silbernen Regionalzüge, die oft auf langen Strecken eingesetzt werden und von denen noch ein halbes Jahr später welche fuhren. Es war der hammermäßige Erfolg! Das Wetter war geil, die Stimmung war gut, und nichts hielt uns auf. Gar nichts! Es war ein Durchmarsch!

Als wir zurückkamen, berichteten wir dann, was wir gemacht hatten, und die Leute waren begeistert. Selbst Amok, der mich dann auch Loomit gegenüber sehr gelobt haben muss, als er mal in Berlin war und ich ihn zum ersten Mal richtig traf. In Frankfurt auf der Jam dachte ich noch, ich hätte nicht genug vorzuweisen, und wollte nicht mit ihm reden. Aber nach dem Wessi-Kreuzzug war ich wer. Loomit verstand, was Amok rüberbringen wollte, und meinte gleich, okay, den Jungen nehme ich mit nach München. Den beiden habe ich es zu verdanken, dass ich überhaupt bekannt geworden bin. Nur den beiden. Vor allem Amok. Hätte er gesagt, der Junge ist Scheiße, wäre nichts daraus geworden.

An dem Abend raffte ich es noch gar nicht. Wir hingen alle zusammen unten bei Adrian rum. Amok, Adrian und Loomit saßen in der einen Ecke und unterhielten sich. Arunski, Azad und ich in der anderen, völlig zugekifft, total breit, und lachten uns ständig nur über die blöden Sprüche von Azad tot. Ich kriegte gar nichts mehr mit. Erst als Adrian mir später erzählte, dass Loomit mich einladen würde, peilte ich, was abgegangen war. Ich hing mit Shek rum und mit Amok, und ich wurde von Loomit nach München eingeladen. Drüber gab es nichts mehr! Ich hatte es geschafft!

Mein Name kriegte immer mehr Gewicht. Plötzlich lud mich einer wie Loomit nach München ein! Das war krass, aber irgendwie auch logisch. In Berlin hatten wir alles erreicht, was es zu erreichen gab. Und dann kam der Wessi-Kreuzzug, der totale Erfolg. So was hatte vor uns noch keiner gemacht. Schon gar nicht in der Qualität. Wir waren top, und Loomit umgab sich gern mit solchen Leuten. Seine Wohnung in München war Anlaufstation für Writer aus der ganzen Welt. Ständig hingen da die besten Leute rum, die er irgendwo auf seinen vielen Reisen kennengelernt hatte oder die seine Adresse von irgendwo gekriegt hatten und dann bei ihm abstiegen, mit ihm rumchillten und sprühen gingen.

Technisch gehört Loomit zu den Besten. Absolut. Er kann mit der Dose so gut wie alles machen und ist wirklich ein Top-Grafiker, aber irgendwie denkt man immer, was hat der eigentlich in der Szene zu suchen? Ihm fehlt das richtige Writing-Fever. Er soll zwar früher ein paar illegale Sachen durchgezogen haben, aber heute macht er viel Kommerz und zieht das knallhart durch. Damit kann ich nichts anfangen. Wofür ich ihn allerdings bewundere, ist sein Eifer und sein Arbeitswille. Wie er kämpft für ein Bild, wie er sich abrackert, wie er sich ins Zeug legt, das ist wirklich vorbildlich. Außerdem hat er tierisch was auf dem Kasten und ist richtig gebildet. Soweit ich weiß, hat er sogar ein Studium beendet. So was gibt es wirklich selten, ein Typ, der so gebildet ist und dazu auch noch sprüht, das hat mich sehr fasziniert. Und deshalb wurde München dann auch zur festen Station auf unseren Kreuzzügen durch den Westen.

In Berlin kannte uns längst so gut wie jeder, auch wenn wir es noch nie auf die Reihe gekriegt hatten, mal alle zusammen was zu sprühen. Das wollten wir ändern, wollten uns am Stadion der Weltjugend ein Denkmal setzen, eine richtig geile Wand machen, unsere eigene Hall of Fame. Es lief eine tierisch lange Mauer um dieses Stadion herum, vollgesprüht mit allen möglichen Sachen, Hooligan-Parolen und irgendwelchem Polit-Kram, von oben bis unten, die ganze Mauer entlang, und wir dachten uns, ey, das ist eine geile Stelle, hier stört es niemanden, hier wohnt kein Schwein, nur totes Gelände rundherum, wir streichen die Mauer und machen dann ein Bild neben das andere, auf der ganzen Länge.

Wir liefen mit einer ganzen Meute da auf, Migel, Adrian, Amok, Roc, Inka, Shek und ich, und hatten auch schon angefangen, hatten drei, vier richtig geile Bilder fertig und wollten noch weitermachen, ein Bild neben das andere zu setzen, waren richtig in Schwung, als plötzlich fünf Bullenwagen kamen. Scheiße! Was wollen die von uns? Es stört doch keinen, wenn wir hier sprühen! Wir hatten nichts zu verbergen und sprühten einfach weiter. Abhauen machte auf dem offenen Gelände sowieso keinen Sinn.

Die Bullen stiegen aus und ließen gar nicht mit sich reden. Der eine kam gleich an und forderte mich auf: »Dosen in die Tasche und runter zum Auto!« Ich reagierte nicht drauf und ging erst mal zu den anderen, um mit denen abzusprechen, was wir jetzt machen. Der Bulle kam gleich hinter mir her, riss mich rum und brüllte mich an: »Ich habe gesagt, Dosen einpacken und runter zum Wagen!!!«

»Hey, Alter, bleib mal locker.«

Er wurde voll aggressiv, packte mich und versuchte, mich die Böschung runterzuschubsen. War der noch ganz richtig im Kopf? Ich wurde richtig sauer, packte seine Jacke, hielt ihn fest, er schubste weiter, wir kamen ins Stolpern und trudelten zusammen die Böschung runter, als ob wir tanzen würden. Migel und Roc schrien immer nur: »Hau ihm eine, hau ihm eine!«

Aber Amok beschwichtigte: »Kommt, bleibt ruhig. Nützt ja nichts!« Okay, lieber keinen Stress machen. Trotzdem legten mir die Bullen gleich Handschellen an und bugsierten mich ins Auto, um meine Personalien aufzunehmen. Draußen kassierten die anderen Bullen alle Dosen und räumten richtig ab. Als sie klar Schiff gemacht hatten, ließen sie uns laufen.

Scheiß-Aktion. Es sollte eine richtig geile Wand werden, die für unglaubliches Aufsehen gesorgt hätte. Die Besten von Berlin, alle auf einer Wand, das hätte geknallt ohne Ende. Aber danach hatten wir keinen Bock mehr. Es wurde zwar nichts Großes draus, gab keine Anzeige oder so was, aber wir hatten einfach die Lust verloren.

THE KING CREW

Ein paar Tage drauf holte mich Arunski wie jeden Freitag von der Arbeit ab, kam vorbei, eingeshaked, hallo, alles klar, noch einen Moment mit Neco geplaudert, dann zu Arunski nach Hause, ein bisschen abgehangen, Fernsehen geguckt, Arunski machte Krafttraining, ich schaute zu, erst mal Bier kaufen, sich ein bisschen zurechtmachen, dabei trinken und dann zu Adrian, ein bisschen labern, was rauchen und überlegen, wohin wir gehen, auf eine Party, in einen Club, was liegt an?

So lief das jeden Freitag. Es war einfach cool. An dem Freitag kam Arunski aber ganz anders rüber. Er grinste die ganze Zeit so komisch.

»Was ist denn mit dir los?«

»Ich muss dir was erzählen.«

»Was denn?«

Er guckte mich gar nicht richtig an und sagte ganz cool:

»Amok ist bei SOS.«

Nein! Nein, das konnte nicht stimmen! Ich konnte es gar nicht fassen! Amok bei SOS?

»Erzähl, Arunski, lass hören!«

Arunski erzählte, dass sie zusammen unterwegs waren und Amok Scherze über SOS machte. Er hatte immer so eine Art, bestimmte Dinge lächerlich zu machen, aber das war nie böse oder abwertend gemeint. Arunski und Amok unterhielten sich über SOS, und dann kam es, dass sie sich einen Shake gaben: »SOS?«

Und Amok sagte: »Okay, SOS.«

Als ich das hörte – ich war so glücklich! Ich war der glücklichste Mensch der Welt! Ich war – ich konnte es gar nicht glauben und musste mich erst mal selbst davon überzeugen, dass es wirklich so war, dass Amok wirklich bei SOS war, dass ein Traum wahr geworden war. Ich fragte. Und Amok sagte, es stimmt.

Oh, das war so geil! Amok war richtig krass motiviert, wollte richtig Action machen, richtig was starten mit SOS, und stylte erst mal ein Logo, ein richtig geiles SOS-Logo, das wir uns dann alle tätowieren lassen wollten.

Vor allem Arunski und ich waren voll begeistert davon, Bisaz wäre dabei gewesen, kommt, lasst uns ein Zeichen machen! Aber es wurde nichts draus. Amok und Shek zögerten, obwohl Amok ansonsten voll dabei war, direkt eine SOS-Mappe anlegte und uns allen in den Arsch trat, unsere Fotos mitzubringen, damit wir eine richtig schöne Mappe machen konnten. Jeder brachte sein Zeug ran, und Amok stylte daraus ein Ding, das wir auf allen Jams dabeihatten und den Leute zeigten. Denen flogen die Augen weg! So was hatte es in Deutschland noch nicht gegeben. Man merkte, was für einen Respekt andere Writer auf einmal hatten, auch Neid, klar, aber vor allem richtig krassen Respekt vor der Meute, die bei SOS zusammengekommen war. Wir waren die absoluten Kings. SOS rules. Es gab nichts anderes. International schlugen wir ein wie eine Bombe, und in Berlin nahmen wir den anderen einfach die Luft. Sie konnten neben uns nicht mehr existieren. Wir standen über allem. In allen möglichen Magazinen las man nur noch unsere Namen, überall waren unsere Bilder drin, und Akim kündigte in »On The Run«, dem Magazin, das er in München rausbrachte, für die nächste Ausgabe an: »Berlin's Finest: SOS-Crew«. Das waren Momente, die waren einfach unbeschreiblich geil!

Es war eine absolut glückliche Zeit. Wir waren die Crew der Kings und hingen immer zusammen rum. Wir liefen zusammen bei den Jams auf, sorgten für Aufsehen und ernteten Respekt. Alle kannten uns, und auf einmal passierte mir das, was ich in Frankfurt bei den ganz Großen, bei Loomit, Amok und More 2, gesehen hatte: Die Toys kamen zu mir, ey, Odem, taggst du mir deinen Namen in mein Blackbook, machst du mir einen Style, krieg ich eine Skizze? Und ich gab ihnen, was sie wollten.

So oft wir Geld hatten, kauften wir ein Tramper-Ticket und zogen los. Bei der Ziegner-Stiftung kriegte ich gut 500 Mark im Monat, 300 zahlte ich für das Ticket, ließ mich krankschreiben und ging auf Tour. Wir machten kaum noch was in Berlin und verlagerten alles auf die Wessi-Touren. Meistens mit Phos und Inka, obwohl der nie bei SOS war, und dann machten wir alles voll, schrieben alles voll mit SOS, verbreiteten den Namen immer weiter, fuhren ständig hin und her und ernteten Fame ohne Ende. Alles war voll mit Bildern, wie sie die Leute in Deutschland noch nicht gesehen hatten, pro Tour vier, fünf Züge und drei Wandbilder, manchmal weniger, nur ein Zug und zwei, drei Wandbilder, wenn wir in Heidelberg mit den Leuten nur ein bisschen rumchillten, zeichneten, quatschten. Mehr Bilder hatten wir nicht nötig, denn was wir machten, hatte den Spirit. Wir fuhren weiter, von einer Jam zur anderen, ließen uns feiern, genossen den Aufruhr, wenn die Crew der Kings auflief, düsten immer kreuz und quer durchs Land, München, Heidelberg, Frankfurt, Köln, Dortmund, sammelten Fame, Respekt, Bewunderung, verteilten unsere Tags und Credits, lernten tausend Leute kennen und trafen beim Battle of the Year in Celle die Leute aus Aschaffenburg, Zwillinge, ganz, ganz coole Jungs, die das Magazin »Tuff Stuff« machten und völlig schüchtern ankamen, ob wir nicht ein paar Fotos geben wollten und vielleicht auch ein Interview. Also fuhren wir auch da hin, hatten dann eben auch Leute in Aschaffenburg, wo wir öfter abhingen, Station machten bei unseren Touren, bevor wir wieder weiterzogen zur nächsten Jam, zum nächsten Zug, zurück nach Berlin, wo dann plötzlich Fanpost kam von einem Typen, der Bilder von mir in einem Magazin gesehen hatte und mir in einem Brief seinen Respekt bezeugte, ohne darauf zu achten, ob das einen Imageverlust für ihn bedeutete oder nicht. Viele denken, es wäre einer, also lieber hart bleiben, nichts sagen, nichts rauslassen. Aber dieser Typ setzte sich einfach hin und schrieb, dass er meine Bilder gut fand. Das machte mich so stolz. Genauso stolz wie der Zug, den Amok zur gleichen Zeit mit einem Mitglied von UA, den United Artists, machte, dieser glorreichen Crew aus New York. Auf einmal standen SOS und UA nebeneinander. Das war einfach unfassbar, der reine Wahnsinn! Dieser Typ stellte unseren Namen auf die gleiche Stufe mit dem Größten der Szene. Neben diese ruhmreiche New Yorker Legende UA! In diesem Namen steckt so viel Entwicklung in New York. In den Buchstaben stecken Jahre voller Erfahrung, voller Power, New-York-Power, und unser Name stand daneben, auf einer Stufe.

Heute wird von begeisterten Writern ständig geforscht, wer hat was in das Writing eingebracht, wer hat seine Styles mit anderen gemischt, wer hat als erster 3-D-Buchstaben gemacht, wer hat als erster Pfeile gemacht in Buchstaben, wer hat als erster Whole Cars gemacht, wie haben sich die Stile entwickelt? Writing gibt es seit fast 30 Jahren. Und der Name UA ist dabei einfach nicht wegzudenken. Das sind Helden des Writing. Und plötzlich standen wir direkt neben denen.

Wir waren die Kings, gingen zwar nie zusammen, aber immer wieder in verschiedenen Kombinationen los und sprühten unseren Namen. Wir wurden richtig nachgefragt, machten viele Aufträge, kriegten geile Angebote und sprühten gegen Cash irgendwelche Wände, wo die Leute erkannt hatten, dass sie geiler kommen, wenn wir sie besprüht haben. Da hatten wir dann Dosen ohne Ende und alle Zeit der Welt, hatten richtig Möglichkeit zum Zaubern und zauberten.

Die Arbeit interessierte mich sowieso nicht mehr. Für mich stand längst fest, dass ich niemals Schildermaler werden würde. Ich machte ständig blau und war unterwegs, ständig auf der Piste, den ganzen Sommer über, und landete irgendwann mal mit Poet in Heidelberg, einfach nur zum Checken, nur, um mal hallo zu sagen. Poet kannte das noch nicht, diese Heidelberger Atmosphäre, diese Gemütlichkeit und Langeweile, diese Ruhe und diese freundlichen Leute, also ab nach Heidelberg. Am Bahnhof wurden wir richtig geil empfangen. Ein paar Leute chillten da in der Sonne rum und warteten auf uns, freuten sich richtig, uns zu sehen, hey, cool, dass ihr da seid, wie geht's, das ist Poet, Hallo, Shake, wollt ihr was trinken, kommt, lasst uns zu mir gehen, was treibt ihr so, erzählt mal. Es war richtig geil, wieder da zu sein.

Um sprühen gehen zu können, brauchten wir wieder ein paar Dosen, wollten welche zocken und hauten die Heidelberger an, wo man das am besten könne. Sie kannten einen riesigen Baumarkt auf der grünen Wiese und fuhren uns hin, blieben aber im Auto, weil man sie da drin schon kannte. Okay, gingen also Poet und ich allein rein. Wir hatten aber nichts dabei, womit wir die Dosen rausschleppen konnten, schlenderten also erst mal in die Taschenabteilung, holten uns eine, machten mit einem Feuerzeug das Etikett ab und den Preis und gingen dann zum Dosenregal, guckten, wo die Dosen stehen, guckten, wer hier Detektiv sein könnte, guckten, ob man uns sehen kann und wie wir wegkommen. Alles klar. Nur einen Typen gab es da, der wuselte die ganze Zeit um uns rum und guckte viel zu auffällig.

»Hey, Poet, das ist ein Detektiv. Hundert Prozent!«

»Der doch nicht. Guck mal, was der für einen komischen Hut aufhat. Der nicht. Und selbst wenn. Der ist langsam. Dem rennen wir weg.«

»Und wenn der Verstärkung ruft?!«

»Kein Problem.«

Poet hatte in Heidelberg nur diese freundlichen Leute gesehen und dachte wohl, die raffen gar nichts. Jedenfalls nahm er die Tasche, packte einfach alle Dosen rein und latschte ganz gemütlich Richtung Ausgang. Um es glaubhafter zu machen, kaufte ich noch eine Schachtel Zigaretten, wollte gerade mit Poet durch die Kasse, da kamen drei Typen an – einer davon der mit dem Hut: »Kommen Sie bitte mit, Sie werden des Ladendiebstahls beschuldigt.« Scheiße!

Die Typen nahmen uns in ihre Mitte, Poet lief mit der Tasche vor mir her, neben ihm ein Detektiv, ich dahinter, auch einen Detektiv an der Seite. Und einer hinter uns. So latschten wir in Richtung Büro, als ich merkte, dass Poet sich was ausdachte. Er guckte rum, wurde nervös, und ich wusste, jetzt passiert was, Poet versucht's. Für mich hätte das nichts gebracht. Ich war zu langsam und hätte auch gar nicht gewusst, wohin ich rennen sollte. Außer dem Parkplatz gab es da nichts, und wenn ich ins Auto reingesprungen wäre, dann hätten sie die anderen vielleicht auch noch drangekriegt.

Ich guckte einfach nur, was Poet vorhatte. Es waren vielleicht noch fünfzehn Meter bis zu dem Büro, fünf Meter bis zum Ausgang, da guckte Poet sich um, wo der Detektiv war, kramte irgendwas aus der Hosentasche – ich dachte nur, hoffentlich zieht er jetzt nicht das Messer! –, ließ die Tasche fallen. Richtig krachend, richtig mit Getöse, so dass der Detektiv sich voll erschrak, stehen blieb und Poet gleich greifen wollte, als der das Tränengas zog und es ihm mitten ins Gesicht sprühte, mitten rein. Der Typ schrie auf, voll krass, Poet drehte sich auf dem Absatz um und haute ab. Ich konnte einfach nicht anders und fing voll an zu lachen. Die Detektive regten sich natürlich voll darüber auf, brüllten Poet noch irgendwas hinterher und führten mich dann mit eisenhartem Griff ins Büro rauf, setzten mich da hin und riefen die Polizei.

Als die Bullen dann kamen und fragten, was passiert ist, war der Typ, der das Tränengas abgekriegt hatte, immer noch voll hysterisch und erzählte irgendwelches Blech, von wegen, ihm hätte einer ganz gefährliches Gift in die Augen gespritzt, der wäre ein Terrorist, wenn ich den erwischen würde und so. Völlig hysterisch. Der Bulle nur ganz cool: »Erzählen Sie mal in aller Ruhe.«

Der Leiter von diesem Schuppen hatte die ganze Zeit nichts gesagt und eigentlich nur zugeguckt. Auf einmal schaute der sich das Ganze genauer an und fragte völlig fassungslos mitten in diesen ganzen Tumult rein: »Wo haben Sie denn die Tasche her?« Mir war zwar eigentlich nicht nach Lachen zumute, aber da konnte ich nicht mehr. Der Spruch war einfach so geil. Er hatte die ganze Zeit so überlegen getan und machte einen Eindruck wie ein Kommissar aus dem Fernsehen, der ganz sicher ist, dass sie den Täter sowieso noch kriegen. Und dann auf einmal so ein langer Blick auf die Tasche und diese saublöde Frage.

Die Bullen brachten mich dann aufs Revier, waren aber total nett, machten halt ihren Job und waren völlig locker. Okay, und als sie dann auch noch sagten, dass ihnen der andere Typ entwischt ist, war für mich klar, wie es läuft: einfach alles auf ihn schieben.

»Woher kennen Sie ihn?«

»Ich kenne den gar nicht. Der hat mich in Heidelberg angesprochen. Wir haben ein bisschen gelabert, dann sind wir zusammen in den Baumarkt und haben geguckt, weil er unbedingt Dosen klauen wollte, die er für sein Fahrrad brauchte. Ich habe natürlich gesagt, dass das Scheiße wäre und er die nicht klauen kann. Ich habe dann gar nicht mitbekommen, dass er sie doch genommen hat.«

Der Detektiv hatte natürlich alles gesehen: »Natürlich haben Sie das mitbekommen, Sie haben ihm doch sogar die Tasche aufgehalten.«

»Ich? Sind Sie bescheuert! Wie soll ich denn das gemacht haben? Erzählen Sie doch keinen Mist.«

»Doch, doch, doch, ich habe es genau gesehen!«

So ging das eine Stunde lang, und dann ließen sie mich wieder laufen: »Sie hören noch von uns.« Im Grunde interessierte die das überhaupt nicht. Der Baumarkt-Typ erstattete zwar Anzeige, aber nach zwei oder drei Monaten kam dann ein Brief: Verfahren eingestellt. Sie konnten mir nichts richtig nachweisen, weil sie Poet nicht bekommen hatten. Hätten sie ihn gekriegt, wären wir beide drangewesen. Später am Abend trafen wir uns in Heidelberg wieder. Die Stimmung war natürlich geil. Wir freuten uns, dass wir heile davongekommen waren, und die Heidelberger waren beeindruckt: Die Berliner hatten mal wieder Randale gemacht, genau so, wie man es von ihnen gewohnt war. Die glaubten sogar, dass was davon in der Zeitung stehen würde. Aber es kam wohl nichts. Zumindest kriegte ich nie was zu Gesicht. Wir düsten allerdings kurz danach auch schon wieder ab, weil Arunski Geburtstag hatte und ich dann unbedingt in Berlin sein wollte.

FIGHTIN' FOR RESPECT

Ich hatte mir vorgenommen, in seiner Straße direkt vor seinem Fenster auf ein völlig zugeschmiertes Hoftor ein geiles Geburtstags-Piece für ihn zu sprühen, seinen Namen richtig schön abgestylt, vielleicht noch irgendwo ein Happy Birthday dazu. So stellte ich mir das vor. Am helllichten Tag, mittags, auf offener Straße, das war riskant, aber ich hatte das als Sor VI schon mal am Bahnhof Möckernbrücke gebracht, so dreist zu sprühen, dass jeder es für legal hielt. Warum sollte es an diesem Hoftor nicht wieder klappen? Das war schon so vollgeschmiert, dass es eigentlich niemand stören konnte, wenn da ein richtig gutes Bild hinkam.

Die Bullen sahen das anders. Ich hatte gerade mal angefangen, hatte vorgezogen und wollte gerade ausfüllen, da standen sie plötzlich hinter mir. Zum Glück nahmen sie nur meine Personalien auf und kassierten die Dosen. Dann ließen sie mich laufen. Ein paar Wochen später kriegte ich eine Vorladung, ging zu den Bullen und machte voll auf Reue. Ich hätte halt gedacht, es würde niemanden stören, ich würde das auch wieder überstreichen, wenn der Besitzer das wollte, und so auf die Art. Die Besitzerin, eine richtig alte Kuh, hatte aber schon Anzeige erstattet, und der Bulle, ein voll netter Typ, rief sie dann an und versuchte sie davon zu überzeugen, dass sie die Anzeige wieder zurückzieht. Die wollte erst gar nicht mit sich reden lassen. Irgendwann gab mir der Bulle aber dann den Hörer. Ich musste mich richtig blöd entschuldigen und versprechen, dieses beschissene Tor neu zu streichen. Aber sicher doch, aber natürlich, welche Farbe hätten Sie denn gerne. Oh Mann, wie das nervte! Und dann auch noch ein paar Tage später mit der billigsten Farbe aus dem Baumarkt da aufzulaufen, um das eigene Bild überzustreichen! Das tat richtig weh! Aber gut, sie zog die Anzeige zurück. Nette Frau.

Für den gleichen Tag, an dem ich das Geburtstags-Piece sprühen wollte, hatte Adrian einen richtig geilen Auftrag in der Volksbühne für mich klargemacht. Die brauchten für irgendein Theaterstück New Yorker Atmosphäre im Bühnenbild, den richtigen Ghetto-Flavour, und engagierten mich, stellten mir etliche Dosen hin, und ich konnte voll loslegen, taggte eine Telefonzelle voll, bombte ein paar Gangnamen, stylte ein Amok-Piece ab, machte es ihnen richtig geil, hatte Spaß dabei, kassierte fünfhundert Mark dafür und den Respekt von den Theaterleuten: »Ist ja richtig original, ist ja geil!« So hätte jeder Auftrag sein dürfen.

Okay, die Bullen-Aktion vom Mittag abgehakt, den Auftrag erledigt, dann erst mal saufen zu Arunskis Geburtstag. Happy

Birthday, Alter, alles klar? Hier was getrunken, da was getrunken, mit fünf Leuten, Arunski, Poet, Shek, noch einer und ich, ein bisschen durch die Gegend gezogen und schon richtig voll, als wir zu einer Party in der Pumpe an der Lützowstraße kamen. Voll das Gerangel vor der Tür, viele Leute, die nicht reinkamen, ein richtiger Menschenauflauf, nerviges Warten und gespannte Stimmung, ein bisschen Geschubse, blöde Sprüche, von wegen, scheiß Suffköppe, ordinäre Penner, etliche Mädchen, die zeterten und die wir ohne jeden Respekt rumschubsten, weil die einfach nervten, uns richtig stressten, wir waren voll angeheizt und hörten auf einmal, dass Poet, der zwei Meter vor uns war, schon ganz nah am Eingang, von einem Rausschmeißer ein Knie vor den Kopf bekommen hatte. Da müssen wir helfen! Wir sofort hin, alle Leute an die Seite gestoßen, uns den Weg freigemacht und gleich auf die Rausschmeißer drauf, vier oder fünf waren das, denen ein paar Dinger verpasst und alles zerschlagen, was da stand, die Tische, die Stühle, alles kurz und klein gehauen, und dann den Typen gesucht, der Poet geschlagen hatte, wo ist er, wo ist die Sau? Abgehauen. Ich wirbelte rum, hey, den Typen schnappen wir uns, und sah im gleichen Moment einen von uns vor einem der Türsteher diese Bewegung machen, die ich so gut kannte, zweimal. Zugestochen. Der Rausschmeißer sprang zurück, versuchte auszuweichen, aber unser Typ grinste nur fasziniert und stach noch einmal zu. Dann sackte der Rausschmeißer zusammen.

Unser Typ wusste gar nicht, was er tat. Er war vollkommen zu. Ich nahm ihm das Messer weg und drängte ihn raus. »Lasst uns abhauen!« Man hörte schon die ersten Bullensirenen. Arunski, Shek und Poet kamen mit, über einen Zaun und Hauptsache weg. Nur der Typ, der zugestochen hatte, packte es nicht mehr, war schon zu breit und wurde von anderen festgehalten. Ihn erwischten die Bullen an Ort und Stelle.

Ich rannte hinter den anderen her, schleuderte das Messer, mit dem er zugestochen hatte, unter ein Auto und dachte in dem Moment gar nicht dran, dass meine Fingerabdrücke drauf waren.

Wir hauten einfach ab, das war das Wichtigste, und liefen rüber zum Tempodrom, wo wir in der Menge untertauchten, ein paar Leute trafen, Party machten, die Pumpe vergaßen und Arunskis Geburtstag weiterfeierten. Morgens gegen vier oder fünf fuhren wir dann zum McDonald's am Zoo. Wir hatten genug, wollten nur noch was essen und dann mit dem Nachtbus nach Hause fahren. Wir saßen alle an einem Tisch, hatten fast aufgegessen und wollten gerade aufstehen, da sah ich plötzlich nur noch grüne Menschen um uns rum. Der ganze Bürgersteig, die ganze Straße, der ganze Platz vor dem McDonald's, alles voller Polizei! Vor beiden Ausgängen. Die wollten uns. Wir hatten keine Chance.

Ein Mädchen, das auch bei der Party gewesen war, saß ein paar Tische weiter, hatte uns wiedererkannt und gleich die Polizei gerufen. Die hatten leichtes Spiel, griffen uns einfach ab, fuhren uns zur Wache und steckten uns alle einzeln in eine Zelle. Ich war so besoffen, dass ich sofort einschlief und kaum was mitkriegte. Als ich wach wurde, musste ich erst mal raffen, was überhaupt passiert war. Zelle? Weswegen? – Ach ja! Scheiße! Diese Messerstecherei. Was war denn da eigentlich passiert? Einer war getroffen worden, okay, aber was war mit dem? War der tot? Hatte noch jemand anderes gestochen? Scheiße. Und was kommt jetzt?

Ich wusste nicht, was ich machen sollte, hatte keinen Bock, darüber nachzudenken, was als nächstes passiert, und fing an, einfach um mich abzulenken und an nichts denken zu müssen, irgendein angesagtes HipHop-Stück zu pfeifen. Auf einmal hörte ich von weiter hinten dieselbe Melodie noch mal. Das konnte ja nur einer von uns sein. Ich pfiff es noch mal, schrie »SOS-Crew« hinter und hörte plötzlich Arunski: »SOS-Crew.« Gleich danach pfiff Inka, der zwar nichts gemacht hatte, aber mit festgenommen worden war, die Melodie. Dann auch noch Shek: »Ey, ist ja geil, alle hier!« Die Bullen maulten schon, »Ruhe da!«, da rief ich noch schnell hinterher: »Keine Aussage, Jungs!« Das passte den Bullen gar nicht. Der eine kam zu mir und fragte: »Was hast du gesagt?« Und ich nur: »Nichts!«

Die Typen, die mich dann zum Verhör aus der Zelle holten, waren härter als alle Bullen, mit denen ich es bis dahin zu tun hatte. Allein deren Blicke und die Art, wie die mit mir sprachen, machten den Eindruck, als ob sie einen ganz locker auseinandernehmen könnten. Sie fingen auch gleich damit an, stellten tausend Fragen und fuhren die Taktik, Angst zu machen, indem sie einem Dinge vorwarfen, von denen sie selber wussten, dass sie nicht stimmten. »Du hast dort und dort zugestochen, stimmt's? Du warst da und da und hast dies und das gemacht, richtig?« Keine Ahnung, wo sie den so schnell aufgetrieben hatten, jedenfalls legten sie mir gleich einen Bauplan vor: »Und jetzt zeigst du uns mal, von wo nach wo ihr euch bewegt habt, wo ihr anfangs wart und wo es passiert ist.« Tausend Fragen auf einmal, und dabei ließen sie ganz trocken einfließen, dass der Typ im Krankenhaus liegt und so gut wie tot ist. »Und jetzt erzähl mal!«

Sie übertrieben. Das merkte ich sofort. Das konnte alles gar nicht sein. Ich wusste nicht genau, was passiert war, aber so, wie sie es sagten, war es garantiert nicht gewesen. Keine Chance. Ich verweigerte die Aussage und wurde in die Zelle zurückgebracht. Auf dem Weg durch den Zellengang rief ich noch mal: »Keine Aussage, Jungs!« Und was passiert?! Als Inka nach seinem Verhör an meiner Zelle vorbeigeführt wurde, fragte ich ihn: »Hast du 'ne Aussage gemacht?«

»Ja.«

Scheiße! Idiot! Aber gut, wahrscheinlich wusste er, dass er uns mit seiner Aussage nicht belastet hatte. Zumindest passierte nichts weiter. Sie warfen uns zwar alles mögliche vor, konnten uns aber nichts nachweisen und mussten uns wieder laufen lassen. Nur der Typ, der zugestochen hatte und noch am Tatort gepackt wurde, kriegte Stress, hatte dabei aber noch Glück. Der Rausschmeißer überlebte, seine Kumpel gaben zu, dass sie den Streit angefangen hatten, und weil er so dicht war, wurde ihm verminderte Schuldfähigkeit zugesprochen. Deshalb kam er mit einer recht soften Strafe davon und brachte gleich wieder den Spruch: »Ging rein wie

Butter!« Das war einfach angesagt. Wer zustach, war jemand. Der galt was und machte Welle damit. Das war einfach so.

Trotzdem gab es danach das große Schwitzen, was wird jetzt passieren? Die Rausschmeißer gehörten zu einer Clique, die alle zu viel Anabolika geschluckt hatten und schon richtig durchgedreht waren. Denen war alles zuzutrauen. Vielleicht suchten die uns, vielleicht hatten die sich Rache geschworen. Jedenfalls war klar, wenn es Stress gibt, geht es richtig ab. Wir waren darauf vorbereitet. Wir wollten uns nicht verstecken und waren bereit, hatten immer Messer dabei und anderes abrufbar, achteten ständig darauf, dass wir nicht zu viel tranken und immer die Kontrolle behielten, und warteten ab, was passiert. Wir hatten über die Leute schon alles mögliche gehört. Es war alles möglich. Aber es passierte nichts. Wir sahen zwar mal welche von denen, gingen aber einfach aneinander vorbei. Sie hatten mit Sicherheit keine Angst vor uns. Die waren aus einem ganz anderen Holz geschnitzt. Angst kannten die gar nicht. Aber unser Auftreten hatte für Respekt gesorgt.

Das entsprach unserem Ruf. Unser Auftreten machte Eindruck, und unsere Bilder wurden bewundert. Ich schreckte vor nichts zurück, war bei jeder Schlägerei dabei und teilte mächtig aus. Und gleichzeitig hing ich mit den besten Writern rum, fuhr durch die Gegend und knallte meine Bilder überallhin. Das wusste jeder. Und alle kannte mich. Wenn ich irgendwo auf eine Jam kam, ganz egal wo, dann grüßten mich tausend Leute, hauten mich drauf an, dass sie irgendwo ein Bild von mir gesehen hatten oder fragten mich nach meiner Meinung zu diesem und jenem. Unsere Fotos erschienen in allen Magazinen, überall hatten wir Interviews drin, unser Name tauchte überall auf – wir waren die King-Crew. Die ganze Welt redete nur über uns.

Ich war so überzeugt davon, dass ich im September meine Lehre schmiss. Ich hatte keinen Bock mehr darauf, Schilder zu malen. Mir war es einfach zu blöd, für andere Leute Buchstaben zu kleben. Ich hatte das nicht mehr nötig. Ich wollte mein Leben nicht in irgendeiner Werkstatt verbringen. Mein Leben war das Writing.

Und davon wollte ich leben, wollte Aufträge machen und mein Geld damit verdienen. Ich wollte die geilsten Pieces machen, die es je gegeben hatte, wollte den Style entwickeln, die Buchstaben, die Schrift, genau so, wie ich es mir vorstellte. Da konnte ich nicht acht Stunden am Tag in dieser Stiftung rumhängen.

Das war nicht mein Ding. SOS war mein Leben, die Crew war meine Familie. Und Amok war das Juwel, so was wie die Galionsfigur. Er gab die Ideen, die Impulse, das Knowledge. Er kümmerte sich nie groß darum, was die Crew machte. Das war meine Sache. Ich war derjenige, der ständig über Stylism diskutierte und mich mit jedem stritt, der es hören wollte, war derjenige, der lenkte und um den Zusammenhalt bemüht war, der losging, wenn es irgendwo Stress gab, und sich mit den Leuten auseinandersetzte, der unseren Ruf verteidigte, wenn einer blöde Sprüche machte und versuchte, an unserem Image zu kratzen.

Besonders Maxim gab nie Ruhe und quatschte immer blöd rum. Er war zwar nie GFA-Mitglied, machte aber praktisch die Politik der Gruppe. Er war der Vater und die Mutter von GFA und brachte ihnen bei, wie sie sich verhalten sollen, was sie machen sollen, wie sie denken sollen. Ich bewunderte ihn auf eine Art. So wie er Politik machte, imponierte mir. Auf eine andere Art verachtete ich ihn. Er war ein Konkurrent.

Als ich mal wieder mitkriegte, dass irgendwas geredet wurde und GFA einen Punkt suchte, wo sie sich mit SOS messen konnten, fuhr ich zum Humboldthain, wo sie sich meistens trafen, um mit Maxim zu reden. Worum es genau ging, war gar nicht klar, irgendwie um ungenügenden Respekt oder so was. Schon als ich ankam, merkte ich, dass irgendwas nicht stimmte. Die Stimmung war ganz komisch.

Einige Leute von den Turkey Boys hingen da rum, einer Gang, die voll hinter GFA steht. Der ganze Kiez ist voll von deren Mitgliedern. Der Humboldthain ist deren Gegend. Ich wusste, wie sie drauf sind, und hatte es selber mal erlebt, als ich ein bisschen da rumhing. Plötzlich hieß es, die haben gerade irgendwo eine Schlägerei und kommen bald. Da lag was in der Luft. Es knisterte richtig. Die Turkey Boys, die nicht bei der Schlägerei dabei waren und mit uns auf dem Platz rumhingen, wurden unruhig, so eine Mischung aus Vorfreude und Spannung.

Statt der Turkey Boys kamen aber erst mal zwei, drei Biker aus dem S-Bahnhof und legten sich direkt mit einem von denen an. Es ging gleich los, Schläge, Tritte, eine richtige Prügelei, immer wieder hin und her, aber genau so, wie es abgemacht war, einer gegen einen. Irgendwann trennten sie sich, die Biker verzogen sich in eine Kneipe schräg gegenüber, und die Sache war gegessen, als wir so die Straße runterguckten und auf einmal die Turkey Boys in einer Riesenmeute ankommen sahen, dreißig, vierzig Leute mit Baseballkeulen und allem möglichen. Sie waren eigentlich gekommen, um ihren Kumpels zu helfen. Als sie dann hörten, dass die Sache längst gelaufen war, griffen sie sich von einer Baustelle Steine, Gerüststangen, Knüppel, zogen zu der Kneipe, in die sich die Biker verpisst hatten, und nahmen den ganzen Laden auseinander, schlugen die Scheiben ein, zerdroschen die Möbel, sprühten Tränengas und machten richtig Randale. Das ließen die Biker natürlich nicht auf sich sitzen. Irgendwann später kam dann mal ein großer Laster da vorgefahren, wo sich die Turkey Boys versammelt hatten, ließ die Ladeklappe runter, eine ganze Horde Biker stürmte raus und machte richtig Stress. Dabei soll sogar scharf geschossen worden sein, aber es wurde niemand getroffen.

Ich wusste also, wer die Turkey Boys waren. Einige von ihnen waren an dem Abend da, unter anderem der sogenannte Bruder von Soko. Soko selbst ist eigentlich der Anführer von GFA, hängt aber immer mit den Turkey Boys rum und hat seinen Ruf weg. Er kann irgendwelche asiatischen Kampftechniken, ist berüchtigt für seine Pitbulls und hat noch einige andere Dinge am Kochen. Der Typ kennt keine Skrupel.

Weil Soko selbst nicht da war, sich sein sogenannter Bruder aber irgendwie für GFA einsetzen wollte, fing er gleich mit mir Streit an. Er war sich seiner Sache aber nicht ganz sicher und ging erst mal in eine Telefonzelle, um Soko zu fragen, was er machen soll. Ich stand direkt daneben und kriegte mit, wie der Typ sich umguckte, nickte und nachfragte: »Ja, soll ich machen?« Ich hatte keine Ahnung, worüber sie genau gesprochen hatten. Es war aber klar, dass ich jetzt irgendwas zu erwarten hatte. Irgendwas. Und auf einmal versuchte der Typ einen Tritt aus der Telefonzelle, wollte mich am Kopf treffen, traf mich aber nur ein bisschen an der Schulter und trat dann gegen die Tür. Ich stürmte gleich in die Zelle, ging auf ihn los und drückte ihn an die Wand, sah noch, wie er hinter sich griff, wahrscheinlich um ein Messer rauszuholen, und wollte ihm gerade ein Ding verpassen, um ihn auszuschalten, als Maxim mit ein paar anderen ankam und dazwischenging. Wir hielten uns noch eine Weile fest, schauten uns abschätzend an und trennten uns dann wieder. Ich fragte noch: »Kann Soko das nicht alleine machen?« Aber ich kriegte keine Antwort.

»Ja, was wollt ihr eigentlich? Will GFA einen Battle?«

Keine Antwort. Ich telefonierte dann selbst mit Soko, um das mit ihm zu klären. Aber es lief alles auf eine Schlägerei hinaus, abends vor einer Disco am Ku'damm. »Um zehn vor dem Society.«

Ich fuhr erst mal zu Adrian und erzählte den anderen davon. Es war richtig High Life, die ganze Bude war voll, und alle fanden es geil, dass ich mich mit Soko prügeln wollte. GFA war uns allen ein Dorn im Auge. Sie waren Konkurrenz, und wir wollten nicht an unserem Ruf kratzen lassen. Wenn es so kommen sollte, okay, dann mussten wir halt in der direkten Auseinandersetzung klären, was anliegt. Als es soweit war, fuhr Migel mich mit dem Auto zum Ku'damm. Wir stiegen nicht aus, sondern checkten erst mal die Lage. Bisaz wartete schon, Maxim war da, Kage rannte da rum. Aber von Soko war weit und breit nichts zu sehen. Die Leute guckten mich ganz komisch an, so als ob sie was von mir erwarteten. Aber ich machte nichts. Ich wollte warten, bis Soko da ist, und blieb solange im Auto, um mich nicht überraschen zu lassen.

Irgendwann kam Kage dann zu uns an den Wagen und meinte, wir sollten mit dem Quatsch aufhören: »Was soll das denn? Warum sollen wir uns schlagen? Ich meine, wir kennen uns doch. Okay, wir sind Konkurrenten, aber warum sollen wir uns deshalb prügeln? Das ist doch Scheiße. Kommt, wir machen das mit Bildern, und dann werden wir ja sehen.« Er meinte das ernst. Für ihn wäre ein Battle kein Problem gewesen, einfach nur ein ganz normales Messen. Wenn man verliert, verliert man. Wenn man gewinnt, gewinnt man.

Ich stieg dann aus, um Maxim zu fragen, was er davon halten würde. Aber er hielt sich zurück, wollte erst mal mit den anderen sprechen und die Entscheidung verschieben. Er wusste, dass GFA verlieren konnte, wenn sie sich auf einen Battle mit uns einließen. Die hatten gute Leute, ganz klar. Wir aber auch. Wir waren die Kings, und sie hätten erst mal beweisen müssen, dass sie besser sind als wir. Da hätten sie leicht den kürzeren ziehen können. Wenn sie es aber bei einer Schlägerei beließen, dann hätte GFA den Ruf weg gehabt, dass sie sich nicht trauen, sich im Sprühen mit uns zu messen, sondern nur schlagen können.

Maxim war in einer Zwickmühle. Ich denke, dass Soko deshalb auch nicht mehr auftauchte. Nicht, weil er Angst gehabt hätte. Ich vermute, dass Maxim ihm davon abgeraten hat zu kommen, weil es sonst garantiert eine Schlägerei gegeben hätte und das nicht gut für den Ruf von GFA gewesen wäre.

Man merkte, dass was in der Luft lag und Maxim taktierte. Aber Bisaz ließ nicht locker und fragte ganz frech: »Ja was denn nun, Battle oder nicht Battle?« Es war klar, wenn es zum Battle kommen würde, würde es gnadenlos. Sobald es um den eigenen Namen ging, waren GFA genauso unnachgiebig wie wir. Das wäre über Wochen gegangen, vielleicht über Monate, durch alle Bereiche des Writing, mit allem, was man draufhat, ein richtiges Kräftemessen. Aber es kam nicht dazu. Die Sache verlief im Sande, war für uns aber trotzdem die letzte Bestätigung, dass wir in Berlin keinen Gegner mehr hatten. Es gab keinen mehr, der uns das Wasser reichen konnte. Wir thronten über allem. Neben uns konnte keiner bestehen. SOS rules over all.

Das motivierte noch mal richtig, pushte uns und gab uns Power, die wir dringend brauchten. Wir waren einfach faul geworden, machten kaum noch was in Berlin, gingen selten raus, um zu sprühen, hingen eigentlich nur noch bei Adrian oder Amok rum, kifften und soffen und zogen nur noch von einer Jam zur nächsten, um uns feiern zu lassen. Wir hatten keine Herausforderung mehr und ruhten uns auf unseren Lorbeeren aus.

Es passierte nicht viel, bis uns Bisaz eines Tages voll schockte. Wir hingen wieder alle bei Adrian ab, quatschten nur ein bisschen, ließen Joints kreisen und wussten nicht richtig was mit uns anzufangen, als Bisaz plötzlich meinte: »Ey, hört mal Leute, was ist eigentlich los? Ich bin immer allein unterwegs. Andere Leute ziehen zu mehreren los, machen richtig Action und sprühen den Namen ihrer Crew. Und wir? Wir hängen nur rum und malen ein bisschen. Das bringt mir nichts. Rausgehen und bomben, das ist mein Ding. Ich kann keine Styles malen. Ich hab daran auch kein Interesse. Lasst uns nicht streiten, aber ich finde es besser, wenn ich aus SOS rausgehe.«

Für mich war es voll der Schock. Wir kannten uns schon so lange, mit ihm hatte ich erst richtig angefangen zu sprühen, wir hatten so viele Aktionen zusammen durchgezogen, die ganze Zeit über, und plötzlich wollte er abdampfen. Aber was sollten wir machen? Wir akzeptierten das. Er hatte ja vollkommen recht. Trotzdem war sein Abgang der totale Schock für mich.

Auch Amok stimmte zu. Aber seine Reaktion war irgendwie komisch. Er fand es okay, dass jeder seinen eigenen Weg geht. Aber seine Blicke sagten was anderes. Ganz egal, was wir danach machten, jedes Mal, wenn die ganze Meute bei ihm versammelt war, wenn Phos saß und malte, Shek sich in seine Skizzen vertiefte, Adrian und Arunski irgendwelche Styles diskutierten, Amok hatte immer diesen zweifelnden Blick drauf. Ich kriegte ein paar Mal mit, dass er sich umschaute und richtig skeptisch guckte, von wegen, naja, ob das was wird mit dieser Crew, ob das hier das Wahre ist? Er guckte nicht zufrieden oder stolz wie ein Vater. Er hatte

Zweifel und sagte das auch mal: »Wir hängen eigentlich nur rum und haben noch nie ein Bild zusammen auf die Reihe gekriegt. Versteht ihr das unter einer Crew?«

Mir leuchtete ein, was er sagte. Wie recht er damit wirklich hatte, wurde mir aber erst später klar. Als Crew hätten wir rausgehen müssen, aber wir hingen immer nur bei Arunski rum, kifften, soffen und machten Sprüche – bis zu dem Abend, als wir auf einmal im Treppenhaus ein komisches Geschrei hörten. Wir waren eine ganze Meute, alle völlig zugekifft, hingen unten in Adrians Wohnung rum, hatten ständig was zu lachen, quatschten irgendwas, laberten rum und hörten plötzlich von oben das Geschrei, irgendwo aus dem Treppenhaus, aus der Richtung von Amoks Wohnung. Man merkte den anderen an, dass sie auch irgendwas gehört hatten, sich aber genauso unsicher waren wie ich. Das Geschrei wurde immer lauter. Wir wurden ruhig, versuchten irgendwas zu verstehen, waren aber viel zu fett, um was zu raffen, und machten Witze drüber, nahmen das nicht weiter ernst und wollten uns nicht stören lassen. Wird schon nicht so wild sein. Adrian ging nachgucken.

Als er in die Wohnung zurückkam, in den Flur, wir konnten das vom Zimmer aus sehen, hatte er einen Gesichtsausdruck – so hatte ich Adrian noch nie gesehen. Irgendwas war passiert. Er stand mit Viola, der Freundin von Amok, im Flur und redete eine ganze Weile mit ihr, sagte was, das wir nicht verstehen konnten, und dann kam Viola rein, mit verzerrtem Gesicht, total in Tränen aufgelöst: »Amoks Vater ist gestorben.«

KAPITEL 6

FROM FAME TO NOWHERE

Ich erfuhr es nicht direkt von Amok, dass er aufhörte zu sprühen, sondern über Arunski und Phos. Er hatte es seinem Vater auf dem Sterbebett versprochen. Für mich war es der absolute Schock. Ich hatte zwar schon mit so was gerechnet, normal weiterlaufen konnte es nicht, aber es traf mich wie ein Schlag. Da klappte alles zusammen.

Schon an dem Abend, als Amoks Vater starb, war uns klargeworden, dass irgendwas passiert war, was nicht nur Amok betraf, sondern uns alle, auch wenn wir erst mal versuchten, so weiterzumachen wie immer. Wir trauten uns den ganzen Abend nicht mehr raus. Adrian brachte Viola wieder nach oben, und wir blieben unten in der Wohnung. In dem Zustand konnten wir uns das einfach nicht angucken oder mit irgendwem reden.

Das war ein richtiger Knackpunkt. Wie sollte es weitergehen? Wir waren total irritiert und wussten nicht recht, was wir machen sollten. In der Zeit danach ließen wir uns nicht mehr so oft bei Amok blicken. Wir wussten nicht recht, was wir in der Situation da sollten. Rumhängen und Spaßhaben ging nicht. Wir hätten höchstens mittrauern können, aber das wäre auch nicht so das Wahre gewesen. Deshalb liefen eigentlich nur noch Arunski, Phos und ich bei Amok auf, und das auch immer seltener.

Wir redeten dann viel über Glauben, über den Islam. Der letzte Wunsch des Vaters war es, dass Amok gläubig wird. Amok hatte Respekt vor diesem Wunsch und änderte sich völlig. Er steigerte sich da voll rein, wurde richtig fanatisch und erzählte ständig, dass es eine Aufgabe des Moslems wäre, den Glauben weiterzutragen und zu verkünden. Deshalb redete er uns auch so voll mit dem

Zeug. Jedes mal, wenn wir zu ihm kamen, versuchte er uns vom Koran zu überzeugen. Jedes mal. Ständig redete er davon, dass sich die Moslems auf den Tag X vorbereiten, an dem sie losziehen und die Ungläubigen schlachten. Amok war völlig vernarrt in dieses Ding.

Irgendwann wurde es mir einfach zu viel. Ich konnte nicht jedes Mal, wenn ich zu ihm kam, mit ihm darüber reden. Anderen ging es genauso, und deshalb ging kaum noch jemand hin. Amok war draußen. Er war nicht mehr der Amok, den wir sehen wollten. Er las jeden Tag im Koran und war nur noch weise, was den Glauben betraf. Es tat weh, plötzlich einen ganz anderen Amok vor sich zu haben, einen, mit dem man nicht mehr so viel anfangen konnte, der vielleicht noch genauso weise reden konnte wie früher, der aber völlig verbittert, traurig und fanatisch nur noch an den Glauben denken und alles andere vergessen konnte. Das Drumherum war einfach weg.

Vielleicht ahnte Adrian das schon an dem Abend, an dem Amoks Vater starb. Als er Viola nach oben gebracht hatte und wiederkam, setzte er sich zu uns und fragte: »Wo waren wir stehen geblieben?« Das schockte mich richtig! Hatte der vor gar nichts Respekt? Amoks Vater hatte ihn aufgenommen, als er auf der Straße lebte. Er verdankte ihm unglaublich viel. Man sah ihm seine Betroffenheit auch an. Er ist kein gefühlskalter Mensch. Aber er wollte weitermachen, wollte sich nicht aufhalten lassen. Was Adrian wollte, waren Ergebnisse, alles andere interessierte ihn nicht. Dafür hielt er seine Gefühle zurück und fraß alles in sich rein. Er wollte nicht trauern. Oder nur auf seine Art, mit dem Herzen. Er wusste, was Amoks Vater für ihn getan hatte. Aber jetzt war er tot, und Adrian wollte weiterleben. Sofort. »Wo waren wir stehen geblieben?«

Schon ein paar Tage später waren Adrian, Arunski und ich wieder unterwegs und quatschten über Graffiti. Adrian malte sich gleich die Zukunft aus. Er sah, dass Amok weg war, und guckte, wer jetzt übrigblieb. Odem! Okay, schnappe ich mir also Odem und ziehe mit ihm durch, was ich eigentlich mit Amok vorhatte. Er war ständig damit beschäftigt, irgendwas zu organisieren, und hatte längst die nächsten Sachen angeleiert, die er dann mit mir durchzog, als Amok weg war. »Ey, komm, wir legen richtig los. Es läuft demnächst eine Radiosendung über Graffiti, da nehme ich dich mit, und du erzählst was drüber.« Shake drauf. Okay. Und dann führte er mich in eine Radiosendung und kündigte an: »King Odem wird jetzt sprechen.«

Was für eine Ehre! Adrian nannte mich King. Und wenn Adrian mich so nannte, dann war es auch so: Ich war der King, ich war die Nummer eins! Das war das Signal.

Ich raffte gar nicht, dass ich erst durch Amoks Abgang die Chance hatte, auf den ersten Platz zu kommen, die Nummer eins zu werden. Ich fühlte mich nicht mal mies dabei, dass ich erst durch den Rücktritt des eigentlichen Leaders hochkam. Ich war ganz oben. Da wollte ich hin. Ich hatte erreicht, was ich wollte. Ich war der King und wurde in einem Fernsehinterview mit Adrian und Shek als die Sprüherpersönlichkeit in Berlin vorgestellt, die es zu einigem Ruhm gebracht hat. Und keiner widersprach. Ja, ich war der King!

Dadurch ergab sich für mich eine völlig neue Optik. Obwohl ich eigentlich niemanden mehr richtig respektierte, Shek nicht und eigentlich auch Amok nicht mehr, bezeugte ich Amok weiterhin meinen Respekt, indem ich versuchte, seinen Namen lebendig zu halten. Im tiefsten Winter machte ich in Aschaffenburg zwei wirklich gute Amok-Burner auf einen Zug. Ich zeichnete Amok-Pieces in die Blackbooks von anderen, hielt die Erinnerung wach und den Namen in Ehren und konnte mich tierisch darüber aufregen, dass andere Sprüher das nicht auch machten. Es kam mir vor, als läge ihnen gar nicht viel an dem Namen, aber eines Tages ging Shek dann zu Amok, bat ihn um seinen Namen und kriegte ihn sogar, okay, mal du ihn weiter! Das regte mich voll auf. Ich war derjenige, der die meisten Respektsbezeugungen für Amok gemacht hatte, und Shek erhielt die Erlaubnis, den Namen zu führen.

Okay, ich wollte ihn gar nicht haben, hatte zwar schon mal darüber nachgedacht, dachte aber, der Name ist so heilig, dass ich ihn wahrscheinlich nur in den Schmutz ziehen würde. Es wäre eine geile Ehre gewesen, wenn Amok mir den Namen übertragen hätte, aber das wäre zu hoch gewesen. Amok war Amok. Da reichte von uns niemand ran. Und deshalb machte es mich richtig sauer, dass Shek dann den Namen bekam.

Amoks Abgang war für uns ein Riesenverlust. Es herrschte für uns alle die Mega-Trauer. Keiner wusste, wie es mit SOS weitergehen sollte und ob überhaupt. Wir waren absolut ratlos. Vor allem Arunski, der richtig enttäuscht war, völlig hilflos, ganz panisch reagierte und meinte, ey, kommt, lasst uns aufhören, das bringt nichts mehr. Das machte mich stinksauer. Diese Illoyalität! Ich hasste ihn dafür, ich verachtete ihn. Alles war cool, alles war gut, auf einmal hatte er nichts mehr zum Festhalten, und dann wollte er gleich alles hinschmeißen. Das war mir zu billig. Wir hatten doch auch vorher schon was auf die Reihe gekriegt, auch ohne Amok. Und jetzt musste es auch ohne ihn weitergehen. Wir mussten weiterkämpfen. Natürlich, Amok war die absolute Respektsperson. Was er mir menschlich beigebracht hat, was er mir erzählt hat, worüber wir geredet haben, das bedeutete mir sehr, sehr viel. Aber das SOS-Ding bedeutete mir genauso viel. Ein Leben ohne SOS konnte ich mir nicht vorstellen. Wir mussten einfach weitermachen. Wir mussten. Und wir machten.

Solange Adrian uns Aufträge organisierte, lief es ganz gut. Es gab ein bisschen Kohle dafür und konnte sogar richtig Spaß machen. Man hatte Zeit, konnte in Ruhe seine Bilder abstylen, machte sie an Stellen, wo sie auch gesehen wurden, und lernte noch was dabei. Als ich mit Skki von der BBC-Crew aus Paris eine Vobis-Filiale gestaltete, konnte ich nur noch staunen, wie überlegen er mir technisch war. Es war ein echtes Erlebnis, mit ihm zu sprühen. Wir lieferten wirklich saubere Arbeit ab, die den Leuten von Vobis allerdings nicht gefiel, weil sie sich alles ganz anders vorgestellt hatten und überhaupt nicht sahen, wie gut das Bild geworden war.

Es war immer die gleiche Leier. Leute, die keine Ahnung davon hatten, erteilten Aufträge und wunderten sich dann nachher, was dabei rauskam.

Für andere Aufträge kriegten wir zwar jede Menge Fame, aber kaum Kohle. Die riesige Wand, die wir in München für das Plattencover von Advanced Chemistry machten, sorgte zwar für richtiges Aufsehen, brachte allerdings nur Credits im Booklet ein und schlappe 150 Mark. Trotzdem leckten wir Blut und kamen auf den Kohle-Trip. In die legalen Sachen sprühten wir unsere Telefonnummern mit rein, damit man uns engagieren konnte. Und dann besorgte ich mir einen City-Pieper, damit ich immer erreichbar war. Aber das reichte uns noch nicht. Wir wollten richtige Aufträge machen, träumten davon, genug Kohle damit zu verdienen, dass wir davon leben könnten, und irgendwann kamen Adrian, Shek und ich auf die Idee, dass wir dazu einen eigenen Laden aufmachen sollten. Einen Laden, wo man alles kriegen könnte, was man für das Writing braucht, Dosen und Caps, Magazine und die entsprechenden Klamotten, einen Laden, den wir als Adresse angeben könnten, damit die Leute uns für Aufträge buchen, einen Laden, wo jeder hinkommen könnte, den jeder als den Treffpunkt schlechthin akzeptieren müsste, der die Zentrale für das Writing überhaupt wäre. Wir waren richtig begeistert von der Idee und planten ständig rum, was wir dazu brauchten, wo wir ihn eröffnen und womit wir an den Start gehen.

Um ihn zu finanzieren, machten wir so viele Aufträge wie möglich, bei denen am Ende meistens noch Dosen übrig blieben, mit denen ich dann wieder rausgehen und meine eigenen Bilder machen konnte. Ich machte nicht viele, aber gute Bilder, von denen ich richtig überzeugt war und die ich voll verteidigte. Hinter dem Metropol am Nollendorfplatz sprühte ich mit den Restdosen von dem Vobis-Auftrag bei einem Second-Hand-Laden, der fast so etwas wie unsere eigene Hall of Fame war, mein »Gold Digger«-Piece, ein richtig geiles Bild. Mir war klar, dass in Berlin niemand jemals ein besseres Bild gemacht hatte als dies. Niemand. Es war das Beste überhaupt. Da steckte alles drin, alles, was den Stylism ausmacht, was man mit Writing machen kann, was Buchstaben als Bild ergeben können. Alles. Die anderen mussten das einfach einsehen: »Es gibt niemanden, der ein besseres Bild gemacht hat als meinen Gold-Digger! Niemanden! Oder zeigt mir ein besseres Bild! Zeigt's mir, wenn ihr eins findet! Das werdet ihr aber nicht schaffen! Es gibt kein besseres!«

Die anderen wurden ganz still. Wir saßen zu viert bei Adrian, und keiner wusste was darauf zu sagen. Normalerweise hätte Adrian mir sofort Paroli geboten, nee, das oder das Bild war besser. Aber er konnte nicht widersprechen. Arunski sowieso nicht. Was ich sagte, hatte großen Wert. Keiner hatte dieses Wissen über Styles wie ich. Mein Name stand für Styles, und die Leute fuhren voll drauf ab. Styles waren groß im Gespräch, und deshalb galt Berlin nicht nur in Deutschland, sondern in ganz Europa als die Style-Metropole, als die Hochburg des Style-Writing, als das europäische New York. Und mein Name stand für die besten. Deshalb widersprach mir auch niemand. Wenn ich sagte, das ist gut, dann war es gut. Und wenn ich sagte, das ist Scheiße, dann war es Scheiße. Ich dachte, das könnten nur Leute anders sehen, die es einfach nicht rafften und keine Ahnung hatten.

Casino aus Australien war so einer. Er war zusammen mit Atome auf Welttour und extra nach Berlin gekommen, nur um mit mir ein Bild zu sprühen. Die beiden waren ein richtig cooles Duo: Atome mehr so der Ruhige und Besonnene und Casino ein typischer Australier, ein richtiger Aussi, der immer trinkt und Action macht. In der Sylvesternacht '92 gingen wir zusammen raus, sprühten ein Bild und saßen später bei Inka, machten da noch ein Interview, das Atome in ein australisches Magazin reinbringen wollte, quatschten noch über dies und das, redeten über meine Style-Philosophie und kamen dabei irgendwie auf Renz aus Kopenhagen zu sprechen. Seine Sachen waren für das Bombing einfach wie geschaffen, sie waren flüssig, richtig schön geklatscht und hatten Bewegung. Sie entsprachen zwar nicht meiner Vorstellung von Styles, waren aber eigentlich ganz gut gemacht. Trotzdem kritisierte ich seine Bilder, dass sie so toll nun auch wieder nicht wären und man wirklich schon Besseres gesehen hätte. Auf einmal ging Casino voll ab:

»Was bist du denn für einer?! Setzt dich da hin, pennst nur rum und urteilst von oben herab über diesen und jenen! Geh erst mal raus und mach die Dinger!«

Ich ließ das nicht auf mir sitzen: »Ich war draußen, ich habe diese Dinger gemacht! Geh raus und schau sie dir an! Du wirst keine besseren finden!«

Casino flippte voll aus: »Wie redest du denn? Du lehnst dich zurück, kritisierst alles mögliche und bist selber aus dem Rennen! Was glaubst du denn, wer du bist? Reiß dein Maul nicht soweit auf, sondern riskier erst mal wieder was! Gute Sprüche machen kann jeder!«

Ich war richtig geschockt. Das war nach langer Zeit ein echter Dämpfer, der mich richtig ins Grübeln brachte. Mir hatte ewig lange keiner mehr widersprochen. Sie hatten es einfach nicht gewagt. Aber plötzlich merkte ich, dass mich die Leute im Grunde verachteten. Sie hingen zwar noch mit mir zusammen rum, aber viele von denen nur, weil sie mit jemandem zusammen sein wollten, der in der Szene was Großes ist. Okay, die Leute respektierten mich auch wegen meiner Bilder, aber gleichzeitig sagten sie, der Junge dreht ab, der ist nicht mehr normal. Das war einer der Gründe, warum sie mir nicht widersprachen. Obwohl aus dem Battle mit GFA gar nichts wurde, war ich felsenfest davon überzeugt, dass uns in Berlin keiner mehr das Wasser reichen konnte. Nach Amoks Abgang gab es keinen mehr über mir, und Adrian hatte mich King genannt. Wer wollte mir was entgegensetzen!? Ich war allein auf weiter Flur. Ich war der King. Und ich genoss das.

Am geilsten war es auf den Jams, wo unsere Auftritte richtig Welle machten und für Furore sorgten. Beim Battle of the Year in Celle fuhren wir mit zwei roten BMW vor, die wir gemietet hatten, Berliner Kennzeichen, und jeder wusste gleich Bescheid, die King-Crew kommt. Es war ein geiler Auftritt!

Es waren ein paar Leute dabei, die mit der Szene eigentlich gar nichts zu tun hatten. Rutte zum Beispiel oder Clyde, ein Kroate, der eine Zeit lang bei Adrian gepennt hatte und den ich da erst richtig kennenlernte. Ein geiler Typ, mit dem man richtig Show machen konnte und der für alles zu haben war. Zu sehen, wie er wirklich drauf war, brachte uns dann richtig zusammen.

Als wir ankamen, waren schon wieder zig Berliner da, die in der ganzen Stadt Randale machten. Der komplette Weg vom Bahnhof bis zum Veranstaltungsraum war zugebombt mit Berliner Tags. Lange vor dem Einlass gab es an den Türen zur Halle schon ein Riesengedrängel, in dem natürlich gleich die typische Berliner Action abging. Einer nach dem anderen wurde abgezogen, Schuhe weg, Geld, Dosen, was man so kriegen konnte. Manche gingen an dem Abend in Socken und T-Shirt nach Hause. Den Leuten war einfach langweilig. Drum herum war alles tot, wie ausgestorben, da mussten sich die Berliner einfach irgendwie bei Laune halten und ihrem Ruf gerecht werden.

Nach einer ganzen Weile wurden endlich die Türen zur Halle aufgemacht. Aber es waren einfach zu viele, die gleichzeitig rein wollten. Es wurde gedrängelt und geschubst, gab direkt die ersten Schlägereien, so dass Polizei kam, die aber keine Chance hatte, nur angemacht und voll provoziert wurde. Die riefen Verstärkung, weil sie Schiss hatten, dass das Ganze explodierte, orderten einen Streifenwagen nach dem nächsten, und als ungefähr 10 Wagen da waren, ging es los. Wir fingen an, mit Steinen und Flaschen nach den Bullen zu schmeißen, nur so zum Spaß, nur wegen der Action, und lieferten uns dann eine richtige Straßenschlacht mit denen, schmissen mit allem, was wir finden konnten, rannten ein Stückchen weg, ließen die Bullen wieder rankommen, rannten wieder ein Stück, ließen sie wieder aufschließen, zogen so durch die Straßen, warfen Blumenkübel um und Parkbänke, taggten alles voll, die ganze Stadt, sogar die Bullenwagen, machten richtig Action und hatten voll den Spaß. War doch egal. Es ging einfach nur drum, Stress zu machen und Spaß zu haben.

Als wir genug davon hatten, zogen wir uns zurück und gingen auf die Party, machten Welle, soffen wie die Wilden, bis wir abgefüllt waren, und legten zum Abschluss noch einen richtig coolen Abgang hin. Alle wieder in die Autos, begleitet von Leuten, die unbedingt noch Fotos von diesen Berlinern machen wollten, und dann los mit Hupkonzert und voller Action, quietschenden Reifen und geilem Slide. Bis zum nächsten Mal!

Rutte fuhr nur ein Stück und steuerte dann den Parkplatz von einem Hotel an. Ich fragte noch: »Was wollt ihr denn da?«

»Einfach mal vorbeischauen!«

»Warum denn, wo wollt ihr denn jetzt noch hin?«

Rutte hielt mit laufendem Motor in der zweiten Reihe. Clyde stieg aus und geisterte zwischen den geparkten Autos rum. Auf einmal hörte man ein Knacken und im selben Moment eine Autoalarmanlage anspringen. Clyde kam angerannt wie ein Wilder, schrie Rutte zu, fahr los, warf ein Autotelefon zu uns in den Wagen und wollte gerade reinspringen, als Rutte schon Gas gab. Clyde knallte voll in den Sitz und brach sich fast das Genick, riss aber noch die Tür zu, und Rutte raste los, war völlig besoffen und ballerte voll Speed mit 160 Richtung Berlin, grinste die ganze Zeit dabei, hing wie ein Formel 1-Fahrer hinterm Lenkrad und drehte sich ständig nach hinten um: »Und? Sieht's gut aus?«

GETTIN' BACK THE GROOVE

Nach der Aktion in Celle hing ich dann immer öfter mit Clyde rum. Mich faszinierte irgendwie, was er machte. Er war ein Kleinkrimineller, wie er im Buche steht. Zusammen mit seiner Freundin brachte er Aktionen, die ich einfach geil fand. Vorzugsweise zogen sie Dealer ab. Sie gaben sich als Kunden aus, schickten einen Vermittler vor, der den Deal einspielte, und wenn er dann klargemacht werden sollte, liefen sie in der Wohnung des Dealers auf, zogen plötzlich eine Kripo-Marke, die sie sich irgendwo besorgt hatten, verpassten dem Vermittler ein ordentliches Ding, damit niemand Verdacht schöpfte, ketteten den Dealer mit Handschellen an der Heizung fest, den Vermittler nur am Sofa, damit er sich später selbst befreien konnte, nahmen den Stoff und hauten ab.

Solche Dinger zogen sie ständig durch. Deshalb hatte Clyde auch immer Koks, das wir dann zusammen zogen. Es ging voll ab. Ich fand das geil und fing an, den gleichen Scheiß zu bauen wie er, obwohl ich dachte, dass ich noch ein richtiger Writer wäre. Aber ich war es gar nicht mehr. Ich sprühte kaum noch Bilder, brachte wenig Qualität und machte trotzdem Druck, wenn übel über uns geredet wurde. Die Crew zerfiel allmählich, und keiner machte richtig was dagegen. Ich hatte zwar noch Kontakt mit Arunski und Adrian, mit Phos und mit Shek, aber mir gab das alles nichts mehr. Ich merkte, wie das Feeling langsam verschwand, die Bilder nicht mehr so wurden, wie sie mal waren, und der Groove allmählich wegging. Außerdem verzweifelte ich fast daran, dass sich kaum jemand fand, dem ich meine Philosophie der Styles wirklich erklären konnte. Ich verachtete die Leute, die mich einfach King nannten, weil andere es auch taten und es so in einem Magazin gestanden hatte, die aber gar nicht kapierten, dass es mir um die Buchstaben ging, um deren Dynamik und Leben, um deren Ausdruck und Form. Ich wusste, dass meine Styles eine gewisse Klasse hatten. Dass aber so wenige peilten, was es damit auf sich hatte, brachte mich fast um. Das ließ mich schier verzweifeln und raubte mir die Lust am Stylism. Ich versuchte, nicht weiter darüber nachzudenken, wollte das einfach nicht wahrhaben und stürzte mich von einem ins andere.

Ich dachte, wenn ich alleine noch mal losziehe, eine richtige Tour mache und voll auf den Putz haue, wenn ich es allen richtig zeige, dann käme der Spirit zurück, der alte Groove, und ich wäre wieder voll dabei. Deshalb fuhr ich nach Dortmund, um dort Atom und Cole zu treffen – diese beiden richtig geilen Typen. Ich war völlig überrascht von Atom. Der hatte sich total verändert. Er war überhaupt nicht mehr der Typ, den ich damals mit Shek zusammen kennengelernt hatte, als wir zum ersten Mal in Dortmund waren. Damals war er einfach nur still, sagte kaum was, lachte nur mit und bewunderte unsere Art zu leben. Und jetzt war er auf einmal ein ganz anderer Mensch, völlig locker, völlig selbstbewusst. Ich hatte ihn wahnsinnig lange nicht gesehen und gar nicht mitgekriegt, dass er mittlerweile die Kings von Dortmund kannte und selber zu den wenigen Leuten aufgestiegen war, die in Dortmund den Ton angaben. Er hatte sich von denen was abgeguckt und dafür seinen Respekt bekommen, hatte Erfolg in Dortmund und dann auch international, war richtig rumgekommen, hatte überall was gemacht, viele Whole Cars, hatte richtig Fame gesammelt und war dadurch ein ganz anderer Mensch geworden. Ich war total überrascht, dabei war es im Grunde wie bei anderen Writern auch. Das Selbstbewusstsein steigt so enorm, wenn man Respekt aus der Szene kriegt und selber sieht, dass die Ergebnisse immer besser werden, dass man auf dem richtigen Weg ist und die Szene das auch anerkennt. Das ist einfach das Geilste. Und obwohl Atome national und international akzeptiert war und richtig gute Gedanken im Schädel hatte, war er immer noch der Junge aus dem Pott, der den BVB anfeuerte. Das fand ich geil.

Cole war der neue Partner von Atom. Shit hatte in der Zwischenzeit persönliche Schwierigkeiten gehabt und war abgetaucht. Cole war genauso cool drauf wie Atom. Ich konnte gleich bei denen pennen, alles klar, und wann gehen wir sprühen? Ein Kumpel von ihnen kam noch mit, und dann checkten wir die Yards. Den ersten konnten wir vergessen, der war zu gefährlich, aber der zweite sah schon besser aus. In der Mitte standen die Silberlinge, auf die wir scharf waren, an der Seite ein paar Güterzüge, aber die störten nicht weiter.

Die Dortmunder waren richtig respektable Bomber geworden, hatten es schon zu was gebracht und gingen viel kaltblütiger an das Ganze heran als früher. Beim ersten Mal fuhren wir noch mitten in der Nacht bis in die Pampa, um zu sprühen. Diesmal suchten wir uns einen ziemlich zentralen Yard und warteten nicht mal den Betriebsschluss ab, schlichen uns über ein Firmengelände an, sprangen über einen Zaun und konnten die Züge schon stehen sehen, schön beleuchtet, blieben aber erst mal hinter einem Bagger stehen, um unsere Handschuhe anzuziehen. Auf der Straße konnten wir so nicht rumlaufen. Die anderen wuschelten da irgendwas rum, aber ich achtete nicht weiter drauf, war selbst damit beschäftigt, mir die Handschuhe anzuziehen, drehte mich dann irgendwann um und guckte plötzlich voll in eine Motorradmaske. Nach dem ersten Schreck musste ich voll lachen. Aber die nur: »Hey, lach nicht, wir brauchen das hier.«

Ich hatte so was noch nie gesehen. In Berlin zogen wir manchmal nicht mal Handschuhe an. Scheißegal. Und die hier Masken! Aber gut, ich hatte schon einiges über die Dortmunder Soko gehört, wie hart die hinter der Sache her ist. Es sind zwar nur wenige, die in Dortmund bomben. Die machen dafür aber richtig Damage, richtig Action. Deshalb haben sie auch voll Schiss, erkannt zu werden, und gehen nur mit Motorradmasken los.

Wir waren präpariert, gingen runter in den Yard und standen gerade so an einem Güterzug, als wir plötzlich ein Stück weiter Gleisarbeiter sahen, die an den Zügen rummachten. Scheiße! Wir warteten ein paar Minuten, peilten dann noch mal die Lage, sahen aber nur noch einen. »Wo sind denn die anderen?« Atom checkte ein bisschen die Gegend, lief ein Stück weiter und schrie auf einmal: »Abhauen! Da kommt einer!«

Einer von den Gleisarbeitern hatte versucht, sich anzuschleichen, war im toten Winkel an den Wagen entlanggelaufen und wollte uns stellen, war schon ganz dicht dran – abhauen! Gleich losgerannt und, Klack, im selben Moment sprang ein Flutlicht an, heulte eine Sirene los, ging voll die Action ab. Krass! Dieser Sound und das grelle Licht. Wie in Alcatraz. Scheiße. Gestoppt und umgedreht. Die andere Richtung. Und wieder das gleiche. Wieder der Schock. Klack, Flutlicht! Klack, Sirenengeheul! Richtig Randale. Voll die Panik. Bloß weg hier, den gleichen Weg zurück, auf dem wir gekommen sind, die Dosen irgendwo verstecken, falls sie uns noch kriegen, weiterrennen, Kappen und Handschuhe wegwerfen, damit sie uns nichts nachweisen können, rennen, zurück über die Zäune und weg. Heile davongekommen. Aber krass, diese Alcatraz-Optik. Ich hatte so was noch nie erlebt mit solchen Meldern oder was das war. Auf dem Hinweg war ja auch nichts passiert, da kamen wir an keinem Melder vorbei. Erst beim Abhauen. Verrückt.

Okay, Dortmund war gelaufen. Wir wollten nach Amsterdam. Cole hatte einen alten Kadett, das älteste Modell, das es gibt, vollkommen schwarz besprüht, bei dem sich jeder wunderte, dass dieses Ding überhaupt noch fahren konnte. Aber es fuhr. Damit tuckerten wir dann nach Amsterdam, schön mit 80 oder 90, tranken dabei ordentlich Bier, hörten Musik und tauschten Geschichten aus. Das machte richtig Laune.

Ich dachte schon, es würde nicht mehr klappen, aber es klappte doch noch, dass wir tatsächlich irgendwann in Amsterdam ankamen. Wir hatten gehört, vor allem aus den Magazinen, die voll davon waren, dass in Amsterdam die besprühten Züge fuhren, weil das Reinigungspersonal mit irgendwelchen giftigen Chemikalien rumhantiert hatte und das verboten worden war. Sie mussten sich nach einem neuen Mittel umgucken. Die Writer nutzten es natürlich aus, dass die Züge in der Zeit nicht gereinigt wurden, und bombten wie die Wilden. Persönlichkeiten aus der ganzen Welt zog es da hin, alle großen Namen sprühten da, alte Writer wurden wieder aktiv. Es ging richtig die Post ab. Amsterdam war das neue Mekka.

Wir hatten vorher angerufen und waren mit ein paar Writern verabredet. Als wir ankamen, parkten wir direkt den Wagen und stiefelten gleich hoch zur U-Bahn-Station. Was für ein Gefühl! Man kam da an, war »Odem«, der berühmte Style Writer aus Berlin, der voll die respektvollen Blicke auf sich zog. Das war wunderbar. Einfach geil.

Ich spürte den Respekt, den sie vor mir hatten, weil ich als Berliner Writer ganz automatisch einen Ruf als Schläger hatte. Das war das Berliner Image. Wir waren einfach gefürchtet. Mein Bonus war aber, dass ich auch Qualität liefern konnte. Das beeindruckte die Leute. Sie wussten, dass ich gute Bilder sprühte, mir Gedanken über Styles und Pieces machte und gleichzeitig die Ambition hatte, Nasen zu plätten.

Ich wusste gar nicht, was für Auswirkungen es hatte, dass ich mal im Spaß in einem Interview für »Tuff Stuff« auf die Frage, was ich mit Leuten mache, die meine Bilder crossen, geantwortet hatte: »Die kreuzige ich!« Die Leute waren richtig geschockt, und viele sprachen mich hinterher darauf an, wie ich das meinen würde. Meistens antwortete ich dann ausweichend, naja, das wird man dann sehen, ich würde keinem raten, es drauf ankommen zu lassen. So in der Art.

Das war mein Image, Styles und Schläge, und mit dem kam ich nach Amsterdam. Ich spürte voll den Respekt, Shake hier, Shake da, laberte gerade noch ein bisschen mit den Leuten, als ich zum ersten Mal einen dieser Züge reinrollen sah. Komplett zugebombt! Von vorne bis hinten, von oben bis unten, richtig krass zugebombt mit den geilsten Namen. Nur geile Writer fuhren da rum! Und ich wusste sofort: Hier hinterlässt du auch was!

Gleich am selben Nachmittag, es war bitterkalt, richtig krass kalt, wollten Maurice und ein paar andere Amsterdamer an die Züge ran. Um diese Uhrzeit? Ich hatte das zwar bei dem Euro-Trip mit meiner Schwester auch schon mal in Amsterdam gebracht. Das war aber eher aus Verzweiflung und Unerfahrenheit gewesen. Aber jetzt, mit der Erfahrung aus den ganzen Abhau-Aktionen, dachte ich mir, das ist Schwachsinn, die erwischen einen sofort. Maurice blieb aber ganz locker: »Ey, Odem, was ist los mit dir? Wir sind hier in Amsterdam, nicht in Berlin.« Okay, wenn er meinte. Wir gingen ganz cool an die Züge, sprühten unsere Bilder und sahen plötzlich einen Beamten von der Station rüberkommen. Ich wurde ganz panisch: »Ey, lasst uns abhauen!« Aber Maurice nur: »Ey, Mann, mach weiter! Mach dein Bild zu Ende! In aller Ruhe. Du hast Zeit. Der ist doch noch 'ne Weile unterwegs. So schnell kommt der nicht.« Okay, ich sprühte zu Ende, eine ganz simple Sache, eine 10-Minuten-Aktion, und haute dann erst ab. Der Bahntyp kam ganz gemächlich an und machte gar keine Anstalten, uns zu schnappen. Der wollte uns nur verjagen und fertig! Amsterdam halt, nicht Berlin.

Wir kamen gerade wieder zur Station zurück, als unser Zug einfuhr. Der Zug, den wir gerade gemacht hatten! Was für ein Anblick! Was für ein Gefühl! Geil!

Nachts gingen wir gleich noch mal hin. Ich machte wieder nur ein ganz simples Teil, aber genau so, wie ich es mir vorgestellt hatte, richtig dreckig. Ein silbernes Odem, die Outlines nicht sauber gezogen, ganz einfache Buchstaben, mies ausgefüllt. Das passte richtig geil da hin. Es sollte bombing-mäßig kommen und den New York-Flavour treffen. Und das tat es.

Am nächsten Tag gingen wir zur angesagtesten Hall of Fame von Amsterdam. Es gibt dort mehrere, aber die berühmteste ist die in einer Autobahnunterführung. Eigentlich wollte Delta, die alte Amsterdamer Legende, auch da hinkommen, aber er konnte dann doch nicht und musste absagen. Wir machten trotzdem unsere Bilder und hinterließen unsere Visitenkarten, bevor wir abends noch mal an den Zug gingen. Es wurde der Beste, den ich da machte, obwohl die Bedingungen voll Scheiße waren. Ich gab mir richtig Mühe, arbeitete alles sauber aus und legte mich voll ins Zeug, aber es war einfach tierisch kalt. Ich sprühte ohne Handschuhe, um mehr Gefühl in den Fingern zu haben, und erwischte zu allem Überfluss auch noch eine Dose, bei der die Gummidichtung nicht ganz in Ordnung war und immer ein bisschen Farbe an der Seite rauskam, sich wie ein Eisfilm über die Hand zog und irgendwann einfach nur noch ganz krass weh tat. Ich konnte nicht mal mehr richtige Outlines ziehen, weil ich solche Schmerzen hatte, und hatte schon Schiss, dass es gleich zum Overkill kommt, dass der Sprühkopf einfach abspringt und die ganze Farbe auf einen Schlag rauskommt. Aber wenigstens das blieb mir erspart. Und auch die Schmerzen ließen sich irgendwie ertragen, weil ich wusste, dass ich der erste Berliner war, der in Amsterdam mehrere Züge gemacht hatte. Das war es wert.

In zwei Tagen drei Züge und ein Wandbild – ich war wie im Rausch und wollte gar nicht wieder aufhören, aber Atom musste nach Dortmund zurück, und deshalb fuhren wir, obwohl Cole und ich uns längst überlegt hatten, dass wir gleich weiterfahren wollten, runter nach Basel, wo Cole jemanden kannte, bei dem wir pennen konnten. Ich fand es cool, nach Basel zu fahren. Ich war noch nie da gewesen. Also meinetwegen kurz über Dortmund, Atom abgesetzt und dann runter in die Schweiz mit dieser alten Schrottkiste, mit der Cole ständig Action machte, immer irgendeinen Scheiß anstellte und auf der Fahrt Richtung Schweiz plötzlich mitten in einer Baustelle absichtlich mit der Seite gegen eine Leitplanke fuhr, volles Rohr daran entlangschrammte und weiterfuhr. Es gab einen Höllenlärm, es kreischte richtig, Metall gegen Metall, Funken flogen, und ich brüllte ihn an: »Was machst du da?!« Aber er nur ganz locker: »Mit dieser Karre, ist doch scheißegal, da kann ich mir das erlauben.« Er war einfach völlig verrückt, der Freak, war ständig besoffen, fuhr aber trotzdem noch total sicher Auto, machte ständig irgendwelche Sprüche und dachte sich irgendwelche Aktionen aus. Es brachte tierischen Spaß mit ihm.

Der Typ, den wir in Basel besuchten, machte in Spraycan-Art, fabrizierte so richtig teure Graffiti-Bilder auf Leinwand, die seine Mutter für ihn losschlug. Ich fand das voll krass und versuchte ihm die ganze Zeit klarzumachen, worin der eigentliche Sinn des Ganzen besteht, wie das aussehen muss und warum das gemacht wird. Er checkte das gar nicht richtig. Er war viel zu weit weg von dem eigentlichen Groove und machte mich stinksauer. Leute wie der missbrauchen unser Ding, ohne zu wissen, was sie tun. Wie er da seine unüberlegten, groovelosen Styles auf Leinwand setzte und sie einfach verhökerte, ohne wirklich zu wissen, was dahintersteckt – das enttäuschte mich richtig. Dass dieser Typ dann auch noch ein Magazin machte, von dem er meiner Meinung nach gar nicht wusste, warum – das nervte mich. Er kam in die Szene rein, lernte ein paar Writer kennen und gab dann einfach ein Magazin raus – das stresste richtig. Als er dann auch noch ein Interview mit mir brachte, in dem er alles unterschlug, was ich für wichtig hielt und womit ich ihm in die Quere kam, wurde ich richtig sauer.

Zurück in Berlin heimste ich noch mal richtig Fame für meinen Trip ein und machte vor allem mit Amsterdam richtig Welle, obwohl die Berliner längst alles wussten, bevor ich überhaupt zurück war. Gleichzeitig machte ich mir aber immer mehr Gedanken darüber, was wirklich abging. Das Graffiti-Ding wurde in Berlin zwar noch so gut es ging vorangetrieben, im Grunde war es aber nur noch eine billige Kopie des legendären New York. Mehr nicht. Die besten Zeiten waren einfach vorbei. Es gab mir nichts mehr, der Stylism verlor immer mehr seinen Reiz, und die Crew brach unaufhaltsam auseinander. Arunski hatte ja schon direkt nach Amoks Abgang gemeint, dass es das mit SOS für ihn nicht mehr bringen würde. Phos hing mit anderen Leuten rum und wollte nicht mehr so viel mit mir zu tun haben, weil er sich nicht richtig verstanden fühlte. Und Shek machte auch nur noch sein eigenes Ding, hing viel mit Adrian rum und war fast wieder so eingeschlafen wie in der Zeit, bevor er zum Corner gekommen war.

Blieben noch Clyde, mit dem ich viel rumhing, und natürlich Venus, über die ich wieder allerhand zu hören kriegte, als ich von meinem Dortmund-Amsterdam-Basel-Trip zurückkam. Wenn ich nicht da war, liefen bei ihr ständig andere Sachen, weshalb wir uns auch zigmal trennten. Aber irgendwie machten wir dann doch immer weiter. Als ich im Winter aus Aschaffenburg wiedergekommen war, wo ich die Amok-Pieces gemacht hatte, war plötzlich in den Bildern von Dane ihr Name mit einem roten Herz aufgetaucht. Ich stellte sie zur Rede und fragte, was das zu bedeuten hätte. Sie behauptete, dass er sie total lieben würde, wofür sie aber nichts könnte. Von ihrer Seite aus sei das eine völlig platonische Liebe, sie würde nur mit ihm reden und ihm keinerlei Hoffnung machen. Anfangs glaubte ich ihr das sogar noch, bis ich dann irgendwann Dane zu fassen bekam und er das genaue Gegenteil erzählte. Er hätte Venus in die Bilder reingeschrieben, weil sie immer wieder behauptete, mit mir sei Schluss, würde nichts mehr laufen, und sie wolle jetzt lieber mit ihm zusammen sein. Ich glaubte ihm, er ist ein ehrlicher Mensch, sagte ihm aber, dass Venus Scheiße reden würde und er es bleiben lassen soll, ihren Namen in seine Bilder zu sprühen. Trotzdem tauchte ein paar Wochen später wieder eins davon auf. Ich ging hin und crosste es aus, setzte 50 Odem-Tags drauf, zerstörte es, burnte es weg, so dass man seinen Namen kaum noch erkennen konnte, und schrieb drüber: Bist du lebensmüde, Dane? Das verdarb ihm den Spaß, und er hörte auf damit.

Venus stand auf solche Aktionen, Herzchen in Bilder malen oder sich mit angesagten Writern blicken lassen. Und so führte sie sich auch auf, als Shek und ich den Bühnenhintergrund für die »Godfathers of Rap« gemacht hatten. In der ganzen Stadt hatten Plakate gehangen, dass Grandmaster Flash, Sugar Hill Gang und Curtis Blow nach Berlin kommen würden, die absoluten Legenden, eben die »Godfathers of Rap«.

Shek und ich wollten voll das Schnippchen schlagen, wollten denen einen Auftrag anbieten, für die Leute was sprühen, voll den Fame einheimsen und dann auch noch die fette Kohle kassieren. Am Ende stellten sie uns nur das Material und gaben uns zwei Backstage-Karten.

Es war die Zeit, als mir Völzke von der Graffiti-Association meinen ersten Workshop organisierte. Ich zog den völlig mies durch, die Kids hatten nicht viel davon, aber Shek und ich nutzten die Gelegenheit, um eine richtig geile Leinwand für das Konzert zu sprühen, die wir dann ins Metropol rüberkarrten, wo sie wirklich als Bühnenhintergrund eingesetzt wurde und die Kulisse abgab für eine richtig geile Show, volles Haus, Bombenstimmung, alle Leute da, die man kannte. Venus natürlich auch. Es war klar, dass sie dabei sein musste, allein schon, um jedem erzählen zu können, dass ihr Freund den Bühnenhintergrund gemacht hat.

Mit den Backstage-Karten schafften wir es, diese ganzen Freaks auch mal aus der Nähe zu sehen. Grandmaster Flash, der Vater aller DJs, war voll die Enttäuschung. Völlig arrogant der Typ. Im Gegensatz zu Curtis Blow, der war cool drauf, genauso wie der eine Typ von der Sugar Hill Gang, der mich direkt nach Koks fragte. Es war geil, diese Leute kennenzulernen, die ich schon oft in den Videos gesehen hatte. Diese Truppe live zu erleben, war völlig anders, richtig cool.

Der Hammer kam am Ende. Wir hatten eine Dose dabei und fragten die Leute, ob sie nicht Bock hätten, nach der Show mit uns zusammen ein paar Tags auf die Leinwand zu machen. Curtis Blow und ein paar von der Sugar Hill Gang fanden das geil: »Ja, okay, machen wir!« Die Show ging zu Ende, die Halle war voll, die Stimmung riesig, alles rief nach Zugabe, Zugabe, da rannten wir alle zusammen auf die Bühne, vorneweg Curtis Blow, der sich an die Leinwand stellte und ständig guckte, als ob gleich Bullen kämen und er abhauen müsste, dann ein paar von der Sugar Hill Gang, die ihre Tags machten, und dazwischen Shek und ich, die unsere Namen sprühten. Die Halle bebte, alles jubelte, schrie und tobte. Es war ein geiler Abschluss.

Ich stieg von der Bühne, ging in die Richtung, wo meine Meute versammelt war, und gleich stürmte Venus auf mich zu, umarmte und küsste mich voll demonstrativ, so nach dem Motto, he, schaut alle her, das ist mein Freund, der da oben Tags gemacht hat. Typisch Venus, wie sie leibt und lebt. Wenn sie gewusst hätte, dass die Leinwand danach noch auf die ganze Europa-Tournee mitging, dann wäre sie an dem Abend wahrscheinlich geplatzt vor Stolz.

Was hätte mir die Aktion noch an Fame bringen sollen? Klar, die Leinwand kam rum, und weil natürlich überall Writer auf die Konzerte gingen, kriegten die mit, dass Odem und Shek aus Berlin das Ding gemacht hatten. Aber mir war das fast schon egal. Meinem internationalen Fame tat das noch mal richtig gut, aber in Berlin war das schnell vergessen. Die Leute sahen nur, dass ich nicht mehr viel machte, dass meine Bilder immer schlechter wurden und ihnen der Flavour fehlte. Obwohl in den Magazinen mehr Bilder von mir waren als von irgendeinem anderen Berliner Writer, fingen sie an, mies über mich zu reden und den Respekt zu verlieren.

Ein paar Tage später fuhr ich mit der S-Bahn die Strecke, an der Bisaz mal ein SOS-Bild gemacht hatte. Er war zwar nicht mehr in SOS, aber wir verstanden uns noch recht gut. Wir hatten jahrelang zusammen gesprüht, erst in NSK, dann in SOS. Jetzt war er in irgendeiner anderen Crew und hatte mit deren Namen das alte SOS-Bild übersprüht. Als ich das von der S-Bahn aus sah, war ich krass enttäuscht, richtig sauer. Das konnte er einfach nicht bringen. Ich stieg am nächsten Bahnhof aus, fuhr zurück zu der Station, von wo aus man die Stelle besser erreichen konnte, lief hin und crosste das ganze Bild aus. Das ging einfach nicht. Bisaz konnte kein SOS-Bild überschreiben. Das war respektlos von ihm.

Kurz drauf traf ich ihn am neuen Corner Feuerbachstraße und machte ihn direkt an, was das sollte, was er sich dabei dachte, was ihm bloß einfallen würde. Er versuchte sich zu verteidigen, das wäre doch sein eigenes Bild gewesen, warum er da nicht drübergehen sollte. Ich aber, nee, nee, du bist über SOS drübergegangen, scheißegal, wer das gesprüht hat, da kannst du nicht drübergehen. Er war voll geschockt, wie aggressiv ich war. Ich war bereit, mich mit ihm zu prügeln, auch wenn es Bisaz war, er war über SOS drübergegangen, da war ich zu allem bereit. Aber er blieb ganz slow, völlig ruhig und normal. Für ihn war es wirklich nicht das Ding, von wegen, ich crosse jetzt SOS aus. Er hatte sich wirklich nichts Böses dabei gedacht, und die Sache war fast schon gegessen, als plötzlich Born, ein Typ aus seiner neuen Crew, anfing, Terz zu machen. Der konnte sich das nun überhaupt nicht erlauben! Was bildete der sich eigentlich ein?! Was glaubte er denn, mit wem er es zu tun hatte?! Ich drehte richtig auf, wurde voll sauer und wies ihn zurecht und merkte gleichzeitig an der Reaktion der anderen, wie sie mich hassten, weil ich ständig Stunk machte, egal, wo ich hinkam, immer gleich aufdrehte und alle zurechtwies. Sie konnten mich einfach nicht verstehen. Ich hörte wirklich von allen Ecken und Enden Scheiße über mich, die ich nicht auf mir sitzen lassen konnte. Auch nicht, wenn es um Phos ging. Das ließ ich nie auf sich beruhen und ging immer sofort hin, wer war das, wer hat das gesagt, warum, wie kannst du dir so was erlauben?

Sie konnten es mir um so weniger verzeihen, dass ich immer noch das Maul aufriss, weil sie mitkriegten, wie ich mich allmählich von der Szene abwandte und anders wurde. Es fing schon damit an, dass ich mich anders kleidete. Ich hatte keinen Bock mehr auf diesen Ghetto-Style. Ich hatte viel darüber nachgedacht und sah keinen Sinn mehr darin. Entweder ist man so drauf, dann zieht man sich so an. Oder man lässt es bleiben.

Ich war nicht mehr so, fühlte nicht mehr so und zog mich halt an, wie es mir gefiel, auch mal mit Jackett oder so. Die meisten Leute aus der Szene kamen überhaupt nicht damit klar, konnten das gar nicht verstehen und fragten nur, wie ziehst du dich denn an, was ist denn mit dir los?

Sie merkten, dass ich mich irgendwie von der Szene entfernte, aber trotzdem noch krass meine Vorstellungen von Styles vertrat und davon, was gut ist und was nicht. Was nicht gut war, war Schrott. Da kannte ich kein Pardon. Ich sagte immer meine ehrliche Meinung und hatte deshalb den Ruf weg, arrogant zu sein. Okay, ich brachte das schon ziemlich heftig rüber, aber ich ging halt immer vom Optimalen aus, und wenn jemand das nicht erreichte, konnte ich voll aufdrehen und ganz klar sagen, das ist Scheiße. Einfach nur gut reichte mir nicht. Und dann sagte ich das. Ich wollte nicht heucheln, damit mich die Leute mögen, sondern sagte offen meine Meinung. Aber damit konnten die Leute nicht leben.

Ich drehte auf, wenn mir irgendwelche Respektlosigkeiten begegneten. Das gehörte bei mir dazu. Und Crossen ist nun mal die übelste Respektlosigkeit überhaupt. Das konnte ich einfach nicht hinnehmen, auch nicht von Bisaz. Wenn die Leute das nicht verstanden, war das nicht mein Problem.

Deshalb war ich den Kids vom Pallas auch so dankbar, dass sie eine Zeit lang richtig krass auf die Bilder aufpassten, die wir da gemacht haben. Sie zogen einfach jeden ab, der mit Dosen da hochkam, selbst wenn er sich unsere Bilder nur mal aus der Nähe anschauen wollte. Völzke von der Graffiti-Association hatte uns den Auftrag besorgt, an diesem Sozialbaukomplex, der in Schöneberg über die Pallasstraße gebaut ist, unsere Pieces abzustylen. Eine geile Stelle, die nachts sogar beleuchtet wird. Jeder, der da drunter durchfährt, sieht die Pieces. Auch heute noch.

Wir kriegten jeder einen Tausender, legten richtig los und hatten bald eine ganze Meute um uns rum, die zuguckte. Die Kids aus dem Block waren richtig stolz drauf, dass so namhafte Sprüher ihre Pieces da oben hinsetzten und dann auch noch in richtig fetten Buchstaben ihren Namen abstylten und damit ihr Revier markierten, PALLAS.

Die Kids waren richtig krass drauf. Entweder waren sie auf Drogen und Autoknacken aus oder auf HipHop und Breakdance. Die meisten auf alles gleichzeitig. Von der Straße aus konnte man das gar nicht sehen, dazu musste man erst runter in einen Hinterhof, und da sah man dann eine ganze Meute von 14-, 12-, 8jährigen, richtige Kinder, die da wie die Wilden breakten. Sie hatten sich unter ein Vordach einen speziellen Karton hingelegt, damit sie auch Drehungen auf dem Kopf machen konnten und alles richtig rutschte, hatten einen Ghettobluster daneben, Musik auf voll Power, und dann ging es ab. Das war voll der New York Flavour. Kids, die im Hinterhof von so einer runtergekommenen Mietskaserne ihre Show machten, das war richtig geil. Sie waren keine Kings, aber sie hatten das richtig gut drauf.

Nach der großen Mode gab es im Breaken nicht mehr viele Leute, die das wirklich ernsthaft weitermachten. In Berlin taten sich ein paar alte Breaker hervor, die von der ersten Welle 83/84 an durchtanzten und es heute noch tun. Aber es waren nicht viele, die das geschafft haben. Man braucht einfach Körperbeherrschung dafür, Kraft, Geschicklichkeit und den passenden Groove. Das haben nicht viele. Und selbst von denen, die es geschafft haben, blieben ein paar auf der Strecke. Shek erzählte mir in einem Café mal die

Geschichte von dem Typen, der da von Tisch zu Tisch wankte und bettelte. Er war mal ein richtiges Breaker-Idol, das Hunderte von Kids bewunderten, und stürzte dann irgendwie ab.

GANGSTERISM

Als wir am Pallas sprühten, kam Clyde auch öfter mal vorbei. Gleich um die Ecke, in den Läden an der Potse, ist die Zentrale, wo die ganzen Schöneberger rumhängen, die mit Koks, Autotelefonen und diesen ganzen Sachen ihre Geschäfte machen. Da kriegte ich dann erst mal mit, was da läuft. Wenn die ganzen Studenten und Neureichen wüssten, was in ihrer Amüsiermeile zwischen Nollendorfplatz, Winterfeldtplatz und Goltzstraße so abgeht, dann würden die da nicht mehr so ruhig ihr Bier trinken. Vor deren Nase wird mit allem möglichen gedealt, und die raffen es gar nicht. Geht ins Miguel's und fragt Bozo, die schönste Stimme Schönebergs, der kann euch die Geschichten erzählen.

Anfangs ging es vor allem um Kleinkram, Drogen und Autoradios und so. Mittlerweile kann man gleich noch das passende Auto dazu kriegen, und wer die richtigen Leute kennt, kommt auch an jede Art von Waffe. Kein Problem.

Clyde kannte das alles, gehörte dazu und zeigte mir ein neues Ding, das mich richtig faszinierte. Zusammen mit seiner Freundin, »Bonnie«, machte er richtig Action. Das war eine andere Welt. Da gab es den Kick, den Thrill, war anders. Ich war voll begeistert davon, liebte das richtig und machte mit. Am geilsten war es, Dealer abzuziehen. Clyde klaute uns ein Auto, und damit fuhren wir dann zu den angesagtesten Techno-Läden, wo die Kleindealer vor der Tür stehen und im Auftrag der Großen ihr Zeug verkaufen, Ecstasy, Speed, Koks. Clyde gab sich als Kunde aus, der Interesse an einer größeren Menge hätte, und lockte den Dealer ins Auto, wo ich hinten auf der Rückbank schon auf ihn wartete und ihm gleich eine Knarre an den Kopf hielt. Dann konnte Clyde ihm in aller

Ruhe alles abnehmen, den Stoff, die Kohle und was er sonst noch dabeihatte, bevor Bonnie Gas gab und wir abhauten, zum nächsten Laden fuhren und das da genauso machten. Wenn wir genug hatten, ließen wir das Auto einfach stehen und tauchten ab. Ich dachte, man könnte richtig Kohle damit machen. Aber das Koks behielten wir meistens für uns selbst, und für den Rest gab es nicht viel.

Egal, ob ich nüchtern war oder was durchgezogen hatte, irgendwie konnte ich immer abgehen. Dann stand ich plötzlich mitten in einem Club einem Mädel gegenüber und stellte mir vor, wie es wäre, ihr einen Drink zu bestellen und ihr aus heiterem Himmel die Nase zu brechen. Solche Gedanken faszinierten mich. Das war halt mein Humor. Das hatte nichts mit Machtgefühlen oder Sadismus zu tun. Ich fand es interessant. Es waren Erfahrungen, die meine Seele erweiterten. So wie die mit dem Typen, bei dem Clydes Schwester untergetaucht war und den wir tagelang in der ganzen Stadt gesucht hatten. Als wir ihn dann endlich in einem Café fanden, spürte ich den totalen Drang, ihm einfach meine Zigarette im Auge auszudrücken. Ich wollte das unbedingt, war richtig besessen von dem Gedanken und war schon kurz davor, es waren nur noch Zentimeter, als die anderen mich gerade noch wegreißen konnten. Ich finde das nicht krank oder animalisch. Andere interessieren sich für Briefmarken, ich mich für Menschen in extremen Situationen. Denn nur in solchen Momenten werden die Menschen wirklich ehrlich.

Dieser ganze Gangsterism von Clyde war total anziehend. Viel faszinierender als der Stylism, der für mich immer mehr an Reiz verlor, weil ich ihn mit niemandem teilen konnte. Shek war ziemlich abgetaucht, Phos malte sich noch die Finger wund, wurde richtig gut und hing oft bei Adrian rum, aber mir wurde das einfach alles zu viel. Ich traf mich ständig mit Clyde, hing noch ab und zu bei Adrian rum, war mit Venus zusammen, was tierisch stresste – es wurde mir alles zu chaotisch. Und dann kamen auch noch die Bullen.

Ein paar Monate vorher waren Phos, Inka und ich in Frankfurt auf einer HipHop-Jam und hatten alles, was uns auf der Party behindern könnte, Rucksäcke mit Fotos, Blackbooks und Magazinen, in einem Schließfach am Bahnhof deponiert. Nach der Party wollten wir das wieder abholen und merkten, dass wir von ein paar Typen verfolgt wurden. Bullen? Wir wussten es nicht. Okay, dachten wir uns, machen wir schnell, holen wir einfach die Klamotten raus und hauen ab. Gerade als wir das Schließfach aufmachten, kamen die Typen um die Ecke. Keine Ahnung, wo die auf einmal herkamen. Wir hatten vorher geguckt, sie aber nicht gesehen.

Soko. Also gleich Klamotten auspacken, Ausweise zeigen und das volle Programm. Ein paar Sachen wurden gleich beschlagnahmt, Skizzen und ein paar Ausgaben von Inkas »Overkill«-Magazin, aber sie ließen uns laufen, und es wurde nichts weiter draus. Dachten wir.

Ein paar Monate später war ich zu Hause, zog mich gerade an, weil ich mit Venus verabredet war, war mal wieder zu spät dran, wie immer, beeilte mich, zog gerade die Schuhe an, da schellte es an der Tür. Ich dachte mir nichts dabei, beeilte mich fertig zu werden, da stand meine Mutter plötzlich bei mir im Zimmer: »Da ist Polizei vor der Tür!« Ach, du Scheiße! Bei mir lag alles durcheinander, das totale Chaos, Fotos, Skizzen, Dosen, Stifte – einfach alles, kunterbunt durcheinander.

Meine Mutter ging wieder runter, um den Bullen aufzumachen, damit sie nicht die Tür aufbrachen, und ich packte alles zusammen, was ich greifen konnte, sammelte wie ein Wahnsinniger so viel Zeug ein, wie ich konnte, fetzte wie ein Wilder durch mein Zimmer, schmiss alles ins Blackbook und schleuderte es unter das Bett von meinen Eltern. Ich hatte mal aufgeschnappt, dass die Bullen bei einer Hausdurchsuchung nur in das Zimmer von demjenigen reindürfen, gegen den sie ermitteln. Irgendwie so was.

Ich kam gerade aus dem Schlafzimmer meiner Eltern und wollte nach unten gehen, da kamen die mir schon entgegen: »Hallo, Odem!« Schock! Was ist das denn? Der Bulle spricht mich als

Odem an? Scheiße! Das wird eng. Die wissen alles! Und dann gleich der nächste Schock: Die gingen schnurstracks in mein Zimmer. Meine Mutter hatte es ihnen nicht gezeigt, ich hatte es ihnen nicht gezeigt. Sie hätten es eigentlich gar nicht wissen können. Aber sie wussten es. Entweder hatten sie mich observiert, oder ich wurde von irgendwem verraten. Ich weiß es bis heute nicht.

Sie gingen schnurstracks in mein Zimmer, durchsuchten alles, krempelten alles um und fragten dann, wo mein Blackbook wäre.

»Ich hab keins.«

»Hey, komm, mach hier keinen Stress. Gib uns dein Blackbook!«

»Ehrlich, ich hab keins.«

»Mensch, rück's raus, oder wir durchsuchen das ganze Haus.«

»Ja, okay, machen Sie nur. Ich hab kein Blackbook. Ich hab mit dem Illegalen schon vor 'ner ganzen Weile aufgehört. Hören Sie sich doch um in der Szene.«

Irgendwie stimmte das ja sogar. Trotzdem stellten die erst mal mein ganzes Zimmer auf den Kopf, guckten überall nach, bis unter die Teppiche, überall, nahmen alles mögliche mit, und was sie nicht gleich mitnehmen wollten, fotografierten sie. Da kam einiges zusammen. Was ihnen fehlte, war mein Blackbook. Der eine Bulle guckte mich noch mal an, guckte mir tief in die Augen, richtig ernst und lange, und fragte dann noch mal: »Wo ist dein Blackbook?«

»Ich habe kein Blackbook. Sie sehen's doch. Was übrig geblieben ist, fliegt hier lose rum. Durchsuchen Sie ruhig das ganze Haus. Ist mir egal. Ist Ihre Arbeit.«

Der guckte mich noch voll lange an und sagte dann: »Okay, es reicht sowieso, was wir haben.«

Meine Mutter war in Tränen aufgelöst, völlig am Ende, runter mit den Nerven und sah mich schon wieder im Knast, diesmal richtig. Ich versuchte, sie so gut es ging zu beruhigen. Aber wie? Womit? Ich war doch selber geschockt. Ich hatte überhaupt nicht damit gerechnet und wusste auch nicht, was jetzt passiert.

Solange meine Eltern nichts davon mitkriegten, war mir das eigentlich immer alles egal. Aber wenn meine Mutter dann rumheulte und sich Sorgen machte, dann dachte ich schon, Scheiße, musste das alles sein, hätte ich nicht besser aufpassen können, musste ich mich auch noch erwischen lassen.

Ich hatte zum ersten Mal nach dem Klauen in der Zelle gehockt und landete danach wegen anderer Dinge bestimmt noch zehn, zwölf Mal einen Tag oder eine Nacht in der Zelle. Meine Mutter erfuhr das dann immer, weil die Bullen sie benachrichtigten oder Briefe nach Hause kamen, dass ich angezeigt worden war oder ein Verfahren eingestellt wurde oder so was. Sie machte sich wirklich sehr, sehr viele Sorgen, obwohl das heutzutage eigentlich normal ist. Ich kenne so gut wie keinen Jugendlichen, der noch nichts mit der Polizei zu tun hatte und nicht mal in der Zelle saß. Trotzdem war es für meine Mutter immer gleich ein Weltuntergang.

Als die Bullen endlich weg waren, schoss mir natürlich gleich die Frage durch den Kopf: Was mache ich jetzt? Als erstes versuchte ich, Phos anzurufen. Aber der war nicht da. Dann bei Inka. Da hob auch keiner ab. Ich versuchte es immer weiter. Okay, wenn die Bullen wissen, dass die Leute miteinander in Kontakt stehen, ziehen sie Hausdurchsuchungen ja meistens parallel durch. Aber vielleicht war noch was zu machen. Ich versuchte es immer weiter, versuchte es wieder und wieder, erreichte Phos aber erst am Tag drauf – und Scheiße! Bei ihm kamen die Bullen wirklich erst am nächsten Tag. Ich hätte ihn also noch warnen können, wenn ich ihn nur erreicht hätte!

Es war in Berlin die erste richtige Hausdurchsuchung im Zusammenhang mit Graffiti, und die traf ausgerechnet Inka, Phos und mich. Das musste irgendwas mit unseren Wessi-Kreuzzügen zu tun haben, aber wir hatten keine Ahnung, was passieren würde. Ich erzählte natürlich allen aus der Szene, mit denen ich noch Kontakt hatte, was passiert war, und warnte sie, passt auf, nehmt euch in acht. Aber die meisten nahmen es gar nicht ernst. Es war ihnen fast egal, was mit uns passierte. Wir standen allein da mit unserer Riesenpanik, was können die mit dem Zeug erreichen, was können die uns anhängen, was kommt am Ende dabei raus? Riesenchaos. Scheiße, die können uns so fertigmachen, dass wir nie wieder auf die Beine kommen. Die können uns einfahren lassen. Die können uns richtig langmachen.

Ein paar Wochen später kriegte ich eine Vorladung und erfuhr, was anlag. Ich verweigerte die Aussage zur Sache, weil ein Anwalt mir das geraten hatte, kriegte aber auf dem Revier mit, dass uns ein Bußgeld von 60.000 Mark drohte und die Bundesbahn noch auf Schadensersatz klagen könnte, wenn wir schuldig gesprochen würden. Wir waren richtig am Arsch!

Zum ersten Mal konnte ich verstehen, warum sich die Dortmunder wie Terroristen aufführen. Wir waren immer total sorglos, aber die sind wirklich krass. Worauf die alles achten! Als ich in Dortmund mal bei einem Writer pennte und ihn bei sich zu Hause mit seinem Writer-Namen ansprach, reagierte er überhaupt nicht. Ich hatte keine Ahnung, was er damit bezwecken wollte, und fragte noch: »Ey, hast du mal ein paar Fotos von deinen Sachen hier, die man sich angucken kann?«

»Was für Sachen denn?«

»Naja, halt ein paar Pieces, ein paar Züge, irgendwas!«

»Okay, ein paar Sachen von dem Typen habe ich da.«

Dabei erwähnte er nie, dass es seine Sachen waren und er die gemacht hatte.

Nie. Selbst wenn man ihn fragte, wann er dies oder das da gemacht hat, sagte er nur, ich glaube, das hat der Typ dann und dann gemacht. Ich dachte nur, der hat sie nicht alle, der übertreibt! Aber gut, in Dortmund sind sie so drauf. Die haben es mit einer knallharten Soko zu tun, da gehen die kein Risiko ein und verhalten sich wirklich wie Terroristen, voll konspirativ, und quatschen nicht mal zu Hause richtig über ihre Sachen.

Ihr eigenes Ding betreiben die richtig mit terroristischem Ernst. Ansonsten nehmen die gar nichts ernst. Vor allem diese völlig geilen Typen um Atom und Cole. Als Zulu-Nation in Deutschland mit diesem »Esst keine Gummibärchen und trinkt keine Cola«-Quatsch anfing, gründeten die Dortmunder gleich die Gegenorganisation Silo-Nation. Die hatten wirklich nur Scheiß im Kopf. Irgendwann fingen sie sogar an zu rappen, rannten immer nur mit Bierflaschen über die Bühne, waren ständig besoffen und machten Zulu-Nation voll runter, absolut geil.

Als Cole vor einer Party mal mitkriegte, wie einer eine Platte von Cora E kaufte, so einer Rapperin aus der Underground-Szene, die auch voll diesen Zulu-Nation-Quatsch draufhatte, brachte er die richtig geile Aktion. Cora E stand daneben und war mächtig stolz, dass der Typ ihre Platte kaufte. Er kriegte sie dann aber nicht im Rucksack unter und machte so rum: »Scheiße, wie krieg ich die da denn jetzt rein?!« Und Cole meinte nur: »Lass mal, ich mach das schon.« Er nahm die Platte, konnte kaum noch gerade stehen, weil er schon wieder so besoffen war, brach sie in der Mitte durch, faltete sie zusammen und gab sie dem Typen zurück: »Hier. Jetzt geht's!« Und das vor den Augen von Cora! Die war völlig sprachlos. Aber der Typ musste selber drüber lachen. Die Aktion machte die Runde, und mit Zulu-Nation war es endgültig vorbei. Keiner nahm sie mehr ernst.

So lustig ich das fand, mich nervte einfach nur noch alles. Diese ganze Szene, dieses ganze Gemache, der Stress mit den Bullen, das ganze Chaos, es kotzte mich alles an. Und als ob das alles nicht gereicht hätte, ging es dann auch noch mit Venus richtig ab. Es gab nur noch Zoff, andauernd Streit, ständig irgendwelche Geschichten, Debatten, Auseinandersetzungen. Es war endgültig Zeit, Schluss zu machen. Ich hatte die Nase gestrichen voll, hatte absolut keinen Bock mehr, war mit meinen Gedanken sowieso schon ganz woanders, und dieser Stress kotzte mich nur noch an. Schluss! Aus! Ende! Aber diesmal richtig.

Venus hatte das Gerücht aufgeschnappt, dass ich die Freundin von Akim geschwängert haben sollte, und obwohl nichts dran war, gab ich mir gar nicht die Mühe, das zu bestreiten. Damit fiel es ihr genauso leicht wie mir, einfach zu sagen, okay, das war es jetzt wirklich. Aus.

Kurz drauf trafen wir uns noch mal im »Tresor«. Wir waren getrennt, wussten aber voneinander, dass wir beide da sein würden. Sie lief mit ein paar Szenemädels auf, die sich zwar für HipHop interessierten, aber mit Graffiti nichts zu tun hatten. Die kamen eher aus dem Clubbing, waren an London orientiert und klamottenmäßig mehr im Ragga-Muff, gehörten zu denen, die sich einfach nur an Klamotten und Musik hochziehen, nur Kohle haben, um sich irgendwelche extravaganten Klamotten zu kaufen, aber selber nicht aktiv sind. Solche Leute kotzten mich immer schon an. Das war mir einfach zu billig.

Als Venus mit ihren Freundinnen da auflief, war ich schon ziemlich besoffen, kriegte aber noch mit, wie sie wieder die Jungs heiß machte, völlig demonstrativ, damit ich es auch ja sehen konnte. Das war für sie wie ein Lebenselixier. Sie brauchte das, sie musste die Typen reizen, bis sie Sex von ihr wollten. Nichts von wegen Liebhaben, Streicheln, Küssen, sondern wirklich nur: Ich will Sex von dir. Dieses Gefühl brauchte sie wie die Luft zum Atmen.

Ich konnte das nicht mehr mit ansehen, wurde völlig wütend und haute sie an, was der Quatsch soll: »Hör auf damit! Lass uns einfach ganz normal auseinandergehen. Lass diesen Mist!« Sie tat ganz unschuldig, von wegen, sie hätte doch gar nichts gemacht, und behauptete, dass der Typ, den sie so heiß gemacht hatte, ihr einen Kuss aufgedrängt hätte, obwohl sie das gar nicht wollte. Sie redete dann noch eine ganze Zeit weiter, redete und redete, und ich hatte irgendwann einfach nur Bock, ihr eine runterzuhauen, nur so. Ich hatte einfach das Gefühl, das müsste sein. Und ich tat es. Ich sah alles wie in Zeitlupe, sah, wie ich ihr eine runterhaute, wie sich ein Ohrring aus ihrem Ohr löste, in einem hohen Bogen durch die Gegend segelte und auf dem Boden landete. Wie in Zeitlupe. Bild für Bild. Ich sah, wie erschrocken und schockiert sie war, und hatte plötzlich nur noch den Wunsch, den anderen Ohrring auch noch fliegen zu sehen. Ich haute ihr noch eine runter, guckte dabei nur auf den Ohrring, interessierte mich für gar nichts anderes. Aber er hielt.

Für mich ist es ein absolutes Tabu, eine Frau zu schlagen. Aber das war was anderes, war eine Ausnahme, wo ich sage, das musste einfach sein. Ich musste es machen. Das war keine normale Beziehung.

Sie starrte mich völlig schockiert an. Ich ließ sie einfach stehen, ging zu dem Typen, der ihr einen Kuss aufgedrängt haben soll, und haute ihn an, was das sollte. Er stand mit zwei Freunden in einer Ecke, redete nur ein bisschen und wunderte sich, wie aggressiv ich rüberkam: »Was willst du denn? Ich soll sie geküsst haben? Lass mich doch in Ruhe! Die macht doch jeden heiß.« Er sagte das so aggressiv, dass ich gleich drauf ansprang. Ich wollte einfach Action: »Was machst du mich denn hier so an, du Penner?!« Ich ging gleich auf ihn los und drängte ihn raus, um mich mit ihm zu schlagen. Seine beiden Kumpels halfen ihm. Das war das, was ich brauchte. Ich gegen drei Leute. Das machte mir richtig Spaß. Arunski versuchte noch, uns auseinanderzudrängen, aber ich war nicht mehr zu halten, schlug zwar meistens daneben, weil ich so betrunken war, kam aber trotzdem richtig in Fahrt, als einer der Typen versuchte, mich zu treten. Ich lachte ihn nur aus, nahm Anlauf und schubste ihn voll gegen ein Motorrad, so dass er mit der ganzen Karre hinknallte. Ich war voll in meinem Element, kriegte nicht genug, machte weiter, teilte aus, wie es gerade ging, steckte ordentlich ein, scheißegal, ich wollte mich prügeln, wollte allen was auf die Schnauze hauen, sollten sie nur kommen, ich zeigte es ihnen schon.

Irgendwann war es vorbei. Wir hatten alle was abgekriegt und konnten nicht mehr. Ich ging zu dem Typen, mit dem ich die Schlägerei angefangen hatte, gab ihm die Hand und entschuldigte mich: »Hey, Mann, war doch nur 'ne Schlägerei. Tut mir leid.« Er bestand weiter darauf, dass nichts gewesen war. Mir war es egal. Ich glaubte ihm einfach. Er hätte es nicht mehr nötig gehabt zu lügen. Wenn er sich schon mit mir prügelte, hätte er dazu stehen können. Okay. Ich gab ihm noch mal die Hand: »Danke für die Schlägerei. Bis zum nächsten Mal.« Der Typ guckte nur ganz blöd und muss gedacht haben, ich wär völlig verrückt.

Ausgerechnet nach den Schlägen verliebte Venus sich noch einmal ganz extrem in mich. Sie brauchte so was, sie liebte die großen Gefühle. Aber für mich war das völlig passé. Gewöhnung, ja! Aber Liebe? Falls da jemals was an Liebe war, war sie vollkommen weg.

CROATIA I

Mir stank das so! Ich hasste alles! Die Leute, diese ganze Sprüher-Szene, das ganze Drumherum, der ganze Ekel, das ganze Gerede und Gelabere, ich wollte nichts mehr damit zu tun haben, wollte einfach Schluss machen damit – einfach weg damit! Ich hatte die Schnauze gestrichen voll von allem! Ich wollte alles vergessen, einfach vergessen. Ich war mit dem Kopf ganz woanders, in einer Phase des Umdenkens. Bis dahin hatte ich ganz klare Vorstellungen und Ziele, hatte einen Namen, eine Crew, meine Stylism Mission. Ich hatte meine Welt, meine Leute, meine Aufgabe. Aber nichts davon brachte mir noch irgendwas. Ich hasste alles und hatte auf einmal gar nichts mehr, stand mit völlig leeren Händen da und einem Riesenhass, hatte nichts mehr. Außer meiner Herkunft. Das wurde mir schlagartig klar. Ich war Kroate, und in meiner Heimat wurde gekämpft. Ich habe kroatisches Blut in meinen Adern, und kroatisches Blut wurde im Krieg mit den Serben vergossen. Ich wusste nicht viel darüber, merkte aber, dass ich so was wollte, dass ich genau so was suchte, dass das mein neues Ding werden konnte. Ich besorgte mir Ustaša-Bücher, Literatur der kroatischen Faschisten, und verschlang die richtig. Ich brauchte das, ich brauchte den Hass auf die Serben, ich brauchte das wie Nahrung, wie Luft zum Atmen. Ich erinnerte mich an die Sommerferien in meiner Heimat, an das kleine Dorf, in dem alles so anders ist, an die Berge, das Meer. Ich musste da hin.

Die Idee ließ mich nicht mehr los. Es war wie ein Zwang. Ich sprach viel mit Clyde darüber, weil ich dachte, dass er als Kroate mich verstehen müsste, und im Sommer düsten wir endlich zusammen runter. Unseren Eltern erzählten wir, dass wir unsere Pässe verlängern, den Führerschein machen und uns von der Armee befreien lassen wollten. Mein Weg war mir völlig klar. Ich wollte alles hinter mir lassen und für ein neues Ziel kämpfen. Ich meldete mich bei der Armee. Auf all die Briefe, die Musterungsbescheide und Einberufungsbefehle, die mich über Umwege in Deutschland erreichten, hatte ich nie reagiert. Als ich noch sprühte, war mir scheißegal, was in der Welt vor sich ging. Irgendwo war Krieg? Mir doch egal! Aber da begriff ich, dass es Krieg in meiner Heimat war, dass es das Blut meiner Familie und meines Volkes war, das in den Schlachten vergossen wurde. Ich wollte meinen Beitrag leisten, wollte alles hinter mir lassen und in den Krieg ziehen für meine Heimat, mein Vaterland.

Mit Clyde zusammen fuhr ich im Bus da runter und schaute die ganze Zeit aus dem Fenster, um mir die Gegend anzuschauen. Der Anblick meiner Heimat, diese Landschaft! Ich verliebte mich in dieses Land und bin seitdem das Gefühl nicht mehr losgeworden, dass ich dorthin muss. Ich weiß nicht genau, was ich da machen soll, aber was anderes kann ich gar nicht mehr machen, als immer wieder dorthin zu gehen.

Gleich beim ersten Mal, als ich ohne meine Eltern in Kroatien war, kam dieses Gefühl hoch. Um so mehr nervte mich Clydes Art, da aufzutreten und mich zu bevormunden. Er sah in Kroatien nur die Möglichkeit, seine Geschäfte zu machen. Er fühlte sich gar nicht wie einer von ihnen, sondern wie der tolle Held aus dem reichen Deutschland.

Ich konnte mir das nur ein paar Tage lang anhören, dann kam es zum Streit. Er verband gar nichts mit seiner Heimat und nahm meine Absicht, zur Armee zu gehen, überhaupt nicht ernst. Er hatte gar keinen Blick für die Sache und meinte trotzdem, mir alles erklären zu müssen. Da platzte mir irgendwann der Kragen. Wir zofften uns richtig, machten uns voll an, und es war klar, mit uns geht das nicht gut. Er düste wieder nach Deutschland zurück, und ich blieb da, weil ich den Führerschein machen wollte, mietete mir ein Zimmer über der Fahrschule und sah mir alles an. Ich lief allein durch Split und hatte Erlebnisse, die mein Leben veränderten.

Ich hatte mich bei der Armee gemeldet, machte regelmäßig meine Fahrstunden und nutzte die Zwischenzeit, um mich in einer Buchhandlung mit kroatischer Fascho-Literatur zu versorgen. Ich war völlig fasziniert davon, wollte das einfach in mich aufsaugen und alles darüber wissen. Ich fand das Buch, das ich gesucht hatte, und war gerade auf dem Weg zur Kassiererin, um zu fragen, wie viel es kostet, als mich ein Typ anhielt, ungefähr 40, 45, klein, mit intelligenten, gutmütigen Augen, wildem Bart, weißem Hemd, weißer Hose, Leinen, völlig verschwitzt und dreckig, mit einer Plastiktüte in der Hand. Er fragte mich, wie alt ich sei. Ich blickte zur Kassiererin, die guckte zurück, so nach dem Motto, tut mir leid, ich rufe gleich die Polizei, dann wird er dich nicht weiter belästigen. Das widerte mich an. Ich mag Penner, ich mag Verrückte. Die ziehen mich irgendwie an, und ich höre ihnen gerne zu. Auch diesem Mann. Mir war klar, wenn er schon fragt, wie alt ich bin, wird er mir sicher was erzählen. Ich antwortete ihm, 20. Und dann erzählte er das, was ich schon fast erwartet hatte, er erzählte, dass er mal einen Sohn hatte in diesem Alter, dass sie mal eine glückliche Familie waren, dass er Arzt war und glücklich verheiratet, dass er einen Sohn hatte und eine Tochter, die auf dem besten Weg war, Sängerin zu werden. Dabei kamen ihm langsam Tränen in die Augen. Dann kam der Krieg, und sein Sohn meldete sich freiwillig an die Front. Das Letzte, was sie von ihm hörten, war, dass er verschollen ist. Der Mann weinte immer krasser und erzählte weiter, dass die Mutter – seine kerngesunde Frau – nur Wochen später starb, aus Kummer, sagte er und bat mich, flehte mich richtig an, geh nicht, tu alles, aber geh nicht in den Krieg. Er weinte und fasste mich, hielt mich fest oder ich ihn, das ließ sich nicht genau sagen, und bat mich immer wieder, geh nicht in den Krieg, tu es nicht, geh nicht. Dann kramte er aus seiner Plastiktüte einen völlig abgewetzten Zettel raus. Man sah, dass er ihn schon zigmal aus der Tüte geholt und gezeigt hatte. Da drauf stand ein Text, ein kroatisches Lied, das seine Tochter und er über die Familie verfasst hatten, über das Schicksal des Sohnes und das der Mutter.

Ich stellte das Buch ins Regal zurück und ging. Es ging mir einfach zu sehr unter die Haut. Das war zu viel für mich. Ich weinte dort nicht. Das kam erst danach, als ich wieder draußen war und allein.

Als ich ein paar Wochen später Kroatien verließ, hatte ich einen Führerschein in der Tasche und einen Rückstellungsbescheid von der Armee, den mir der Fahrlehrer besorgt hatte. Die Zeit in Kroatien hatte mich verändert. Ich sah, wie die Leute kämpften, um zu überleben, was für Sorgen sie plagten und wie schwer sie es hatten, über die Runden zu kommen. Ich konnte ihnen nicht imponieren, hey, ich bin Odem. Das interessierte sie nicht. Wahrscheinlich wäre ich verprügelt worden, wenn ich ihnen erzählt hätte, was ich in Deutschland gemacht habe. Und ich kann das nachvollziehen. Ich kann ihnen deswegen keinen Vorwurf machen. Ich kann ihnen nicht sagen, ihr versteht nichts davon, ihr wisst einfach nicht, was dahintersteckt, ihr habt keine Ahnung von Kunst. Es wäre sinnlos.

Was ich sah, veränderte mich. Was ich sah, als ich meinen Onkel im Krankenhaus besuchte, dem wegen irgendeiner Durchblutungsgeschichte ein Bein abgenommen werden musste. Er aß immer gerne, schlemmte gerne, trank gerne mal sein Gläschen Wein und erzählte immer irgendwelche Geschichten. Und plötzlich war er völlig abgemagert und verbittert. Neben ihm lag ein moslemischer Soldat, der gegen Kroaten gekämpft hatte und jetzt sein eigenes Tun nicht mehr verstand. Auf dem Flur sah ich eine schreiende Mutter, deren Sohn gerade gestorben war – das alles drehte mich, zeigte mir eine völlig andere Welt, eine Welt, die ich gar nicht mehr gesehen hatte. Mir war alles egal gewesen, und plötzlich sah ich, wie viel Elend es gab, wie viel Leiden, wie viele

Sorgen die Leute hatten. Und ich sah, wie jemand starb auf offener Straße. Das machte einen anderen aus mir.

Ich war gerade mit dem Fahrschullehrer durch Split gefahren – durch ein Split, in dem die Ampeln wegen Strommangel nicht gingen und das totale Verkehrschaos herrschte – und landete am Marktplatz, weil dort in der Nähe die Fahrschule lag. Ich sollte kurz warten, sagte der Fahrlehrer, er käme gleich wieder. Ich stieg aus, lief ein bisschen rum und hörte, wie eine Frau sagte, ein Stückchen weiter wäre jemand abgestochen worden. Ich ging hin und sah, wie ein paar Männer einen Typen festhielten und ein paar Meter weiter einer auf dem Boden lag, der blutete. Der Markt war gerade zu Ende. Der Platz wurde mit Schläuchen sauber gespritzt. Das Wasser floss langsam in die Gullys, ganz langsam, eine fließende Bewegung, und ich sah, wie mit dem Wasser, mit dem ganzen Dreck von dem Obst und dem Gemüse das Blut von diesem Typen in den Gully floss. Fünfmal hatte der andere ihm in die Brust gestochen, und ich sah, wie er dalag, einfach nur in den Himmel guckte, wie ein Fisch, den man gefangen und an Land geworfen hat und der sich noch mal nach Wasser sehnt, die letzten Züge. Er konnte gar nicht mehr begreifen, was um ihn rum passierte. Er wollte nur noch Luft, wollte nur noch atmen, wollte leben.

Ich rannte los, versuchte, irgendwo Hilfe zu holen, aber eine Frau aus dem Supermarkt sagte, dass die schon verständigt wäre. Ich ging zurück und sah gerade noch, wie Sanitäter ein Laken über ihn legten und weiter hinten die Polizei ankam, völlig gemächlich, völlig desinteressiert. Der Typ wurde angekettet, der vermeintliche Mörder, und auf einmal schrien ein paar aus der Menge, dass er ein Serbe wäre. Gleich versammelten sich voll viele Menschen um ihn, auch ein paar Soldaten, die ihn ganz seltsam anguckten und, als sich die Polizisten mal umdrehten, gleich auf ihn losstürmten und ihm ein paar Tritte gegen den Kopf gaben. Der eine Bulle hielt sie zurück und meinte: »Warte, es ist noch nicht erwiesen, ob er ein Serbe ist.« Ich schaute mir den Typen an, der zugestochen haben soll, und sah, dass er genauso apathisch guckte wie der Mann, den er abgestochen haben soll. Beim Weggehen dachte ich an das Blut, das in den Gully floss, und war mir plötzlich nicht mehr sicher, ob ich auf einen Serben schießen könnte.

LOSIN' ME

Ich versuchte danach, der Gleiche zu sein wie früher. Aber ich war es nicht mehr. All diese Dinge, die ich in Kroatien sah, veränderten mich. Ich konnte nicht mehr mit lockerem Gewissen losziehen und alles zubomben. Ich versuchte es, aber es ging nicht mehr.

Das fiel auf. Gleich am ersten Abend, als ich zurückkam und mir den Wagen von meinem Vater schnappte, stolz auf meinen Führerschein bei Arunski vorfuhr und ihn raushupte, erst mal mit ihm durch die Gegend cruiste und dann bei Inka landete, wo wir mit Ivo aus Heidelberg ein bisschen rumchillten und eine Tüte rauchten. Ich war anders als sonst, redete nicht mehr ständig über meine Stylism Mission, ging nicht mehr auf jeden los, der anderer Meinung war als ich, und versuchte nicht, jeden von meinem Ding zu überzeugen. Ich saß einfach nur mit den anderen rum, rauchte eine Tüte und redete Zeug, das keiner verstand. Arunski fiel es als erstem auf: »Pešo, so kenne ich dich gar nicht.«

Ich weiß nicht genau, was mich in Kroatien verändert hat. Ich war verändert, völlig. Plötzlich registrierte ich wieder die Natur, ich sah alles viel genauer und glaubte auch wieder an Gott. Was mich mal interessiert hatte, interessierte mich nicht mehr. Ich merkte das selber ganz krass, als Adrian A-One, einen alten Sprüher aus New York, nach Berlin rüberholte. Es war ein komisches Gefühl. Ich chillte zwar mit ihm rum, war aber auf voll Distanz zu ihm. Es beeindruckte mich gar nicht mehr, dass er aus New York war. Okay, er mochte Arunski und mich, weil wir ständig bereit waren, mit ihm den Stuff zu rauchen, den er so mochte, und ihm welchen zu besorgen, wenn er wieder seinen Spruch raushaute: You buy, I fly! Aber irgendwie fehlte mir der Respekt vor ihm. Nicht, dass ich ihn respektlos behandelte, aber da war überhaupt kein Reiz mehr. A-One ist sowieso keine Legende wie zum Beispiel Seen, aber er ist ein Old-School New Yorker. Ich war mir dieser Situation bewusst und fragte mich selber, wo dieses Gefühl blieb, dieser Reiz von wegen der Typ ist New Yorker, das ist Old School, der ist real, der Typ hat die Züge besprüht, er hat die Styles mitentwickelt. Das Gefühl war völlig raus, und die anderen kriegten das mit.

Sie merkten, dass ich nicht mehr voll dabei war, und misstrauten mir richtig. Vor allem Shek. Wir hingen immer noch der Idee nach, zusammen unseren Laden zu eröffnen, aber Shek traute mir keinen Meter mehr über den Weg. Er glaubte, dass ich es nur auf seine Kohle abgesehen hätte, um den Laden eröffnen zu können, eigentlich aber gar nicht mehr dahinterstehen würde. Er sagte das zwar nie offen, aber ich kriegte es von anderen Leuten mit. Das war wirklich extrem. Als ich irgendwann mal versuchte, mit ihm darüber zu reden, kriegten wir uns voll in die Haare, wir zofften uns, stritten uns richtig krass – und trennten uns. Er vertraute mir kein bisschen und fand andere Freunde. Ich vertraute ihm kein bisschen und hatte überhaupt keine Freunde mehr.

Damit war der Traum von unserem eigenen Laden endgültig ausgeträumt, der Traum, wegen dem ich die Ausbildung abgebrochen hatte. Adrian versuchte, den Streit zwischen Shek und mir zu schlichten, weil er daran natürlich überhaupt kein Interesse hatte. Wir als die Style-Elite in Berlin waren für ihn und seine Pläne sehr, sehr wichtig. Er brauchte uns, um Aufträge zu organisieren, und versuchte zu vermitteln, versuchte uns beizubringen, dass Professionalität heißt, nur auf der geschäftlichen Ebene zusammenzuarbeiten, das Freundschaftliche wegzulassen und unsere Gefühle zurückzuhalten. Aber das klappte nicht. Shek und ich waren getrennte Leute. Mit Clyde hatte ich nach unserem Streit in Kroatien auch nichts mehr am Hut. Und Phos fühlte sich von mir schon lange nicht mehr richtig verstanden.

Nach und nach stritt ich mich mit jedem. Ich war fast allein. Das Gelaber dieser ganzen Konsorten kotzte mich an. Ich ging so gut wie nie mehr zum Corner und sprühte auch nicht mehr. Die paar Leute, mit denen ich noch zu tun hatte, Arunski meinetwegen oder Inka und Adrian, traf ich nur noch, um mit ihnen zu chillen, zu kiffen und zu saufen.

Ich suchte was anderes und fand Antje. Sie war mal die beste Freundin von Venus, hatte aber von ihr die Nase genauso voll wie ich. Eigentlich trafen wir uns nur, um ein bisschen über Venus abzulästern und herauszufinden, was für eine Scheiße Venus die ganze Zeit erzählt hatte, damit Antje und ich bloß nicht auf die Idee kamen, was miteinander anzufangen. Wir quatschten eine ganze Weile und verstanden uns immer besser. Zumindest dachten wir das, trafen uns öfter und waren irgendwann zusammen. Meistens ging ich zu ihr nach Hause. Ich dachte, ich könnte da Ruhe finden, hoffte auf so was wie Harmonie, aber es klappte nicht. Ich war bei ihr jemand völlig anderes, kam gar nicht aus mir heraus. Ich erzählte und schrieb ihr genau das, was sie hören und lesen wollte. Umgekehrt genauso. Was die Beziehung betraf, waren wir beide oberflächlich zufrieden – so trudelte das Ganze vor sich hin.

Antje war gerade mal 16, ich war 20. Wieder winkten alle ab, ey, Alter, was machste denn da wieder für Sachen. Keiner konnte mich verstehen, aber das war mir egal. Sie reizte mich. Sie hatte etwas, das mich beunruhigte und anzog. Deshalb war ich mit ihr zusammen. Und auch weil ich mich rächen wollte. An Clyde, der auf sie abfuhr, und an Venus, die es nicht geschafft hatte, Antje und mich voneinander zu trennen.

Es war eine seltsame Beziehung, von keinem verstanden, von allen angefeindet. Arunski war sauer, dass ich nur mit ihr abhing und mich kaum noch mit ihm traf. Aber das war mir egal. Ich traf mich trotzdem noch oft genug mit Arunski und hoffte jedes Mal, es würde anders werden, so wie früher, ohne dieses Misstrauen. Aber jedes Mal enttäuschte ich ihn oder er mich. Schön war es nur, wenn Arunski, Markus und ich zusammen weggingen und an unserem Stammtisch unsere Zechrunde starteten, immer besoffener wurden, uns umarmten, lachten, grölten, uns Witze erzählten und ich irgendwann blau genug war, um loszuziehen und die Frauen anzuhimmeln. Das brachte ich richtig gut und kam bei den Ladys voll an. Besoffen war ich eben in der richtigen Stimmung dazu. Wenn wir zusammen unterwegs waren und uns die Birne vollknallten, dann war das nicht nur einfach ein Zuschütten. Das war mehr. Dieser Rausch, als würde man in Wasser eintauchen, was immer schöner wird, je tiefer man kommt. Das regte richtig meine Fantasie an. Ich lebte dabei voll auf und war einfach gut drauf. Wenn ich mich allerdings mit Arunski allein traf, hingen wir meistens nur rum und kifften.

Mir stank das. Diese ganze Rumhängerei, dieser Frust, ich wollte, dass es wieder anders wird, so geil wie früher, als wir mit SOS noch richtig am Start waren. Okay, wir waren schon in der elften Runde, trudelten nur noch und waren kurz vor dem K.O., aber es gab uns noch, und wir rissen uns wieder zusammen, wollten diese Crew, diese glorreiche Zeit noch mal wiederholen, fortführen, wollten daran anknüpfen, sie weiterleben lassen, den alten Spirit, den alten Groove zurückholen. Ich tat mich wieder mit Phos zusammen, und es klappte. Wir wollten wieder nach ganz oben, wollten wieder SOS sein, die King-Crew, die es allen zeigte. Ich hatte kaum noch dran geglaubt, Phos und ich klammerten uns aneinander und beschlossen, nach Hannover zu fahren, um Loomit zu treffen. Wir waren wieder da. Wir kamen zurück. Es war wie früher. Ganz anders als zuletzt in Berlin, wo eine ganz andere Stimmung war und man sowieso ganz andere Aufgaben hatte, ein ganz anderes Verhalten, automatisch. Es machte richtig Spaß, mit Loomit in Hannover rumzuchillen, Spaß zu haben und Action zu machen, um dann auf dem Weg nach München mit Loomits umgebautem Leichenwagen noch einen Zwischenstopp in Dortmund zu machen.

Ich fand die Dortmunder zwar ganz lustig, hielt aber nichts von ihrem Writing. Dortmund gilt als Stadt, in der massiv gebombt wird. Aber Quantität zählt da mehr als Qualität. Unter Qualität verstehen die nur so sauber wie möglich. Das wirkt aber schnell leblos und statisch. Sie geben sich gar nicht die Mühe, wirklichen Style zu bringen. Gut, es ist ihr eigenes Ding, aber ich finde es entwürdigend für die ganze Graffiti-Bewegung. Außerdem haben die meisten eine ganz eigenartige Anarchie-Einstellung gegen den Staat. Die setzen ihren eigenen Namen da hin und demonstrieren damit gegen den Staat. Das hat mit Graffiti nichts zu tun. Zumindest nicht so, wie sie es machen.

Wir redeten in Berlin viel gegen die Dortmunder. Gerade ich mit meiner »Stylism Mission«. Loomit gefiel das überhaupt nicht. So wie es seine Art ist, dachte er sich, wer zusammen sprüht, der versteht und respektiert sich. Also karrte er Phos und mich nach Dortmund, damit wir alle zusammen an einem alten Bunker eine legale Wand machen.

Phos und ich machten unser typisches Ding. Das, was wir konnten und wofür wir berühmt waren. Ich machte einen Odem-Style und darüber den SOS-Schriftzug. Beim Odem stylte ich das O als Verkehrszeichen ab und setzte ein »Stylism Mission« rein, meine Qualitätsbotschaft. Ausgerechnet in Dortmund, wo nur Quantität zählt, widersetzte ich mich und pochte auf Qualität. Was Loomit eigentlich bezwecken wollte, ging dadurch voll in die Hose. Die Dortmunder fühlten sich voll provoziert, wurden richtig sauer und fragten, ob ich das Schild nicht aus dem Bild nehmen könnte. Das tat ich natürlich nicht, was die Stimmung nicht gerade steigen ließ.

Obwohl es schon Ende '93 war, schrieb ich dann »92« drunter. Ich merkte, dass die Soko immer aktiver wurde, und wollte sie ein bisschen in die Irre führen. Nach der Hausdurchsuchung bei mir stand der Prozess ja noch aus, und ich wollte es nicht schlimmer machen, als es sowieso schon war.

Anschließend fuhren wir weiter nach München. Nachdem Amok mich Loomit gegenüber so gelobt hatte und der mich gleich eingeladen hatte, war München zu einem regelmäßigen Anlaufpunkt für mich geworden. Loomit zog seinen ganz eigenen Nutzen daraus, dass ich so oft kam, denn es wurde natürlich immer schnell publik, wenn er mit Leuten sprühte, die auch einen Namen hatten und etwas Eigenes vertraten. Aus dem gleichen Grund fuhr ich hin. Ohne Loomit wäre ich nie so bekannt geworden. Außerdem hatte er meistens Dosen und einen lukrativen Auftrag an der Hand, ich lernte ein paar Leute kennen und sah mal was anderes. Es hatten beide Seiten ihre Vorteile davon.

Kurz nachdem wir in München ankamen, kriegte Loomit Besuch. Er war selber oft unterwegs, kannte deshalb Gott und die Welt und hatte ständig Gäste. Keine Ahnung, wo er diese Jungs wieder kennengelernt hatte, aber sie waren die verrückteste Crew, die ich je getroffen habe. Sie kamen aus Australien, Neuseeland und England, waren vier Leute, ein Team. Sie zogen um die ganze Welt, teils getrennt, teils gemeinsam, trafen sich immer irgendwo wieder, und sprühten überall. Für die war das Sprühen aber eher eine Sache aus Spaß. Sie sahen das nicht so verbissen, mehr so nach dem Motto, wenn wir schon mal hier sind, dann lass uns doch was sprühen. Sie zogen einfach um die Welt, um Leute kennenzulernen und Spaß zu haben. Sie selbst waren ungeheuer lustig. Die Geschichten, die sie erzählten, die Witze, die sie machten, ich war richtig fasziniert von ihnen. Das Herz, das sie hatten, die Güte, die sie in sich trugen – so was habe ich selten gesehen.

Normalerweise war ich es gewohnt, dass die Leute gleich beeindruckt waren, wenn ich sagte, dass ich Odem bin. Das war bei denen überhaupt nicht der Fall. Das fand ich gut. Wie die meisten Sprüher hatten sie meinen Namen zwar schon gehört und wussten, wofür er stand, waren aber nicht beeindruckt, sondern nahmen mich so, wie ich war. Die wollten nicht wie ich nur über Graffiti quatschen, sprühen gehen und die Fame-Leiter hochklettern, sondern wollten einfach nur Spaß haben.

Sie lebten davon – wenn man sie nicht kennt, hört sich das wirklich gemein und grausam an –, dass sie in jeder Stadt, in die sie kamen, Supermärkte oder Tankstellen ausraubten. Sie hatten einen Generalschlüssel für alle gängigen Registrierkassen, die es rund um die Welt gibt. Meistens genügte es, die Kassiererin für einen Moment abzulenken, die Kasse leerzuräumen und das Weite zu suchen.

Wenn das nicht gelang, überfielen sie den Laden richtig, zogen eine Knarre raus, griffen sich das Geld und hauten ab. Manchmal gingen sie auch in Juweliergeschäfte, öffneten die Vitrinen, räumten sie leer und türmten. Anschließend verkauften sie das Zeug und lebten richtig gut davon, konnten ständig rumreisen, und einer von denen hat sogar in Neuseeland ein Haus, eine Frau, ein Auto – alles so finanziert. Dabei war der Junge gerade mal so alt wie ich, vielleicht 21, 22, und herzensgut, wirklich ein herzensguter Typ. Man traut es ihnen gar nicht zu, dass sie von Überfällen leben, aber in München kriegte ich es selber mit. Keine Ahnung, wie sie das angestellt hatten, aber sie klauten aus irgendeinem Münchner Nobelkaufhaus kistenweise den allerfeinsten Champagner, um ihn dann zu verhökern. Spendabel wie sie waren, luden sie uns ein, abends einen draufzumachen, und wir füllten uns mit dem Zeug so richtig ab. Ich hatte noch nie im Leben einen solchen Turn. Der Geschmack von dem Champagner, dazu die Stimmung, wie sie Musik machten, zeichneten, Geschichten erzählten, so was hatte ich noch nie erlebt. Ich hätte nicht gedacht, dass es solche Leute geben könnte.

Nur Loomit zog nicht richtig mit. Er ist nicht wirklich spießig, aber alles andere als ein Partymensch. Auf irgendeine Art und Weise ist er leblos. Seine Besucher waren da ganz anders und zogen ihn auch ein bisschen damit auf, weil sie sahen, dass Phos und ich den Partywillen in uns hatten. Loomit dachte die ganze Zeit nur daran, dass wir am nächsten Tag einen Auftrag zu erledigen hatten. Mir war das scheißegal in dem Moment. Ich malte lieber eine Skizze in das Blackbook von Astrid, einer fantastischen Frau, die in einem Jugendhaus arbeitet und sich wirklich stark dafür einsetzt, Projekte für Graffiti-Writer ranzuschaffen. Ich habe großen Respekt vor der Frau und wollte ihr, so besoffen wie ich war, eine Skizze ins Buch malen. Sie ging natürlich voll daneben und wurde ganz anders, als ich wollte. »Tut mir leid, Astrid. Ich bin besoffen. Aber das nächste Mal …« Die anderen müssen genauso besoffen gewesen sein wie ich, denn sie fanden die Skizze sogar gut und meinten, es wäre Bewegung drin, sie wäre gut abgestimmt. Danach malten wir alle zusammen rum. Butch aus Neuseeland setzte noch ein paar Highlights rein, um die Buchstaben besser abzusetzen, taggte dazu »Butch'n'Odem«, und ich schrieb völlig krakelig: »Phos, ich liebe Dich!« Ich sah ihn immer als meinen kleinen Bruder und war an dem Abend einfach so gut drauf, dass ich ihn umarmte und schrieb: »Phos, ich liebe Dich!«

Wir waren richtig in Fahrt und überredeten Loomit dazu, noch loszugehen, Partys abzuchecken, ein bisschen Action zu machen! Phos war schon so besoffen, dass er eingeschlafen war und wir ohne ihn abhauten. Alle Mann in Loomits Leichenwagen, hinten rein, Loomit fuhr, ziemlich gelangweilt und gestresst, weil diese Berliner wieder so einen Stunk machen mussten, aber wir hintendrin hatten einen Riesenspaß und sangen ständig irgendwelche völlig blöden Lieder. Es war einfach geil, aber noch nichts gegen dieses Grinsen des Engländers, als wir bei der ersten Party den Kassierer übers Ohr hauten. Der erste von uns legte ihm einen Zehner hin, und während der Kassierer noch dabei war, das Wechselgeld rauszusuchen, griff sich der nächste den Zehner und zahlte mit dem gleichen Schein noch mal. Wie der Engländer dabei grinste, das war das Geilste überhaupt.

Auf der ersten Party blieben wir nicht lange. Die Leute regten sich voll auf, dass wir zu krass aufdrehten. Dabei hatten wir nur ein bisschen Action gemacht. Na gut, fuhren wir halt zur nächsten Party ins Parkcafé, so einen kleinen quadratischen Bau, zu dem ein paar Stufen hochführen. Rundherum Scheiben. Es sah zwar etwas nobler nach Szene-Club aus. Trotzdem gab es mit dem Reinkommen keine Probleme.

Ich ging als letzter rein und als erster wieder raus. Ich hatte irgendwen gefunden, mit dem ich mich prügeln wollte. Ich weiß gar nicht mehr, worum es ging. Jedenfalls gingen wir extra raus, weil ich das aus Berlin so gewohnt war. Ich wollte mich einfach nur prügeln, um ein bisschen Action zu machen, um Spaß zu haben. Ich brauchte das einfach. Ich wollte nie jemanden wirklich verletzen, hätte auch niemals zum Messer gegriffen. Ich zog auch nie ab. Darum ging es mir nicht. Es war einfach nur, um ein bisschen Randale zu machen. Ich fand es einfach geil. Deshalb sagte ich auch ganz locker zu dem Typen, komm vor die Tür, damit wir uns prügeln können, und wenn es vorbei ist, gehen wir wieder rein.

Ich legte gerade los, schubste ihn ein bisschen, um ihn zu provozieren, damit er als erstes zuschlägt und ich ein bisschen wütend werde, ein bisschen mehr reinlegen kann, da gingen auf einmal mehrere Leute gleichzeitig auf mich los, nahmen mich richtig in die Mangel und setzen mir ordentlich zu. Ich kassierte richtig Prügel. Okay, ich sah ein, dass die Idee mit der Schlägerei wohl nicht so toll gewesen war, sagte nur noch, dass sie mal nach Berlin kommen sollten, dann würden sie schon sehen, was passiert, klopfte noch ein paar Sprüche und wollte wieder reingehen, da sagte mir der Rausschmeißer, nee, du nicht. Ich peilte das gar nicht und sagte noch, dass ich doch extra rausgegangen bin. Nee, meinte der, du hast Stress gemacht. Was denn für einen Stress, fragte ich. Ich wusste wirklich nicht mehr, warum diese Prügelei eigentlich losging. Ich verstand die Welt nicht mehr. Mich ließ er nicht wieder rein, aber mit den Typen, mit denen ich mich geprügelt hatte, gab er sich Shakes, und dann waren sie wieder drin. Kacke! Alles eine eingeschworene Clique!

Meine Leute hatten nichts davon mitgekriegt, weil ich als letzter reingegangen war und die natürlich schon nach dem Alk und den Mädels geguckt hatten. Völlig abgeturnt ging ich ums Gebäude rum, versuchte irgendwo reinzugucken, aber die Fenster waren alle mit Vorhängen verhängt. Nur eins nicht, das war ein bisschen offen. Der Engländer sah mich, sah, dass ich schon ein bisschen angeschwollen war und blutete, und gestikulierte rum, was passiert wäre. Ich winkte nur ab, ach nichts, lass uns mal woanders hingehen, ich komme hier nicht mehr rein. Aber im nächsten Moment kamen sie schon alle rausgestürmt und fragten, wer das war. »So'n paar Typen halt, is' egal! Lasst uns woanders hingehen, wenn ihr noch Bock habt.« Die ließen aber nicht locker und wollten wissen, wer das war. »Ach, das waren so'n paar Schwarze.« Im selben

Moment kam ein Schwarzer aus dem Laden. Ob er dabei war oder nicht, wollte Butch gar nicht wissen, er schnappte sich gleich eine von den Champagnerflaschen, die wir vorher ausgesoffen hatten, rannte auf den Typen zu und schlug ihm die voll über den Kopf.

Ich wollte das gar nicht. Ich wollte das wirklich nicht. Aber irgendwie beeindruckte mich das. Er war wirklich wütend. Er wollte sich nicht bestätigen, nicht beweisen, ich bin der und der. Nein, er empfand wirklich Wut, weil mir jemand wehgetan hatte. Er kannte mich zwar erst einen halben Abend, aber für denjenigen, den sie mögen, tun diese Typen einfach alles. Und davor habe ich Respekt. Okay, es ist grausam und brutal, aber dass sie so was riskieren und wagen, davor habe ich großen Respekt. Das ist eine Loyalität, nach der ich mich immer gesehnt habe, dieses skrupellose *Einer für den anderen da sein.*

Es war noch nicht ganz passiert, da kam schon eine ganze Meute aus dem Laden rausgeschossen, fackelte gar nicht lange und ging direkt auf uns los. Sie sagten kein Wort und fingen gleich an, wie wild zu prügeln. Okay, das konnten sie haben. Wir schlugen zurück, jeder gegen jeden, richtig krass, Schläge, Tritte, ständig hin und her, es ging unglaublich ab, und ich war mittendrin, obwohl ich viel zu besoffen war, um überhaupt zu treffen, und mich die meiste Zeit nur totlachte. Ich haute wild in die Gegend, versuchte irgendwen zu treffen, wollte richtig austeilen – und plötzlich war es schwarz. Ich wurde ohnmächtig und spürte nichts mehr. Auch nicht mehr die beiden Typen, die auf meinen Kopf eintraten, als ich bewusstlos am Boden lag. Ich wachte erst wieder auf, als ein paar Leute versuchten, mich aufzurichten, darunter ein Mädchen, das die ganze Zeit meinte: »Du musst zum Arzt, du musst ins Krankenhaus!« Ich wollte nicht und wehrte mich, nee, kein Krankenhaus, keine Polizei, nee, keine Lust, will nicht! Sie dann nur: »Du musst ins Krankenhaus. Glaub mir, ich war mal Krankenschwester. Du musst ins Krankenhaus.« Ich wehrte mich weiter und sagte immer wieder, dass ich nicht will. »Du musste ins Krankenhaus. Hey, du blutest.« Ich guckte an mir runter und sah, dass ich wie ein Wasserfall aus der Nase blutete. Ich war selber geschockt und wehrte mich nicht weiter, als der Rettungswagen kam und mich ins Krankenhaus verfrachtete.

Nachts um drei, diese Optik. Ich war schon ohnmächtig gewesen, war völlig besoffen, hatte deftige Schläge abbekommen – und dann dieses Krankenhaus. Ausgestorben, völlig tot, wie eine Leichenhalle. Seltsam, ganz seltsam. In der Aufnahme eine Frau, die so völlig ohne Mitleid meine Nase anfasste, dass ich vor Schmerzen schrie. Es war wirklich komisch da, ganz komisch. Ich lag noch da, »notversorgt«, da hörte ich Schritte. In diesem totenstillen Krankenhaus. Polizei. Die waren natürlich gleich verständigt worden und nahmen mich direkt mit, führten mich ab, steckten mich in den Knast und ließen mich schmoren.

Sie holten mich erst wieder raus, um meine Fingerabdrücke zu nehmen. Beim Händewaschen sah ich dann in den Spiegel. Krass! Ich sah so schlimm aus! Mein ganzes Gesicht war verquollen, um die Augen so dick wie die Nase. Und die sah erst recht grausam aus. Ich konnte es gar nicht glauben. Wie ein Monstrum sah ich aus. Nein! Ich war völlig sauer darüber, wie der Abend verlaufen war. Wie konnte so was Schönes nur so enden?! Und dann feixten die Bullen auch rum, haha, siehst ja immer noch so aus. Oh, das tat weh, das tat so weh! Ich hätte sie am liebsten alle umgebracht. Dieses typische Bullenverhalten! Diese Angewohnheit, den Verbrecher auch noch zu triezen! Ich war so fertig.

Bis zum nächsten Mittag um zwölf musste ich dableiben. Wie in einem schlechten Knastfilm kam ich dann wieder raus. Völlig schwerfällig, Jacke nicht richtig an, Hemd nicht richtig drin. Erst mal den Gürtel wieder reingezogen, Schnürsenkel reingemacht und dann raus in die Sonne. Ich stand draußen auf der Treppe, schönes Wetter, die Leute glotzten, und irgendwo hörte ich Musik, ging um die Ecke und war plötzlich mitten in einem Polizeifest. Ich sah, wie die Bullen bejubelt wurden, weil sie so schön mit ihren Motorrädern rumfuhren, und kriegte voll den Hass. Ihr verdammten Bullenschweine!

Ich ging ein bisschen rum, wurde langsam wieder klarer im Kopf und registrierte immer mehr, wie mich die Leute anguckten. Die waren richtig schockiert und guckten mich voll an! Nein! Ich war stinkwütend, stapfte weiter und sah, wie mir zwei Männer entgegen kamen, Typ Packer, die nach Gewalt aussahen, den aggressiven Blick hatten, die einen gleich anmachen, wenn man sie schief anguckt. Ich registrierte sie und wollte schon ausweichen, da sah ich, dass sie den Blick zum Boden senkten und einen respektvollen Bogen um mich machten. Sah ich wirklich so schlimm aus? Auf dem ganzen Weg, in der S-Bahn, auf der Straße, überall tuschelten die Leute über mich, Mütter verboten ihren Kindern, mich anzuschauen. Es war einfach krass!

Endlich bei Loomit angekommen, kamen Phos und er gerade aus dem Haus, um zum Auftrag zu fahren. Die hatten natürlich gehört, was passiert ist, waren aber trotzdem völlig schockiert darüber, wie ich aussah. Von ihnen erfuhr ich, dass die anderen auch alle von der Polizei erwischt worden waren. Das tat richtig weh. Die hatten sich für mich eingesetzt und wurden erwischt! Das wollte ich nicht.

Butch musste noch vierzehn Tage im Knast bleiben und wurde dann ausgewiesen. Trotzdem reisten sie ein paar Wochen später illegal wieder ein und kamen nach Berlin. Jubel, Shakes, Freude! Wiedergesehen, wieder zusammen weggegangen und wieder so eine geile Zeit miteinander verbracht! Die waren so cool drauf, die Jungs, richtig cool! Diese Leute und die Erfahrung mit denen, das hat mir viel gebracht, sehr, sehr viel. So was wie die habe ich sonst in der ganzen Szene nie kennengelernt.

Irgendwie sah ich es dadurch auch anders, als ich hörte, dass Clyde gepackt worden war und wegen Autodiebstahls zu anderthalb Jahren verknackt wurde. Ausgerechnet zu der Zeit, als ich die Australier kennenlernte, die es irgendwie raushatten und mir imponierten mit ihren Raubzügen und all dem. Das tat richtig weh. Okay, nach unserem Streit in Kroatien hatte ich nicht mehr den dicken Kontakt mit ihm, aber es haute trotzdem voll rein zu hören, dass er im Knast saß. Ich nahm wieder Kontakt mit ihm auf, schrieb ab und zu, besuchte ihn mal und zeigte ihm, hey, du wirst nicht vergessen hier drin.

Für Phos und mich war die Action mit den Australiern genau das, was wir gebraucht hatten. Wir bekamen wieder richtig Spaß an der Sache und wollten die Crew neu beleben. Bisaz war weg, Amok war weg, Shek war nach unserem Streit gegangen, Arunski sprühte nicht. Wir brauchten Verstärkung, um das Ding in Schwung zu bringen. Phos machte sich dafür stark, Lover und Some aufzunehmen. Bei Some war ich einverstanden. Er hatte SOS mitgegründet und verdiente es nicht, so aus der Szene rausgeprügelt zu werden. Nach dem Spitzelgerücht hatte er kein Bein mehr an die Erde gekriegt. Er tat mir leid. Dann wollte Phos auch noch Lover drinhaben. Er kannte ihn zwar noch so gut wie gar nicht, dachte aber, dass er sich mit ihm ganz gut verstehen würde. Okay, Lovers Qualität, was die Pieces betraf, die stimmte, die war cool. Er machte wirklich geile Sachen und gehörte zu der jungen Welle von Writern, die ganz neue Sachen machten und sich andere Dinge trauten. Deshalb mochte ich das auch. Aber er selbst? Naja, wenn Phos meinte, er käme mit ihm klar, dann würde das schon irgendwie hinhauen.

Phos haute ihn an, und er war gleich dabei. Somes Rückkehr war genauso unspektakulär. Ich quatschte ihn einfach an, hey, tut mir leid, wir haben einiges gutzumachen bei dir. Und alles war klar. Er freute sich und dachte wohl auch, er hätte damit seine Genugtuung. Er war wieder drin und überredete mich gleich, bei der neuen Hall of Fame an einem Bauernhof in der Nähe vom Halleschen Tor, auf einer richtig schönen Wand, die man auch von der Straße aus sehen konnte, ein paar Bilder zu machen. Es war schon komisch, dass Some mich überreden musste. Früher war das nicht nötig.

Ich machte zwei Bilder. Das erste war ein Silberbild, ein Odem, mit dem ich richtig reinhaute. Ich war selbst sehr zufrieden damit, und sehr, sehr viele Leute fuhren darauf ab. Die Szene merkte, dass ich wieder Qualität bot, und wunderte sich, dass es ein ganz anderes Bild war, als Odem sonst malte. Dabei bemühte ich mich eigentlich die ganze Zeit, meine Styles immer zu ändern. Ich probierte ständig alles mögliche aus. Auch bei dem anderen Bild, das ich da machte. Es sah noch mal anders aus, war wieder ein anderer Style, der insgesamt eher schlecht war, aber von der Aussage voll reinhaute: Es war ein durchgestrichenes serbisches Wappen drin und ein kroatisches Wappen mit einer Krone drüber. Die Szene regte sich auf, dass ich so viel Politik da rein brachte und den Krieg mit ins Graffiti schleppte, aber ich war meiner Heimat eben verbunden. Ich hasste die Serben und liebte mein Volk. Ich hasste einfach alles, was nicht kroatisch war, und begeisterte mich immer noch für die Ustaša. Okay, der Mann in der Buchhandlung hatte mich davon abgebracht, an die Front zu gehen, aber ich liebte die kroatischen Faschisten. Sie standen für eine Sache ein, die ich auch liebte, meine Heimat, mein Kroatien, und ich hasste alles, was das zerstören könnte. Mit den Serben, die ich noch von früher kannte, weil ich zum Teil mit denen groß geworden war, wollte ich nichts mehr zu tun haben. Ich hasste sie, und wenn wir uns sahen, machte ich ihnen klar, dass wir uns jederzeit schlagen können, aber dass sie es nicht noch mal versuchen sollen, mir die Hand zu geben.

Den Kroaten gefiel das Bild natürlich. Viele Leute aus der kroatischen Gemeinde, die ganze Meute aus dem Basketballclub, eigentlich alle Kroaten, die das Bild sahen, freuten sich. Was mich aber am meisten freute, war die Reaktion von T-Kid aus New York. Adrian zeigte ihm Fotos von meinen Bildern, als er mal in New York war. T-Kid schaute sie sich an und meinte, dass ihm das erste der beiden Bilder an diesem Bauernhof richtig gut gefallen würde. So was aus dem Munde von T-Kid! Das bedeutete mir sehr, sehr viel. Dieser Typ hatte schon angefangen zu sprühen, als ich gerade mal geboren wurde, und machte den Style, den ich fast für optimal hielt. Dass der mein Bild lobte, machte mich richtig stolz.

Deshalb war es für mich auch eine Riesenehre, Anfang '94 zusammen mit ihm bei der Ausstellung dabei zu sein, die Adrian in

Kreuzberg organisiert hatte. Er brachte nur Leute zusammen, die ich für sehr fähig halte, eben T-Kid aus New York, dazu J-One aus Paris, Kane aus Heidelberg, Delta aus Amsterdam. Und ich. Mit diesen Leuten auszustellen, oh Mann, das bedeutete mir sehr, sehr viel und machte mich richtig stolz.

Nur dieser ganze Trubel drum herum, diese ganze Action, die ganzen Leute, das nervte mich einfach. Auf die meisten Leute hätte ich einfach nur scheißen können. Ich hatte keinen Bock auf die. Antje war natürlich auch da und ließ die ganze Zeit raushängen, das ist mein Freund, mein Freund hat das gemacht, der stellt hier aus! Arunski kam vorbei, und es war schön zu sehen, wie stolz er auf mich war. Shek schaute mal rein. Noch tausend andere Leute. Adrian rannte nur von einem Interview zum nächsten. Mich nervte dieser ganze Rummel.

Lustig war nur die kleine Frau vom Tagesspiegel, die ein Interview mit uns machen wollte und schier verzweifelte, weil wir mal wieder nichts mehr auf die Reihe kriegten und sie nicht wusste, was sie mit diesen besoffenen und zugekifften Sprühern anfangen sollte. Außer Kane, der noch einiges auf die Reihe kriegte, redeten wir wirklich nur sinnloses Zeug. Wie sie es geschafft hat, daraus hinterher noch einen guten Artikel zu schreiben, weiß ich nicht. Sie ist halt gut und versteht was von dem, was sie macht. Ich habe sie kürzlich wiedergesehen bei dem Typen, mit dem sie zusammen ist. Der kann sich wirklich glücklich schätzen. Und das tut er auch. Er liebt sie, wie er noch nie einen Menschen geliebt hat. Ich wünsche ihnen viel Glück.

Dieses ganze Ding mit der Ausstellung war irgendwie seltsam. Ein komisches Gefühl. Es war nicht leicht, Abschied zu nehmen. Aber ich wusste, dass ich es machen würde. Machen musste. Der neue Aufbruch mit SOS ging völlig in die Hose. Ich hing nur noch ab. In der Woche bei Antje, am Wochenende meistens mit Arunski, Rumhängen, Kiffen und Videogames spielen. Nichts passierte. Ich hing einfach rum und wusste nicht, was ich machen sollte. Alles war tot. Auch mit dem Ding zwischen uns. Er nervte mich ständig mit ganz eigenartigen Konkurrenzdingern. Ich versuchte, sie zu ignorieren und es ihm im Videospiel heimzuzahlen, und konnte es einfach nicht fassen, dass mir mein Freund so in den Rücken fiel. Arunski liebte es auszutesten, wo die Grenzen seiner Intelligenz sind und wo die der anderen. Ich weiß, wie sehr er mich bewunderte, weil ich in der Writer-Szene so viel bedeutete. Ich kriegte ja mit, wie er es ständig allen möglichen Leuten erzählte. Aber er machte immer auf Konkurrenz, wollte immer wissen, wer der Intelligentere von uns beiden ist. Das nervte.

Ich träume halt ständig rum, denke an dies oder das, und besonders beim Kiffen kommen mir dann oft Gedanken, bei denen ich manchmal schon Angst habe durchzudrehen, weil es einfach zu viel ist, einfach zu schön. Ich genieße das absolut und kann mich dabei nicht noch mit jemandem unterhalten, kann mich sowieso nicht auf etwas konzentrieren, das mich nicht interessiert. Das ging mir schon in der Schule so. Da hing ich auch lieber meinen eigenen Gedanken nach. Aber ausgerechnet in solchen Momenten quatschte Arunski mich immer voll. Das nervte mich. Ansonsten passierte einfach nicht viel. Es war alles tot.

THE END

Die Szene sah das natürlich, die spürte das einfach und muckte auf. Vor allem die Leute von GHS, den Ghetto Stars, die nach Amoks Abgang anfingen, von wegen, wir sind jetzt die Kings. So einfach wollte ich mich von denen aber nicht unterkriegen lassen. Abschreiben ließ ich mich nicht. Wir hatten einen Namen, und für den kämpfte ich. Von denen wollte ich mir nichts sagen lassen, keinen einzigen Spruch, nicht mal die kleinste Andeutung. Und das wussten sie. Wenn ich mich überhaupt noch mal in der Szene blicken ließ, kamen immer gleich Provokationen und Sprüche von denen. Sie wussten, dass ich auf jede Kleinigkeit sofort ansprang, und hauten deshalb ständig Sprüche raus, wenn ich mal bei Downstairs, ihrem Graffitiladen in der Goebenstraße, war, der ein paar Leuten von GHS gehörte. Ständig diese Sprüche. Mir stank es einfach. Irgendwann hatte ich dieses dumme Gelaber so satt, dass ich sagte: »Okay, Jungs, Battle! Du, Wesp, und du, Skume, ihr kommt gleich mit. Jay One macht den Schiedsrichter.« Da klappten denen erst mal die Gesichter runter. Sie hatten wohl nicht damit gerechnet, dass ich mich stellte und immer noch bereit war, meine Ehre zu verteidigen. Aber sie gingen darauf ein. Sie mussten ja, sonst wäre es noch schlimmer für sie gewesen. »Okay, Battle!« Sollten sie doch zeigen, was sie draufhatten. Ich brauchte vor einem Battle mit denen wirklich keine Angst zu haben. Dann schon eher die anderen, die den Battle zwar annahmen, aber plötzlich ganz ruhig wurden. Das war alles, was ich erreichen wollte. Sie sollten einfach nur ihr Maul halten.

Als wir später am Abend bei Adrian darüber redeten, war er überhaupt nicht begeistert davon. Er fand es völlig überflüssig, dass ich mir mit denen einen Battle liefern wollte, meinte aber, er würde Jay One Bescheid sagen, wenn ich unbedingt wollte. Ich überlegte mir das Ganze noch mal und rief am nächsten Abend bei Adrian an: »Ey, lass mal, sag Jay One nichts davon, lassen wir die ganze Scheiße bleiben.« Es brachte nichts.

Ein paar Wochen später hauten die von GHS trotzdem wieder so einen komischen Spruch raus, von wegen, deine Styles kannste vergessen, deine Bilder taugen nichts. Da rastete irgendwas in mir aus. Das war zu viel. Okay, mag sein, dass mit SOS nicht mehr viel lief, dass wir nicht viel machten und das bisschen auch noch mies. Kann sein. Aber meine Styles waren mir heilig. Die ließ ich mir von denen nicht beschmutzen. Nicht von denen. Auf die Tour konnten sie mir nicht kommen.

Ich hatte das nur ganz am Rande aufgeschnappt, als ich mal wieder in ihrem Laden rumhing. Wir redeten eigentlich ganz normal miteinander, und erst beim Rausgehen hörte ich dann diesen Spruch über mich. Ich war mir nicht sicher, überlegte, überlegte, überlegte, aber es ließ mir einfach keine Ruhe, und ich haute den

Typen, der mich in seinem Auto mitgenommen hatte, an: »Zurück! Ich muss noch mal zurück.«

Als wir zurückkamen, rannte ich gleich rein: »Was habt ihr gesagt?!« Angeblich hatten sie das nur im Scherz gemeint, aber ich war sauer. Diese Respektlosigkeit, so nach dem Motto, wer bist du denn schon, du hast deinen Zenit überschritten, Alter, jetzt sind wir dran! Das fuchste, das tat weh, das machte mich stinksauer, und selbst wenn ich versuchte, denen klarzumachen, passt auf, was ihr sagt, denkt dran, mit wem ihr es zu tun habt, setzten die immer noch einen drauf, die gaben einfach keine Ruhe, ließen nicht nach – und dann knallte bei mir eine Sicherung raus: »Ich steche euch alle ab, ihr Schweine, ich schieße euch alle über den Haufen, ich mache euch fertig, alle Mann, knalle euch alle ab!« Ich brüllte nur noch rum, rastete voll aus, wusste einfach nicht mehr, was ich sagte, was ich tat, was ich überhaupt tun sollte. Wusste gar nichts mehr.

Es war nur noch eine einzige Katastrophe. Alles zerbröckelte. Ich sah selber, was ich alles falsch gemacht hatte, was die Crew falsch gemacht hatte und was einfach falsch gelaufen war. Ich sah, was hinter der Fassade los war, und sah, was das eigentlich war, woran wir hingen. Es war alles nur verlogen.

Nach der Sache mit Soda am McDonald's-Corner fing dieses größenwahnsinnige Denken schon an. Ich wollte niemand anderen mehr gelten lassen, wollte die Elite sein, wollte an die Spitze und fing an, Politik in der Szene zu machen, die Macht an mich zu reißen, alles so zu lenken, wie ich Bock hatte oder es für richtig hielt, um meinen eigenen Namen hochzuhalten. Das faszinierte mich genauso wie die Styles. Ich dachte, ich hätte mir dazu viel bei Maxim abgeguckt. Aber soviel der auch log und intrigierte, wollte er nie nur irgendwelche elitären Styles, sondern immer einen elitären Groove haben. Das war für ihn wichtig. Und das checkte ich nicht. Ich wollte diese Elitetruppe haben und klaute mir damit selber den Groove. Das war mein Fehler. Als ich das merkte, war es zu spät, da hatte ich mich schon überall unbeliebt gemacht, sehr,

sehr unbeliebt. Die Leute hassten mich dafür, dass ich ständig Welle machte, ganz egal weshalb, Hauptsache wichtig machen. Wenn der kleinste Spruch aus irgendeiner Ecke kam, und wenn es auch nur ein Gerücht war, SOS ist so, und Odem ist so, dann rannte ich sofort hin, drehte auf und machte die Leute an, was hast du gesagt, was erlaubst du dir, sag das nie wieder, verstehst du, nie, nie wieder! Wenn ich mitbekam, dass sie mir ihren Respekt verweigerten, dann rannte ich los und holte ihn mir. Ich wollte nur ihren Respekt dafür, dass ich den Buchstaben eine Seele geben wollte.

Und das zog ich durch, krass. Zu krass. Wie alles. Auch meine Stylism Mission. Ich wollte viel zu starrköpfig einfach nur mein eigenes Denken durchsetzen, guckte gar nicht mehr nach rechts oder links, zog einfach nur geradeaus mein eigenes Ding durch. Ich hätte es softer angehen müssen, ehrlicher. Das war mein Fehler.

Eine Menge Leute sagen mir nach, dass mir das Ganze zu Kopf gestiegen wäre. Das ist das, was ich mit Größenwahn meine. Ich habe zu schnell erreicht, was ich haben wollte, und damit kam ich nicht zurecht. Wer waren wir denn?! Kids waren wir, 16, 17, 18, die plötzlich in allen Magazinen standen, auf der ganzen Welt, die gar keine Grenzen mehr kannten, überall hinkamen, alles machten, die Fame hatten und Respekt, die down waren mit Leuten from all over the world, die für Aufsehen sorgten und in aller Munde waren, die auf Jams ihre Tags verteilten wie Superstars ihre Autogramme, die sich feiern ließen und Fame-Girlies abschleppten. Das waren wir. Dabei waren wir noch Kids. Und das brachte mich durcheinander. Ich kriegte gar nicht mehr mit, was wirklich abging, und erzählte krasse Lügen. Die waren einfach Teil meiner Realität. Oft waren das Visionen und Ideen, die ich nicht anders an den Mann bringen konnte.. Lügen erschienen mir als die einzige Art und Weise, um für meine Tagträume nicht ausgelacht zu werden. Ich war ganz weit weg von der Realität. Ich war in einem Film, der immer schneller lief, immer schneller, bis er plötzlich riss.

Schon nach Mofas Tod war mir klar, das ist mein Weg, den gehe ich kompromisslos weiter!

Nach dem Ding mit Soda waren sämtliche Verbindungen zur Außenwelt kaputt, tot. Mir war dann alles egal.

Nur für die Sache habe ich noch gelebt, nur dafür.

Zu fanatisch einfach. Viel zu fanatisch.

Es sind ganz, ganz kleine Schritte und gar nicht mal viele, von der Faszination zum Fanatismus. Ich habe es doch bei Amok gesehen, bei mir selber und bei vielen anderen auch. Es fängt alles mit richtiger Begeisterung an, mit richtiger Faszination, man gehört dazu, man ist dabei, man hat seinen Spaß, und irgendwann merkt man plötzlich: Ich kann gar nichts anderes mehr tun, ich bin dabei, ich war dabei, und ich werde ewig dabei sein. Viele geben dafür alles auf, so wie ich, die Schule, die Ausbildung, die Familie.

Ich bin mir sicher, dass sich die Writer aus meiner Generation, die heute noch dabei sind, jeden Tag fragen: Ey, Scheiße, was mache ich jetzt wieder? Warum? Wie? Und vor allem: für wen? Wenn sie dann sehen, dass die New-Schooler, diese ganz, ganz jungen Leute überhaupt nicht den Respekt zeigen, von dem die gestandenen Sprüher ausgehen, dass sie ihn verdienen, dann fragen die sich, was soll das alles? Wofür? Für wen?

Viele sagen dann, ich mache das aus ehrlichem Antrieb, die anderen Leute sind mir scheißegal. Aber das stimmt nicht. Es mag wirklich Writer geben, die so denken und denen es einfach zu billig ist, diesem Fame-Ding hinterherzurennen und alles mögliche dafür zu tun. Aber bei den meisten ist das nicht der Fall. Es gibt nur ganz, ganz wenige, denen ich wirklich abnehme, wenn sie sagen: Ich gehe einfach raus, mache mein Bild und will es sehen, ich will an meinem Bild vorbeigehen können, auch noch in zwanzig Jahren, es sehen und sagen können, das ist von mir, und sei es nur einen Tag. Solche Leute gibt es, aber die sind die absolute Ausnahme. Um dieses Fame-Ding kommt keiner herum. Das ist der wichtigste Antrieb. Jeder stößt irgendwann drauf und findet auch seinen Gefallen daran. Vor allem, wenn andere Leute kommen und sagen, ich habe dein Bild da und da gesehen. Das ist der Anfang vom Fame. Man kann sich dagegen gar nicht wehren, man findet Gefallen daran, und irgendwann ist man süchtig danach.

Deshalb wollte ich uns auch nicht aufgeben, wollte ich SOS nicht so einfach den Bach runtergehen lassen. Wir rafften uns noch mal auf, holten Some und Lover dazu, aber ich musste die anderen immer an den Ohren ziehen, hey, kommt, wir können das doch nicht einfach sterben lassen, wir haben einen Ruf zu verteidigen, wir sind doch wer. Aber es half nichts. Wir lieferten so gut wie gar nichts mehr, keine Bilder mehr, keine geilen Aktionen. Es war alles tot bei uns. Wir hingen nur noch ab, malten höchstens ein paar Skizzen, und wenn wir wirklich noch mal rausgingen, um Bilder zu machen, dann hatten die einfach nicht mehr die Qualität wie früher. Die Bilder lebten nicht mehr, ihnen fehlte der Saft. Vor allem denen von Phos und mir.

Entweder hätten wir nach Amoks Abgang allein versuchen müssen, noch was auf die Beine zu stellen, oder gleich sagen sollen, komm, wir lassen es. Aber noch mal zwei Leute aufzunehmen, von denen man sowieso nicht überzeugt war, das war Scheiße. SOS kurz vor dem Zusammenbrechen, und wir nahmen Neue auf. Das war absoluter Schwachsinn. Wir dachten, wir könnten noch mal was reißen und könnten mit Verstärkung noch was retten, aber nach ein, zwei Monaten machte ich Schluss: »Ey Leute, der ganze Stress mit den Bullen, wir werden alle noch an den Arsch kommen wegen SOS. Das Verfahren gegen Phos und mich läuft noch. Die wissen Einzelheiten. Die kriegen uns richtig ran. Das bringt's nicht mehr. Lasst uns Schluss machen mit SOS.«

Die King-Crew war erledigt, nach zweieinhalb Jahren, schönen Jahren war Schluss.

Some wehrte sich ein bisschen, weil er die große Chance sah, sein Comeback zu starten, und dachte, er könnte auf dem Ruf von SOS aufbauen und richtig was werden. Aber da machte ich ihm einen Strich durch die Rechnung. Das passte ihm natürlich nicht. Aber was sollte er sagen, wenn alle anderen sich einig waren, da läuft nichts mehr, dann konnte er SOS nicht allein weitermachen.

Ich wollte das auf keinen Fall und sagte ganz klar: »SOS gibt es nicht mehr. Und keiner wird diesen Namen jemals wieder anrühren und womöglich in den Dreck ziehen. Keiner, auch nicht irgendwelche Typen, die von Phos in die Crew geholt werden, die ich nicht kenne und die dann den Namen verhunzen. Da habe ich keinen Bock drauf!« Das nahm Phos mir sehr, sehr übel, obwohl er wusste, worum es mir ging. Nur ihm hatte ich erzählt, was wirklich in mir vorging. Ich wollte SOS dichtmachen, um die Crew später vielleicht noch mal neu zu beleben. Aber mit Lover und Some brachte es das nicht. Mit denen machten wir uns nur unseren Ruf kaputt. Es funktionierte nicht. Die passten einfach nicht zu uns. Some war ganz der alte Ego geblieben, der er immer schon war, und Lover war überhaupt nicht auf unserer Wellenlänge. Der Typ war zwar okay, aber er war ein ganz anderer Mensch als wir. Phos und ich liebten es, wie die Wilden zu saufen und Party zu machen. Aber Lover kam nie richtig aus sich raus. Es lag gar nicht dran, dass er der Neue war oder der Fremde. Er war einfach zu ruhig für uns. Wenn wir als Crew zusammen waren, war immer Action, dann gab es immer was zu lachen, gab es immer irgendwas zu tun. Es stimmte einfach zwischen uns. Wir verstanden uns. Für uns war Freundschaft mit das Wichtigste und die Party unter Freunden. Aber Lover war ganz anders. Man konnte sich gut mit ihm über Styles unterhalten. Er hatte eine sehr gute Meinung dazu, ging auch raus und machte welche. Irgendwie suchte er auch die Action, aber eben auf eine ganz andere Art als wir. Vom Menschlichen her war er ganz anders. Ich weiß nicht, woran das lag. Wir hatten nie die Zeit, uns richtig kennenzulernen.

Eine Crew aufzulösen, die einem alles bedeutet hat, ist ein bisschen wie Sterben. Aber ich merkte, dass wir unheilbar waren.

Arunski und ich hingen zwar weiter zusammen rum, schrieben sogar noch ab und zu SOS oder hingen mit Joe di Sera und Neco von der »To stay here is my right«-Posse rum, aber es war vorbei. Joe di Sera moderierte bei Kiss FM, und Derezone legte Platten dazu auf. Wir gingen manchmal in die Sendung, Arunski legte ein paar Freestyles hin, ich quatschte irgendeinen Blödsinn dazwischen oder machte den Beat dazu, wie in alten Zeiten. Aber die waren längst vorbei, selbst wenn Arunski und ich auch sonst noch ab und zu durch die Clubs zogen und unsere Action machten, Leute nach der Uhrzeit fragten und dann hinter ihrem Rücken deren Glas austranken und so was.

Durch solche Aktionen fielen wir im »90 Grad« mal einem Typen auf, der mich dann anquatschte und fragte, ob ich nicht auf Premiere bei dieser Jugendserie »Das wahre Leben« mitmachen wollte. Ich freute mich total, zumal der Typ meinte, dass ich erst mal da mitmachen sollte und mir die Leute von Premiere dann helfen könnten, einen Schritt in die Richtung zu tun, in die ich zukunftsmäßig gehen könnte. Das hörte sich geil an, auch wenn der Style der Serie genauso Scheiße war wie das Original auf MTV. Ich spielte wirklich mit dem Gedanken, da mitzumachen, und ging sogar zum Casting. Ein paar Tage später rief der Typ mich noch mal an und sagte, okay, wir machen am nächsten Samstag eine Endauswahl, komm doch da hin.

Ich hatte es wirklich vor. Aber dann meldete sich plötzlich Clyde bei mir. Er käme am Samstag aus dem Knast, ob wir uns nicht treffen könnten. Ich freute mich, dass er sich ausgerechnet bei mir meldete, sagte nichts von meinem Termin und meinte nur, okay, ich komme. Wir verabredeten uns in einem Café. Arunski kam mit, und dann warteten wir, warteten, warteten eine ganze Zeit, und dann lief Clyde mit seiner Freundin auf, die er eigentlich für alles verantwortlich gemacht hatte, sagte kurz *Hallo* und seilte sich gleich wieder ab, weil er mit ihr noch einen Spaziergang machen wollte. Und dafür ließ ich das Ding mit Premiere platzen!

Ich weiß nicht, was ich erwartet hatte. Vielleicht einen Freund. Ich hatte ja kaum noch einen. Mit den meisten hatte ich mich gestritten. Um so einsamer kam ich mir vor, als im Mai '94 – ein Jahr nach der Hausdurchsuchung – die Verhandlung gegen Inka, Phos und mich wegen gemeinschaftlicher Sachbeschädigung angesetzt wurde. Sie hatten irgendwie rausgefunden, dass wir ein Team gebildet hatten und zusammen durch Westdeutschland gezogen waren, um Züge zu machen.

Ich hatte tierischen Schiss vor dieser Verhandlung, war irgendwie aber auch froh, dass jetzt alles ein Ende haben würde, diese ganze Ungewissheit, dieser ganze Stress, dieser ganze Nerv. Egal wie.

Ich ging zusammen mit meiner Mutter und meiner Schwester zu dem Prozess. Meine Mutter heulte die ganze Zeit und wimmerte, was wird passieren, was wird passieren? Ihr war klar, dass wir alle für wer weiß wie lange in den Knast kommen würden. Es war echte Verzweiflung, weswegen sie weinte. Sie wollte ihren Sohn nicht verlieren und hatte Angst um mich. Ich konnte verstehen, was in ihr vorging. Ich hatte genügend Mütter gesehen, wenn ich Clyde im Knast besuchte, die da zusammen mit mir warteten, viele türkische Mütter, die richtig darunter litten. Väter sah ich so gut wie nie. Wenn ihre Söhne nicht saßen, weil sie die Ehre der Familie verteidigt hatten, sondern weil sie Autos klauten, mit Drogen dealten oder sonst was gemacht hatten, dann ließen die Väter sie knallhart fallen. Dabei hatte ich von Clyde gehört, wie sehr man im Knast einen braucht, weil man sonst vor die Hunde geht, einfach durchdreht, wenn einen keiner besucht. Gerade die Ausländer konnten sich dann immer auf ihre Mütter verlassen. Diese Mütter, diese weinenden Mütter waren immer zur Stelle, waren immer da. Deshalb verstand ich auch meine Mutter, dass sie sich solche Sorgen um mich machte.

Wir anderen waren still. Wir hatten einfach Schiss. Keiner von uns bereute wirklich, was wir gemacht hatten, aber wir hatten totale Panik vor dem, was kommen würde. Eine Geldbuße konnte keiner von uns aufbringen. Wie auch?! Das hieß Knast.

Wir schwitzten, wir hatten Schiss, und wir warteten. Als wir aufgerufen wurden, hatte ich richtig weiche Knie. Wir gingen rein, aber bevor es überhaupt richtig angefangen hatte, wurde gleich wieder unterbrochen. Wir mussten wieder raus. Was ist hier los? Was machen die? Warum hören die uns nicht an? Wir mussten warten, abwarten, aushalten. Die Tür ging wieder auf, und einer unserer Anwälte kam raus, um uns zu sagen, dass drinnen gerade beratschlagt würde, was mit uns passieren soll. Womöglich käme es gar nicht zu einem richtigen Prozess, sondern zu einer Einigung, die für uns nur gut sein könnte. Dann verschwand er wieder. Wieder das Warten, die Unsicherheit, die Angst. Was hieß das, Einigung? Und was, wenn sie sich nicht einigten? Wir warteten. Noch eine ganze Weile nichts als Warten. Abwarten. Auf die Uhr schauen. Noch eine Zigarette. Ein Blick zur Tür. Ein Blick zur Uhr. Keiner sagte was. Warten.

Die Tür ging wieder auf. Wir wurden reingerufen. Die Prozedur begann, mit Richterin, Staatsanwalt, Verteidigern, allem Drum und Dran. Sie hatten einiges, was sie uns nachweisen konnten. Längst nicht alles, aber es war eine ganze Latte. Trotzdem nahm die Richterin das gar nicht richtig ernst. Obwohl sie wahnsinnig gut informiert war und voll den Durchblick hatte, worum es in der Szene geht, waren wir für die nur Kinder, die einfach ein bisschen Spaß haben wollten. Sie fand, dass es wirklich Schlimmeres gäbe als ein paar bunte Bilder, und hielt mir sogar künstlerische Ambitionen zugute, weil ich bei Adrian in der Ausstellung vertreten war. Mir wäre es nicht einfach nur um das Zerstören gegangen, sondern ich hätte mehr daraus machen wollen. Bei den anderen sah sie das so ähnlich.

Letztendlich verdonnerte sie mich zu 60 Stunden Strafarbeit im Stattknast Neukölln. Inka kriegte auch 60 Stunden. Phos kam zwar mit weniger davon, musste dafür aber beschissenere Arbeit machen. Wir hatten mächtig Schwein, dass wir so glimpflich davonkamen, einfach ein tierisches Glück. Auch die Bundesbahn unternahm nichts weiter. Wir kamen mit einem blauen Auge davon.

Der Stattknast Neukölln war völlig locker. Ich wurde in der Siebdruckwerkstatt eingesetzt, kam dahin, zeichnete die ganze Zeit Plakate und vervielfältigte die dann per Siebdruck. Das machte richtig Bock und war wirklich keine Strafe. Eher ein Vergnügen. Angeblich sollen sich sogar ein paar Richter welche gekauft haben.

Jedenfalls war es voll spaßig mit den beiden Leuten, die da arbeiten. Respekt, das sind wirklich Sozialarbeiter, die wissen, wie es läuft.

Vielleicht kamen wir auch so glimpflich davon, weil es die Richterin beeindruckte, dass wir alle in »Spray City« drin waren, diesem Buch, das die Akademie der Künste zu ihrer X 94-Ausstellung rausbrachte und das eine richtig geile Dokumentation der Berliner Writing-Szene werden sollte. Anfang '94 hatte es die ersten Gespräche dazu gegeben, wer da mit was drin vertreten sein sollte. Wir waren natürlich alle geil drauf, wollten alle drin sein mit unseren Bildern, wollten zeigen, was wir draufhaben, und dass wir eine Szene sind, die beste in Deutschland.

Alles, was wir sonst mit Presse und Öffentlichkeit zu tun gehabt hatten, war ziemlich mies. Mal ein richtig blöder Bericht im SFB-Fernsehen, mal einer auf N-TV, aber das brachte alles nicht rüber, worum es uns ging. Bei dem Buch sollte das anders werden, das sollte für Aufsehen sorgen und Eindruck machen. Und das tat es auch. Damit war die Berliner Szene endgültig anerkannt. Plötzlich konnte jeder, wirklich jeder sehen, was wir gemacht hatten. Alle Sprüher, egal wo, und selbst die ganz normalen Leute auf der Straße konnten sehen, hey, da steckt was dahinter, da tut sich was, die haben was drauf.

Ich versuchte in dem Buch, meine »Stylism Mission« noch mal zu erklären, versuchte stümperhaft klarzumachen, dass es im Writing nur um Buchstaben gehen kann, nicht um Character, nur um den Style War, den unblutigen Krieg mit Buchstaben, Writer gegen Writer, Crew gegen Crew, und dass es dazu Gesetze in den Buchstaben geben muss, dass sie ganz bestimmt aufgebaut und gestylt sein müssen, um erkennen zu können, was gut ist und was nicht. Das war meine Botschaft, meine Mission, und ich dachte, wenn ich das Buch erst mal in den Händen halte, geht bei mir richtig was ab, dann werde ich stolz sein, glücklich, zufrieden, dann kommt der Spirit zurück, der alte Groove, der Flavour. Aber es war nicht so. Es lag nicht an dem Buch, sondern an mir. Es war mir fast egal.

Ich spürte nichts mehr. Es war vorbei. Offiziell plante ich zwar mit Adrian und Phos noch ein eigenes Graffiti-Magazin, im Grunde war ich aber schon gar nicht mehr dabei.

Wir hatten uns richtig was vorgenommen. »Backjumps« sollte das ultimative Magazin werden, das den wahren Groove bringt, richtig an die Wurzeln geht und die ganze Geschichte des Writing von New York über Berlin und Tokio bis nach Australien und Südafrika aufarbeitet, die ganze Geschichte der Styles, wer was entwickelt hat, wie es dazu kam und welche Philosophien dahinterstecken. »Backjumps« sollte ein richtig gutes Magazin werden. Und das wurde es auch. Aber ohne mich. Ich plante noch ein bisschen mit den beiden rum. Mit mir selber plante ich längst den totalen Rückzug, ein Leben in Kroatien, ein völlig anderes Leben, ein umgekrempeltes Leben, einen Austritt aus der Szene, einen Schlussstrich, ein absolutes Stop. Ich musste einfach abspringen. Ich hatte absolut keinen Bock mehr.

Als ich Adrian und Phos das erzählte, waren sie stinksauer. Adrian lief extra bei dem Workshop auf, dem ersten reinen Style-Workshop in Berlin, den ich zu der Zeit in der »Naunynritze« gab, um mit mir darüber zu reden. Ich war so richtig in meinem Element, den Kids da nicht nur was über das Sprühen zu erzählen, sondern ihnen wie in der Schule meine Auffassung von Styles rüberzubringen, und wurde von Adrian richtig überfallen: »Jetzt haben wir die ganze Zeit darüber geredet und alles schon geplant, und auf einmal steigst du aus! Du mit deinem Scheiß-Selbstmitleid. Was soll der ganze Quatsch? Willst du, dass dir jetzt jeder nachweint, von wegen, oh, ein zweiter Amok ist von uns gegangen? Hör auf mit dem Scheiß!«

Klar, das war nicht fair von mir. Es tat mir auch leid, ihn so zu versetzen. Aber ich hatte das Gefühl, dass er nur den Odem wollte, der sich ständig um das Writing kümmerte und ihn damit pushte. Ständig quatschte er mich nur mit Graffiti voll. Ich hatte gar keinen Freiraum mehr, keine Luft zum Atmen. Er achtete gar nicht drauf, dass ich menschlich dabei völlig draufging, dass ich in meinem

Kopf total durchdrehte. Er forderte nur: »Komm aus dem Arsch, Alter, lass uns nicht hängen, bleib bei der Sache.« Er verstand es einfach nicht und konnte mich auch nicht umstimmen.

Gleich danach fing er an, überall gegen mich zu reden. Er hatte mich selbst King genannt und erzählte plötzlich jedem, dass man niemanden finden würde, der mich für den King hielte. Ich war es auch nicht mehr. Vielleicht war ich es nie gewesen. Aber Adrian hatte mich so genannt. Und was er sagt, hat Gewicht. Aber auf einmal hörte man nur noch: »Ach, so gut war Odem gar nicht. Seine Bilder? Naja.«

Phos war natürlich auch enttäuscht von mir. Er sah meinen Abgang als Verrat an. Er war sowieso schon sauer, dass ich SOS einfach aufgelöst hatte, hielt sich dann voll an Adrian und erlebte das Gleiche wie ich. Egal, wo die aufliefen, überall lobte Adrian Phos als den neuen Leader von Berlin, der es wirklich draufhat. Die Szene beeindruckte das. Wer mit Adrian rumhing, musste der King sein. Adrian hatte mit Amok rumgehangen, und der war der King. Als Adrian mit Odem rumhing, war halt Odem der King. Und wenn Adrian jetzt mit Phos zusammen auftauchte, musste wohl Phos der neue King sein.

Phos gefiel sich in der Rolle des neuen Leaders, bis er sich irgendwann wegen Geld mit Adrian stritt. Ich hätte es ihnen schon vorher sagen können, dass es daran scheitert. Und was bekam man dann von Adrian zu hören? »Ach, so gut war Phos gar nicht. Seine Bilder? Naja.« Er wurde genauso fallengelassen wie ich.

Dabei war Phos zu der Zeit wirklich gut. Er gehört zu den Leuten, die Talent zum Zeichnen haben und auch die Lust, sich damit voll zu identifizieren, sich einfach hinzusetzen, alles um sich rum zu vergessen und nur zu malen. Dadurch wurde er verdammt gut. So wie sich meine Bilder ganz krass verbesserten, als ich ständig mit Shek rumhing, so wurde Phos immer besser, als Adrian anfing, all die Sachen aus New York rüberzuholen, Writer nach Berlin einzuladen und alles mögliche zu besorgen. Phos verstand die Sachen einfach, setzte sie in seiner Art und Weise um und wurde zum angesagtesten Writer in Berlin. Er hing nur noch mit Adrian rum, hatte den geilsten Stuff vor Augen, die geilsten Fotos von allem möglichen, die ganze Zeit das Gequatsche von Adrian im Ohr und wurde dadurch einfach gut, Scheiße, verdammt gut. Ich sah das und dachte mir nur, krass, was malt der denn da!? Das traf mich richtig. Ich, der Leitwolf von SOS, der Phos immer gesagt hatte, mal so oder mal so – auf einmal überholte der mich und malte freshere Sachen, als ich sie je gemalt hatte.

Das war ein Grund mehr für mich zu sagen, meine Zeit ist vorbei, das war's. Wäre ich noch mit derselben Begeisterung wie früher dabei gewesen, dann hätte ich mich durch so was gar nicht einschüchtern lassen. Dann hätte ich mich zu Hause hingesetzt und gemalt, gemalt, gemalt, und wenn ich das gehabt hätte, was ich haben wollte, wäre ich wieder rausgegangen und hätte gesagt: Hier, Leute, da bin ich wieder!

Aber bis Ende '94 kriegte ich nichts mehr auf die Reihe, kein einziges Bild, nicht mal mehr eine richtige Skizze. Ich konnte nicht mehr malen. Ich tauchte ab, verschwand einfach und machte nichts mehr, kümmerte mich nicht mehr drum, versuchte auf Durchzug zu schalten, hörte aber trotzdem immer wieder dieses Gerede, Odem ist tot, so toll waren seine Bilder ja auch gar nicht, hat halt viel Welle gemacht, aber sonst – das stresste! Das nervte! Das konnte ich einfach nicht auf mir sitzen lassen! Ich musste noch mal raus! Das ging gar nicht anders.

Dadurch, dass ich mich ein halbes Jahr lang nicht drum gekümmert hatte, war ich da stehen geblieben, wo ich aufgehört hatte. Ich hatte nichts vorzuweisen, was die Qualität hatte, die ich selbst von mir erwartete, und sagte deshalb auch Adrian ab, mit dem ich mich wieder vertragen hatte und der mich überreden wollte, bei seiner zweiten Ausstellung mitzumachen.

Aber kurz vor Weihnachten meldete ich mich zurück. Ich konnte dieses ganze Gerede einfach nicht mehr ertragen und machte zwei Skizzen, damit die Leute sehen konnten, hey, ihr könnt mich nicht abschreiben, ich bin noch da, ich habe es nicht verlernt! Ich hatte die Nase voll von diesem Gelaber über mich und wollte allen noch mal zeigen, was in meinem Kopf vorgeht und was ich unter guten Style-Skizzen verstehe. Außerdem musste ich Phos was entgegensetzen, unbedingt. Er hatte in eins seiner Bilder die Zeile reingesetzt: »Try To Burn Me, O!« Das tat weh, Scheiße, verdammt weh, das brannte richtig. Mit O war ich gemeint, ganz klar. Es war die Herausforderung, die Provokation, hey, Alter, zeig, was du drauf hast. Da musste ich einfach was machen.

Ich widmete ihm eine der beiden Skizzen: »The Think-About-Year '94«. Im April '95 wurde sie auf einer Doppelseite im »Tip« gedruckt, und jeder konnte den abgemalten Teufel sehen, der ihm einen vergifteten Apfel hinhält: »Enjoy It!« Unterhalb des Titels sprach ich ihn an: »Do You Remember: Burn me, 'O'? – Take It Personal!« Auf die andere Seite setzte ich: »Never Forget Where It Comes From ... Never Forget Where YOU Come From«. Unter meinen eigenen Style schrieb ich größer als alles andere mein Bekenntnis zum Glauben: »The Power of God – The King«. Dazu noch kleinere Credits für Kroatien, T-Kid, Hajduk Split. Alles farbig, ausgearbeitet, durchdacht. Da musste Phos erst mal rankommen.

Die zweite Skizze, ein Odem-Style, sollte mein letztes offizielles Bild werden, meine Abrechnung mit der Szene, mit der ich gleichzeitig allen noch mal zeigen wollte, was ich unter Style verstehe. »Fuck All Yo« für die ganze Szene. »Rest In Peace« für das torkelnde SOS mit der Flasche Bier daneben, für die Arunski und ich nun mal bekannt gewesen waren. Rechts daneben der Pfeil ins Ungewisse.

Ich wollte nicht einfach nur Bewegung und Anarchie reinbringen, sondern mit den Buchstaben wirklich zeigen, was wir uns an Freiheit nehmen. Das D von Odem drehte ich so, dass es zwar noch zu lesen ist, aber erst mal sehr aggressiv wirkt, bis man nach einer Zeit erkennt, was ein Balken ist, was eine Verzierung und was ein Mittel zur Bewegung. Ich wollte kein wirklich wildes D machen, sondern etwas mit Eleganz Verbundenes, etwas Dezentes.

Es ist der regulären Antiqua-Schrift entlehnt, die so viel beinhaltet, Eleganz, Stabilität, Ausdruck, das Gefühl von Macht, von Extravaganz, von Edlem. Viele Inschriften in alten Gebäuden sind in der Antiqua gemacht, und das verbinde ich damit.

Darum ging es mir. Die Aggressivität, die Leere, das Apokalyptische zu zeigen, aber auch Eleganz auszudrücken, Schönheit, auch verkörpert in der Weiblichkeit, nach der ich mich immer gesehnt habe. All die Schwünge, die überall zu sehen sind, sich aber nicht kontinuierlich durchziehen, die mal abbrechen, mal die Richtung ändern, stehen für das Chaos, in dem ich lebe und das ich selber bin, in dem ich aber trotzdem versuche, meine Ziele durchzusetzen, meine Gedanken auszudrücken. Am E ist so ein Schwung, ein Pfeil, der sich herumschlingt und noch mal zu überlegen scheint, will ich zurück? Pfeile dienten mir immer als Waffe, um mich gegen die anderen zu schützen und zu zeigen, hey, ich bin bewaffnet mit der Macht der Buchstaben, ich weiß, worum es geht, hab acht, wenn du mit mir battlen willst, dann musst du wissen, was auf dich zukommt. Pfeile sind Zeichen von Macht und Stärke, aber auch Wegweiser. Am E wird der Pfeil noch mal halb unterbrochen und geht dann in eine andere Bewegung über, um letztlich doch nach rechts zum Ende hin zu gehen, zur Zukunft, wohin die meisten Pfeile gehen. Alle Pfeile richten sich am Ende dorthin, in die Zukunft, ins Ungewisse.

Nach den Zeichnungen wurden alle ruhig. Sie sahen, dass es mich noch gab, dass ich fast ein Jahr lang abgetaucht war, aber dass ich es noch draufhatte. Sie kriegten mit, dass ich wieder Workshops gab und durch die ganze Stadt düste, um Aufträge klarzumachen, in jeden Laden rein rannte und die Leute anquatschte, ob ich ihnen nicht eine Wand machen soll. Völzke von der Graffiti-Association organisierte, dass Shek und ich den Bühnenhintergrund für den Deutschlandtag der Jungen Union sprühten, vor dem dann Diepgen und Kohl ihre Reden schwangen, ohne zu wissen, dass dieses Bild hinter ihnen von diesen Schmierfinken gemacht worden war, die sie so hassen. Völzke machte auch noch eine Grundschule klar, wo wir mit ein paar Leuten tolle Natur abstylten, natürlich alles mit Dosen, und »Rettet die Erde!« drüberschrieben, weil uns nichts Besseres einfiel und wir dachten, dass die Kinder ja nichts vom Treibgas in den Dosen wissen. Die Szene sah mich wieder, kriegte mit, dass ich an Podiumsdiskussionen über Graffiti teilnahm, und las auch die Interviews, die ich dem Tip und dem Tagesspiegel gab, in denen ich mit der Szene abrechnete, was aber so blöd rübergebracht wurde, dass die Leute gar nicht peilten, was ich meinte, und Odem nur noch als der große Verräter galt.

Ab Mitte '94 fingen plötzlich alle an, über Stylism zu reden und es als ihr eigenes Ding zu verkaufen. In ganz Europa quatschte alles nur noch über Buchstaben. Überall waren nur noch Styles angesagt. Anfangs respektierten noch alle, was ich bei der Entwicklung geleistet hatte. Aber nach und nach griff die Propaganda der Neider und Gegner, und mein Name wurde immer seltener genannt. Das tat weh. Es war so, als ob man die ganze Welt abgesucht hätte, um die Traumfrau zu finden, auf einmal sagt jeder, es wäre seine, stellt sie allen vor und sagt, das ist meine Frau. Aber das lasse ich mir nicht aus der Hand nehmen. Was den Fortschritt des Styles und die Entwicklung in Richtung Kunst angeht, ist das mein Ding, das ich mir von niemandem streitig machen lasse. Stylism ist mein Ding.

Obwohl die Leute mir immer mehr den Respekt dafür verweigerten und ich deshalb richtig sauer wurde, konnte ich mich nicht davon trennen. Ich hing noch dran, und es tat weh, einfach abzuhauen. Ich hatte auf einmal nichts mehr. Das Leben, das ich gelebt hatte, war auf einmal vorbei. Alle Werte waren anders. Ich spürte wahnsinnige Schmerzen.

Ich war meistens allein, ging kaum noch zu Antje, ab und zu noch zu Arunski. Aber damit war nach dieser Gartenparty im Spätsommer auch Schluss. Ich war mit Arunski und Markus da, einem total guten Typen, den ich über Arunski kennenlernte und heute erst richtig zu schätzen weiß. Wir saßen da rum, quatschten und tranken was. Schon als ich diese vier oder fünf Türken auflaufen sah, wusste ich Bescheid und sagte zu Markus: »Mit denen werde ich heute noch Ärger haben.« Ich wusste einfach, dass ich mit denen Stress kriegen würde. Zwei Stunden später, ich lief gerade an denen vorbei, kriegte ich mit, wie sich einer über meine Schiebermütze lustig machte.

»Lachst du über die Mütze?« Er lachte weiter: »Ja, klar!«

»Okay, lass uns rausgehen!«

»Ach, komm, mach dich nicht zum Idioten. Ja, ich lach über deine Mütze, gut, ich finde die lustig, willst du dich deswegen prügeln?«

Ja. Ich wollte mich prügeln. Ich war wütend. Der Typ sollte einfach die Fresse halten und mit rausgehen. Ich wollte mich mit ihm prügeln. Halb kam er dann von allein mit, halb zog ich ihn hinter mir her. Seine Freunde kamen mit. »Komm, schlag zu!«

Ich wollte, dass er zuschlägt, damit ich die richtige Wut kriegte. Ich kann nicht als erster zuschlagen. Das kriege ich nicht hin. Ich brauchte einen Schlag von ihm, um richtig aufdrehen zu können.

»Mann, doch nicht wegen dieser Scheiße! Wir können doch drüber quatschen. Was soll denn der Mist?«

»Nein, schlag zu, du Ratte!«

Dabei schubste ich ihn ein bisschen rum, damit er endlich anfing, und auf einmal schlug er zu, verpasste mir eine richtige Bombe, ein richtiges Ding, so dass ich für ein paar Sekunden gar nicht wusste, was los ist. Ich musste erst mal wieder peilen, was anliegt, aber dann ging es ab, ich schlug zurück, drehte auf, kriegte was ab, teilte aus, fing mir von seinen Kumpeln ein paar Dinger, verpasste denen welche, Schläge, Tritte – allein gegen vier oder fünf, bis Markus mitkriegte, dass ich mich mit mehreren Typen kloppte, gleich angerannt kam und ohne zu zögern half. Bis dahin hatte er sich noch nie im Leben geprügelt. Arunski stand die ganze Zeit daneben, guckte zu und machte nichts.

Es gibt Leute, von denen ich nicht erwarte, dass sie sich prügeln. Aber wie oft hatte Arunski mir erzählt, hey, Mann, ich stehe an deiner Seite, egal, was passiert? Und dann stand er einfach da, nichts von wegen an meiner Seite, sondern irgendwo in der Ecke, und guckte zu, wie Markus und ich uns mit vier oder fünf Türken prügelten. Später behauptete er, dass er einen Knüppel abbekommen hätte und nicht mehr eingreifen konnte, weil er nichts mehr gepeilt hätte. Das war totaler Quatsch. Er stand einfach die ganze Zeit daneben und wusste nicht, was er machen sollte.

Wäre das zwei Jahre früher passiert, wäre das noch kein Grund gewesen, mich von ihm zu trennen. Ich hätte es ihm zwar übelgenommen, aber wir wären danach nicht getrennter Wege gegangen. Aber in dieser Situation und bei alledem, was vorher passiert war, sein ständiges Generve, wenn wir bei ihm Videogames spielten, seine totale Illoyalität, das reichte mir und war der Anlass zu sagen, okay, das ist wirklich der Grund, mich von ihm zu trennen.

Ich hatte niemanden mehr. Die Crew war aufgelöst, mit Adrian und Phos hatte ich nicht mehr viel am Hut, von Arunski hatte ich mich getrennt – es war Zeit, auch mit Antje Schluss zu machen. Sie verstand das gar nicht. Wie sollte sie auch? Sie war enttäuscht und verletzt, wollte wissen, warum. Zu diesem Zeitpunkt meinte sie es wirklich gut mit mir. Aber ich konnte ihr es nicht erklären. Ich fand keine Worte dafür. Wem sollte ich schon erklären, was in mir vorging? Und wer sollte das verstehen?

Ich saß nur noch zu Hause und schaute Videofilme, malte nicht mehr, ging nicht mehr raus und dachte nur noch darüber nach, was war und was kommen sollte. Ich hatte nichts mehr, niemanden mehr, hatte alles verloren, vor allem die Orientierung. Mir stank alles, zu Hause, dieser ganze Druck der Szene, ich spürte nur noch Hass in mir, der immer stärker wurde, weil ich den Respekt nicht bekam, den ich verdient hatte. Ich hasste sie dafür. Alle, wie sie da rumliefen in der Szene. Ich hasste sie. Und ich hasste dieses Haus meiner Eltern, mein winziges Zimmer, ihr beschissenes Dasein, diese Perspektivlosigkeit, diese Sinnlosigkeit. Warum lebten die nur so? Was sollte ich da noch?

CROATIA II

Rundherum nur Scheiße, absolute Scheiße, die ich hasste, Hass auf meine Eltern, auf die Szene und auf die Soko, die sich nach dem Prozess angewöhnt hatte, mich ständig vorzuladen. Ständig ließen sie mich da auflaufen, um mich weichzukochen, festzunageln, reinzureiten. Zum Glück war der Sachbearbeiter so unfähig, dass ich ihn nach Strich und Faden verarschen konnte. Aber er raffte es gar nicht und laberte mich immer auf die dümmste Art und Weise voll. Ständig wollte der mir was aus der Nase ziehen. Wie das nervte! Wie ich das hasste! Und dann kursierten plötzlich auch noch Gerüchte in der Szene, ich würde mit der Soko zusammenarbeiten, nur weil die mir mal einen Workshop arrangiert hatten und die Bullen überall erzählten, sie hätten mich auf ihre Seite gezogen. Ich konnte es gar nicht fassen! Das konnte mir doch keiner ernsthaft zutrauen! Es nervte mich doch selber voll an, mich ständig mit dieser Scheiß-Soko rumschlagen zu müssen, die immer behauptete, hey, der hat einen verpfiffen und der auch, dann kannst du doch auch ein paar Leute verpfeifen, bist doch schließlich selber verpfiffen worden. Dabei habe ich nie davon gehört, dass irgendwer gegen mich ausgesagt hat. Das war einfach gelogen, um das Misstrauen in der Szene zu schüren. Ich konnte doch keinen verpfeifen! Ich konnte doch nicht Leute, mit denen ich rumgechillt und Action gemacht hatte, die sich auf mich verließen und mir vertrauten, die konnte ich doch nicht zu meinem eigenen Vorteil so krass verarschen. Das war gar nicht drin. So was würde ich nie tun. Nie! Aber die Szene hielt es für möglich. Das haute rein. Wie krass musste ich drauf gewesen sein, dass mir Leute so was zutrauten, die mal meine Partner waren?

Ich wollte alles hinter mir lassen, wollte endlich meine Ruhe haben und sah nur eine Lösung: lange aus Berlin weg, weit weg, möglichst weit, nach Kroatien, in den Krieg und kämpfen, in die Armee, wo ich meinen Sold kriegte, was zu essen, einen Grund zu kämpfen hatte und weg war, weit weg von all dem, was ich so hasste. Angst natürlich, was ist, wenn ich ein Bein verliere oder einen Arm. Aber das war besser, als in Berlin zu bleiben. Den Mann aus der Buchhandlung hatte ich längst verdrängt. Es war wieder alles so viel geworden, so viel Wut auf die Leute, die ich mal für meine Freunde gehalten hatte, so viel Enttäuschung über alle, die mir den Respekt verweigerten, so viel Hass auf diese ganze Scheiße, dass ich nur noch das Gefühl hatte, du musst zur Armee.

Im September fuhr ich. Ich hatte keine Ahnung, was mich erwartete. Ich wollte nur, dass alle mich in Frieden lassen, auch die Soko. Deshalb schickte ich ihnen aus Sinj eine Karte:

*Yo, what's up?! Alles klar bei Euch in Berlin? Ich hab ein wenig Knieschlottern, am 2. 10. geht's ab in die Armee!! Wird schon schiefgehn'... Seid nicht faul (Ha, Ha), weiterhin viel/wenig Erfolg, Spaß, dicke Grüße und viieel Respekt von ODEM '94 * SOS – R.I.P.*

Still da King! Ich schreib Euch bald wieder ...

Verpfeift mich nicht, ich bin nicht abgemeldet!!!!

Ich blieb eine Weile in Kroatien, ging aber nicht zur Armee. Die Liebe meiner Tante, die Vernunft meines Onkels, die Berichte meiner Cousins hielten mich davon ab. Es wäre nicht der richtige Weg für mich gewesen. Ich kann nur einen bestimmten Weg einschlagen, ich weiß nicht, welcher es ist. Aber ich suche ihn.

Ich habe versucht, mir die Vernunft anzuerziehen, die ich bei meinem Onkel gesehen habe und bei meinen Eltern. Aber sie macht mich leblos und unglücklich. So kann ich nicht leben. Ich kann nur so sein, wie ich bin. Oder gar nicht. Sonst stürze ich ab. Um die Vernunft rauskehren zu können, müsste ich meine Phantasie erdolchen. Aber das kann ich nicht. Und das will ich nicht. Dazu ist sie mir zu wertvoll. Bogu Hvala i Gospi koja je dala.

EIN NACHWORT IM JAHRE 2015

AUF DER FLUCHT

Das alles ist lange her. Und doch längst nicht vorbei. Es passiert heute noch genauso. Oder zumindest ähnlich. Tag für Tag. Auf den Straßen, in den Yards. In großen oder kleinen Städten. Im Zentrum oder in der Peripherie. Überall. Dann sind writer on the run. Auf der Flucht. Vor der Welt, aus der sie kommen. Vor der, die sie umgibt. Der, die sie verfolgt. Vielleicht auch vor sich selbst. Man sieht sie jeden Tag, ihre Pieces, an Häuserwänden oder Brücken, an Lärmschutzzäunen oder Zügen, in Hauseingängen oder Unterführungen. Überall. Und hinter jedem steckt ein writer. on the run.

Das dürfte kein Geheimnis sein. Und doch: Als wir unser Buch im März 1997 zum ersten Mal veröffentlichten, war das Echo enorm. Fast alle großen Tageszeitungen und Magazine besprachen es. Meist euphorisch. Den SPIEGEL etwa faszinierte das »eindrucksvolle Bild einer Straßenjugend in Berlin, die zwischen Cliquenromantik und Kriminalität pendelt«, die taz, dass ODEM »ehrlich, ohne Beschönigung und rücksichtslos gegen sich selbst« auspackt. »Ein bisschen wie Christiane F.« fand DIE WELT, wobei die 90er eben nicht die 80er gewesen seien.

Viele Magazine griffen das Buch auf, besprachen es oder druckten Ausschnitte daraus. Das Fernsehen drehte Porträts von ODEM. Wir gaben Zeitungs- und Radiointerviews, erhielten Filmangebote, wurden für Podiumsdiskussionen angefragt. Warum?

Weil ODEMs Geschichte einzigartig ist? Bestimmt nicht. Vielleicht, weil sie krasser ist als viele andere. Weil ODEM ein King war, ein internationaler Star, ein Hero. Vielleicht aber auch nur, weil bis heute niemand die Geschichten all der anderen Sprayer erzählt hat, denen es ähnlich geht oder ging wie ODEM – und die jeden Tag unsichtbar sichtbar sind. Auch heute noch. Auch für die, die nicht sprayen. Wie mich.

Ich kannte ODEM 1996 nicht, als der Verleger Oliver Schwarzkopf mich fragte, ob ich dessen Geschichte aufschreiben wolle: ODEM, der King, sei aus der Szene ausgestiegen und wolle seine Geschichte erzählen. Nun brauchte es jemanden, der sie aufschreibe. Deshalb trafen wir uns. Zum ersten Mal im Verlag. Er: groß, breitschultrig, eher still. Wir baten uns ein paar Tage Bedenkzeit aus, Kennlernzeit. Was hatte er zu erzählen? Und würde er es mir, dem unbekannten Journalisten, erzählen? Wir trafen uns bei mir am Küchentisch, und ODEM erzählte, was er erzählen würde, wenn er es täte. Und ich fragte ihn, was ich ihn fragen würde, wenn er es zuließe. Nach zwei Tage waren wir uns beide sicher: Er würde alles sagen. Ich brannte auf das, was er zu sagen hatte.

Danach trafen wir uns fast täglich. Immer bei mir am Küchentisch. Zwischen uns ein Aufnahmegerät, das ständig lief. Damals noch mit Kassetten, von denen sich eine nach der anderen füllte. Am Ende waren es über 20. Beidseitig bespielt. Denn ODEM erzählte. Was ihm gerade einfiel, wie alles zusammenhing, warum etwas kam, wie es kam. Ich fragte nach, wollte Details wissen, musste verstehen lernen, wie er dachte. Tags und Pieces, Bomben und Crossen, Dissen und Battlen. Eine Fremdsprache. Wie sie die Szene benutzt. Wie in diesem Paralleluniversum gesprochen wird, das nach Freiheit giert und sich enge Regeln setzt. Das Anarchie postuliert und archaisch funktioniert.

Ich saß Abend für Abend mit offenem Mund da. Was waren das nur für Geschichten, die ODEM mir erzählte? Dieser sanfte Riese mit der leisen Stimme. Ein Kämpfer, ein Raufbold, ein King. Gewalt, Drogen, Mädchen. Der Mann war Anfang zwanzig und hatte so viel erlebt, wie manch andere in ihrem ganzen Leben nicht erleben werden.

Wir fingen an, uns zu vertrauen. Wir fingen an, uns zu mögen. Wir wurden Buddies. Wurden Brüder. Nächtelang tippte ich ab, was ODEM mir tagsüber erzählte, und musste dabei feststellen: Es war Kraut und Rüben! Hier eine Schlägerei, da ein Saufgelage, irgendwann ein Treffen mit der Crew. Aber wann war was? Also musste ODEM einen Timetable zeichnen, eine Zeittafel, die ordnete, wann was geschehen war. Der erste Versuch brachte uns nicht weiter: Ein einziger Zettel reichte nicht aus für all die Pfeile, Anmerkungen, Jahreszahlen! Den zweiten Versuch machte ODEM auf einem DIN A 3-Blatt, mit dünnem, rotem Filzer, die blaue Zeitleiste auf neun Zeilen verteilt, winzig klein geschrieben. Ein Leben in eine Ordnung gebracht. Nach deutscher Industrienorm.

So ließen sich die Aufnahmen zu Kapiteln ordnen. Seine Worte. Seine Aussagen. Seine Erzählungen. Mir wurde ziemlich schnell klar, dass nicht ich *über* ODEM schreiben würde, sondern er pur zu Wort kommen müsste und ich nur montieren sollte, was er gesagt hat. Seine Worte. Ungeschönt. Authentisch. Nichts dazu. Höchstens etwas weg. Was er erzählte, aber nicht veröffentlicht wissen wollte. Sobald mir ein Kapitel vollständig erschien, bekam er es zu lesen. Tags drauf erhielt ich es zurück. Mit Korrekturen und Respect: So, meinte er, hätte er das nie hinbekommen. Fast zwei Monate ging das so. Jeden Tag. Wir saßen unter einer Käseglocke. Im Rausch. Und der Abgabetermin rückte näher. Aus dem Text musste ein Buch werden: Kapitel- und Zwischenüberschriften, Klappentext, ein Coverfoto.

Ein Coverfoto? Oliver Schwarzkopf besorgte uns mit Roger Melis den besten Fotografen, den man für so etwas bekommen konnte. Zu dritt fuhren wir nachts zum Berliner Ostkreuz. Es war tiefster Winter, tiefste Nacht. Die Temperatur lag weit unter Null. ODEM kannte solche Szenarien, Roger und ich nicht. Wir stolperten über Schotter, Schwellen und Gleise durch den Yard. ODEM vorneweg. Er hatte sein Backpiece dabei. Das Stück Stoff, auf dass er oben seinen Style gesprüht hatte, links unten den Crew-Namen SOS, dazwischen einen Character mit Kapuzenjacke, der mit einer Hand eine S-Bahn zermalmt: ODEM. So steht er da, mit dem Rücken zur Kamera, im Hintergrund ist schemenhaft eine vorbeifahrende S-Bahn zu erkennen, das Innere ist verschwommen.

ODEM hatte erzählt, was zu erzählen war. Nun musste das Buch seinen Weg gehen. Wir hatten all die Wochen und Monate gehofft, dass ODEMs Geschichte die Aufmerksamkeit bekommen würde, die sie verdient. Und die bekam sie.

In den Medien. Was schön war. Aber vor allem bei den Lesern. Bei dir und mir. Und da vermitteln die viele Online-Rezensionen von überwiegend jungen, überwiegend männlichen, oft sonst eher lese-faulen Lesern als Gradmesser den Eindruck: Ja, ODEM ist angekommen, wird verstanden. So schwer das manchmal fällt – auch ihm selbst. Da wird das Buch zum Beispiel als »Writing-Bibel« bezeichnet und als »absoluter Burner«. Es sei »ein Muss für jeden Writer«, »echt megagenial«, »einfach der Hammer«. »Es packt dich!!!«. »100 % Motivation«.

Das alles scheinen Leute zu sein, die verstehen, wie ODEM und die Szene getickt haben. Und wie Writer auch heute ticken. »HART ABER WAHR – genial ...« schreibt da zum Beispiel einer. Ein anderer: »ziemlich real«. Die wissen, wie es zugeht. Nicht nur in diesem Buch.

ODEMs Geschichte – und die aller anderen Writer bis heute – ist eben kein Märchen mit Happy-End-Garantie, sie ist auch, wie eine Leserin schrieb, »erschreckend«. Wie das Leben, wie ODEMs Leben eben ist: Knallbunt, aber nicht rosarot.

Wie überfällig es war, dass ODEM seine Geschichte öffentlich gemacht hat, zeigt eine Statistik aus dem ersten Jahr nach dem Erscheinen des Buches: Da stand ODEM: ON THE RUN in den Top 10 der meistgeklauten Bücher in Deutschland. Ein Selbstversuch in einer der führenden Berliner Kunstbuchhandlungen zeigte, dass ON THE RUN dort nur auf Nachfrage hervorgeholt und dann unter dem Ladentisch verkauft wurde. Es sei zu oft gestohlen worden, hieß es, es gäbe offenbar tausende Kids, denen das Buch aus der Seele spräche.

Das fand dann auch bald die offizielle Bürokratie, für die Graffiti meist keine Subkultur, sondern nur Sachbeschädigung ist. In manchen Bundesländern wurde ODEM: ON THE RUN zum Schulstoff.

In Schulbüchern wurden Auszüge aus dem Buch gedruckt. In wissenschaftlichen Arbeiten wird ON THE RUN als Einblick in den Untergrund ausführlich analysiert, reflektiert, zitiert. Aus Schulen aller möglichen Typen melden sich einzelne Schüler (manchmal auch zuerst deren Mutter) oder ganze Projekt- und Referatsgruppen, um mehr über ODEM oder das Buch zu erfahren.

Was als Projektarbeit oder Referat dabei herauskommt, ist großartig: Wie ODEM selbst setzen sich immer wieder viele junge Leute mit seinem Leben auseinander. Wie es zu all dem kam – vielleicht dazu kommen musste. Wie es sich gestaltet hat – und warum das womöglich zwangsläufig war. Wo hätte es Abzweige gegeben – ohne Verrat an der Sache oder an Freunden zu begehen? Und schließlich: Wohin hat das alles geführt?

Es ging ODEM immer darum, Gründe und Abgründe einer Subkultur verständlich zu machen. Ein Leser brachte es auf den Punkt: »Eine Kultur zusammengefasst in einem Buch«. Darum ging es ODEM. Immer. Dass diese »Zusammenfassung« subjektiv sein muss, liegt in dier Natur der Sache. Schließlich ist ODEM ein einzelner Mensch. Ein Mensch, dessen Geschichte viele andere Menschen einschließt. Bis heute.

Deshalb das Buch. »Es ist für einen Leserkreis geschrieben: den Menschen.« Schreibt ein Leser.

März 2015

Jürgen Deppe

GLOSSAR

Backpiece	mit Styles und Characters gestalteter Leinwandstoff, der hinten auf Jacken oder Rucksäcke aufgenäht wird und die Zugehörigkeit zu einer Crew signalisiert
Battle / batteln	von den Writern anberaumter Sprüh- und HipHop-Wettkampf, um Konflikte zwischen Crews oder einzelnen Sprühern möglichst gewaltfrei zu lösen
Bifi	Spitzname für BVG-Bedienstete
Bitch	»Schlampe«, die sich für Ruhm oder Geld hergibt
Black Book	Skizzen- und Entwurfsbuch eines Writers
Blockbuster	einfache, eckige Buchstaben, großformatig und wenig gestylt
bomben	illegales Taggen und Sprühen auf Wände und Züge
Buff / buffen	Chemische Reinigung von Graffiti-Pieces auf Zügen
BVG	Berliner Verkehrsbetriebe
Cap	Sprühkopf auf der Farbdose; von der Art der Caps hängt die Intensität des Sprühstrahls ab; Fat Caps sorgen für einen dicken Strahl, Skinny Caps für einen feinen.
Character	figürliche, meist comicartige Darstellung von Menschen, Tieren, Monstern o.ä. in Graffiti-Pieces.
chillen	abhängen, ausruhen, cool rumhängen
Credit	Danksagung, Widmung, Gruß
Crew	Gruppe von Writern, die zum Teil wie Gangs organisiert sind und auftreten; es ist üblich, den meist englischsprachigen Crewnamen abzukürzen, z.B. SOS = Spirit of Style.
(boogie) down	sich gut verstehen mit
End-to-End	Graffiti-Piece, das sich unterhalb der Fenster über die gesamte Länge eines Waggons erstreckt (vgl. Whole-Car).
Fame	Ruhm, Ehre, Anerkennung; eine der wichtigsten Motivationen von Writern; besonders gewagte Aktionen und gute Bilder vermehren den Fame; die Anhäufung von Fame lässt den Writer in der Szene-Hierarchie aufsteigen und verschafft ihm Respekt (vgl. auch King)
Fill-in	farbige Ausfüllung von Buchstaben und Flächen (vgl. Outlines)
Flavour	Geschmack, Stil, Lebensgefühl
Gangbanger	Mitglied in einer Jugendgang

Hall of Fame	Wand oder ähnliche Fläche, auf der sich die Besten der Besten mit ihren Bildern verewigen; in jeder größeren Stadt gibt es eine Hall of Fame, manche Sprüher oder Crews haben ihre eigene
King	Writer an der Spitze der Szene-Hierarchie; der beste und (auch international) anerkannteste Sprüher in der Szene
MC	Master of Ceremonies; Rapper und HipHopper, der bei Jams und anderen Partys die Show zelebriert; oft sind MCs Mitglieder einer Graffiti-Crew und huldigen mit den Texten ihrer Crew
Old Schooler	ein Sprüher »alter Schule«, der um 1983/84, als das Graffiti aufkam, mit dem Sprühen begonnen hat
Outlines	Umrandung von Buchstaben (vgl. Fill-in)
Piece	Graffiti-Bild
Shake (geben)	das Händeabklatschen zur Begrüßung oder zur Zustimmung
SOKO	Sonderkommission
Style	gesprühter, aufwendig gestalteter Namens- bzw. Schriftzug; Odems »Stylism Mission« war ein Versuch, dem Style Regeln und Gesetze zu geben
Tag / taggen	mit der Sprühdose oder dem Filzschreiber an Wänden oder Zügen angebrachter Namenszug eines Writers oder einer Crew; Erkennungszeichen, das zumeist als übelste »Schmiererei« empfunden wird
Throw-up	ein in schnellen Umrissen gesprühter Schriftzug
Toy	wörtlich: Spielzeug; Bezeichnung für einen Anfänger oder schlechten Writer
Vopos	Volkspolizisten, DDR-Bullen
Wessiland	Berliner Bezeichnung für das, was früher Westdeutschland war und man heute gemeinhin als die alten Bundesländer bezeichnet
Whole-Car	Graffiti-Piece, das die gesamte Höhe und Länge eines Waggons bedeckt (vgl. End-to-End)
Writer	Sprüher oder Tagger
Yard	S- oder U-Bahndepot. Yards befinden sich oft an Endstationen. Sie können über und unter der Erde liegen.
zocken	(auch racken): stehlen, klauen, rauben

JÜRGEN DEPPE: geboren 1967 in Beckum / Westfalen, Studium in Münster und Berlin, ehem. Mitherausgeber der Zeitschrift KONZEPTE – Magazin für eine junge Literatur. Zunächst in Berlin freier Hörfunkautor für verschiedene ARD-Anstalten, heute in Hamburg freier Fernsehjournalist (ARD, arte, 3sat u.a.).

Jürgen Deppe & ODEM
ODEM: ON THE RUN
Eine Jugend in der Graffiti-Szene

ISBN 978-3-86265-478-9

1. Auflage 1997
2. Auflage 1999
3. Auflage 2003
4. Auflage 2008
5. Aktualisierte Auflage März 2015

KATALOG
Wir senden Ihnen gern kostenlos unseren Katalog.
Schwarzkopf & Schwarzkopf Verlag GmbH
Kastanienallee 32, 10435 Berlin
Telefon: 030 – 44 33 63 00
Fax: 030 – 44 33 63 044

INTERNET | E-MAIL
www.schwarzkopf-schwarzkopf.de
info@schwarzkopf-schwarzkopf.de